都市文化研究（第1辑）

潘立勇　主编

ZHEJIANG UNIVERSITY PRESS
浙江大学出版社
·杭州·

图书在版编目(CIP)数据

都市文化研究. 第 1 辑 / 潘立勇主编. —杭州:浙
江大学出版社,2022.10
ISBN 978-7-308-21572-5

Ⅰ.①都… Ⅱ.①潘… Ⅲ.①城市文化-文集 Ⅳ.
①C912.81—53

中国版本图书馆 CIP 数据核字(2021)第 134465 号

都市文化研究（第 1 辑）

Dushi Wenhua Yanjiu（Di 1 Ji）

潘立勇　主编

责任编辑	李瑞雪	
责任校对	吴心怡	
封面设计	周　灵	
出版发行	浙江大学出版社	
	（杭州市天目山路 148 号　邮政编码 310007）	
	（网址:http://www.zjupress.com）	
排　　版	浙江时代出版服务有限公司	
印　　刷	广东虎彩云印刷有限公司绍兴分公司	
开　　本	710mm×1000mm　1/16	
印　　张	23	
字　　数	360 千	
版 印 次	2022 年 10 月第 1 版　2022 年 10 月第 1 次印刷	
书　　号	ISBN 978-7-308-21572-5	
定　　价	78.00 元	

浙江大学出版社市场运营中心联系方式　（0571）88925591;http://zjdxcbs.tmall.com

目　录

都市职业与生活

都市空间与景观

都市媒体与传播

都市文创产业

都市休闲文化

都市遗产传承

都市乡村文旅融合

都市职业与生活

性别的双元扮演作为文化实践的谈判

——对国际都市中的华人女性银行金融专业从业人员的研究

陈惠云[*]

摘　要:女性正成为金融银行业中层管理团队中的主导军。通过对 50 位在亚太平洋全球化城市工作的华人女性银行金融专业从业人员的深入访谈,本研究探讨在男性依然掌控管理层顶部的金融银行业中,华人女性如何诠释社会对中国女性的性别文化期盼,她们的性别双元扮演如何被巧妙地运用在日常的工作中。一方面,这些处于管理层级中部的女性要成为"汉子",展示出与她们的男性上司和重要男性客户一样的男人气概来打造出一种"兄弟"的义气;另一方面,她们要适当地凸显出她们的女性亲和力来缓和工作中的隐形张力。矛盾的是,女性中层管理人员在职业上升过程中普遍遇到来自其他女性的歧视和反对,女性之间的互相制衡反映了在机会结构中处于弱势群体的女性存在着一种"蟹笼的心态",阻挡了女性作为个体的职业升迁,也削弱了她们的集体谈判力量,但这种女性厌恶女性的心态往往不被承认,甚至多被女性自我内化,被用传统的性别文化定位和两性角色规范合理化了,也巩固了现存男性的利益结构。这种女性性别歧视的自我内化实际上内嵌于本土社会和跨国企业文化的深层结构中,是超越个体的,由多元因素混杂形成的结果。

关键词:性别;华人女性银行家;职业流动

---

　　* 作者简介:陈惠云,女,澳大利亚悉尼科技大学博士、南方科技大学人文社会科学荣誉学会青年会士,现为华南理工大学公共政策研究院研究员。

一、引　言

随着金融服务业的兴起和扩大,职业女性已经成为全球商业网络发展和扩大不可或缺的参与者。越来越多关于女性参与国际商务管理的研究[①],记录了商业服务业中劳动力女性化(feminization)的情况,然而对中国职业女性的研究却很少。同时,企业高级管理层性别多元的议题近年渐受学界和商界的关注,《华尔街日报》(2012 年 7 月 16 日)刊登的对亚洲 1500 名高级管理人员和 744家上市公司进行的调研指出,增加高层职位中的女性人数可以改善公司的财务业绩及推动国家的经济扩张,那些执行委员会中女性成员比例最高的公司在2007 到 2009 年间平均股本回报为 22%,反之没有女性的公司仅为 15%。但我国香港公布的《渣打银行 2014 年度香港企业女性董事概况》[②]报告指出了亚洲金融都市中普遍存在的女性要进入企业高级管理层依然困难重重的商业事实。我国香港 50 家恒生指数成分股企业的整体女性董事数目比例只有 9.6%,较英国(20.4%)和美国(16.9%)低很多。而恒指企业的女性执行董事的数目自2009 年以来一直停滞不前,显示出女性人才的职业向上流动仍面对着很多障碍和关卡,目前的金融银行业最高的管理层仍然是"男人俱乐部"。

虽然目前没有一个金融行业雇员性别比例的整体数据,但谨慎的个人观察及众多的访问都显示出目前金融银行业也正与其他的服务行业一样越来越趋向女性化。前线的服务工作以女性为主导大军,同时越来越多的女性涌入中高层职阶中。一个值得研究的问题是:在高度全球化、现代化的金融银行业中,目前越来越壮大的女性中间管理层具有何种管理特性? 华人女性金融精英的工作状态又是怎样的? 本文的研究试图补充这方面存在的严重空白。

二、研究方法

本研究对象为在澳大利亚、中国的金融银行业中的华人女性中高层管理人员。这里的"华人"定义以血统及个人的身份认同为标准,包括那些出生在中国境内或境外不同国家和地区的华裔。2012 年 2 月至 2014 年 1 月,本人分别在澳大利亚的悉尼、墨尔本,中国的上海、广州、深圳及香港深入采访了 50 位已经在国际银行中出任中高管理层职位(包括部门经理、分行主管、董事经理、副总裁)至少三年的华人女性专才。

深入访谈的对象主要是通过滚雪球的方式获得,其中受访者之间的互相转介是获得访问允可的最有效方法。由于工作的极端忙碌及商业世界戒备防范他人的普遍心理,通过行内人来转介是基于朋友间信任的互相引介,在很大程度上减少了因陌生而产生的抗拒和戒备,从而让访问得以成功进行。

三、金融银行业:性别的角力

性别通过互动和行为重复③而进行社会构建,它是揭示社会实践如何有序进行的关键切入点之一。性别并不单独存在,总是与阶级和种族④、场所和空间⑤交织在一起。工作场域中的性别是一个复杂、动态的过程,在这一过程中,权力等级、社会规范和商业文化盘根错节,形成复杂互动的性别结构。

传统上,岗位会被按性别划分开来⑥,在银行业中,职业发展也具有明显的性别区分。直到 20 世纪 70 年代,银行领域专雇男性的局面才发生改变。美国银行业最初开始雇佣大量女性是希望利用最廉价的劳动力⑦,通过职位的美化来鼓励更多的女性在银行就业,但使女性能晋升到管理职位的平等机会大门尚未敞开。男女之间的分工涉及权力关系。⑧对欧洲银行的研究发现,在 20 世纪 90 年代,女性在银行中仍处于从属地位。她们多集中于某些职能部门,承担较低级别的辅助性业务,管理层或其他重要部门几乎见不到女性的身影。尽管银行业的职业线路结构清晰,但商业银行在很大程度上仍由男性主导,晋升与年龄和性别密切相关。管理层的晋升更偏向于以非正式的方式进行,选拔往往由高级管理层自由决定,而男性主导的规范、行为和工作方式形成一个非常强势的机制,拖慢女性的职业发展。⑨

商业银行传统上作为男性主导的机构,其性别化表现(gender performance)经常被构建和强化。在不同的社会环境中采用不同性别化身体表演的能力在建立商业关系中发挥着重要作用。[10]通过研究英国伦敦的银行,有学者指出商业银行其实是一个社会性构建女性和男性身份的重要场所,"性别展示"(doing gender)成为生意谈判上的重要技巧。[11]而"身体"在推销银行产品中发挥着无形但重要的作用。男性特征,如野心勃勃、强硬等往往是在生意场上获得垂青的一个重要表现。

　　近年来,中国的银行在国内和国际市场快速扩张。以资本储备进行衡量,2014 年的全球十大银行中有四家是中国国有银行。中国的银行正成为世界金融服务业的主要参与者。这些银行分布在不同的城市,服务于新兴市场,与中国人口显著增加的流动性保持着同一方向的步调。同时,随着金融服务业的全球扩张,国际银行环境迅速发生变化。2011 年,克里斯蒂娜·拉加德(Christine Lagarde)当选为国际货币基金组织(IMF)第一位女性领导人,标识了职业女性对国际金融经济发展的贡献日益重要。但银行现有文献大多以业务管理研究为切入点,侧重于特定国家或城市的银行结构和政策,很少关注银行中的职业女性,对在金融银行业管理层中的华人女性研究更是少之又少。

四、女性化的中层管理人员及其性别化理想归因

　　50 份深入访谈资料展示了国际化金融银行业中一个显著的趋势:越来越多的女性进入了原本由男性主导的中高管理层。在中国,虽然并无女性在银行管理层所占比例的官方统计报告,但所有受访者都表示,中高管理层中女性越来越多。

　　　　2004 年,我们这一区七家分行中只有一名女性经理。但如今这情况已悄然发生变化。现在,我们七家分行中有六名女性经理,只有一名男性经理。这与几年前的情况截然不同。(案例 HK2,中国香港,某国有银行客户服务部经理)

　　　　如今越来越多的女性进入了银行业的管理岗位。在我们银行,六分之三的领导是女性。(案例 CH17,中国上海,某国有银行副经理)

女性中层管理人员的增加是全球服务经济显著发展和快速扩张的结果。许多受访者表示,现在中层管理职位上的性别比例接近,女性人数有继续增加的趋势。何以如今有那么多的女性可以出任中高级管理层,归纳起来有如下几个要点。

(一)工具型和情感型职能

在商界,"工具型领袖"和"情感型领袖"描述了两种不同的领导风格。前者在领导员工实现目标时更注重任务本身,而后者更注重团队和谐和情绪稳定。通常男性领导被视为工具型,而女性领导则属于情感型。[12]

本研究的受访者有许多共同的叙述,能够晋升进入中高层管理团队的女性都表示,她们必须同时展现出工具型和情感型的职能。在众多的论述中,受访者所描述的情感型职能主要与积极的女性特征,如温柔、亲切、谨慎周到、富有合作精神、善于观察、注重细节、个人化关心和热情等有关,而工具型功能多用于描述其工作上的能力,如良好沟通技巧、高效执行、有韧性、负责、正直等。在成功归因方面,很多受访者都指出女性魅力的散发,即展示典型的女性特质可以帮助她们在服务型经济中取得成功。在服务型经济来往中,推销自己是交易过程中重要的一部分。[13]个性化服务在培养与客户的信任感和特殊性方面发挥着重要作用。女性特征已被包装成商业产品的一部分。在采访中,许多女性从业者都指出,她们的上司认为女性天生亲切、耐心、温柔、细心,注重细节,这些女性化的特征有助于提供更好的个性化服务,也揭示出了将销售女性气质作为一种商业策略的隐藏意图。

但是,一名优秀女性经理所应具备的条件本身就是社会建构的产品。"性别是男性和女性气质和观念得以产生和归化的机制。"[14]受访者关于成功女性经理特征的描述也是银行业性别观念的一种自我反映。很多职业女性本身在不知不觉中强化了对女性的刻板印象。由于将性别观念内化,女性自身也参与了重复性别化工作方式的过程。商业影响将女性塑造成欲望和性的对象[15],全球服务业都在更多地要求服务提供商与其客户之间建立强有力的情感联结[16],而女性银行业者的外貌、面部表情和社交技能都被视作良好工作表现的基本属性。然而女性银行业者在工作中展现的女性身份并非自然结果,而是她在家庭、学校经历的漫长社会化过程中吸收的一种"习得行为",并且在工作场所得到进一步强化。

(二)商业策略:异性吸引力和异性镇静剂

全球化金融市场竞争十分激烈,提供"个性化服务"往往被许多银行作为扩展业务,赢得客户忠诚的商业策略。一款好的银行产品要提供易于销售的工具价值,但从长远来看,产品本身必须与感受存在一定的关联。其他银行或许可轻松复制这款产品,但客户与银行业者之间的感情和关系却无法复制。对许多银行来说,出售"异性吸引力"是一种刻意采取的商业策略,其目的在于和客户之间培养情感联系,这种非物质的价值有助于和客户建立关系,赢得市场。

> 在规划营销策略时,我们有意设定了基于性别的分工:让女性为男性服务,男性为女性服务,这是一种常见做法。我觉得我的外表还不错,当遇到男性客户时,他们对我的抵触情绪更少。在和他们交谈时,他们显得更有激情,这对客户管理非常重要。男性客户在面对女性经理时不会那么挑剔,而当我们与女性客户打交道时,我们肯定会挑选一位英俊的男性同事为她提供服务。(案例 CH14,中国上海,香港联合银行市场营销部高级经理)。

我们的受访者佐证了这样的一个画面:"异性吸引力"不再仅仅针对私人关系,而是已被挪用于商业目的。[17]"性别实践"或"表现女性气质"已被要求作为"情感劳动销售"的一部分。现在,刻意经营和培养出的热情、更频繁的微笑、对客户殷勤周到的关注等已经变成了服务工作的工具,女性银行业者在工作中巧妙有效地进行情感管理,在专业服务和个人亲密关系这两种模糊情感之间摇摆不定。[18]

异性吸引力不仅是吸引更多客户的常用策略,也能够缓解企业内部因冲突而引起的紧张气氛,尤其是当男性同事之间出现张力的时候。本研究中的女性管理者表示,大多数担任管理职位的女性更愿意将女性气质作为处理办公室政治的工具。

　　如果有女人在场,可减少两个男人之间的紧张气氛。这是一种平衡,
也确实有效。当男人们在一起工作时,气氛非常严肃,很容易发生冲突。
但是,一旦有一位女士在现场,紧张情绪就会莫名地消失。女性所特有的
温柔是缓解紧张气氛的一种有用工具。(案例 CH2,中国广东省中山市,某
国有银行监管部负责人)

　　女性自身的女性气质是可以利用的。身居顶层的通常是男性,他们通
常互相挑战。如果有女性在场,他们会更有礼貌、更温和。有时候,如果有
一两位女性在场,尤其是那些年轻、性感、打扮得漂亮的女性,他们会变得
更温和。如果是一名中国女孩,他们也会觉得有些新奇,他们认为,中国女
人特别温柔。的确,男人们总是互相争论。但很明显,如果有一位女士和
他们在一起,他们的争论就会少很多。(案例 AU2,澳大利亚墨尔本,澳大
利亚某国有银行财政部经理)

案例 CH2 和 AU2 指出女性同事的出席可缓解男性同事之间的紧张气氛。
与男性上司和男性下属之间的纵向张力相比,职位级别相似的男性同事之间的
紧张气氛是一种横向张力。大多数受访者都表示,女性的温柔和她们的亲切个
性是用来软化男性同事的情绪管理工具。在工作场所中使用这种“异性镇静
剂”的目的在于激发个人的“自我展示”或“印象管理”。[19]人们在生活中的表现就
像演员根据自己的身份和角色在舞台上进行表演一样。工作为人们提供了一
种社会身份,因此,工作也成为性别表达的一个领域。[20]在传统上属于男性主导
场合的董事会会议和中高层管理团队的讨论中,让女性工作伙伴列席会促使男
性同事不自觉地在女性同事面前表现出特定的印象,比如表现绅士风度、更专
业、更冷静或更理性。传统上,对优秀管理技能的认知与男性气质相关,将某种
技能与特定职位级别挂钩的观念是出于职位本身的考虑而进行的社会构建。
许多受访者在采访中简单地将紧张情绪的缓解归因于女性的性别特征,比如
“温柔”和“亲切”,本人的理解是更应归因于男性有意根据可证明男性处于顶层
的技能的社会构建来行事。职场的互动包含着隐藏化的办公室政治,在这种政

治关系中,"存在着一种社会封闭的形式,它不以职业群体,而是以性别为中心"^①。

五、"女汉子"和"酒后生意"文化

"入乡随俗"在中国是一种普遍而实用的做生意方式,人际关系对于交易的达成起到了关键作用。虽然对于不同行业和不同的区域来说,"游戏规则"可能在细节上有所不同,但"酒后生意"或"无酒不生意"似乎是中国社会不同商业领域的一条普遍规则。想要在激烈的竞争中取得成功,银行就不能单靠质量和服务,而是必须求助于关系,尤其是与政府官员和重要公司、企业的高层管理人员之间的良好关系。对许多银行来说,中国的国有企业是高价值客户,而其大部分高级管理团队仍然由男性组成。在中国,良好关系或商业网络"通过仪式化的休闲(在迎合精英们的欲望和乐趣的场所分享快乐的体验)所构建、形成和维持"^②,社交和大量喝酒是必不可少的。

如今,许多银行,无论是国有银行还是外资银行都将大国企视作他们的主要目标客户。国企拥有自己的文化……他们喜欢和你一起喝酒,他们认为这是显示他们热情好客的一种方式。你如果不喝酒,他们会把你拒绝他们的酒当成你是在拒绝他们自己,并且会认为你没有把他们当成朋友,认为你不是他们的亲密团体成员之一,你不给他们面子。(案例 CH8,中国广州,某外资银行市场营销部副行长)

在中国,商业文化就是一种酒文化。你必须和你的客户一起参加许多要喝烈酒的商业招待活动。这种情况不会变化,因为这已深深植根于中国社会的文化中,多数中国人都会做这样的事情,一直以来都是这样。营销人员都是实用主义者,他们会说,"我在你们银行存多少现金就看你今晚能喝多少杯酒!"他们确实直接坦率地说这样的话。为达到银行制定的目标,这些经理除了喝酒,别无选择。在中国,客户们相信,如果你酒量大,酒品好,就意味着你是一个直率高效的人,这种品质对于业务的达成非常重要。(案例 CH12,中国上海,某国有银行副经理)

　　大量喝酒是做生意的一部分,具有强烈的商业动机和目的性。传统上,酒文化是男性为商业交易建立"兄弟情谊规则"的方式。在进入传统上由男性主导的管理团队时,女性必须表现得像男性一样,才能被该"兄弟团体"所接受。一位出任为一家外国银行市场营销部的副行长指出,自己需要成为一个"女汉子"。

　　　　我们担任中层管理职位的女性都是"女汉子"。而位居高级管理层的女性则是"女强人"。为何称为女汉子?这是因为在我们老板的眼中,在商务招待期间,男女之间并无差别。在中国的银行业,如果想要达成一笔交易,那么无论你是男性还是女性,都必须喝掉大量烈性酒来取悦你的客户!(案例 CH8,中国广州,某外资银行市场营销部副行长)

　　当女性遇到这种生意酒文化时,她们必须巧妙地展示自己的"男子气概",展示她们的"习得性别"。在参与招待时,她们被期待着成为一个男人,成为兄弟之一,成为"我们"的一部分。喝酒是给客户面子的一种方式,和他们一起喝的酒越多,代表你越尊重他们。喝酒的坚定立场会被认为是你个人能力和效率的一个指标。采用这种商业招待方式的期望是,客户或政府官员能够以"分享欢乐的生动记忆和潜在的喜爱感或感情"①来回报自己的工作。喝酒不仅能让男性客户开心,而且在男性老板眼里,这也是忠诚和支持的一种表现。

　　　　负责营销的大老板是位男性。他不喜欢带任何不能喝烈性酒的女同事在办公室外开发业务。如果你不喝烈性酒,那么你就无法接近你的老板。如果你不能和你的老板保持一致,为他和客户喝很多酒,那么他也不会把你当成他的团队成员。他会给你分派一些任务,但是他不会把你当成值得信任的同事。(案例 CH9,中国广州,某国有银行部门主管)

　　喝酒不仅是为了与男性客户建立外部关系,也是为了提高个人在银行内部的人气。陪你的男性上司喝酒有着强烈而重要的象征意义:完全支持他们的工作,愿意为这份工作牺牲自己的身体和健康。这也是一种交换——你得到老板信任和认可,能够进入他的小圈子,最终也就获得了职业发展的机会。与许多其他机构一样,基于高管的判断是银行选拔员工的重要因素之一,向上晋升与你对工作的投入程度有关，包括在多大程度上你愿意为工作喝烈酒。因此，自相矛盾的是：一方面，当女性在办公室外招待客户时，她们必须做好"男人"角色；另一方面，她们还必须善于在银行内"做女人"，在应酬方面支持她们的男性上司。这种角色互换已嵌入不同社会背景下对性别期望的评估和解释过程中。本研究中的女性银行业者们都很好地展示了这种性别多样性。

六、对晋升到顶层女性的歧视：性别不平等与女性的合谋

尽管女性是中层管理的理想人选，但职场天花板仍存在并发挥着作用。作为一个群体，具有讽刺意味的是，很多女性在晋升高层管理职位的过程中都会受到其他女性的歧视。在我的采访中，几乎所有受访者都偏向于让男性当自己的直接上司，就连女经理都不愿意有一个同性上司。许多女性歧视其他女性，但大部分受访者都没有意识到这一点。

> 女性更为保守，要让女性上司留下深刻印象要难得多。因为她们比较小家子气……她们会在意并记住一些小事。这不是什么好事，这也是女人真正的缺点所在。她们就是不知道如何让事情顺其自然地过去。要找到一个愿意提拔其他女人上位的女人实在太难了。我发现，男人往往更愿意提拔别人。（案例 AU5，澳大利亚悉尼，某英国独资银行税务部门主管）

> 我也希望我的上级是名男性，因为男人关注的是结果，而非过程，所以他会给你更多自主权。但女人则总是会监视你的一举一动。你需要向她汇报每一件小事。你必须推测她们在想什么，并考虑她是不是想要这样。当你的老板是女性时，你会觉得工作更为困难……我认为男人们的视野更为广阔，一名真正的男性领导会关注整个世界，但女性则只会关注自己眼前的一大堆事情。（案例 HK3，中国香港，某台湾独资银行客户经理）

> 如果我有选择，我更希望老板为男性。作为一名女性，我希望自己能有更多空间来发掘自己的潜力，希望在工作中有更多自主权。男性老板通常偏向于采用"粗放式管理"模式。他们会告诉你目标结果是什么，他们会和你讨论达成目标可能需要经过的途径，然后他们会允许你进行大胆创

新……我需要一个有挑战精神的男性老板,他能让我毫无畏惧地发挥自己的创造力,并且会为我提供支持。(案例CH18,中国广东省中山市,某国有银行销售部门主管)

上述来自不同地方的受访者各有不同的背景和工作职责,但她们都比较抗拒女性老板,都更喜欢男性老板。当被问及为什么不希望有个女性老板时,大多数回答都与女性的一些负面特征有关,她们会把这些特征与男性的正面特征相比较,例如女性上司缺乏信心、害怕威胁、更保守、太注重细节、希望掌控和了解一切等,而男性上司则让人感觉更自由、更好相处、更客观、具有更广阔的国际视野及专注于宏观和大局等。

当女性员工习惯于为男性老板工作时,她们往往会觉得女性老板更歧视女性。担任中高层管理职位的女性所提供的负面描述,存在很多矛盾之处。一方面,她们认为正面的女性化性格有助于女性的职业晋升;但另一方面,这些具有商业价值的性别特征也可被描绘为负面的刻板印象,即性格上的弱点,如善于执行命令和政策的女性可能被贴上缺乏领导力的标签,更加注重细节则会被视为缺乏广阔的视野,谨慎则被视为缺乏自信。因而许多女性创造了一种带有性别偏见的社会话语,其中部分基于传统的性别叙述,部分基于她们的自我认识。这种自我对话是女性将传统性别定位内在化的结果,这种自我贬低和对女性上司的负面刻板印象是隐性的,但它却是阻碍女性向上晋升的强大障碍。

女性不喜欢让其他女性担任自己的上司,部分原因是因为存在女性之间的激烈竞争。大多数女性都是一线和初级职位工作者,她们中担任中高级管理职位的比例要比男性低得多。女性在竞争更高工作岗位的时候可能会通过给其他女性制造障碍而希望让自己获得机会。

女人和女人之间竞争激烈。我甚至可以说亚洲人与外国人之间的竞争都不如女人之间的竞争激烈……那些女人肆无忌惮,不择手段,她们甚至踩在别人身上。(案例AU12,澳大利亚墨尔本,澳大利亚某独资银行国际客户服务总监)

　　我看到女人和女人竞争很厉害。白人女性可能不会支持另一位女性。她们瞧不起亚洲女性,她们觉得就连白人女性也要面对职场天花板,那么你亚洲女人算老几啊? 亚洲女人,你连排队的机会都没有! 女人嫉妒其他女人。她们想往上爬,她们不会真心提拔其他女性,因为她们相互竞争。(案例 AU7,澳大利亚悉尼,澳大利亚某独资银行亚洲分部负责人)

　　女人不想为女人工作,她们相互竞争,她们有一种"蟹笼心态"——锅里的螃蟹都想爬上去,获得自由和流动性,但她们做的是把另外一个女性拉下来,结果不幸的是,没有人能够逃出去,没有一个女人从相对较低的位置逃脱。作为刻板性别观念的受害者,面对明显或无形的性别歧视,一些女性没有意识到这种性别歧视的存在,而另一些女性试图为这种社会话语辩护并将其内在化。事业是他们(男性)的第一要务","我认为女性不应像男性一样扮演相同的角色","女性对自己目前的职位感到满意","并不一定要有女性领导","男性更需要晋升","女性管理者没有远大的视野","男性领导者有更好的国际视野"。对这种阻止女性进入高层管理现象的自我辩护,体现出女性本身作为企业内性别不平等现象的共谋者身份。

七、结　论

　　本研究考察了澳大利亚与中国的金融银行服务业中层管理人员女性化趋势背后的原因及其本质,这一进程与服务经济全球化的变化并行展开。银行中女性中间管理层的比例不断上升,反映出全球服务业对女性专业人员的需求日益增加。这些受过良好教育的女性精英有能力履行其工具型和情感型职能。一方面,这些女性专业人士需要像她们的男性同事一样专业、博学、坚韧和果断;另一方面,她们还应像传统女性一样温柔、细心,并乐意扮演次要和合作性角色。亲密生活的商业化模糊了公共工作和私人生活之间的界线。工作不再仅仅是一份涉及"冷酷、强硬权力"的事业(如预算、现金流动、会计和法律),而是需要更多传统上属于家庭的情感依恋,如感情、关注、关心和忠诚。

本研究中的华人女性专业人员与其他国家中的女性有着相同命运,她们也面临着性别歧视所造成的晋升障碍。女性的职场天花板问题深深植根于权力结构之中,而并不限于任何特定类型的经济制度或政治制度。然而,本研究发现,女性专业人员通常会采用"性别化表演"策略,在扮演女性身份和习得的男性特征之间摇摆。她们需要灵活应变,她们仔细审视不同环境下的社会期望,并巧妙地见机"表演",以获得长期业务发展和职业流动所需的权力和信任。这种技能可能并不是中国银行女性专业人员所独有的,但它确实为认识现代中国女性专业人员提供了一种新视角。她们的职业道路发展提供了有力的证据,证明在高度全球化和竞争激烈的行业中,"性别转换"而非"性别模糊"已成为女性生存和取得成功的一种资产。

尽管银行业中层管理人员女性化进程十分迅速,但我们无法断定这是女权取得的一场胜利,也无法断定这是银行业新平等观念的一种体现。女性最初进入银行担任出纳员,成为服务客户的大多数初级职员,这揭示了经济结构状态的变化,也表明银行想要利用最廉价的劳动力。中层管理人员女性化性质也与之相似。受访者中很多人每天工作超过 10 个小时,甚至每周工作超过 60 个小时也不少见。筋疲力尽的工作是一种严酷的自我剥削,以应对性别话语、族群政治、商业或资本主义利益和社会规范之间互相交汇而形成的一种结构性的障碍。归根结底,我们必须意识到,这些牺牲最终受益者是公司本身,而非女性本身。

注释

① Adler, N. J. & Izraeli, D. N., eds., *Competitive frontiers: women managers in a global economy*, Blackwell, Oxford, 1994; Davidson, M. J. & Burke, R. J., eds., *Women in management: current research issues*, vol. Ⅱ, Chapman, London, 2000; Krieg, R., "Gender in cross-cultural management: women's careers in sino-German joint ventures", in L. W. Dou & K. B. Chan, eds., *Conflict and innovation: joint ventures in China*, Brill Leiden, pp. 139-56, 2006.

② 该报告由非营利研究机构社商贤汇进行组织撰写并获渣打银行赞助,是同类研究的第四次报告,早前的研究分别在 2009 年、2012 年及 2013 年发表。具体报告内容展示在社商贤汇的公司网站上: http://www.communitybusiness.org/DOB/WOB/latest-research.htm。

③Butler, J., *Gender trouble: feminism and the subversion of identity*, Routledge, New York, 1990.

④McDowell, L. & P. Sharp, J., *Space, gender, knowledge: feminist readings*, Arnold, London, 1997.

⑤Noon, M. & Blyton, P., *The realities of work: experiencing work and employment in contemporary society*, 3rd ed., Palgrave, Houndmills, Basingstoke, Hampshire; New York, 2007.

⑥Massey, D., *Space, place, and gender*, Polity Press, Cambridge, 1994.

⑦Prather, J. E., "When the girls move in: a sociological analysis of the feminization of the bank teller's job", *Journal of marriage and family*, 1971, vol. 33, no. 4, pp. 777-782.

⑧Ong, A., "The gender and labor politics of postmodernity", *Annual review of anthropology*, 1991, vol. 20, pp. 279-309.

⑨Zulauf, M., *Migrant women professionals in the European union*, Palgrave, New York, 2001.

⑩McDowell, L., *Capital culture: gender at work and the city*, Blackwell Publishers, Oxford, 1997.

⑪McDowell, L. & Court, G., "Performing work: bodily representations in merchant banks", in T. Oakes & P. L. Price, eds., *The cultural geography reader*, Routledge, Oxon, 2008, pp. 457-65.

⑫Bass, B. M. & Stogdill, R. M., *Bass & Stogdill's handbook of leadership: theory, research, and managerial applications*, 3rd ed., Free Press, Collier Macmillan, New York&London, 1990.

⑬Hochschild, A. R., *The Managed Heart: commercialization of Human Feeling*, University of California Press, Berkeley, 1983.

⑭Butler, J., *Undoing gender*, Routledge, London, 2004.

⑮Hooper, B., "'Flower vase and housewife': women and consumerism in post-Mao China, in K. Sen & M. Stivens, eds., *Gender and power in affluent Asia*, Routledge, London, 1998, pp. 167-94.

⑯McDowell, L., *Working bodies: interactive service employment and workplace identities*, Blackwell Publishing, West Sussex, 2009.

⑰Hochschild, A. R., *The commercialization of intimate life: notes from home and work*, University of California Press, Berkeley, 2003.

⑱Hochschild, A. R., *The managed heart: commercialization of human feeling*, University of California Press, Berkeley, 1983.

⑲Goffman, E., *The presentation of self in everyday life*, Anchor Book, Garden City, New York, 1959.

⑳Noon, M. & Blyton, P., *The realities of work: experiencing work and employment in contemporary society*, 3rd ed., Palgrave, Houndmills, Basingstoke, Hampshire, New York, 2007.

㉑Noon, M. & Blyton, P., *The realities of work: experiencing work and employment in*

contemporary society，3rd ed.，Palgrave，Houndmills，Basingstoke，Hampshire，New York，2007，
p. 91.

㉒Osburg，J.，*Anxious wealth：money and morality among China's new rich*，Stanford University
Press，Stanford，2003，p. 38.

㉓Osburg，J.，*Anxious wealth：money and morality among China's new rich*，Stanford University
Press，Stanford，2003，pp. 43.

电台的都市转向

——以深圳的夜间情感节目为例

雷　伟*

摘　要：自 20 世纪 90 年代以来，伴随着市场化的进一步推进，中国的城市化建设也在强势进行中。"压缩型"的加速度发展在深圳这座城市的崛起过程中体现得尤为突出。作为改革开放的第一个经济特区，深圳在过去四十年左右的时间内迅速成长为与北京、上海、广州齐名的一线城市，也被视为一座新兴都市。作为现代声音和听觉文化的组成部分，身处城市的电台也是都市文化的重要建构者和传播者。与改革开放前相比，改革开放时期广播电视系统的市场化改革带来了电台节目的去政治化，与这一过程同构的是电台的都市转向。这一转向体现在电台节目的生产流程、节目制作、内容选择、发音声调等各个方面。本文以自 20 世纪 90 年代在深圳出现的电台夜间情感节目为例，追溯其起源、变迁，分析其如何建构和再现个人与都市的关系，并进一步探讨电台在都市文化建构中的功能和作用。

关键词：电台；都市转向；深圳；夜间情感节目

"在一个热闹又孤独的城市，我用声音布满天空，我希望在这里，人们彼此温暖，心里有安宁和温柔。"

"我用声音虚拟一个现实中不存在的平等世界；精神的世界，是平等的。"[1]

"生命美好，在夜空下去听去看，余音袅袅，繁星点点。"[2]

---

　　* 作者简介：雷伟，女，南方科技大学人文社会科学荣誉学会青年会士。本文系广东省普通高校重点科研平台和科研项目（青年创新人才类项目）"电台（音频）与中国城市的变迁：以深圳为例"（编号2018WQNCX156）的阶段性成果。

一、引　言

　　自都市文化研究在中国兴起以来，现代媒介在中国都市的发展、都市文化的形成和建构过程中的角色和作用一直是学者关注的重点。包括文学、新闻传播学、社会学、人类学等在内的各领域学者都在尝试从不同角度分析和阐释现代媒介和都市的关系。比如，在中国的众多城市中，上海作为一个具有历史厚度和地域特色的都市，已经成为都市文化研究的热点。尤其是考虑到上海是现代媒介最早在中国落地的城市之一，对现代媒介与上海都市文化之间的关系的考察多集中采用了历史的视野。目前已知的研究大多追溯到 19 世纪晚期和 20 世纪，分析和辨认不同的媒介，如《点石斋画报》《申报》《良友》等印刷媒体，以及广播电台、电影等，在不同的历史阶段在上海如何促进信息传播、参与建构文化意象，以及标识其中的性别、阶层等维度，从而确认和细化都市文化在上海的存在和扩张。

　　经历了 20 世纪的革命文化和红色文化之后，自改革开放以来，中国的城市化进程又开启了新一轮的都市文化建构。不仅仅是原有的老城如上海、北京、广州、成都等，改革开放也催生了其他城市的出现和崛起，深圳就是在这一时期迅速成长的移民城市。伴随着这些城市越来越高的可见度，不同的媒介形态，包括报纸、广播、电视等也开始将笔墨、声音和影像聚焦在了都市时空和生活在这里的不同背景的人身上，以不同的文本和体裁，生产着经济、社会、文化不同领域的新闻，讲述着在这里上演的各种故事，描绘着不同的城市文化形象。以电视剧的流行文本为例，通过对以北京为背景的一系列电影和电视剧的细读和分析，学者张慧瑜指出，北京已经从"社会主义革命之都、工业之都，发展转型为后工业时代的消费之都、文化之都"③。互联网的出现又丰富了都市的含义，也在重新书写着媒介与都市的关系。

　　不管是传统的大众媒体，还是我们当下以移动互联网和社交媒体为主的新媒体，媒体已经成为都市不可分割的一部分。不管是传递各种实务性质的信息，抑或休闲娱乐，还是建构城市的文化形象，抑或连接身处各个角落的个体和群体,新的传播技术让都市越来越媒介化。如果可以用一个学术术语来概括不同媒体与都市的关系以及在都市中的作用,"可沟通"(communicative)或许是一个合适的选择。当下,中国的传播学学者建议从"可沟通城市"这一概念出发去理解和改善中国城市,这其中也包括媒介和都市的关系这一维度。"可沟通"的概念将城市视为包含各种要素,各种要素又相互交织关联的复杂网络。与传统的城市相比,在媒体时代的城市中,要素更多元,层次更丰富,既包括实体空间中可以看见、可以触摸的实物,也包括虚拟空间中看不见、摸不着,但又时时存在、流动的要素,这其中包括人、物、信息、资本、金融、交通、文化、意义、价值等。中国学者对这一概念做了进一步的改进。复旦大学的谢静提出,"城市即传播"④。媒体,包括传统的大众媒体和新媒体对于"可沟通城市"的建设和实践有着重要的作用。"一座城市在多大程度上是可沟通的,取决于这座城市在多大程度上'言说'和'讲述'一种'语言'。新的传播技术让城市越来越媒介化,城市要通过那些再现和图像来进行外在的交流。"⑤

　　具体到中国的城市,学者就媒体和"可沟通城市"关系的讨论主要集中在城市治理和交通的维度。在城市治理方面,中国学者审视媒体,尤其是公共类的媒体,如广播、电视、官方的社交媒体,在市民与政府部门之间就民生、公共议题进行沟通的作用。在这一维度,"可沟通"的理想状态应该是,"市民通过参与城市传播进而参与社会,推动城市发展,包括城市治理和社区治理中的协商对话与充分的社会互动"⑥。以城市政府部门建立的官方微博为例,复旦大学的学者葛星考察了北京、上海、广州、成都四座城市在城市治理中对新媒体的使用。葛星发现并不无遗憾地指出,目前中国城市政府部门依然是以"传递式"的传播观念来运行官方微博,多是信息的发布和传递,欠缺与公众的协商和沟通。

　　与它的黄金时代相比,虽然广播在电视时代和互联网时代经历了所谓的"边缘化"冲击,但广播仍然是中国公众获取信息、娱乐、分享等的重要渠道。数字声音技术的发展打破了传统广播作为主要声音媒介的局面,改变着传统实践中声音产品的生产、传播和收听方式。收听广播(音频)的群体和场景也越来越多元化。在数字和社交媒体时代,声音媒介,包括广播和新兴的音频仍然被认为是构建和实践都市沟通性的重要媒介。除了信息传播、娱乐等面向，广播（音频）在实践沟通性上有一个极其重要，也是智能时代非常关注的维度——情感。接下来，本文将追溯改革开放后情感类节目在电台中的兴起，探讨电台与个体和都市之间的互动。

二、改革开放与广播电台的"去政治化"实践

自改革开放以来，发生在中国的变革从经济领域迅速扩展、渗透到了其他专业领域，以及社会和文化生活中。媒体，包括报纸、杂志、广播、电视等，也卷入了市场化的改革中。以广播电台为例，在自上而下的政策推动的同时，大众对广播节目的反应也是广播系统变革的一个重要原因。改革开放前的政治、经济和社会结构定义和建构了一种国家所有、国家主导的广播系统。在这样的一种广播系统中，国家和地方电台的节目制作和生产，尤其是新闻节目的制作和生产要服从国家和政治的需要。在这一时期，广播形成了一种权威性的、代表国家意志的声音。在阶级斗争严峻的时期，广播电台被视作阶级斗争的武器，节目的生产和制作也要服从阶级斗争的需要。在严肃的政令新闻节目之外，很多文艺节目也被灌注了浓重的斗争味道。以"文革"时期为例，广播电台的高度政治化主要体现在高昂的声音和宣教的内容上。从个体的听觉体验来讲，在日常生活中，大众更习惯自然、平等地交流和谈话。因此，自上而下的"传递式"的传播方式也让平常的收听活动变得枯燥无味，缺少愉悦感。

改革开放带来的社会、经济结构和公众的社会、文化生活的变化也促使广播电台不得不开始市场化改革。在保留了一定的政治元素的同时，电台节目经历了去政治化的过程。由于政府财政支持的大量减少，在经营上，各地的广播电台引入了广告。在内容上，广播电台的节目生产，如主题设置、发音声调、谈话风格等发生了很多层面的变化，比如，节目具有了性别化的倾向，鼓励大众的参与，话题也越来越日常化。与这一过程同构的是电台的都市转向。电台的都市转向与改革开放时期的城市化进程密不可分。在经济、文化、社会等各个

领域进行的改革开放带来了中国城市的"压缩型"的加速度发展。这一加速度发展在深圳这座城市的崛起过程中体现得尤为突出。作为改革开放的第一个经济特区,深圳在过去四十多年的时间内迅速成长为与北京、上海、广州齐名的一线城市,也被视为一座新兴都市。作为现代声音和听觉文化的组成部分,身处城市的电台也是都市文化的重要建构者和传播者。广播电台更加关注在都市中生活的各个阶层的变化,并有意识地提供不同的节目以迎合生活在都市中的人的兴趣和需要。从形式上来讲,参与类的节目越来越多。从内容上来看,关注经济、消费及娱乐类的节目逐渐占了主要的比例。逐渐贴近都市人的日常生活,在某种程度上,可以理解为改革开放后广播电台的都市转向。

广播电台的都市转向更是体现在私人领域的公共化。对私人领域的公开讨论最直接的一类广播电台节目就是夜间情感节目。自 20 世纪 90 年代以来,原有的社会主义体制的松绑导致的一个结果就是个人经历着从"单位人"向"社会人"的转变。在脱离原有体制的同时,集体主义下的价值观取向也有不断减弱的趋势,个人需要在日常的工作和生活中思考和寻找可以指导自己思考和行为的原则和价值观。与原则和价值观转型同步发生的是从农村到城市的移民大潮,或为教育,或为工作。这些远离自己原来的纽带,聚集在都市里的移民需要在陌生的环境中重新建构自己的人际关系,并找到自己的身体和情感的落脚点。在都市电台出现的夜间情感节目则呼应了这些人在这一寻找过程中的困惑、迷茫和失落。本文接下来将以自 20 世纪 90 年代在深圳出现的电台夜间情感节目为例,追溯其起源、变迁,分析其如何建构和再现个人与都市的关系,并进一步探讨电台在都市文化建构中的功能和作用。

三、从"我们"到"我":走向公共空间的私人领域

夜间情感节目的兴起让公众意识到私人领域的议题开始逐渐进入公共空间。在讨论夜间情感节目的具体实践之前,我们有必要对私人领域公共化的出现展开一定的讨论。由于篇幅的限制,笔者仅在这里强调与之密切相关的一个

重要的社会变化，即个体身份从改革开放以前的"我们"到改革开放时期的"我"的演变。在改革开放以前，集体主义的价值观，以及由此而建构的国家和政权与个人的亲密关系对个人的影响不仅仅体现在对工作和事业的安排和分配上，也渗透到了个人生活中。在改革开放以前，虽然强调爱情、婚姻结合的自由和自愿，但在这种自由和自愿中夹杂着国家和政权对私人领域，包括爱情、婚姻、家庭的定义和介入。国家和政权的具体承载者，如单位、组织，有成全和审核个人生活的责任和权力。国家和个人生活的关系这一点在讲述改革开放以前的故事的大众文化中多有呈现。比如，以改革开放以前为背景的电影、电视剧等，如《父母爱情》《金婚》《王贵与安娜》等呈现了不同群体，包括军人、工人、大学老师等在改革开放前如何通过媒人（单位的领导、同事、亲戚等）的介绍找到合适的对象，相爱并成立家庭。自 20 世纪 90 年代以来，伴随着市场化改革的进一步深入，国家的身影逐渐从个人的私人领域中退场。改革开放以前的集体主义价值观，以及政权对个人生活，如爱情、婚姻、家庭的定义和介入也在逐渐减弱。当原有的指导性的价值观逐渐失去作用，而新的价值观尚未确立的时候，如何指导和解决私人领域中出现的各种问题，尤其是有关情感的各种困惑和争议，成为很多人不得不面对的议题。

在改革开放的年代，情感成为各个年龄段、各个层次、各种状态（包括未婚和已婚等）、身处各个地域的个体、家庭、社区共同关注的问题。经济和思想上的"解放"也带来了情感上的某种"解放"。在这样一种宏大的变化下，个体开始反思自己的情感状态和情感诉求。原来的以集体，具体地说，以家庭和孩子为目的的结合面临着挑战。已婚者开始在原有的家庭和自我的欲望之间徘徊，是冲破原有的家庭结构还是束缚住自己的欲望，如何面对来自道德和传统的拷问；未婚者开始思考应该寻找什么样的爱人和伴侣，如何在父母的期望和自己的喜好之间做选择。在改革开放时期的中国，情感可以是个人的，但婚姻仍然是从属于家庭和社会的。在情感和婚姻逐渐成为建构个体主体性和现代性的重要领域的时期，都市里的大众媒体为这类议题的表述和呈现提供了共同的空间。比如，以个人名义刊登的征友、征婚的信息和广告出现在了报纸杂志上；专门讲述情感故事的专栏、杂志等也出现了。仍是主流媒体的广播、电视也将情感和婚姻视为都市生活的重要部分,各类以情感和婚姻为主题的节目相继播出。以谈话作为主要特点的电台情感节目也在这一时期出现。

四、电台和青年农民工:深圳边缘人的情感沟通实践

除了城市居民,情感问题在进城打工的农民工群体中也很突出,尤其是年轻的农民工。在20世纪90年代,虽然有信件、电话作为连接和维系原有关系的社会化工具,但是一旦远离了家乡,生活在都市的边缘空间,年轻的农民工群体在很大程度上脱离了原来的以宗族或家庭为基本单元的情感网络和沟通空间。作为农民工最为集中的目的地之一,深圳市的城市空间中也弥漫着各种各样的情感问题。据深圳电台原夜间谈话节目主持人晓昱的回忆,"随着声讯业务经营权的放开,情感类的声讯服务在深圳迅速发展⋯⋯深圳在短短几年之内共冒出了八九家声讯台。据有关部门统计,深圳每月的声讯话费高达700万元左右,从业人员也有好几千人"。[7]

夜间情感节目在深圳广播电台应运而生。电话的普及为参与式的情感节目创造了技术条件,有情感困扰的人可以通过打电话给主持人,向主持人倾诉,或者寻求意见。虽然深圳的电台频率有限,但是以情感为主题的节目却不少,比如《单身情歌》《真情守望》《明洁的天空》《北辰夜话》等。这些节目有的仍在播出,有的停播了,但仍然陆陆续续有以情感为主题的节目出现。在众多节目中,最为知名的是由江西移民到深圳的胡晓梅主持的《夜空不寂寞》,收听该节目的人曾一度达到上百万。胡晓梅对这个节目有各种浪漫化的描述。比如,"飘荡在城市上空的声音,潜伏于人心深处的想法"[8],"都市的夜晚,寂寞的人用说话来取暖"[9],"用声音建起城市生活的另一度空间"[10],"释放心里的自己,是一种自由。如果听,可以给你自由,我愿意"[11]。现在已经是全国知名音乐人的何沐阳曾经也是从湖南南下深圳的移民。他曾在大厦的杂物间生活了大半年,坚持他的创作。他的一首作品就是以胡晓梅的节目命名的《夜空不寂寞》。在这大半年的时间里,在狭小逼仄的生存空间中,"收音机是他忠实的伴侣,胡晓梅是他唯一的精神支柱"。[12]

　　在深圳没有固定居所的移民,尤其是以打工为生的底层移民,时常处于一种"漂泊"⑬的状态。这种漂泊不仅仅是指生存状态,更是指他(她)的心灵、精神和情感状态。一个曾在深圳做过保安、工人,跑过业务的底层工作者回忆:"刚来深圳那会儿很寂寞,我就整天抱着收音机听。到现在为止,我还是这个习惯,一回家,就先把收音机拧开。"⑭正如电台主持人晓昱观察到的,电台成为很多打工者最忠实的朋友。一方面,在都市中,打工者的社会关系和情感网络比较单薄;另一方面,出于竞争等压力和现实的考虑,在都市中人与人的关系也比较浅。在信任电台的主持人的同时,这些听众通过打电话和写信等方式和电台保持着积极的互动关系。在某种意义上,在情感这个维度,越是底层的、越是在社会中被边缘化的群体,越与电台建构着亲密的关系。

　　都市不仅仅是资本、技术和人口的聚集地,也是情感交流的空间。市场化的改革在释放年轻人的欲望的同时,也在将他们建构为有主体性的个体。对于年轻的农民工来说,他们与都市的关系无根又单薄。在工作单位,尤其是像在工厂这一劳作空间,他们多数时候只是以劳动力的形式存在,并经常有被压榨的现象。在都市里,大家也是以消费者的身份出现在其他空间。由于户口、消费水平等原因,农民工徘徊在都市空间的边缘。在缺少稳定的人际关系纽带和固定的住所的情况下,其情感无处安放。通过将私人领域的问题公共化,他们在都市电台的夜空建构了一个暂且属于他们情感交流的空间。在这一情感交流的虚拟空间中,没有外在的物质符号的限制,主持人、打进电话的个体以及听众之间形成了相对平等的关系。

五、结　论

　　在 20 世纪 90 年代,除了深圳,夜间情感节目陆续在中国的很多都市电台开播,并曾经是收听率极高的节目。2016 年的都市爱情电影《从你的全世界经过》也是以夜间情感节目的主持人作为主人公展开故事情节的。电影同时征用了各个都市电台的声音串起了中国都市的声音图景。在数字媒体和社交媒体时代,夜间情感节目非但没有消失,而且各种各样与情感有关的新的形态不断出现,比如各种与情感有关的微信公众号,尤其是在夜晚可以倾听的,关注情感交流和沟通的各类音频节目。比较有名的比如在深圳的"夜听",每晚十点播送一段简短的带有抒情性质的情感感悟,安抚身处全国各地的男男女女的思绪和情绪。情感交流和沟通问题已经不仅仅是底层群体的问题,也是身处都市的各类人群的问题。情感的交流和沟通仍然是都市人的需要。

正基于此,在建设和改善"可沟通城市"的过程中,都市人的情感交流应该也是不容忽视的议题。在改革开放后重新整合的社会结构中,出现了各种各样的与情感处理有关的职业和领域,都市的不同阶层也在不断地寻找各种可以进行情感交流和沟通的渠道和空间。在众多的选择中,都市广播电台和兴起的数字音频仍然是都市人倾诉和倾听的重要空间。在这一空间中,我们听到的不仅仅是有关亲密关系和家庭的个体的困惑、争议、情绪和宣泄;更有隐藏在亲密关系和家庭中的阶层、性别等的各种不平等。在生活在都市里的每个个体尝试安顿自己的思绪和情感的努力和挣扎中,我们再一次重新想象和认识个体和都市的关系。

注释

①胡晓梅:《说吧,寂寞》,广东人民出版社,2000 年版,第 78 页。

②晓昱:《用声音抚摸深圳:一个电台女主持人的心灵访谈》,广东人民出版社,2001 年版,第 3 页。

③张慧瑜:《城市北京与文化书写:北京题材影视剧研究(1978—2018)》,社会科学文献出版社,2018 年版,第 1 页。

④谢静:《可沟通城市:网络社会的新城市主张》,载《新闻与传播研究》,2015 年第 7 期。

⑤Gene, Burd, "The mediated metropolis as medium and message," *The international communication gazette*, 2008, vol. 70, no. 3-4, pp. 209-222.

⑥葛星:《"自说自话"的城市官微——基于四城市官微内容分析的"城市官微可沟通性"报告》,载《新闻与传播研究》,2015 年第 8 期。

⑦晓昱:《用声音抚摸深圳:一个电台女主持人的心灵访谈》,广东人民出版社,2001 年版,第 229 页。

⑧胡晓梅:《说吧,寂寞》,广东人民出版社,2000 年版,第 73 页。

⑨胡晓梅:《说吧,寂寞》,广东人民出版社,2000 年版,第 158 页。

⑩胡晓梅:《说吧,寂寞》,广东人民出版社,2000 年版,第 200 页。

⑪胡晓梅:《说吧,寂寞》,广东人民出版社,2000 年版,第 305 页。

⑫夏冰:《更远处,还有歌声》,载《鹏城歌飞扬:2003—2012 深圳原创音乐星光十年掠影》,广西师范大学
　　出版社,2013 年版,第 208 页。

⑬晓昱:《用声音抚摸深圳:一个电台女主持人的心灵访谈》,广东人民出版社,2001 年版,第 19 页。

⑭晓昱:《用声音抚摸深圳:一个电台女主持人的心灵访谈》,广东人民出版社,2001 年版,第 233 页。

人何以定居城市？

——自然文化遗产的休闲空间功能与意义

方　芳*

摘　要:随着现代人的移动性越来越频繁,主体工作生活的惯常居住地已经不再必然是主体的生于斯长于斯的"家乡"。城镇化的历史进程,让城市成为人的主要居住地。而"家乡"的生活经历塑造不同的人的独特生活习性和性格特性,它与身处地场所精神的不协调,造成了人在城市生活的根本困境。那么,城市,作为一个新的场所,应当如何使人定居,成为人生活实践的空间? 研究从列斐伏尔的都市马克思主义视角切入,运用克里斯蒂安·诺伯格-舒尔茨(Christian Norberg-Schulz)的"场所精神"理论,阐释个体在城市中定居的结构和模式,分析城市中由自然景观、文化遗产、休闲产业所构成的休闲功能如何形成人的"方向感"和"归属感",以揭示城镇居民生活空间的构成,为城市空间的规划提供指引。

关键词:空间生产;场所精神;家园感;定居

都市,是现代性的产物;现代性,是都市的灵魂。这一视野的由来,既可以追溯到 20 世纪下半叶空间思想的转向,城市马克思主义理论的确立和发展,也可以直接追溯到亨利·列斐伏尔 1970 年在《都市革命》中提出的方法和问题:空间进入生产领域成为生产和再生产的对象,空间生产和空间斗争是资本主义的本质;都市问题的关键,是微观地、差异性地关注居民的建筑或栖居实践问题。列斐伏尔从整体、混合、私人三个层面来思考城市空间问题,并通过研究布尔迪厄和海德格尔思想,把私人空间定义为一个栖居的空间,认为栖居要比定

---

*　作者简介:方芳,女,哲学博士,浙江大学人文学院哲学系博士后。

居或居住早得多或者优先得多。列斐伏尔做了"栖居"与"定居"的区分,强调私人层面的"栖居"与混合、整体层面的,具有规划含义的"定居"之间的区分。本文的着眼点就在于这一区分,从"栖居"的层次,讨论自然文化遗产的休闲空间,如何实现居民的"定居",让私人的"栖居"成为一种可能。本文将揭示城市马克思主义理论视阈中的中国特色城市化进程中的定居问题。全文分为四个部分:第一,中国特色城乡迁移人口"定居"问题的研究现状分析,以及如何从列斐伏尔的都市马克思主义认识这一问题;第二,论述空间与栖居的关系,论证都市栖居的可能;第三,从中国的文化背景揭示中西方"栖居"空间特征的差异,指出乡土中国是文化背景,自然景观在"栖居"中具有重要地位;第四,运用克里斯蒂安·诺伯格-舒尔茨的"场所精神"理论,阐释具有"乡土中国"文化背景的主体,在中国特色都市中定居的结构和模式,分析城市规划应当如何运用由自然景观、文化遗产、休闲产业所构成的休闲功能,如何形成人的"方向感"和"归属感",以揭示城镇居民生活空间的构成,为城市空间的规划提供指引。

一、城乡迁移人口"定居"问题

1852—1870 年,法国第二帝国时期,拿破仑三世任命乔治-欧仁奥斯曼为巴黎大规模改造的总负责人,一场轰轰烈烈的"创造性破坏"(creative destruction)将巴黎变成了现代性之都。从此,世界上的任何渴望成为都市的城市,都迈上了相同的道路,中国也不例外。中国的现代性都市化进程,相较于巴黎要晚一个多世纪,如今我们面临的问题不仅仅是具有全球化共性的现代性问题,更为严峻的问题是城市化进程中的定居问题。国务院在 2010 年开展的第六次人口普查(以下简称"六普")数据显示:全国的流动人口高达 2.42 亿人,超过六成约 1.5 亿人是乡—城迁移人口。由于乡—城迁移人口是中国新增城市人口的主力军,外来人口的城市问题就成为社会学研究的重要问题之一。无论是从都市问题的角度,还是从学术发展的角度,学者们已经注意到了这个问题,并且针对城乡迁移人口的"定居"问题有着非常丰富的研究。这些"定居"问题的研究可以为两个方面:从乡村到城市的流动;流动人口与原住人口的融合。

从乡村到城市的流动研究主要是从地理学的视角出发。流动人口集中在从乡村到城市的流动的原因、过程、机制和空间分布情况是深度理解"流动"问题的关键。⑫流动人口与原住人口的融合又分为:外来人口本地化问题和原住人口的小众化问题。从社会学的视角来看,造成外来的流动人口不能像当地的普通居民一样生活的原因是中国历来实行的城乡分治政策。这一政策造成大部分流动人口始终漂浮在城市生活中,不能享受诸如城市社会保障、社会服务、社会医疗、子女教育等福利。③甚至,他们在大举流入城市务工的过程中,就已经遭遇了种种制度性或非制度性排斥。④原住人口的小众化同样是一个由流动人口引发的融合问题。根据"六普"的数据,2010 年流动人口占总人口比例为16.5%,较 2000 年增长了 1 倍;京、沪外来人口 10 年增长率分别为 174%、159%,深圳外来人口是原住人口的 3 倍。城市化和人口结构的改变使得原住民群体渐成小众,"不认同"的现象开始出现,改善城市移民的生存环境变得愈发迫切。在融合问题上,研究者的共识是:社会融合程度较低。⑤但由于融合问题涉及的心理、文化、历史、经济、制度、社会资本、人力资本、年龄、性别、婚姻状况、方言掌握程度、个体因素等参数繁杂⑥,尚未形成统一的理论分析框架及可供准确比较的测量指标体系。⑦

文献综述指出了在中国的现代化进程中都市空间中的一种基本现象:流动的外来人口成为都市空间构建的关键性因素,都市空间的核心问题集中表现为在个体层面体现出个人的社会身份认同感和归属感问题,而流动人口在宏观层面又会造成包括原住居民在内的社会各个群体的融合问题。列斐伏尔指出,对于都市问题的研究,存在一个认识论的盲区:都市问题,是一个都市异托邦,它与居民"栖居"之间的联系才是研究的重点。虽然研究者从传统的社会学、心理学等视角对"定居"问题进行了深入研究,比如说,通过社会学分类寻找原因,通过外来人口的心理认知和判断寻找应对政策(流动人口心理层面的社会融入和身份认同问题研究),但是,列斐伏尔在《都市革命》中悲观地指出,专业科学解决不了都市现象问题,需要一种都市战略来解决。这种都市战略将都市分为历时态和共时态。从历时态角度来看,社会可分为乡村、工业与都市三个阶段;从共时态角度来看,都市社会则有三个层次,即整体性、混合性与私人性。其中整体性是国家制度层面,混合性则是都市自身层面的,而私人性即建筑层面的。私人的层次,即栖居的层次。因此,本文以都市空间为方法论指导,试图从空间的角度探讨保证私人"栖居"的都市定居策略。

二、定居问题的描述(整体性—混合性—私人性)

列斐伏尔的城市马克思主义强调把都市的空间尺度界定为公共的、中间混合的以及私人的三个层面。他指出了在私人层面寻找私人与都市的公共与中间混合层面融合可能的重要性。[⑧] 依据上文所描述的城乡迁移人口的定居问题以及已有的文献研究,笔者将都市空间的"迁移人口"的定居问题从整体性、混合性与私人性做以下阐述。

第一,从中国的经济发展与城市化进程来看,中国经济发展中的产业集聚形成的一系列效应,必然会形成城市马克思主义中的空间生产。大城市与特大城市成为空间生产的承载体,源源不断的资本、消费不断地融入和汇合在一起,成为社会的生产力与生产关系发展的崭新舞台。在生产力发展和生产关系的作用下,城市成了都市,也就成为都市马克思主义的研究对象。城市都市化的发展进程,在自 1980 年以来的中国城市化进程中体现得淋漓尽致。越来越多的研究也证实了中国的经济大发展与城市化进程的加速是同时进行的,大量人口由农村流入城镇。[⑨] 根据联合国报告,中国和印度将是 2014—2050 年城市人口增长的主要来源地。[⑩] 根据中国的人口普查,1982—2010 年城市人口增加了 2 倍以上,从 1982 年的 2.11 亿人急增至 2010 年的 6.66 亿人。[⑪] 中国的城市人口的融入包括三部分,分别是本地人口(在早年可分为有本地户口的非农人口和农业人口)、永久移民(已有本地户口)和流动人口(没有本地户口)[⑫],它的融入途径包括常规的城乡迁移、城市对流动人口的融合与包容以及城市边缘区的城乡一体化。[⑬] 城市人口激增、流动人口的增长,成为近期中国高速城市化的显著特征。从整体性的角度来看,迁移人口的定居问题,也就是流动人口的定居问题,是中国经济发展过程中不可避免的。

第二,从混合型的城市层面看,城市空间成为资本要素,具体的空间被抽象的空间所替代,成为一个客体的、科学的、中立的压抑空间,导致城市空间同质化、碎片化,从而形成城市病。城市病的实质是日常生活的凋敝。列斐伏尔详细描述了法国的现实场景——中心城市强力吸纳人口、智力、财富,统治着、剥削着周围从属的、被等级化的空间,建立了一种内部的新殖民主义。新殖民主义在“经济和生产力在数量上的增长”的背景下,以“经济的、社会的和文化的隔离”为标志,“带来了社会生活的恶化”⑭。在都市的层面,迁移人口的定居问题,依据资本的逻辑,主要体现为流离失所、隔离和囚禁在城市里成为生产材料。

第三,日常生活的凋零与家园的丧失。都市巨大的吸引力把城市居民的生活中心由“家庭”转向了“工作”。“工作机会”成为流动人口迁移的核心考量,居住重要性则被忽视,或者被压抑,形成了居住、工作分离的不对等日常生活结构。居住是为了工作,“栖息”也就被彻底忽视了。居住环境和工作环境在结构上分离,压抑了人的存在于日常环境中的表达,阻碍了对居住起着奠基作用的认同感和归属感的形成⑮。与此同时,生活中心的转变和生活节奏的加快使得居民现身参与公共活动的机会变少,市民性已经由罗马帝国时代的一种生活形态变成如今的一个政治符号。在《西方建筑的意义》中,诺伯舒兹描述了浴场在古罗马城市生活中的作用:“它们实际上是城市生活的真正中心……作为罗马生活的重要舞台之一,也就是作为存在意义的一种表达方式,浴场自然需要一种隐含在罗马的景观、聚落和主要建筑类型中的空间结构。”⑯在都市定居的困境不仅来源于都市本身的构成,还因为家园感的失落。随着现代人的移动越来越频繁,主体工作生活的惯常居住地已经不再必然是主体生于斯长于斯的“家乡”。城镇化的历史进程,让城市成为人的主要居住地。而“家乡”的生活经历塑造的不同的人的独特生活习性和性格特性与身处地场所精神的不协调,造成了迁移人口城市生活的根本困境。

综上所述,中国大都市流动人口的定居问题可以描述为:空间生产,必然带来社会流动性的增加,人们被迫流动状态地、流浪式地、孤苦伶仃地“栖居”在全球化的空间之中;城市以消费主义压榨日常生活空间,造成城市空间生产的景观化,消解着多元异质的历史文化,抹杀了地域和民族特色;私人在都市里生活的核心问题是“家园感”的丧失、“城市权利”的失落。从整体性、混合性、私人性三个角度出发,建立差异性的社会主义城市空间,在"居无定所"的都市中为流动人口的"栖居"提供条件,既是国家经济发展的需求,也是城市竞争力、吸引力获得的需要,更是城市居民重新获得"城市权利"的需要。而要解决"定居"问题,就要从中国独有的"栖居"特性出发,以探索不为资本增值而存在的差异性社会主义城市空间构建的路径。

三、家园感与乡土中国

中国特色的"栖居"空间性特征可被定义为"乡土中国"。乡土中国是中国发展进程中共时性的流动性和历时性的城市发展所形成的城市居民塑造的共同的、关于"家园"的记忆。"乡土中国"一词源于费孝通于 1948 年所著的中国社会结构研究著作——《乡土中国》。该书研究中国的社会习俗的形成原因及其内涵。该书创作的时候,中国的流动性较低,"乡土中国"是中国人生活的环境和现实,而非一种记忆。费孝通曾指出:"以农为生的人,世代定居是常态,迁移是变态。大旱大水,连年兵乱,可以使一部分农民抛井离乡;即使像抗战这样大事件所引起基层人口的流动,我相信还是微乎其微的。"[⑰]而在当代,我们用"乡土中国"一词描述的不是社会结构、文化内涵、风俗习惯,而是共同记忆里的"家园"空间特征。

"乡土中国"的家园空间特征可以被描述为自然地貌、山水景观、村庄村落三个基本组成部分。"乡土中国"承载着家园。在对 20 世纪中国小说"城—乡"文化符号的结构功能及文化表征意义的研究中,研究者发现"家园"的概念被安置在了"乡村"自然、山水、村庄,甚至"野地""荒野"上[⑱],"乡村"成为能指的"家园"符号的指代。这一与都市景观鲜明对立的空间性特征指明,在私人性的层面,都市空间的栖居问题表现为"乡土中国"的失落。城市化进程所形成的都市空间,为了空间生产,极大地破坏了该城市所在地原有的自然地貌和山水景观,村庄村落也被"摩天大楼与玻璃幕墙"替代。混合性层面对"乡土中国"空间的破坏,加之整体性层面的流动性人口远离乡村,都从外部客观环境上构成了人的栖居问题。因此,人们向往乡村生活,乡村旅游在当今城市中也变得十分流行。城市居民在假期带着父母、子女去乡村,与其说是体验与城市不同的景观,不如说,是在追寻自己的家园,重温"乡土中国"记忆。城市发展与城市定居的矛盾,就表现为私人层面"乡土中国"的家园记忆与都市生活的矛盾。

更进一步,从主体的内部性的记忆的本质角度来说,"乡土中国"成为"家园"符号的指代,这不仅仅是因为从文化心理的层面上乡土是大部分中国人的童年生活的记忆,或者在与钢筋水泥构造的城市的对比中需要一个"乌托邦"的符号,更是因为"地貌—山水—村落"的空间本身就是"家园"这一特定回忆的承载者,而现代化都市正是因为丧失了这一空间特性而使得都市居民无家可归。加斯东·巴什拉(Gaston Bachelard,1884—1962)在《空间的诗学》中详细描述了在西方文化背景中自然空间如何承载"家宅",以及都市住宅是如何丧失这种家园感的。首先,在建筑构造上,栖居的"家宅"与都市的"住宅"就有很大的区别。传统家宅的建筑布局分为垂直性的地窖、中间层和阁楼三个部分,阁楼代表着"天空",地窖代表着"大地"。阁楼与天空的对抗象征着白天经验中的阳光与理性;地窖与大地的对抗象征着无论白天黑夜都充满着的阴暗与非理性。两者自上而下贯穿了整个家宅的形象,"家宅,地窖,底下的土地在纵深上融为一体"[19]。人在家宅中实现了同土地、宇宙的本真联系。而现代都市以"摩天大楼与玻璃幕墙"为标配,住宅只保留了格子状的中间层——一个立体空间。宅布斯凯的诗句描述道:"这是一个只有一层楼的人:他的地窖就在阁楼里。"住宅空间结构的变化,阁楼与地下室的去除,造成了人性价值的损失。其次,从环境中看,都市的"住宅"不处于自然,因此不是栖居的"家宅",不是真正的家园。"巴黎没有家宅。大城市的居民们住在层层叠叠的盒子里。""在家的状态只不过是单纯的水平性。嵌在一层楼当中的一套住宅的各个房间缺乏一条最基本的原则来区别和划分他们的内心价值。"因此,在城市中的住所居住,"缺乏一条最基本的原则来区分和划分他们的内心价值"[20],人为地搭建了居所与空间之间的关联,因此,基本的家园特征也丧失了。

加斯东·巴什拉分析的"家宅"是典型的西方空间,而中国"乡土中国"空间所塑造的家园感与之稍有差异。从中国文化角度来说,"自然地貌—山水景观"的自然空间承载着伦理、美学、宗教思想,有山水"比德"的儒家自然,有"天然"

的道家自然，也有"禅意"的佛家自然。而在儒释道三教合一的趋势中，富有中国文化意趣的"自然"既是诗意的自然，也是人格的自然。对自然的亲近，既是对思想源头的亲近，也是对一种本源的人的生活方式的亲近，即家园的回归。陶渊明在《归去来兮辞》中表达了这一亲近自然的观念。"归去来兮，田园将芜胡不归！既自以心为形役，奚惆怅而独悲？悟已往之不谏，知来者之可追。实迷途其未远，觉今是而昨非。舟遥遥以轻飏，风飘飘而吹衣。问征夫以前路，恨晨光之熹微。"古代的士大夫们以"农村"为人生的起点和归途，在诗歌、绘画、文学等艺术作品中将"田园生活"作为最理想的、最舒服的、最高尚的生活方式。在他们看来，"接近自然就意味着身体与精神上的健康。退化的只是城市人，并非农村人，所以城市中的学者与富庶人家总是有一种渴望自然的感觉"[①]。不过，与西方"家宅"的命运相同，"乡土中国"也在都市中丧失了。

那么，乡土中国的家园记忆是否就已经成为一种永恒的回忆？都市中的"家园"是不是不可得的？在人类的实践经验中，我们可以发现，建筑、绘画、诗歌等艺术都可以直接将主体带入家园感中。以海德格尔所分析的荷尔德林诗为例，"诗人的天职是返乡，惟通过返乡，故乡才作为达乎本源的切近国度而得到准备。守护那达乎极乐的有所隐匿的切近之神秘，并且在守护之际把这个神秘展开出来，这乃是返乡的忧心"[②]。不仅诗歌如此，绘画也是如此。正如"在贾科梅蒂身边"展览中的一句话所言："画画，就是重新找回童年的安全感，就是身居一处，如同故里，就像处在一个由花园、房间和夏日的白昼构成的封闭的内陆世界，围绕着这个世界，天地万物在遥远地旋转着，乡土和孤异是引导我们走向普遍世界的唯一途径。"因此，我们可以借助建筑现象学中的对建筑如何实现"栖居"的分析，探讨通过定居规划引导都市空间中栖居的可能。

四、家园感塑造：归属感和方向感

（一）家园感的符号性

无论是东方文化还是西方文化，都肯定了家园感与空间之间的关系，但是，奇怪的是,无论一个人生活在什么样的空间中(即便是在都市中),他的童年记忆中都会有对"家园感"的感知意识。究其意识起源可知,"家园感"只能在想象力的回忆中成形,而在成年后不断被带回。"家园"是童年时期形成的空间记忆,而一旦个体成长为成人之后,它就具有原初的不可得性。加斯东·巴什拉分析了亨利·巴舍兰对童年家宅的描述,分析了"小木屋之梦"是如何成为原始家宅的形象的,论述想象力是如何把"小木屋"刻在想象力的回忆(而不只是记忆)中从而变成了绝对的庇护所。"我们从来不直接体验形象。每个重要的形象都有深不可测的梦的基础,正是在这个梦的基础上,个人的过往岁月披上了特殊的色彩。"[3]无独有偶,中国文化中特有的游子的乡愁,通常也不是位于某地的具体的"家乡",而是一个想象中的"家乡",毋宁说是一个寄于乡土之中的精神的家园。受到繁荣的农业文明的影响,中国迄今为止仍是乡土中国,"乡村"的山水、自然、田园、小桥、流水等早已等同了"家园"的概念。[4]

既然"家园"本身就不可得,而"家园感"是在空间想象力的记忆中形成,并处于不断的生成过程中,那么,即便主体因其流动性不再生活在童年生活的地方,也是有可能在新的空间中形成家园感的,都市也不例外。建筑是为了让人栖居。克里斯蒂安·诺伯格-舒尔茨的场所精神指出了如何通过建筑构建栖居的家园感。他认为在界定一种性质上不同于周遭环境的区域时,不应该过度地重视文化的重要性。[5]场所精神才是不同地区最为主要的差异。家园感由认同感和归属感共同构造,在个体童年时期就逐渐形成。[6]有认同感的客体是有具体的环境特质的,而人与这些特质的关系经常是在小时候培养的。小孩子在绿色、棕色或白色的空间中长大,在沙、泥土、石头或沼泽中行走、玩耍,在乌云密布或晴空万里的天空下抓起、抬起重的或轻的东西,听到的声音如风吹某种树叶时所发出的声音。因此小孩子便认识了自然,而且培养了决定所有未来经验的知觉类型。而归属感则在成人的时候,通过想象力记忆重新编码童年记忆,从而形成归属感。因此,家园感不是被重塑的,而是不断融入的,当下的空间体验与"家园感"相互作用和影响,对新的场所精神"方向感和认同感"的不断获得,即可实现人的"定居",让栖居成为一种可能。

(二)家园感的获得:方向感和认同感

加斯东·巴什拉在分析中已然指明了一种可能:如何帮助城市卧室的外部空间宇宙化? 他给出的答案是:想象力,即梦想者对巴黎的噪声问题的解决方案。当主体在城市噪声所带来的紧张中失眠,他可以把城市这一片嘈杂想象为浪涛和海潮的持续低语,把车辆的隆隆声设想为打雷的声音,把沙发想象为一叶迷失在水上的小舟,通过这个抽象又具体的梦想,"我在"风暴里,充满勇气地睡觉,幸福地做一个被波浪裹挟的人。㉗主体性想象的力量已经可以将人带回家园,除了意识的作用之外,实践同样可以将人带回家园。克里斯蒂安·诺伯格-舒尔茨认为人是随遇而安的,在人与场所的互动的过程中,随着方向感和认同感的形成,建筑可以让人实现栖居。

"方向感"(orientation)来源于林奇(Kevin Lynch)的"城市意象"理论。"所有文化都发展出了'方向系统'(systems of orientation),即'能实现良好环境意象的空间结构'。……当这个系统变得薄弱,意象的制造将变得困难,人会感到'迷失'。对'迷失'的恐惧来自于运动的有机体需要在其环境中获得指引。"㉘林奇认为,城市景观应具有"可读性","可读性"来源于由个性、结构和意义组成的"环境意象";或者说城市应具有"可意象性",才不致使人"迷失"。城市的"意象"(image)可分为道路、边界、区域、节点、标志物等五个要素,理想的城市形态是通过这些要素的有效组织达到的。"认同感"(identification)是指人在生活过程中内化了"场所"结构,"在自身的发展中,个体会发现一个可与他人分享的构造好的整体,这比其他任何东西都更能给他以认同感"㉙,将认同符号化(symbolization)是由于既有理论认为,人与场所的联结需要感知和其他过程。"通过符号化,人们可以超越个体的局限而过上一种有着社会性和目的性的生活。""为了感受一个清晰的符号,人需要经历一个认同的过程,即通过将其链入自然与人的多维复合结构,而给予人们个体的存在意义。"㉚人到了陌生的环境,迟早会习惯并认同当地的"场所"的结构(即城市与建筑的集结方式),"场所精神"的体现是一个从适应(orientation)到认同(identification)的过程。

场所精神给予人"重新"定居的可能,却并非直接勾连"家园感"。在都市生活中,单靠主体性的发挥来形成方向感和认同感是非常缓慢的。因为都市中聚集着大量的符号系统,对它们的识别和认同都需要非常长的时间,甚至直到死亡也无法形成。因此,基于上文的分析脉络,我们在此论述一种通过"自然休闲空间"打造的城市规划来帮助主体"定居"的可能。

(三)都市家园——自然山水休闲空间

第一,为了帮助城市居民"定居",都市中应打造"乡土中国"的空间性,它包括维护城市原本的自然地貌特征,依据自然遗产打造山水景观和保护独具特色的古代建筑。"乡土中国"的空间,是家园感赖以依附的空间结构。这种空间结构以保护和维系为主,规划为辅,尽力维持城市在历时态性中的一致性,让城市居民的文化和记忆有处可依。这一点在外地人和本地人的融合中,效果会更加显著。有研究者在对城中村的休闲空间作用的研究中指出,"设施建设在促进外来人口与本地人口之间的社会融合等方面所起作用不大",其原因是"本地人口与外来人口分别有各自固定的休闲场所,本地人口一般在祠堂、宗庙和当地政府建设的活动中心等室内休闲场所活动,而这些活动场所很少有外来人口进入;外来人口则主要集中在绿地、球场等限制性较小的室外休闲场所活动。本地人口和外来人口的休闲行为仍局限于基于地缘、业缘关系和血缘关系而建立起来的小群体里,他们之间的交往仍局限于雇佣关系,缺乏更深入的互动,即使在休闲空间内,也没有使他们打破原来的界线,一起沟通交流"①。但是,由自然地貌、山水景观、物质文化遗产所构建的"乡土中国"的文化记忆是共享的。

第二,为加快"方向感"和"认同感"的形成,需发挥"乡土中国"空间的休闲功能。论语第一句,"学而时习之,不亦说乎",阐明了知识获得的过程,也可用来概括家园感的形成过程。"学"是主体与陌生事物接触的第一步,需要充分发挥主观能动性。城市定居的第一步也是"学",居民需要主动去认识城市的符号系统。第二步,则是"习"。"习"就是通过实践熟悉、应用这一知识的过程,只有这样,才能获得从心所欲而不逾规矩的自由。同样地,城市中的环境也需要居民"习"的实践,工作只是其中的一种,休闲才是真正的生活实践。只有在休闲实践中,主体才能从"乡土中国"的空间中产生真正的存在方向感,而不是"住宅—工作地"两点一线的路径。第三步是"悦",是熟悉了知识之后的亲密感觉。完成这三步之后,人在乡土中国中最终形成认同感。由此三步,我们可以看到"习"的重要性,而"习"的实践方式,是休闲,而非工作。

第三,都市还需要重新塑造城市的中心,把城市的中心从商业综合体转为自然山水休闲空间。列斐伏尔宣称,"都市空间最核心的本质或属性:构成性中心"②,构成性的中心以辐射状向外扩张,会形成一个空间的交换价值依次递减的空间环。都市的中心是权力中心和最高等级,那么,这个构成性中心的性质就影响了城市整体的价值取向:是在空间中生产,还是在空间中栖居?倡导以自然山水休闲空间取代商业综合体成为中心,是为了强调空间的价值取向是栖居,而非生产。以杭州市为例,杭州在休闲城市定位的过程中,主要承担城市中心功能的是延安路及近西湖地区(武林广场、湖滨、吴山广场),这是以自然山水休闲空间为代表的"栖居"中心的典型案例,为杭州城市形象的定位做出了极大的贡献。虽然现在西湖一直被附近的商业街区所围绕,但这并不影响西湖发挥着"栖居"的作用。正如白居易诗云:"未能抛得杭州去,一半勾留在此湖。"

"现代城市,其空间形式,不是让人确立家园感,而是不断地毁掉家园感,不是让人的身体与空间发生体验关系,而是让人的身体和空间发生错置关系。这就是大规模的理性规划所带来的空间隔膜。这就是大城市的特征:你被漫漫人流所包围,但是,却倍感孤独。"③列斐伏尔从资本主义的批判视角上,用都市革命理论范式取代经典马克思主义的工业化与资本主义批判方式研究城市问题,而从建筑理论的角度,则可以把都市身体化,而在都市资本化与都市身体化之间,蕴含着列斐伏尔寻找的希望,即,空间掌握着解放的承诺与希望,从集权专制中解放出来,即从时间专制以及部分地从任何其他部门中解放出来的所在。

注释

①参见袁媛等:《广州市 1990—2000 年外来人口空间分布、演变和影响因素研究》,载《经济地理》,2007 年第 2 期。

②Wu F. , Zhang F. , Webster C. , *Rural migrants in urban China: enclaves and transient urbanism*, Routledge, London, 2014.

③参见李培林、李炜:《近年来农民工的经济状况和社会态度》,载《中国社会科学》,2010 年第 1 期;汪明

峰等:《外来人口、临时居所与城中村改造》,载《城市规划》,2012 年第 7 期。

④参见陈映芳:《"农民工":制度安排与身份认同》,载《社会学研究》,2005 年第 3 期;顾海英等:《现阶段"新二元结构"问题缓解的制度与政策:基于上海外来农民工的调研》,载《管理世界》,2011 年第 11 期。

⑤参见沈千帆:《北京市流动人口的社会融入研究》,北京大学出版社,2011 年版。

⑥参见李志刚等:《中国城市"新移民"社会网络与空间分异》,载《地理学报》,2011 年第 6 期;朱宇等:《流动人口的流迁模式与社会保护:从"城市融入"到"社会融入"》,载《地理科学》,2011 年第 3 期;刘望保等:《城中村休闲空间建设与本、外地人口之间的社区融合》,载《世界地理研究》,2013 年第 3 期;吴缚龙等:《转型中国城市中的社会融合问题》,载《中国城市研究》,2013 年第 6 期;李树苗等:《中国农民工的社会融合及其影响因素研究》,载《人口与经济》,2008 年第 2 期;杨绪松等:《农民工社会支持与社会融合的现状及政策研究》,载《中国软科学》,2006 年第 2 期。

⑦参见任远等:《城市流动人口社会融合的过程、测量及影响因素》,载《人口研究》,2010 年第 2 期。

⑧参见刘怀玉:《社会主义如何让人栖居于现代都市》,载《马克思主义与现实》,2017 年第 1 期。

⑨参见 Shen J. , "A study of the temporary population in Chinese cities,"*Habitat international* , vol. 26, no. 3, 2002;沈建法:《1982 年以来中国省级区域城市化水平趋势》,载《地理学报》,2005 年第 4 期;沈建法:《中国城市化过程与可持续城市化对策》,载彼得·卡尔·克雷斯尔:《城市与可持续城市发展的合作伙伴》,爱德华·埃尔加出版社,2015 年版,第 61—73 页;杨传开等:《中国农民进城定居的意愿与影响因素》,载《地理研究》,2017 年第 12 期。

⑩Department of Economic and Social Affairs,*Population division* , UN. *world urbanization prospects* , *the 2014 revision*:*Highlights* , United Nations,New York, 2014, p. 12.

⑪参见中华人民共和国国家统计局:《中国统计年鉴 2011》,中国统计出版社,2011 年版,第 96 页。

⑫参见 Shen J. , "Counting urban population in chinese censuses 1953—2000:Changing definitions, problems and solutions,"*Population* , *Space and Place* , vol. 11, no. 5, 2005.

⑬参见沈建法:《中国人口迁移、流动人口与城市化》,载《地理研究》,2019 年第 1 期。

⑭[法]亨利·勒菲弗:《空间与政治》,李春译,上海人民出版社,2008 年版,第 129—130 页。

⑮参见 Christian Norberg-Schulz,*Genius loci*:*towards a phenomenology of architecture* , Rizzoli,New York, 1980,p. 166.

⑯[挪]克里斯蒂安·诺伯格-舒尔茨:《西方建筑的意义》,李路珂等译,中国建筑工业出版社,2005 年版,第 55 页。

⑰费孝通:《乡土中国》,北京时代华文书局,2018 年版,第 3—4 页。

⑱参见许心宏:《文学地图上的城市于乡村——二十世纪中国小说"城—乡"符号结构研究》,浙江大学博士学位论文,2010 年,第 V 页。

⑲[法]加斯东·巴什拉:《空间的诗学》,张逸婧译,上海译文出版社,2009 年版,第 27 页。

⑳[法]加斯东·巴什拉:《空间的诗学》,张逸婧译,上海译文出版社,2009年版,第27页。

㉑林语堂:《中国人》,学林出版社,1994年版,第49页。

㉒[德]海德格尔:《荷尔德林诗阐释》,孙周兴译,商务印书馆,2000年版,第31页。

㉓[法]加斯东·巴什拉:《空间的诗学》,张逸婧译,上海译文出版社,2009年版,第33页。

㉔参见许心宏:《文学地图上的城市与乡村——二十世纪中国小说"城—乡"符号结构研究》,浙江大学博
　士学位论文,2010年,第210页。

㉕[挪]诺伯舒兹:《场所精神》,施植明译,华中科技大学出版社,2010年版,第59页。

㉖[挪]诺伯舒兹:《场所精神》,施植明译,华中科技大学出版社,2010年版,第20页。

㉗[法]加斯东·巴什拉:《空间的诗学》,张逸婧译,上海译文出版社,2009年版,第28页。

㉘Christian Norberg-Schulz, *Genius loci: towards a phenomenology of architecture*, Rizzoli, New
　York,1980,pp. 19-20.

㉙[挪]克里斯蒂安·诺伯格-舒尔茨:《西方建筑的意义》,李路珂等译,中国建筑工业出版社,2005年版,
　第226页。

㉚[挪]克里斯蒂安·诺伯格-舒尔茨:《西方建筑的意义》,李路珂等译,中国建筑工业出版社,2005年版,
　第224—225页。

㉛刘望保等:《城中村休闲空间建设与本、外地人口间的社区融合》,载《世界地理研究》,2013年第3期。

㉜[法]亨利·勒菲弗:《空间与政治》,李春译,上海人民出版社,2008年版,第17页。

㉝汪民安:《身体、空间与后现代性》,江苏人民出版社,2015年版,第129页。

都市空间与景观

当代中国城市空间发展的现实语境

——基于物本和人本的双重维度

夏震　周建新　杨辉[*]

摘　要：城市空间既是物质的构造，又是文化影像的映射，具有物本和人本双重属性。城市空间研究从物本和人本两个维度展开，城市空间研究的物本维度决定了"物本-功能-价值"的第一层研究范式，人本维度决定了"空间-人本-价值"的第二层研究范式。社会转型、制度变迁、城镇化发展构成了当代中国城市空间发展经济化、全球化、现代化、新发展理念等现实语境，城市空间呈现物本发展压倒人本发展的物化逻辑。新时期，在城市空间再造、文化价值重构等方式作用下，中国城市空间的物本发展向着人本发展理性回归，创造"空间与文化""人与自然""人与社会"和谐共生的美好未来。

关键词：城市空间；物本维度；人本维度；现实语境

2018年，中国59.58％的人口集聚在城市，85.5％的消费发生在城市，98.5％的建设投资发生在城市，城市成为人们活动的主要场所，构成了人类发展政治、经济、文化、社会、生态多维的交互空间。城市空间既是物质的构造，又是文化影像的映射，城市空间与城市文化呈现相辅相成、相互依赖、相互作用的关系。从哲学的角度看，空间是先验性的存在，科学以本体论为先决条件，那么城市空间则是城市研究（城市规划研究、城市文化研究、城市社会研究、城市经济研究等）的重要对象、认识的客体以及产生现象的结构与机制的先验性本体，

　＊　作者简介：夏震，男，深圳大学文化产业研究院博士研究生、中级经济师；周建新，男，深圳大学文化产业研究院教授、博士生导师；杨辉，女，深圳大学文化产业研究院博士研究生。基金项目：碧桂园·深大学子创新创业项目"困境与突破：城市文化创新与城市空间再造"（编号000002-04）。

所以本文以城市空间为研究对象,展开对城市物化建设和城市文化发展的研究。

美国历史学家刘易斯·芒福德是最早将城市研究从器物性的研究上升为城市文化活化研究的专家学者[①],美国的城市规划师简·雅各布从城市规划的角度研究了城市空间的多样性及引发的社会经济等问题[②],国内学者李凤亮从创新型城市和文化软实力方面提出了中国城市发展的思考[③],秦德君提出了城市文化创新研究的人文、物理和相交的三个界面[④],潘泽泉,刘丽娟从城市现代性构筑了城市空间生产和重构的风险话语体系[⑤],马学广构建了社会—空间的辩证法,以政府、企业、社会组织、个人等权利主体的社会互动和文化源流为线索[⑥]……城市主题的研究横跨多个领域:文化历史、建筑设计、城市规划、空间地理、社会、经济、生态等,基本呈现三条叙事主线,第一是物本的角度,研究城市空间的形态、结构、布局等,第二是人本的角度,研究城市空间表现的社会特征、经济特征、文化特征和生态特征等,第三是物本和人本相交的界面,研究城市的物化建设不断融入文化发展的理念。本文从城市空间研究的物本和人本的双重维度出发,厘清当代中国社会转型、制度变迁、城镇化发展的现实语境,探讨新时期、新发展理念下城市空间的发展转向和未来图景。

一、城市空间研究的双重维度

在时间的源流中,城市空间发生巨变,城市文化呈现物本和人本的双重发展,城市空间的研究在物本和人本双重维度下具有重要内涵和意义。

(一)物本维度

从基本意义来讲,物质是空间的第一属性,城市空间是城市物的载体。我国的《城市用地分类与规划建设用地标准》(GB 20137—2011)将城市建设用地分为 8 个大类,35 个种类及 42 个小类。居住、公共管理与服务、商业服务业、工业、物流仓储、交通、公共设施、绿地,这 8 个大类的构筑物基本构成了当代我国城市空间的物质主体。

城市空间的物本维度,决定了城市空间研究"物本-功能-价值"的第一层研究范式。在物的基础上,城市空间的物质功能性被摆在了首要位置,城市空间首先满足人们衣、食、住、行、用、生产、医疗、教育、宗教、信仰、情感等一切功能的需要,其后实现政治、经济、文化、社会、生态等价值影响,在"物本-功能-价值"的研究范式下,产生了城市空间的形态决定论、结构决定论和布局决定论等研究论调。

其一,城市空间构筑物具有最基本的功用。例如:道路用于出行,房屋用于居住,学校用于教学研,工厂用于生产,写字楼用于办公,景观用于休闲等。

其二,城市空间的形态结构特点展现其功用价值。行政办公大楼的造型要严肃庄重,学研机构的建筑要素净雅致,宗教的建筑要神圣肃穆,商业的建筑要缤纷夺目,文体的建筑则要别致一些。

其三,规模大小、分布密度、空间容积率等建筑规约决定了人们活动的区域、功能和流量,工业、商业、社区、交通的设计和布局,道路、建筑、绿地等的结构规模大小,则影响了整个城市的空间形态,进而决定功用好坏和价值高低。北京鸟巢国家体育中心,能够承接奥运会等国际大型体育赛事,地市级的体育场馆只能用于地方赛事和区域的体育活动。再者,上海陆家嘴、广州珠江新城、深圳湾超级总部基地等中心商业区从规划设计到建成,往往花费十数年的时间,最终发挥出商业集聚、经济社会往来的重要价值,成为一个城市的地理标志和繁华象征。

物本维度,形态—结构—布局决定论的微观视野,构成了建筑、规划、设计、地理等学科领域的研究范畴。而产权、制度、价格的中观视野,则构成了城市经济学、制度经济学、空间经济学等学科领域的研究范畴。中观视野包括城市空间价值论、城市空间生产边界和发展规约,其根本原因在于产权,直接利益目标是经济价值,价格是尺度,限定条件是边界和规约。

其一,产权、边界与规约。《中华人民共和国物权法》第一条规定,为了维护国家基本经济制度,维护社会主义市场经济秩序,明确物的归属,发挥物的效用,保护权利人的物权,根据宪法,制定本法。物权(或者产权)是所有制条件下物的使用权或所有权的体现,体现了物的归属和效用,之后才有物的秩序流动:

交易、转让、抵押、担保、留置、赠予、征收等行为,《中华人民共和国房地产管理法》《中华人民共和国土地管理法》等基本法律,《城市用地分类与规划建设用地标准》《城市公共设施规划规范》《城市居住区规划设计标准》等规范标准,《中华人民共和国土地增值税暂行条例》《城市房地产开发经营管理条例》等管理规范条例,《土地开发整理规划》《住房保障规划》等规划计划共同形成了城市空间建设发展的规约,形塑着城市空间发展的边界。

其二,城市空间区位的价值决定论。城市空间物的价格,根本上可以说是产权的价格,产权的价格受物的价值影响,价值受区位、功用等影响。关于城市空间的经济价值,有许多理论可以解释,杜能的农业区位论、马克思的级差地租理论、李嘉图的租金补偿理论、阿隆索的竞租模型、克鲁格曼的核心边缘模型等等,这些理论共同描述了城市空间的经济价值(土地价格、物权价格)与不同区位土地成本、生产率高低、通勤成本、产业部门分布等因素的关系。以城市空间区位价值的决定论为基础,城市空间的研究在城市边缘区空间生产、城市蔓延、土地利用冲突等领域展开。

(二)人本维度

城市空间的人本维度,决定了城市空间研究"空间—人本—价值"的第二层范式。城市的主要功能是化力为形,化全能为文化,化朽物为活生生的艺术形象,化有机的生命繁衍为社会创新。[⑦]《周易·贲卦·彖传》有云:"关乎天文,以察时变,关乎人文,以化成天下。"《周易·系辞·上》中又云:"方以类聚,物以群分,吉凶生矣。在天成象,在地成形,变化见矣。"天文和人文映射在天地成象、物以群分的变化之中,城市空间的集聚、发展和运动,本就是人文活动的再现。

城市物的聚集,展现了城市文化的观相,为城市打上时空的烙印。以斯宾格勒和汤因比为代表的"斯宾格勒学派"形成了"文化形态学说"。斯宾格勒把人类的一切活动,诸如政治、经济、军事、科学、建筑、城市、艺术等,全部纳入一个文化体系内考察,并以生物生长、发展、衰亡的形态作为类比,以判定其形式、结构和特征,其文化观相与景观、城市、民族、国家有深刻的联结,文化观相后来被广泛地应用在地理、地质、建筑等城市科学的研究中。汤因比同样也认为历史研究的人类全体、一个民族、一个社会族群,在时间和空间上联系的一群人,创造的有机文明的社会概念,为文明和文化赋予了时空概念。⑧

刘易斯·芒福德将城市空间的研究从城市的物质形式升华到包括建筑、艺术、科技、文化和政治的综合性研究,并且追踪了城市形式、建筑风格、社会文化价值和城市演变的其他相关因素的影响。在他的描述中,圣地、村庄、要塞,是城市形成前的历史形态,这由当时旧石器文化与新石器文化融合时期生产力发展所处阶段所决定;在城市的聚合过程中,城市的法律和秩序,代替了宗教、战争、权力等带来的忧虑、牺牲和侵略;其后,文化渗透、劳动分工、财富与人格等共同塑造了古典城市的发展韵律,神庙、修道院、教会表征宗教,市场、工会表征经济,社区、广场、剧院、公共设施表征生活,纪念馆、博物馆表征文化记忆,军队、宫殿、市政厅表征政治和权力……诸如这些信仰、权力、财富、文化、生活的混杂和演化,不断形塑着几个世纪以来城市乌托邦与反乌托邦的沉浮交织;中世纪以后,商业的扩张,以及19世纪之后,工业技术的到来,带来城镇化的扩展、郊区的开发和特大城市的出现,随之而来的是功利主义、官僚主义、城市空间畸形野蛮的生长。⑨

当城市文明以庞大复杂的文化实体代代流传,城市的建筑、档案、碑刻、书籍等不断流传下的城市记忆,以及不断生产、再造、消亡、创生的城市空间演化、人文流变、技术更迭、制度变迁、社会迭变,则不断重塑着城市的精神内核、品相和面貌,形成城市的性格和面貌。刘易斯·芒福德的研究终止于20世纪,他料想到了现代文明技术能够征服时间空间的可能性,但他对城市空间的未来景观难以料及全观。全球化、现代化、信息技术化等所带来的社会转型、历史传承、文化冲突、技术冲突可能成为现代城市空间与城市文化互动发展的最大力量。齐美尔研究了大城市与人们的精神生活,他认为城市治理与个人意志之间,受到强大的社会力量、历史的传承、外部的文化和科技文明的四项冲击,都市化是文化的自我构建过程,社会交往的经验理性超过以往的数据记录过程。⑩威廉斯认为现代化的出现来源于文化对产业革命的重塑,前卫艺术将改变艺术制度、生产方式和工作形式。[11]约翰·汤姆林森认为全球化在把国家、组织和个人拉近，社会、经济、技术的内容使得文化的交往更加密切，但是这种近是钢筋混凝土似的近，全球化还带来了焦虑、不确定性和怀疑。[12]伊丽莎白·威尔逊认为全球城市专业化分工、集聚经济、生产组织、金融市场网络的复杂性，造就了一些城市成为国内外企业运作的跨国经济空间。[13]

在城市空间人本演化的历史进程中，资本、权力、文化、社会、科技等现实背景扮演着重要角色，形成了城市发展的功利主义、物象迷失、权力逻辑、技术文明、文化渗透等现实语境。在现代化的发展中，人不再作为城市活动的单一主体，国家政体、企业、社会组织都已成为塑造城市形象和精神品貌的重要单元。人们的生产方式，随着农业社会、工业社会、服务社会、信息社会等社会文明的更迭，不断重塑人们的意识形态以及生产、生活、交往的习性和特征。物质文明发展的功利性，全球化发展的空间压缩，知识信息交互方式带来的快节奏，驱使着人们在城市中快速流变，城市空间也因为技术和文明方式产生重大的变迁；

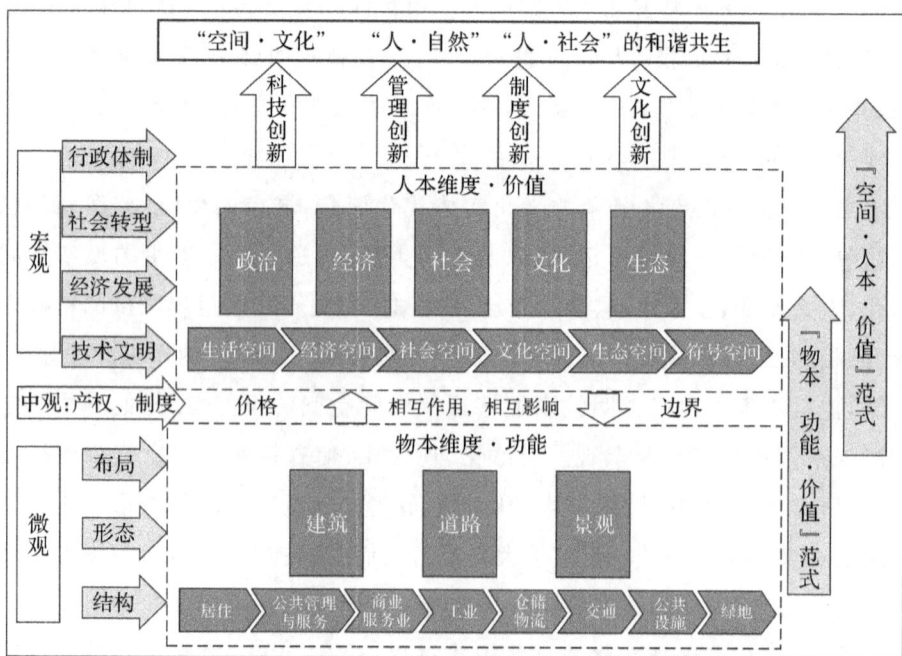

图1　城市空间研究"物本—人本"的双重维度

一方面博物馆、纪念馆、非物质文化遗产、古旧遗迹等传承着城市记忆,另一方面综合体、科技馆、主题公园、CBD等造就着城市性格,人们可能一边在星巴克的咖啡厅里用笔记本电脑办公、用智能手机联络,一边又在来往如梭的现实生活中烦恼和焦虑,一边在光芒闪耀的楼宇、商超中行走,一边又经常怀念故乡的乡土人文,新时期城市空间如何实现物本和人本的双重发展成为重要挑战?图1概括了城市空间研究物本和人本的双重维度。

二、当代中国城市空间发展的现实语境

社会转型、制度变迁、城镇化发展构成了当代中国城市空间发展的现实语境,中国城市的城市建设取得了巨大的成就,物本发展的极大充裕并不代表人本主义的和谐发展,新时期、新发展理念下的城市空间发展需要更多文化创新和价值重构的内容。

(一)社会转型——城市空间物化发展的基础

郑佳明认为社会转型有三层含义:社会形态的变迁,经济体制的转型和发展模式的转变,这三种社会转型带来人们思维方式、行为方式、生活方式、相互关系和价值体系的明显变化。[14]李昊认为社会转型泛指一切社会形态的质变和飞越,当下中国处于农业社会到工业社会的转型时期,经济全球化和信息技术的快速发展带领人类社会进入新的历史阶段,其中人们基本物质生活到达一定水平之后,社会转型的实质意义才呈现出来。[15]

在政治经济的话语体系中,中国的行政体制、改革方向共同造就了城市空间物化发展的基础。中国政治和经济制度的特色是地方分权的威权制,在这种体制下,地方政府改革所推动的制度变迁和制度创新都是基于中央历次重要会议所确定的改革方向。[16]其中,第一个标志是党的十一届三中全会,确立了"以经济建设为中心"的市场化改革目标。第二个标志是1984年10月党的十二届三中全会通过《中共中央关于经济体制改革的决定》,提出加快以城市为重点的整个经济体制改革的步伐,开创社会主义现代化建设的新局面。第三个标志是

1992 年中共十四大确立社会主义市场经济体制的改革目标,中国进入市场化深化改革阶段。第四个标志是 2012 年中共十八大,会议提出实施创新驱动发展战略,加快转型发展步伐,深化政治体制改革、经济体制改革和文化体制改革,以及逐步形成的"创新、协调、绿色、开放、共享"的发展理念、创新型国家建设、高质量发展等新发展观。

在历次改革的背景下,一系列的关键事件,又不断地促成生产关系的革新和生产力的进步,逐步形成城市空间物化发展分权化、经济化、市场化、全球化、现代化、新发展理念等现实语境。其一,由 1978 年起始,发生在凤阳农村的农村联产承包责任制的改革,以及经济特区的建立。其二,1978—1992 年,企业扩权让利、企业经营承包责任制、国有企业市场化的改革。其三,2001 年中国加入WTO。其四,2013 年以来,"一带一路"倡议的提出,以及长三角规划、雄安新区建设、粤港澳大湾区建设等多个重大战略的出台。

(二)制度变迁的语境:二元体制,土地矛盾和制度原因

"二元化"的城乡格局,土地和住房制度变迁,共同形成了城市空间发展的另一重语境。

中国城乡的二元体制,城乡土地制度的二元结构决定了农村用地和城市用地之间的分野:城市国有土地与农村集体土地性质的区别。在城市空间快速扩张期间,农村土地向城市土地的流转障碍和价值补偿问题是城市空间发展的冲突所在。在城乡的二元语境中,由市场决定的城市土地价格和人为压低的农村土地补偿之间的巨大鸿沟造成了地方政府开发城市土地的强烈动机。[17]黄奇帆剖析了拆迁补偿带来房地产价格攀升的机制,他认为城市拆迁补偿是以拆迁周边区域房价的均价作为补偿基础,这个补偿基础无疑内化到新一轮的城市房价的成本中,拍卖机制、老城改造、拆迁循环三个机制叠加,导致房价不断往上升。[18]这种拆迁补偿所产生的扭曲的价格机制,造成了城市部分居民渴望拆迁的扭曲心理,也造成了城市空间再造的艰难处境。

在制度的变迁中,土地制度改革和住房制度改革加深了城市空间生产的"权力"和"资本"意志。其一,土地使用制度改革也是土地市场化的改革,经

历了从行政划拨的无偿使用为主的阶段(1993年之前),以协议出让的有偿使用为主的阶段(1993—2003年),及以招拍挂为主的市场化阶段(2003年之后)。其二,住房制度的改革,1998年国家出台《国务院关于进一步深化城镇住房制度改革加快住房建设的通知》,住房制度开始了停止住房的实物分配,到住房分配货币化及商品房市场改革的历程。以上土地制度和住房制度的改革共同造成了政府的土地财政和房地产价格的攀升,土地成为政府的主要财政来源,在一系列财税、货币等金融政策的配合下,房地产业成为国民经济的支柱性产业,更产生了房地产业对资金的虹吸效应及对其他产业的挤出效应。2000—2016年,全国商品房销售价格增长了3.5倍,而同期居民消费价格指数仅1.4倍,房地产开发企业购置土地面积增长1.3倍,购置费用增长了25.6倍,而同期GDP只增长了7.4倍,房地产企业个数增长了3.5倍,在2017年达到95897家。

(三)城镇化发展——物质极大发展

社会转型、经济发展的成功,带来中国城镇化的巨大成就。至新中国成立70周年,我国经历了世界上历史上规模最大、速度最快的城镇化建设(见表1),现如今,全国59%的常住人口生活在城市,固定投资额的98%在城市,教育、医疗、文化、科技等各项事业的主要资源集聚在城市。尤其是1978年改革开放后,城镇化水平、城市规模、城市经济、城市面貌都发生了翻天覆地的变化。

表1　新中国成立以来我国城市发展的基本情况

项目		发展前	发展后
城镇化水平	城镇数量	全国城市132个,其中,地级以上城市65个,县级市67个,建制镇2000个左右(1949年)	全国城市672个,其中地级以上城市297个,县级市375个,建制镇21297个(2018年)
	常住人口城镇化率	10.64%(1949年)	59.58%(2018年)
	常住人口	5765万人(1949年)	83137万人(2018年)

续表

项目		发展前	发展后
城市规模	城市数量	132 个(1949 年)	672 个(2018 年)
	全国城区建成面积	7438 个平方公里(1981 年)	48787 平方公里(2017 年)
城市经济	全国城市地区生产总值	7025 亿元,占全国一半左右(1988 年)	地级以上城市地区生产总值 52.1 万亿元,占全国的 63%(2017 年)
	地级以上城市地方一般公共预算收入	全部城市公共财政收入 584 亿元(1978 年)	55714 亿元(2017 年)
	城镇固定资产投资	711.1 亿元(1981 年)	63.16 万亿元,占全国的 98.5%(2018 年)
	全国城镇消费品零售额	449 亿元,占全社会消费零售总额的 8.8%(1978 年)	32.5 万亿,占全社会消费品零售总额的 85.5%(2018 年)
城市面貌	全国城市道路面积	8432 万平方米(1949 年)	78.9 亿平方米(2017 年)
	全国城市公园绿地面积	2.2 万公顷(1981 年)	68.8 万公顷(2017 年)
	城市建成区绿化覆盖率	16.1%(1986 年)	40.9%(2017 年)
	2018 年末,全国共有 3176 个公共图书馆、4918 个博物馆、528 个美术馆、3326 个文化馆和 2478 个艺术表演场馆		

资料来源:根据《"新中国成立 70 周年经济社会发展成就系列报告之十七"——城镇化水平不断提升 城市发展阔步前进》整理。

图 2 显示了 1949—2018 年我国城镇常住人口和城镇化的发展情况。城镇常住人口由 1949 年的 5765 万人,增长到 2018 年的 83137 万人,增长了 14.4倍,年均增长 1121.33 万人。城镇化率从 1949 年的 10.64% 增长到了 2018 年的 59.58%。

以城镇固定资产投资来衡量城市空间的物质增长,以国内生产总值发展水平来衡量我国经济发展的水平,图 3 概括了两者之间的关系。1981—2018 年,1981 年国内生产总值只有 4935.8 亿元,2018 年国内生产总值达到 900309.5亿元,是 1981 年的 182.4 倍。我国的城镇固定资产投资从 1981 年的 711.1 亿

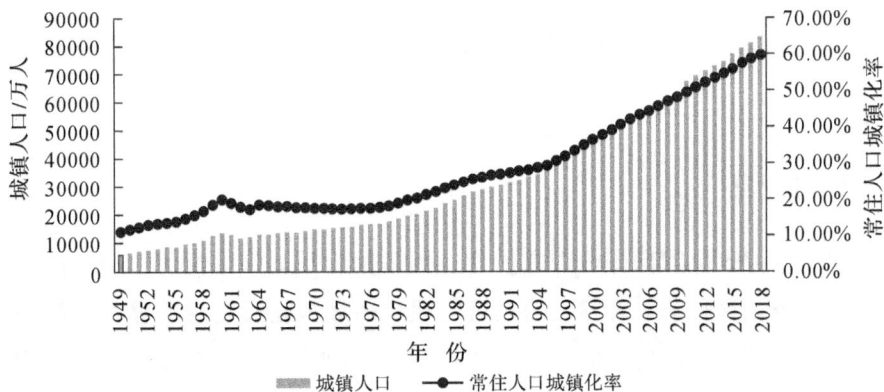

图 2　1949—2018 年我国城镇常住人口和城镇化率

（数据来源：国家统计局）

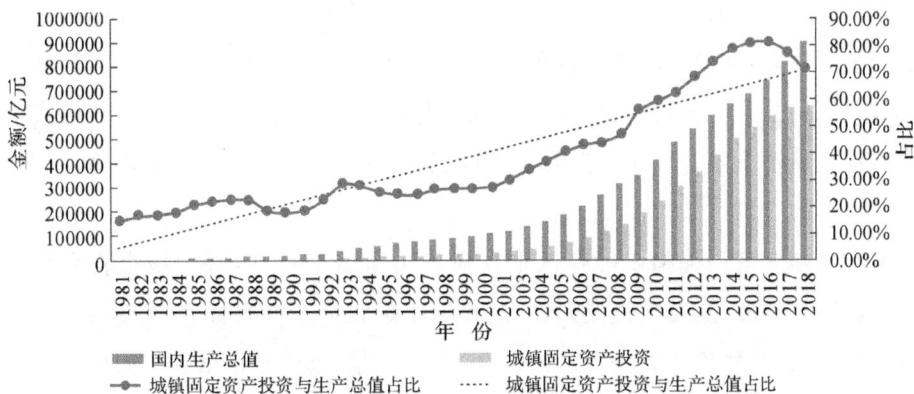

图 3　1981—2018 年我国国内生产总值和城镇固定资产投资的关系

（数据来源：国家统计局）

元增长到 2018 年的 631683.96 亿元，城镇固定资产投资增长了近 900 倍。

　　结果显示，城镇固定资产投资与国内生产总值呈正相关关系，城市空间增长与经济增长同步进行。从城镇固定资产投资在国内生产总值中的占比，可以看出一条明显上升的趋势线，城镇固定资产投资占国内生产总值的比值逐步增大，这个比例尤其从 2000 年开始急剧攀升，在 2016 年到达峰值 80.6%，城市空间的增长速率快于经济增长的速率，显示了城市发展的物化逻辑。

三、困境与突破

(一)困境

现实城市的物质充裕是否象征着人们幸福生活的极大满足? 加快的城镇化发展是否又有利于文明方式的延续? 现代的城市建设是否能够有效解决城市经济转型、资源转型、文化转型、社会转型中的迷思? 这些问题极大地困惑着我们。一方面,深圳、广州、西安等城市,每年以数十万计的人口流入量加速集聚,另一方面,鄂尔多斯、鹤山、二连浩特等城市沦为鬼城空城。人本主义的发展滞后于物本主义的发展,是中国乃至世界城市空间生产面临的共同现状,中国当下的社会主要矛盾"人民日益增长的美好生活需要和不平衡不充分的发展之间的矛盾"也体现在城市空间的发展上。如何实现产城融合、如何实现外来"新市民"的公共服务均等化、如何实现人与自然及社会的和谐共生、如何实现要素加快流动下包容多元的发展,成为当下城市空间和城市文化发展最迫切需要解决的问题。

刘易斯·芒福德指出城市畸形发展的力量普遍存在,特大城市将会普遍化、机械化、标准化,完全丧失人性,这是城市进化的最终目标。[19]李昊指出了城市公共空间的"物象迷失"和"价值失范"[20],潘泽泉、刘丽娟指出了空间生产与重构的风险经济话语、风险政治话语、风险文化话语和风险生活话语[21],洪世键、张京详指出了城市蔓延的根源是"时间浓缩"和"空间压缩"[22],陈水生、石龙指出了城市公共空间失落的根源在于物化主义的发展逻辑压倒了人本主义的发展导向[23],马学广指出土地、资源、人口和环境承载力等问题成为城市空间发展的瓶颈。[24]这所有的问题都将城市空间引向了再生、再造,文化创新、价值重构的语境之中。

(二)城市空间再造和文化价值重构

从全国来看,城市空间再造成为城市空间生产的重要方式。2013 年国务院发布《关于加快棚户区改造工作的意见》,2016 年,国土部发布《关于深入推进城镇低效用地再开发的指导意见》,广东省发布《关于提升"三旧"改造水平促进节约用地的通知》等等,诸如此类,城市更新、三旧改造、棚户区改造、城镇低效土地利用、土地整治等成为城市空间资源释放的主要形式。

深圳市是全国空间资源最为紧张、人口密度和经济密度最大的城市,2012 年,深圳市存量土地供应量首次超过新增土地供应量,存量土地开发利用成为城市空间开发的主要手段。2018 年,深圳市完成拆除重建供应用地 257 公顷,旧工业区综合整治 140 万平方米,新增拆除重建类更新单元计划规模 841 公顷,通过城市更新完成保障房(人才住房、安居型商品房和公共租赁住房)、创新型产业用房、公共服务设施、公共配套设施等目标任务,城市空间再造为城市商业、产业、公共服务和设施等提供资源保障。

新时期的城市空间再造不仅是物质生产的重构,更重要的是兼具价值功用的延展及生态、人文的关怀,城市文化价值重构成为重要内容。在城市转型中,大庆是这种转型成功的典型城市,大庆曾经是一座以石油和钻井为名的资源型城市,如今通过生态资源的开发,拥有中国面积最大的城中湿地,绿化面积覆盖率为 43.68%,全年空气质量优良天数达到 340 天,成为人与自然和谐共生的"百湖之城"(图 4)。

图 4　大庆新貌

在地方的城市空间生产和再造的实践中,城市商用、住宅及综合城市更新也体现出更多的人文关怀。以 2019 年深圳市五块住宅用地的拍卖为例,采取最高限价加人才房配建面积的竞标手段,最终拍卖建筑 62 万平方米,人才房配建面积 16 万平方米,占比 16％,住宅的商业用途朝着保障的人本方向回归。在深圳城市更新的项目中,教育、文化、景观等配套也出现在计划的指标之内,以共建产城融合、人本与物本共生发展的城市空间新格局。

在制度改进中,中共十九大报告提出,坚持房子是用来住的、不是用来炒的定位,加快建立多主体供给、多渠道保障、租购并举的住房制度。广州、武汉等城市加快建立租购同权的制度保障,提升外来"新市民"城市公共服务水平,深圳加快建立多主体供给、多渠道保障、租购并举的住房供应和保障体系,计划未来建成 170 万套保障性住房。

(三)前景

在中国城市发展的现实语境中,中国城市空间的物本发展不断向着人本发展理性回归,创新是重要手段,文化创新是其重要内容。中共十八大提出创新驱动发展战略,并且将生态建设纳入五位一体的布局中,中共十九大强调了文化自信和文化繁荣。李凤亮指出创新型城市主要是指依靠科技、知识、人力、文化、体制等创新要素驱动发展的城市,创新型城市建设不仅包括科技创新、管理创新、制度创新,还包括文化创新。⑤

2019 年 8 月国务院发布《关于深圳建设中国特色社会主义先行示范区的意见》,为城市发展的发展图景提供了示范。所谓中国特色社会主义先行示范区、社会主义现代化强国城市范例,需要打造安全高效的生产空间、舒适宜居的生活空间、碧水蓝天的生态空间,构建现代化经济体系、现代化文化体系、高水平公共文化服务体系、一流的法治化环境、民生幸福的公共服务体系,这些当成为未来城市空间典范的应有之义。以创新为引领,构建城市空间生产的精神内核,以创意为润色,塑造生动的城市品相和面貌,以传承为维系,承接空间与文化的历史渊源,以生态为纽带,建设人与自然和谐共生的美好局面,以文明为媒介,实现文明的交流互鉴和文化的兼容并蓄,以科技为手段,完善城市空间的功用和价值,以法治为戒鞭,塑造引领自治的空间格局,兼容并蓄、文明互鉴、和谐共生、守正创新、创意引领,将开创城市空间与城市文化交互演化,"空间与文化""人与自然""人与社会"的和谐共生的美好未来。

注释

①参见〔美〕刘易斯·芒福德:《城市文化》,宋俊岭等译,中国建筑工业出版社,2005年版。

②参见〔美〕简·雅各布斯:《美国大中城市的死与生》,金衡山译,译林出版社,2006年版。

③参见李凤亮:《从"文化创新"到"创新文化"——创新型城市建设的一个视角》,载《深圳大学学报》(人文社会科学版),2013年第4期。

④参见秦德君:《城市文化创新的界面、廊道与维度》,载《学术界》,2016年第5期。

⑤参见潘泽泉、刘丽娟:《空间生产与重构:城市现代性与中国城市转型发展》,载《学术研究》,2019年第2期。

⑥参见马学广:《城市边缘区空间生产与土地利用冲突研究》,北京大学出版社,2014年版。

⑦参见〔美〕刘易斯·芒福德:《城市发展史:起源、演变与前景》,宋俊岭等译,上海三联书店,2018年版。

⑧参见王金岩等:《城乡规划时空笔记》,东南大学出版社,2015年版。

⑨参见〔美〕刘易斯·芒福德:《城市发展史:起源、演变与前景》,宋俊岭等译,上海三联书店,2018年版。

⑩参见 Georg Simmel, "The metropolis and mental life," in Malcolm Miles, Tim Hall, Lain Borden, *City cultures reader*, Routledge, New York, 2004.

⑪参见 Raymond Williams, "Metropolitan perceptions and the emergence of modernism," in Malcolm Miles, Tim Hall, Lain Borden, *City cultures reader*, Routledge, New York, 2004.

⑫参见 John Tomlinson, "Globalized culture: the triumph of the west?" in Malcolm Miles, Tim Hall, Lain Borden, *City cultures reader*, Routledge, New York, 2004.

⑬参见 Elizabeth Wilson, "World cities," in Malcolm Miles, Tim Hall, Lain Borden, *City cultures reader*, Routledge, New York, 2004.

⑭参见郑佳明:《中国社会转型与价值变迁》,载《清华大学学报(哲学社会科学版)》,2010年第1期。

⑮参见李昊:《公共空间的意义——当代中国城市公共空间的价值思辨与建构》,中国建筑工业出版社,2016年版。

⑯参见马忠新、申勇:《发展湾区经济的制度—文化供给》,载《社会科学研究》,2014年第4期。

⑰参见洪世键、张京详:《城市蔓延机理与治理——基于经济与制度的分析》,东南大学出版社,2012年版。

⑱参见黄奇帆:《关于建立房地产基础性制度和长效机制的若干思考》,载《领导决策信息》,2018年第6期。

⑲参见〔美〕刘易斯·芒福德:《城市发展史:起源、演变与前景》,宋俊岭等译,上海三联书店,2018年版。

⑳参见李昊:《公共空间的意义——当代中国城市公共空间的价值思辨与建构》,中国建筑工业出版社,2016年版。

㉑参见潘泽泉、刘丽娟:《空间生产与重构:城市现代性与中国城市转型发展》,载《学术研究》,2019 年第
2 期。

㉒洪世键、张京详:《城市蔓延机理与治理——基于经济与制度的分析》,东南大学出版社,2012 年版。

㉓陈水生、石龙:《失落与再造:城市公共空间的构建》,载《中国行政管理》,2014 年第 2 期。

㉔参见马学广:《城市边缘区空间生产与土地利用冲突研究》,北京大学出版社,2014 年版。

㉕参见李凤亮:《从"文化创新"到"创新文化"——创新型城市建设的一个视角》,载《深圳大学学报(人文
社会科学版)》,2013 年第 4 期。

城市视觉形象系统发展与设计趋势

——兼论当代中国城市视觉形象系统设计的问题与对策

王赟平*

摘　要：风格抽象化、图形扁平化、视效动态化、字体专属化是如今国际城市视觉形象系统设计呈现出的新趋势，其目的是便于城市视觉形象的有效传播、信息元素的置入、辅助图形的衍生、多种媒体的多维传播。目前中国各级城市竞相推出城市视觉形象系统，这体现了中国城市发展的进步，但其中出现的设计观念滞后、抄袭现象严重、应用效果不佳等问题，也说明了城市视觉形象系统设计在中国仍有较大改进空间。造成这种现象的原因有三：前期政府、管理机构与设计部门对城市形象系统的认知不足，缺少合理规划；中期政府与管理结构缺乏合理的评审流程制度，重征稿、重发布、轻应用；后期应用执行审核与监督不力。要解决上述问题，城市决策者与管理者应当提升认识，建立规范合理的评审机制，并在设计完成后对城市视觉形象系统的应用进行规范管理，真正做到视觉形象系统化。

关键词：城市形象；城市视觉形象系统；设计；美学

一、城市视觉形象系统发展与设计趋势

从古希腊时期开始，城市的形象就一直受到人类的关注，并经由建筑、规划、景观等形式得以体现。1960 年美国城市规划师凯文·林奇（Kevin Lynch）最早提出了兼具城市规划学与市场营销学理念的"城市形象"概念。从 20 世纪

---

*　作者简介：王赟平，男，同济大学人文学院博士生，嘉兴学院艺术设计系讲师。

60 年代开始,随着企业形象系统(CIS)理论的日渐成熟与广泛应用,城市形象系统借鉴企业形象系统的运作模式开始盛行,有些学者进而将城市形象系统与城市品牌形象进行融合从而加以研究。

尽管学界对于城市形象系统与城市品牌形象系统之定义、内涵、外延和关系并不统一[①],但是这两种系统中,都基本包含了理念识别系统(MI)、行为识别系统(BI)、视觉识别系统(VI)、景观识别系统(LI)几个共同部分,其中,视觉识别系统(VI)是最易传播、最易感知的形象识别。

城市视觉形象设计起源已久,从中世纪时期的家族纹章,到后来欧洲城市的标志,这些都是城市视觉形象的体现。现代意义上的城市视觉形象系统设计兴起于 20 世纪六七十年代,在这个阶段,许多发达国家的政府鼓励旅游业带动城市经济的发展,这一思路影响了日后全世界的城市功能的转型——生产型向消费型的转变。与此同时,很多大都市都开始成立了越来越专业化的城市旅游部门,比如巴黎(1971 年)。出于推广目的,城市视觉形象设计应运而生,并按照现代市场营销模式开始运行,其中以纽约城市形象"我爱纽约"(I Love NY)最为著名也最深得人心。

"我爱纽约"(I Love NY)是 1977 年由梅顿·戈拉瑟创作的一个图像标志,起初它是美国纽约州的旅游广告词和标志,后来被应用为纽约市的城标,并开始了多样化的应用,其持续散发的艺术魅力使它历经四十多年经久不衰,沿用至今。特别是"9·11"事件之后,这一形象被赋予了新的含义,受到纽约市民的热爱,成为城市视觉形象设计的杰出代表。尽管"我爱纽约"(I Love NY)应用广泛,但纽约真正系统化的城市视觉形象系统设计则要从 2007 年算起,这一年,负责纽约文化与旅游的部门 NYC & Company 邀请英国著名创意公司沃尔夫奥林斯(Wolff Olins)创作了纽约市的官方标识系统,并将标志、标识等进行了系统性的应用。2016 年 6 月,NYC & Company 推出了一个新的主品牌标识,此外还重新设计了 NYCgo.com 网站,为"City Block"和 "NYC Sans"两个词推出了两种新字体(图 1)。品牌重塑后的 250 个新图标将被应用于所有政府机构。为了保持延续性,品牌重塑的工作很多都基于纽约市的官方标识进化而来,如为"City Block"设计的字体就是基于 2007 年版徽标的几何形状而来,而

"NYC Sans"字体的设计灵感则源自 1972 年维格尼利（Vignelli）为纽约地铁做的品牌设计。

图 1　纽约城市视觉形象系统，2016 年

经历了 20 世纪八九十年代的发展，伦敦、巴黎、东京、阿姆斯特丹等大都市大多拥有了自己的较为完善的城市视觉形象系统，在其基础上，城市形象系统的研究与应用亦日趋成熟。进入 21 世纪，受到互联网、移动网络的影响，城市视觉形象系统的承载媒体发生了很大变化，原有的设计逐渐跟不上城市的飞速发展与新型媒介的变化，各大城市纷纷开始了新一轮的城市视觉形象系统更新，这其中，墨尔本的城市视觉形象系统设计对后来的设计产生的影响最为巨大。

墨尔本原来的城市视觉形象系统设计于 20 世纪 90 年代，2009 年著名品牌顾问机构朗涛（Landor）操刀进行了重新的设计（图 2）。在这个项目中，朗涛公司采用了一种抽象的、可变的图形语言，在保持辨识度统一性的前提下，整个视觉形象系统的应用拥有了众多变化，很好地契合了墨尔本这座澳大利亚最多元化城市的特色。

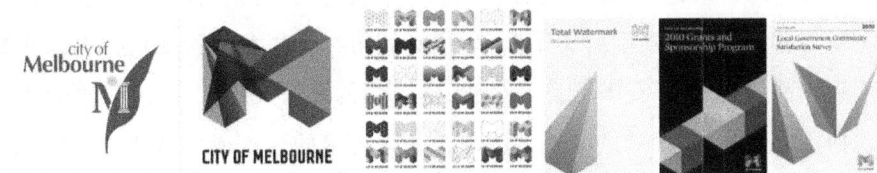

图 2　墨尔本城市视觉形象系统，2009 年

在墨尔本之后，阿姆斯特丹、马德里、慕尼黑、布达佩斯、波士顿、拉斯维加

斯、温哥华等大都市相继完成了城市视觉形象系统的更新。这些 2010 年后设计并获得成功的案例,在视觉上呈现出一些共同的特征。

(一)风格抽象化

越来越多的城市摒弃了原来城市视觉形象系统中的写实风格,特别是那些具有古典主义风格或装饰主义风格的建筑、人物、动物、植物形象,取而代之以几何形、字体类的抽象形式,如赫尔辛基、马德里、温哥华、拉斯维加斯、巴尔的摩、波士顿等城市的设计(图 3)。即使是像伯利兹、布达佩斯这些保留了写实形象的城市,在设计中也对原有的复杂形象进行了简化,几何形等抽象元素取代了原有的自然曲线。导致这种变化的根本原因在于设计风格从象征性转向了符号化,正如同鲍德里亚所说的那样:"对美以及风格的定义在功能美学的体系面前终结了……符号学的秩序胜过了象征性的秩序。"② 鲍德里亚在讨论包豪斯与符号的运作时指出了符号相对于象征的优势与本质:"在风格的象征性秩序中,永远存在一种无法消除的不定性游戏——但符号—美学的秩序则具有可操作性,是一种有所指的相互作用,一种对非和谐的控制,并使其趋于等同。一个'美学'的整体是一个没有过时、没有失误的机制,其中在要素的相互关联中,在过程的透明性之中,没有什么需要妥协和解;符号和信息非常显而易见,并绝对地易识别——符号的所有控制者,不管是控制论者,还是设计师,他们具有共同的理念。这个美学的秩序是一个冷冰冰的秩序。功能的完美实践着一种冷冰冰的诱惑,成了功能性满足的一种展现,一种算计。"③

如今的城市生活中,民众视觉信息的摄入量巨幅增加,人们对于视觉信息的处理时间却越来越短,象征类的视觉形象因其写实、复杂,需要耗费更多的时间与精力才能被人们接受并留下印象,这对城市视觉形象系统的应用与推广极其不利。这种情况下,化繁为简,提高视觉图像的传播效率成为必然,而将图形进行抽象化、几何化设计进而加大图像符号化传播的强度成为解决上述问题的最佳选择。这种选择不仅在城市视觉形象系统设计中被采用,也是近年来整个视觉设计领域形成的共识。尽管鲍德里亚提到的抽象化、符号化设计不可避免地带来冰冷的感受,但是传播的效率弥补不足,设计师们也通过更有亲和力的色彩来尽可能多地减少这种冰冷性带来的疏离感。

伯利兹城市视觉形象，2013年　　　布达佩斯城市视觉形象，2016年　　　赫尔辛基城市视觉形象，2017年

拉斯维加斯城市视觉形象，2016年　　马德里城市视觉形象，2018年　　　温哥华城市视觉形象，2018年

新加坡城市视觉形象，2017年　　　波士顿城市视觉形象，2016年　　　巴尔的摩城市视觉形象，2015年

图 3　抽象化的城市视觉形象

（二）图形扁平化

扁平化设计概念最早在 2008 年由谷歌提出，具体表现是去除冗余、厚重和繁杂的装饰效果，如透视、纹理、渐变等 3D 效果，从而凸显图形核心信息，有效减少认知障碍的产生。这种设计理念最早被全面应用在手机、平板电脑等移动终端的 UI 设计上，因为扁平化的设计，在移动系统上不仅界面美观、简洁，而且还能达到降低功耗、延长待机时间和提高运算速度的效果。随后，Windows、Mac OS、iOS、Android 等操作系统都已全面扁平化。受移动终端市场的影响，全球的商业品牌纷纷选择了跟随扁平化的设计浪潮，如苹果公司、

大众汽车、星巴克等都在 2010 年后将品牌标志图形进行了扁平化的再设计（图 4）。

苹果公司标志　　　　　　星巴克标志　　　　　大众汽车标志

图 4　扁平化的品牌标志

现今城市与移动终端的联系日趋紧密,大多城市视觉形象系统的设计师们都意识到了扁平化设计的优势,开始在城市形象系统中(特别是在城市标志等图形的设计上)应用扁平化手段,渐变、重叠、立体这样的图形越来越少,甚至出现了阿姆斯特丹、佛罗伦萨这样极端平面化的城市视觉形象系统(图 5)。

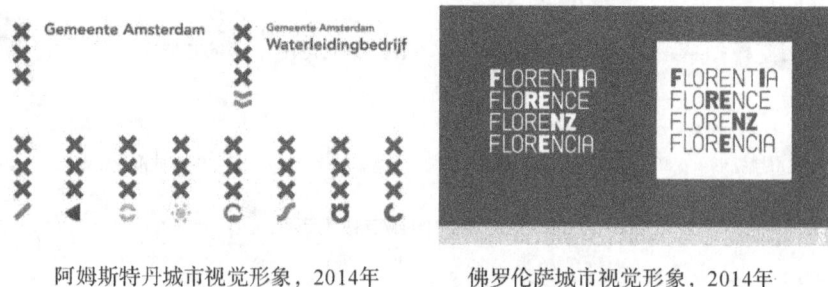

阿姆斯特丹城市视觉形象,2014年　　　　佛罗伦萨城市视觉形象,2014年

图 5　极端平面化的城市视觉形象

(三)视觉效果动态化

在现代传播中,受互联网、社交媒体、移动终端的影响,视觉形象传播的媒介发生了巨大的变化,传统的静态视觉形象已经有了较大的局限,视觉动态化成为吸引流量、提高传播效率的必要手段。当人们通过城市政府网站、城市旅游网站、市政服务应用程序、脸书(Facebook)、推特(Twitter)、照片墙(Instagram)等媒介了解、接触城市时,动态化的视觉形象系统显然更受欢迎。

这种动态化设计既是基于风格抽象化、图形扁平化的延展，也是消除抽象化、扁平化带来的疏离感、冰冷感的策略。这种动态化在意大利博洛尼亚、俄罗斯雅罗斯拉夫尔这样的城市视觉形象系统（图6）中得到了非常好的应用，圆形、箭头符号被拆分、组合、填充、变幻，在总体视觉传达指向性明确的框架基础上创造了无尽的可能。

博洛尼亚城市视觉形象系统，2014年　　　　雅罗斯拉夫尔城市视觉形象系统，2016年

图6　动态化的城市视觉形象

从动态传播技术上来说，无论是早期的 Flash 还是如今的超文本 5.0（HTML5），抽象化、扁平化的动态视觉形象比之前具象化、立体化的静态视觉形象在加载速度、视觉体验方面更具优势，特别是在移动终端成为主流的城市传播环境下。

从动态制作技术上来说，抽象化、扁平化的视觉图形在实现动态化应用时具有先天的优势，符号化元素在形状的演变上更加流畅，在组合与拆分时更有形式感，更容易形成新的图形，也便于图形置入，便于衍生出新的辅助图形。

（四）字体专属化

字体一直是城市视觉形象系统的重要组成部分，伴随着视觉形象抽象化和扁平化的发展，字体本身带有的符号化因素被进一步重视，许多城市在视觉形象系统设计时开发了专属的字体系统，不再像以前那样单纯地仅在标志、标题等范围内使用标准字，而是涵盖到了绝大部分运用到字体的领域。最典型的例子是 2019 年 4 月，国际知名品牌顾问公司 Saffron 在为奥地利维也纳进行城市品牌设计(图 7)时,设计成本共计 59.5 万欧元(约合人民币 454 万元),其中的主要成本用在了字体开发部分。④ 这种专属的字体设计对增加城市视觉形象系统的识别性起了重要的作用,它全方位地巩固了受众对于视觉形象的记忆强度。

图 7　维也纳城市视觉形象系统,2019 年

二、中国城市视觉形象系统现状与问题

近 40 多年来,中国城市化进程发展迅速。1978 年末,全国城市共有 193 个,其中,地级以上城市 101 个,县级市 92 个;改革开放后,我国大中小城市和小城镇持续协调发展,城市数量迅速增加。到 2018 年末,城市个数达到 672 个,其中,地级以上城市 297 个,县级市 375 个。⑤ 与此同时,中国城市形象的研究也逐步展开。1988 年 4 月,郝慎钧翻译日本学者池泽宽所著的《城市风貌设计》一书中明确提出了城市形象的概念。20 世纪 90 年代,陈鸿俊的《城市形象设计:城市规划的新课题》(1994 年)和仇保兴的《优化城市形象的十大方略》(1996 年)对中国城市形象研究产生了重大影响,城市管理者开始思考城市形象对于城市发展的积极推动作用。

进入 21 世纪,中国城市形象的应用发展到了全新的阶段,许多大城市开始导入城市形象系统设计,这一方面是受到发达国家城市形象系统推广的启发,另一方面,更为直接的影响来自香港城市形象系统的成功。

香港是第一座被品牌化了的"亚洲国际都会"。2001 年,香港斥巨资 900 多万元请设计巨头朗涛公司操刀设计了新的城市形象系统。项目组在香港和世界各地进行调查,征询香港印象,最终选择以"龙"象征香港不断蜕变、港人积极进取的面貌。2001 年 5 月,香港选择"全球财富论坛"在香港举行这个重要场合向全世界公布了其全新的形象系统(图 8),香港都市新定位的宣传影片也在论坛上首播,获得了轰动效应。其后,香港展开了大规模的香港品牌推广活动,进一步向各国商界及政府人士推广香港的新定位和新形象,这一经典的设计从此深入人心。

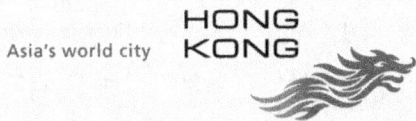

图 8　香港城市视觉形象,2001 年　　　　图 9　重庆城市视觉形象,2003 年

　　内地较早且较为成功地引入城市形象系统设计的当属重庆。2003 年,重庆市政府邀请香港设计师靳埭强设计了"人人重庆"城市视觉形象系统,其推广与应用引起了举国关注,成为当时的典范(图 9)。之后,各地竞相发布城市形象系统或者城市旅游品牌,特别是 2010 年之后,中国的城市形象系统设计进入全盛期。

　　在 2019 年 4 月由第一财经·新一线城市研究所公布的《2019 中国城市商业魅力排行榜》中,一线城市除"北上广深"外,15 座新一线城市依次为成都、杭州、重庆、武汉、西安、苏州、天津、南京、长沙、郑州、东莞、青岛、沈阳、宁波、昆明。⑥在这 15 座新一线城市中,除了天津外,其他城市全部拥有自己的城市形象,而北京、上海、深圳虽然没有统一推出整个城市形象系统,但是其下属各区大多导入了视觉形象,如上海全部 16 个区,北京的丰台区、延庆区、顺义区等。新一线城市中的天津也是如此,其高新区、和平区均已发布自己的视觉形象。

　　各地对于城市形象系统的运用与推广都非常重视,以河南与广东为例,截至 2019 年 6 月,广东省九大城市清远、韶关、东莞、湛江、茂名、珠江、惠州、深圳、广州均有自己的视觉形象系统,河南省下辖的 18 个地级市中,有自己的城市视觉形象的也超过半数。在目前的中国,城市形象系统已经不仅是大城市的专属,大量地级市、县级市,甚至是小城镇也开始打造自己专属的城市形象系统,这种发展充分体现了中国城市管理者们意识到了城市形象的重要性,但是在这繁荣的背后,却又存在着许多不容回避的问题。

(一)设计观念滞后

纵观目前已发布的中国城市形象,大部分以写实为主,具象的图形、渐变的色彩依旧是主流,书法笔触、篆刻造型、汉字构成、水墨效果盛行,同质化现象非常严重(图 10)。这种传统形式的设计语言导致大量城市形象识别性不强,特别是在移动网络、社交媒体、自媒体发达的背景下,大部分城市的视觉形象系统的媒体适应性比较差,哪怕是近几年设计的一些项目。这表明虽然在城市视觉形象系统应用的覆盖面上中国已经赶上了国际步伐,但是在设计品质上明显没有跟上整个国际城市视觉形象系统设计大趋势。

图 10　河南省城市视觉形象,2019 年

(二)抄袭现象严重

设计抄袭现象在世界各地都有发生,但是目前国内的城市视觉形象系统领域成为重灾区,每年都有抄袭丑闻发生。2018 年 12 月,浙江丽水城市形象标识征集活动公布的 5 个备选方案中,有三个涉嫌抄袭(图 11)。

图 11 丽水市城市视觉形象征集中涉嫌抄袭的三个备选方案,2018 年

这种现象并非个案,2018 年 2 月,攀枝花市面向全国公开征集城市形象标志、市歌歌词、市魂、城市宣传语,共收到国内外作品 8140 件。经主办方组织初选、初评,共产生城市形象标志候选作品 30 件、市歌歌词候选作品 10 件、市魂候选作品 50 件、城市宣传语候选作品 150 件,开展大众投票评选。30 件候选作品风格相近,色彩与图形高度雷同,几乎出自同一人之手(图 12)。

图 12 攀枝花城市视觉形象的部分备选方案,2018 年

而最终结果也出人意料,2018 年 12 月 25 日正式发布的攀枝花城市品牌形象(图 13)与征集备选方案无任何联系,这让人不禁联想,这次征集是否只为宣传造势,或是评选出一些低质量的来烘托最终设计公司的作品?通过政府采购网站信息可以查到,东道品牌创意集团公司以竞争性磋商采购形式中标,最终总成交金额为 525000 元。[⑦]此外,还有人质疑其标志与法国法兰西岛大区标志雷同,以及涉嫌抄袭西安厚启设计给柞水县科技和教育体育局的徽标。此类事件的频发给中国城市形象设计蒙上了些许阴影。

图 13 攀枝花城市视觉形象,2018 年

(三)应用效果不佳

中国各地政府部门花费巨资导入了城市视觉形象系统,希望整体提升城市形象,增加城市竞争力,但是从实际情况来看,整体应用效果不佳,这其中主要存在乱用与不用的问题。

随意更改徽标、辅助图形、标准字体、标准组合等不规范行为在各地城市视觉形象系统的应用中随处可见,这些行为极大地影响了城市视觉形象的确立,阻碍了城市形象的良好传播,违背了设计导入城市视觉形象系统的初衷。抛开因为设计不佳导致应用困难的部分城市,哪怕是杭州这样在城市视觉形象上走在国内前列的城市,其城市视觉形象系统在户外环境、政府网站、互动媒体等领域的应用也为人诟病。

设计了良好的城市视觉形象系统后弃之不用这种现象也时有发生。以嘉兴为例,政府于 2016 年 10 月 20 日发布招标文件,公开征集嘉兴旅游品牌形象,预算金额 150 万元。2016 年 11 月 15 日,上海艾肯品牌策划有限公司通过竞争中标。经过历时一年的调研、设计、评审、修改,2017 年 12 月 12 日,以"红船启梦 心游嘉兴"为主题的嘉兴旅游新品牌形象发布会在上海新天地朗廷酒店隆重举行。该项目包含嘉兴城市旅游品牌定位、嘉兴城市旅游形象视觉设计、嘉兴旅游文创商品开发、嘉兴旅游全域氛围设计、嘉兴旅游人机互动与 VR 视频拍摄、嘉兴旅游三年营销计划六个板块,从品牌形象、全域氛围、人机互动、文创商品、营销体系等多个维度撬动全域旅游的五感体验。形象发布后,因其成熟的设计受到了各界的好评,但是一年多过去了,这套出色的设计方案并没有得到广泛的应用,即使是在嘉兴南湖这样的城市热门景点,"心游嘉兴"视觉形象也只能偶见芳踪,城市其他地方的应用更加罕见,整个形象在本地几无反响,这造成了资源的巨大浪费,也对城市形象提升起了一定的反作用。

三、原因与对策

造成上述问题的原因有三:前期政府决策者、执行部门、设计机构与设计师对城市形象系统的认知不足,缺少合理规划;中期政府与管理机构缺乏规范合理的设计形式与评审机制;后期应用执行审核与监督不力。要解决这些问题,需要多方共同努力,对策如下。

(一)提升认识

城市形象系统是个有机整体,由几个紧密相连的部分共同构成,而当前中国大部分城市所导入的仅是视觉形象系统,甚至仅是标志设计加简单应用,远未上升到城市形象系统,系统化程度远远不够。

近年来中国学界对于城市形象系统设计的研究已经渐趋成熟,西方国家众多关于城市形象的著作被大量介绍到国内,国内的学者也开始了较为系统的推进,特别是成朝晖的《人间·空间·时间——城市形象系统设计研究》(中国美术学院出版社,2011)和孙湘明的《城市品牌形象系统研究》(人民出版社,2012)这两本专著,较为全面地介绍了城市形象系统和城市品牌形象系统,但是这样的理论研究成果并未受到城市管理部门、设计界的足够重视,即使是在学术圈内部,对于城市形象的认知也有待提高。依旧有许多人仅将城市视觉形象系统视为徽标(logo)加延展图形,如浙江农林大学李文在其硕士论文《城市形象标志及延展图形设计应用研究》提到的延展图形概念就值得商榷。

在城市视觉形象系统设计项目初期,对于决策者和政府部门来说,只有提升对城市形象系统的认识,才能更好地对城市形象进行规划。而对于设计机构与设计师来说,除了深入地认识城市视觉形象系统、城市形象系统与城市品牌形象系统的关系,还要把握设计趋势,研究传播媒介,坚守道德底线(拒绝抄袭行为),才能设计出富有个性的城市视觉形象系统,助推城市形象的提升。

(二)健全机制

在城市视觉形象系统设计项目中期,政府与管理机构应当建立规范合理的设计形式与评审机制。

目前国内城市视觉形象系统设计大部分采用公开征集形式,这种形式的初衷是集思广益获得更多的备选方案,并且通过征集活动本身扩大城市的影响力,提升城市形象。但是由于缺乏合理的评审制度,导致抄袭现象严重,"飞机稿"盛行,甚至出现了政府类似项目投稿专业户。此外,公开征集到的往往只有城市徽标(logo)与标准字及少量应用,这对后续的设计应用也造成了巨大的困难。

与公开征集相比,委托设计是个更具优势的途径。政府主管部门按照规范的流程通过招投标确立优秀设计机构,进而开始项目设计。中标公司可以有足够的时间、精力、团队来进行沟通、调研、设计、修正,这样可以保证设计的完整性、规范性与一致性。这种形式因为效率更高而被大多数西方城市在其视觉形象系统设计中采用。

同时,政府部门应当建立高效合理的评审制度。比较常见的方式是政府代表与设计专家组联合评审,以设计专家组为主进行初选,这样可以最大限度地杜绝抄袭、审美等基础性问题,进而运用投票机制来确定最终方案,避免权力话语权导致的"一言堂"现象发生。

(三)规范管理

城市视觉形象系统的设计最终都将落实在城市各种媒介的应用上,重设计、重发布、轻应用是本末倒置、目光短浅的做法。只有规范管理,才能保证好的设计得以体现,城市形象得到真正的提升。而造成目前国内城市视觉形象系统"不用"或"乱用"等应用混乱的主要原因是管理机构过多与管理不规范。

城市视觉形象涉及市政、旅游、交通、城管、环卫、建设等不同机构,缺少统一管理部门是最大问题,这方面香港的做法值得借鉴。香港品牌的管理工作由特区政府下辖的新闻处负责统筹,其工作职责就是香港各公私营机构紧密合作,确保有效运用香港品牌,向全世界宣传香港,推广香港,树立香港"亚洲国际都会"的城市形象。统一管理这种方法也可以避免"心游嘉兴"这种重设计、重发布、轻应用的问题。

　　管理不规范更多是制度与执行的问题,当政府公布与城市视觉形象系统应用相关的规范管理条例,并指定专门职能部门负责审核、监督工作,这一问题最容易得到解决。这方面中国国家电网、四大国有银行、中国移动和中国联通等大型企业提供了视觉形象应用规范化管理的样板。

　　现代城市的视觉形象系统设计是个动态化、长期化、综合化的课题,中国的城市管理者、设计师还有很长的路要走。

注释

①成朝晖认为,CI＝MI＋BI＋VI＋AI＋SI＋LI(参见成朝晖《人间·空间·时间——城市形象系统设计研究》,中国美术学院出版社,2011年版);而孙湘明则认为,CI＝MI＋BI＋VI＋LI(孙湘明:《城市品牌形象系统研究》,人民出版社,2012年版)。

②[法]让·鲍德里亚:《符号政治经济学批判》,夏莹译,南京大学出版社,2015年版,第258页。

③[法]让·鲍德里亚:《符号政治经济学批判》,夏莹译,南京大学出版社,2015年版,第259页。

④资料来源于标志情报局网站,详见 https://www.logonews.cn/wien-city-new-logo.html。

⑤数据来源于国家统计局2019年8月15日发布的"新中国成立70周年经济社会发展成就系列报告之十七"——《城镇化水平不断提升 城市发展阔步前进》,详见 http://finance.sina.com.cn/china/gncj/2019-08-15/doc-ihytcern0984020.shtml。

⑥资料来源于搜狐网,详见 https://www.sohu.com/a/317782338_672237。

⑦《四川省攀枝花市中国共产党攀枝花市委员会宣传部城市品牌建设视觉形象识别系统(VI)设计与城市宣传语凝练服务采购项目中标结果》,2018年8月23日,详见 https://www.bidcenter.com.cn/newscontent-56082774-4.html。

都市中的田园意象

——纽约中央公园的设计意图和策略分析

熊庠楠*

摘　要：19 世纪 50 年代，正值城市化的浪潮在美国城市中迅猛铺展开来，纽约市建成了中央公园。这是美国第一个大型的都市公园；它缓和了城市工业化发展和人们田园理想之间的冲突。中央公园自然的规划打破了纽约市单调枯燥的网格布局；丰富了城市生活的内容，其宽广悠扬的田园景观改变了纽约的城市风貌。中央公园获得了巨大成功，并为美国布法罗、波士顿、芝加哥等其他城市的规划发展提供了范本。通过分析中央公园的画意审美方式、设计意图和规划策略，本文将突出其核心设计理念：补充城市发展中遗漏的休闲功能，并以优美的乡村景观来治愈城市工业化发展给人们的身心带来的负面影响。

关键词：画意自然；城市化；纽约中央公园

19 世纪中叶，正值城市化的浪潮在美国城市中迅猛铺展开来，纽约市政府在城市中心建造了面积为 778 英亩（约合 315 公顷，1873 年扩展到 341 公顷）的景观公园，命名为中央公园（Central Park）。这是美国第一个大型的都市公园，它缓和了城市工业化发展和人们田园理想之间的冲突。中央公园回归自然的规划打破了纽约市单调的网格布局；其丰富的活动设置充实了城市生活的内容；它所创造的宽广悠扬的田园景观也极大地改变了纽约的城市风貌。

1858 年底，中央公园向公众开放，并立即获得了巨大的成功；在其开放的初

---

　　* 作者简介：熊庠楠，女，南方科技大学社科人文中心荣誉学会青年会士、得克萨斯大学奥斯汀分校博士。

期,据不完全统计,每天约有五到八万人次步行而来,三万人次坐着马车游览,四至五千人次骑马入园。中央公园的巨大成功不仅改变了纽约的城市面貌,并且引起了修建大型城市公园的风潮——旧金山、布鲁克林、芝加哥、布法罗也建造起自己的景观公园。这项风潮从根本上调整了美国城市的建设思路,让人们重新思考城市和田园的关系。

一、画意自然:从英国到美国

19世纪美国的景观设计思路根源于画意自然(picturesque nature),强调以浪漫、审美的眼光来看待自然。与之相对的是欧洲大陆的古典园林:自然景观顺着轴线展开,精美的景观建筑和修建成几何形的树木相辅相成。

所谓画意自然,不是直观的自然世界,而是经过了观看者的想象编辑后的景观——它被蒙上了一层诗情画意的滤镜,优美之处被放大,不尽如人意之处则被忽略。这样的审美渗透在18世纪英国各个文化创作领域,包括绘画、诗歌、建筑以及公园设计。这些文艺作品培养了人们画意的视觉。对于熟读诗书的人,眼前的景致不再是单纯的景,而是让人联系起读过的诗歌、观赏过的绘画。英国的绅士们,经过湖畔乡村景观时,耳边响起华兹华斯的诗歌,看到的是透纳的风景画——现实的景观从而变得更加宜人可爱。画意视觉将自然景观和诗情画意紧密地联系起来,成为19世纪的英国观看世界的独特方式。

19世纪的美国,在吸收英式画意传统的同时,改变了这种美学体验的方向。在英国,画意的自然通常指的是宁静的乡村或是富含中世纪传奇故事的森林。而大西洋彼岸的美洲大陆,基于自身大山大河的景观特点,发展出别样的画意审美:这儿的人们造访粗犷的野外,欣赏摄人心魄的壮丽景观。

这样的意象充分反映在19世纪美国的风景绘画中。其中最具代表性的要属哈德逊河画派(Hudson River School)——这是一群受浪漫主义风潮影响的风景画画家;他们跋山涉水来到纽约州哈德逊河河谷地区写生。他们的作品不仅仅表现了人迹罕至的风景,更重要的是去强化此处河山的雄伟壮阔。例如,哈德逊河画派的核心人物托马斯·科尔(Thomas Cole),为了获得更令人印象深刻的视觉效果,常常在画作中夸大自然对象的高度和地势形状。在《释儒山之景》中,他把山形拉长直冲云霄,以获得更明确的山峰线条以及更巍峨的视觉效果(图 1)。事实上,对于哈德逊河画派的画家们来说,他们的创作目的不是单纯地写实自然,更重要的是画意的重塑——通过他们的眼和画笔,突出自然景象的壮丽,以此来唤起观者心中的敬畏之情。④这样的审美意象也渗透到了 19 世纪美国的景观公园(landscape park)设计中——即使位于拥挤的大都市,这里的公园也力求展现开阔、宏大的景观意象。

图 1 托马斯·科尔,《释儒山之景》,1838 年,克利夫兰艺术博物馆藏

景观公园是美国 19 世纪末的独特现实,它的兴起和这里日益崛起的独特城市文化紧密相连。新兴的美国城市不同于欧洲的传统城市,后者保有皇家庄园或是狩猎场;在 18—19 世纪城市发展的浪潮中,这些皇家园林纷纷转型成为市民公园,向公众开放。而新兴的美国城市没有皇家自留地。城市在发展之初,率先考虑的都是工商业的发展,街区的划分也基本遵循网格布局。这里的有识之士,在游览过欧洲主要城市的大型公园之后,积极敦促美国的城市开辟类似的、尺度开阔的公共空间。⑤纽约市(此时尚未和布鲁克林合并)率先回应了这一迫切诉求。

二、景观公园在都市中的功能定位

1857 年,纽约中央公园设计竞赛公布了任务书。公园占地约 778 英亩,需要囊括一系列功能性的户外空间、运动设施和文化活动场所：三个操场、球场、展览厅或是音乐厅、花园、大型喷泉、大型阅兵场（grand parade ground）、瞭望塔、溜冰池等等。⑥这次竞赛共收获了33份方案，其中的大多数围绕着这些功能场所巧做文章；他们通常提议修建一栋雄伟的文化建筑统领全园景观。这栋建筑可以是博物馆、音乐厅，或是植物园矗立在高处，眺望水库、花园或喷泉。⑦然而，最终获胜的提案，名为"绿向"（the Greensward），却和这些方案大相径庭。它恰如其分地淡化了这些功能场所在公园中所扮演的角色（图2）。

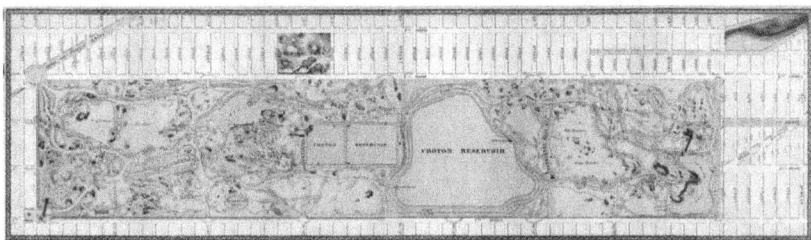

图2　凯尔维特·沃克斯和弗雷德里克·欧姆斯泰德设计的纽约中央公园平面图，1869年

"绿向"方案由景观设计师凯尔维特·沃克斯（Clavert Vaux）和弗雷德里克·欧姆斯泰德（Frederick Olmsted）二人合作完成。沃克斯此时已经是小有名气的建筑师和景观设计师；欧姆斯泰德在设计中央公园前是一名记者。曾经营过农场的他对于植物的种植和乡野景观很有经验。⑧二人都深受英式画意自然的审美的影响：沃克斯在英国长大；欧姆斯泰德多次造访英国，对那里的景观传统很熟悉。

和其他参赛方案相比，"绿向"方案的独到之处在于创造出了一片开阔的自然景观。它仿佛是在汹涌的都市中顿生一片茫茫的湖泊草原；建筑物则完全臣服于这样宏大的自然观感。⑨沃克斯阐述他们的设计思路："在整个公园的设计中，人工建造都属从属地位……首先考虑的是自然，其次和再次还是自然——建筑得往后排。"⑩他和欧姆斯泰德提议尽可能少地修建房屋，并尽量利用基地本身条件来发展景观。例如，他们把公园中最大的一片开阔平地设为阅兵场，两个湖泊中较大的那个用作溜冰池，而展览厅则直接设置在哨兵房内（基地上已有建筑物）。"绿向"方案在突出自然景观体验的同时，尽量弱化房屋在公园中承担的作用。

1870 年，在波士顿举行的美国社会科学协会上，欧姆斯泰德发表题为《公园和城镇化》（"Public Parks and the Enlargement of Towns"）的演讲。这篇演讲在 1871 年发表在了社会科学协会（American Social Science Association）的下属刊物《社会科学学刊》上。他总结了中央公园的设计策略，并强调了景观公园在城市中的定位：提供和城市景观截然不同的自然环境，以此来治愈城市发展给人们身心带来的负面影响。⑪

欧姆斯泰德观察到，随着公共交通的发展和工种的细化，城镇化的浪潮在美国和欧洲的主要国家铺展开来。城市不断地从更小一级的地方或是乡村吸收人口。城镇的生活相对于乡村生活存在着巨大的优势：城市越大，其功能便会越齐全，人们的生活从而也会变得更加便利。这样更有效率的生活把人们从日常琐事中解放了出来，也使得他们拥有更多的时间和精力追求学识和艺术修养。⑫

然而，城市生活也存在着巨大的隐患。欧姆斯泰德忧心忡忡地指出：由于大量人口聚集在相对逼仄的空间里，病患的比例和犯罪概率显著提高，人们的平均寿命相应减少。城市在大力发展工商业的过程中严重污染了空气，这不仅伤害人们的身心健康，亦会消磨他们的活力；而体力上的辛苦劳顿会直接弱化人们的精神强度和道德约束。⑬不仅如此，在拥挤的城市，人与人之间容易敌意相向、充满算计，这和乡村生活中单纯善意的人际关系大相径庭。⑭

欧姆斯泰德认为景观公园能在很大程度上舒缓甚至是抵消这些城市发展给人们带来的负面影响。城市无处不在的喧嚣会让人们更加珍惜宁静的田园。他提醒我们："人们从乡村美景获得的喜悦感随着文明的发展是越来越强，而不是越来越弱。"⑮景观公园向市民们提供的正是城市不具备的特质：开阔的自然景观，以及它所带来的恬淡自在的心态。欧姆斯泰德这样来描述他心中理想的城市景观公园：

> 我们希望能有一片自留地，人们下了班后能轻易抵达。在这里，他们
> 可以漫步一小时；他们观赏，聆听，感受不到城市的拥挤和忙乱。他们会觉

得这里离城市很远。城里的街道、店铺和房间大都统一、方便、井井有条；而这里截然不同。在城镇里，我们规避地行走，边走边看，既警觉又嫉妒，毫无同情心地细致打量别人。我们尤其希望这里能够和城镇的这种局促紧张的环境形成强烈对比。具体来说，我们最想要的只是一片宽广、开放的绿地：这儿多样的地面变化，还有许多树木带来的丰富的光影效果……绿地周边要有足够进深的树林，它不仅仅能够在炎热的天气里给我们提供舒适和凉爽，也能把城市严严实实地阻挡在这儿的风景之外。这些就是我们所谓公园最重要的特质。[16]

除了景观公园和城市发展之间的互补作用，欧姆斯泰德引用了英国法学家和社会改革家杰里米·边沁（Jeremy Bentham）在《刑法原则》（*Principles of Penal Law*）中的观点，强调自然美景所带来的愉悦感能够引导人心向善。边沁认为人们心中产生的"单纯的欢乐"（innocent amusement）除了能够带来愉悦感，还能帮助减弱人性中向恶的倾向。[17]欧姆斯泰德观察到，即使是疏于受教育的人群，在中央公园优美的自然环境中，也会不自觉地谈吐更礼貌一些，举止也更优雅一些。[18]

欧姆斯泰德认为城市公园的首要特质是开阔的风光。英式画意或者是园意（gardenesque）的景观设计手法不适用于景观公园；这二者突出的是景物的美丽而精巧——这些特质在城市其他的地方也可以获得。在此处的语境下，"画意"指的是欧姆斯泰德在英国田园中看到的"英式画意"；"园意"则指的是欧洲大陆人工痕迹较重、充满秩序感的园林。欧姆斯泰德强调，只有"开阔"的意象是人们从城市环境中无法获取的。[19]从而，也只有"无边无尽"的风景可以成为局促、充满限制的城市生活的对立面，给这儿的居民带来心灵上的安宁和休憩，舒缓他们紧张的神经，恢复健康和士气。[20]

除了定义景观公园在城市中的作用，欧姆斯泰德在"公园和城镇化"中还总结了切实的公园设计策略。这些策略曾使用在纽约中央公园的设计中。

三、田园意趣消弭都市生活的负面影响：
中央公园的设计策略

　　沃克斯和欧姆斯泰德所提交的中央公园方案，除了一套完善的平面图，还包括了 12 组前后对比的表现图（图 3 和图 4）。每一套包括三部分内容：一张平面图，上面红色箭头标明位置和景观方向；两张透视图，一张描画现状，一张展现经过设计的景观效果。现状图由铅笔简单勾勒而成，表达的通常是贫瘠惨淡的荒地；而景观效果图则宛如一幅风景画，层层叠叠的树木和草丛创造出了空间的延伸感，并把人们的视线引向远处开阔的湖泊或草坪。这样前后对比的表现方法大大增强了他们方案的说服力。

图 3　欧姆斯泰德和沃克斯设计，沃克斯绘制的"绿向"方案（其一），前后对比表现（上图为现状图，下图为建成效果图）

图 4　欧姆斯泰德和沃克斯设计,沃克斯绘制的"绿向"方案(其二),前后对比表现(上图为现状图,下图为建成效果图)

(一)弱化城市交通对公园景观的影响

"绿向"方案践行着欧姆斯泰德定义下景观公园的最核心的功能——提供和城市景观截然不同的环境和氛围。任务书上要求四条东西向的城市道路穿越公园。所有的其他方案都把道路置于地面;公园从而被分割成五份。有些方案把这四条路设计成为景观道路,试图加强公园和城市的融合。[20]"绿向"方案则与之背道而驰,沃克斯和欧姆斯泰德将四条城市道路下沉到地面以下,从而使它们不会打断这里绵延的风景或是干扰人们在公园里的活动(图2)。不仅如此,沃克斯和欧姆斯泰德还沿着公园周边设立厚厚的植物带。它们仿佛筑起了一道绿墙,柔和地划分出了田园和城市的边界,滤掉了城市的喧闹声,同时也将人们的注意力引向公园内部。

(二)有的放矢地设计不同人群的行动路线

在景观设计上,沃克斯和欧姆斯泰德采取了"画意自然"的手法——但这是美国式的画意。英式画意表现的多是以乡村为代表的精巧悠扬,而美式画意,在继承英式和谐的画面构成的基础上,更强调尺度的开阔和自然的野趣(尽管这是精心设计的结果）。中央公园一个重要的成功之处在于它清楚地设定了不同人群的行动路线——马车环线、步行道和跑马的道路。这些道路串联了公园里多样的风景。

在确定不同人群的行动路线后，沃克斯和欧姆斯泰德根据他们的行进速度安排景观构成：马车里人看到的多是开阔的、运动中的风景；而步行道上看到的更多的是让人驻足观赏的、更精巧的景观。欧姆斯泰德强调园内的交通流线设置。在他看来，道路的设置体现了公园设计者对他所处理的景观的理解和表达。公园设计的核心不仅仅在于创造如画美景，也在于如何把观景的人群安排在这样的景观当中。从而，在中央公园的设计中，他恰当地设置公路和环山步道，使得自然景观能够最大限度地呈现在人们眼前，而尽量少被观景人群破坏消耗。[20]

中央公园中最突出的道路系统当属蜿蜒的马车环线——它贯穿公园的主要景观（图 2）。道路两旁种植了树木，它们看似随意地生长，但这些树木的位置却控制着马车中的人们的观景节奏。它们的开合有的放矢地向行进中的马车打开一幅又一幅风景——湖泊、草地、树林、水榭亭台和运动场。

欧姆斯泰德认为拥挤喧嚣的都市无法为人们提供沉静思索的个人空间，而公园可以。中央公园的漫步区为纽约市民提供了幽深宁静的林中小径。有别于公园其他开阔的景观，漫步区的多样景观和宜人的尺度加强了它的私密、内向的属性。这里展现的是最具传统画意特色的景色——狭窄的步道蜿蜒环绕，让人无法将一路风景尽收眼底，这不免使人产生探索的兴致。步道旁栽种了各式各样的花卉树木，其中不乏新奇的异域品种。它们丰富的纹理、颜色和形态为行走的人们提供了多样性的视觉、嗅觉和触感体验。

（三）设计丰富、动静皆宜的景观体验

和公园里画意自然的基调略有不同，林荫大道和喷泉平台可能是中央公园里面最倚赖建筑的景观。这一点上，它们更贴近于充满秩序感的法国或是意大利的古典主义花园。笔直的林荫大道两旁种植着高大挺拔的榆树，这仿佛是整个公园的迎宾大厅，人们可以在这里高谈阔论；它亦是很好的集散空间，将人们

从公园主入口引向喷泉平台。

　　喷泉平台面向开阔的湖面,并可以看到远处的美景城堡(Belvedere Castle)。和大多数参赛的设计师一样,沃克斯和欧姆斯泰德感到中央公园的基地相对乏味,缺乏景观焦点。㉓这儿的景色无法像哈德逊河画派的绘画中描绘的大山大河那样带给人们惊叹和赞美。为了增加空间的戏剧性,沃克斯将喷泉平台下沉。㉔从而,当行走在林荫大道上,人们无法看到喷泉;只有走到了林荫大道的尽头,走下宽阔的楼梯,穿过地道,才能来到喷泉平台(图5和图6)。此时,宏大的喷泉、开阔的湖面和远处城堡的景观突然呈现在眼前。这种反差同样带给人们惊叹和赞美。

图5　纽约中央公园林荫大道尽头的向下楼梯,拍摄于1894年

图 6　纽约中央公园喷泉平台效果图,1861—1880 年

　　针对城市给人们带来的负面身心影响,欧姆斯泰德认定景观公园的治愈功能应该体现在两个方面:创造自在的个人体验(漫步区的景致);提供人群欢聚一堂的体验(林荫大道、开阔的草地景致)。然而,如何在公园里同时创造这两种冲突的体验确实是一个棘手的问题。中央公园通过巧妙地疏导组合不同人群的流动路径解决了这个问题。事实上,中央公园的预算最大的一部分就花费在了建设多层次的交通系统上,包括马车环线、人行步道、骑马的路径、桥梁、隧道和地下通道——它们使得不同人群能够从容来去,从而也确保了成千上万的游客能够在公园里自在地"独处",并且和热闹聚集的人群相互隔离,从而获得各得其所的乐趣。⑳

四、结　语

　　中央公园为身心俱疲的纽约市民提供了一个宁静舒缓的休养生息之所,极大地丰富了城市生活的内容,体现了公共福祉。它的布局活跃了城市的枯燥网格系统,并且从根本上改变了纽约的城市风貌(图 7)。它广受纽约市民欢迎:人们骑着马,乘着马车,散着步,络绎不绝地造访这里。㉑它的巨大成功展示了景观公园在都市生活中所扮演的重要角色,也向其他急速发展的美国城市示范了更

图 7　威廉·泰勒(William Taylor)《纽约之城》(*The City of New York*)，1897 年,版画局部

健康有序的规划思路。中央公园建成后不久,沃克斯和欧姆斯泰德为布鲁克林设计了展望公园(Prospect Park，1867)并规划了连接公园和新建住宅区的道路;他们还为布法罗(Buffalo，1868)和芝加哥(1871)设计了大型的景观公园以及联系公园和城市广场的景观道路系统。1879 年,欧姆斯泰德独立为波士顿设计了一串包含公路和水路的景观公园带(图 8)。这些公园、景观道路、水路总面积达 1100 英亩(约为 4.5 平方千米)。它原本是波士顿半岛附近难以利用的沼泽地,在成功转化成景观公园后,不仅为都市居民提供了亲近自然的机会,也为

图8　欧姆斯泰德，美国马萨诸塞州波士顿公园系统平面图，1894年，现藏于
欧姆斯泰德档案馆国家公园署(National Park Service Olmsted Archives)

候鸟提供了栖息地。该公园以其独特的形状，获得了翡翠项链(Emerald
Necklace)的美誉。就这样，从纽约中央公园开始，将田园景观引入都市公园的
设计思路渗透到了此后美国城市分区和道路规划的考量中，奠定了今天美国大
城市的基础面貌。⑦

注释

① 造访公园的人数相对于此时纽约市的人口来说相当可观。中央公园刚建成的时候，纽约市的人口约为
一百万。

② Christopher Hussey, *The picturesque*: *Studies in a point of view*, G. P. Putnam's Son, London,
1927, pp. 2-4, p. 64.

③ 哈德逊河画派延续了19世纪中期欧洲大陆外光(En plain air)的做法——即离开画室，到自然光源下
写生。他们的画作通常围绕着开拓野外、发现自然的主题。和欧洲画家所描画的平静优美的自然景观
不同，哈德逊河画派通常选择更险峻和崎岖的景观作为表现对象。

④ 哈德逊河画派风景绘画的主旨在于以自然的雄壮引发人们对自然的敬畏之情，使其转而深思人类的渺
小和生命的短暂。因此，风景画在主题的复杂及深刻程度上足以匹敌历史题材的绘画。

⑤ 人们通常把此时美国最大的城市纽约和欧洲最大的城市伦敦相比。伦敦此时的公园面积总和已经超
过2000英亩(约8平方千米)；而纽约，直到1850年，也只有不到100英亩(约0.4平方千米)的公共空
间，并且没有任何一个公园的面积超过10英亩(约0.04平方千米)。Ethan Carr, *Wildness by design*:

landscape architecture and the national park service，Nebraska University Press，1998，p. 18.

⑥关于纽约中央公园的竞赛与其间的利益矛盾和政治斗争，现有文献中有非常详细的讨论。详见 Morrison Heckscher，*Creating central park*，Metropolitan Museum of Art，2008；Roy Rosenzweig and Elizabeth Blackmar，*The park and the people：a history of central park*，Cornell University Press，Ithaca，1992.

⑦Roy Rosenzweig and Elizabeth Blackmar，*The park and the people：a history of central park*，Cornell University Press，Ithaca，1992，pp. 114-115.

⑧沃克斯是当时著名景观设计师、园艺师唐宁(A. J. Downing)的合伙人。唐宁1841年出版了《适用于北美的景观花园的理论和实践》(*A Treatise on the Theory and Practice of Landscape Gardening，adapted to North America*)，将英式画意的花园审美和理论引入美国，获得了巨大成功。唐宁介绍了沃克斯和欧姆斯泰德相识。

⑨Ethan Carr，*Wildness by design：landscape architecture and the national park service*，Nebraska University Press，1998，p. 19.

⑩引用于 Roy Rosenzweig and Elizabeth Blackmar，*The park and the people：a history of central park*，Cornell University Press，Ithaca，1992，p. 133.

⑪Frederick Law Olmsted，"Public parks and the enlargement of towns(1871)," in Frederick Law Olmsted and Robert Twombly，*Frederick Law Olmsted：essential texts*，W. W. Norton & Company，2010，pp. 200-252.

⑫Frederick Law Olmsted，"Public parks and the enlargement of towns(1871)," in Frederick Law Olmsted and Robert Twombly，*Frederick Law Olmsted：essential texts*，W. W. Norton & Company，2010，p. 224.

⑬此时，欧姆斯泰德把城市居民的精神和道德的失落归因于城市中污染的空气；并认为是城市中拥挤的环境导致了人们自私算计的倾向。但到1880年间，他更尖锐地认定现代文明导致了神经过敏、士气低迷和疲惫。Alexander von Hoffman，"Of greater lasting consequence：Frederick Law Olmsted and the fate of Franklin Park, Boston," *Journal of the Society of Architectural Historians*，vol. 47，no. 4 (Dec, 1998)，p. 342.

⑭Frederick Law Olmsted，"Public parks and the enlargement of towns(1871)," in Frederick Law Olmsted and Robert Twombly，*Frederick Law Olmsted：essential texts*，W. W. Norton & Company，2010，pp. 225-226.欧姆斯泰德对城市化给人们的身心带来的负面影响的看法在当时的知识分子中具有代表性。参见 M. Christine Boyer，*Dreaming the rational city：the myth of American city planning*，MIT Press，Cambridge，Mass.，1986，pp. 33-56.

⑮Frederick Law Olmsted，"Public parks and the enlargement of towns(1871)," in Frederick Law

Olmsted and Robert Twombly, *Frederick Law Olmsted: essential texts*, W. W. Norton & Company, 2010, p. 223.

⑯Frederick Law Olmsted, "Public parks and the enlargement of towns (1871)," in Frederick Law Olmsted and Robert Twombly, *Frederick Law Olmsted: essential texts*, W. W. Norton & Company, 2010, pp. 230-231.

⑰参见 Jermey Bentham, *Principles of penal law*, part Ⅲ, 1843.

⑱Frederick Law Olmsted, "Public parks and the enlargement of towns (1871)," in Frederick Law Olmsted and Robert Twombly, *Frederick Law Olmsted: essential texts*, W. W. Norton & Company, 2010, pp. 246-247.

⑲Frederick Law Olmsted, "Public parks and the enlargement of towns (1871)," in Frederick Law Olmsted and Robert Twombly, *Frederick Law Olmsted: essential texts*, W. W. Norton & Company, 2010, p. 232.

⑳Frederick Law Olmsted and Calvert Vaux, "Preliminary report to the commissioners for laying out a park in Brooklyn, New York: being a consideration of circumstances of site and other conditions affecting the design of public pleasure grounds (1866)," in Albert Fein, ed., *Landscape into cityscape: Frederick Law Olmsted's plans for a greater New York*, Connell University Press, Ithaca, 1968, pp. 97-98.

㉑Roy Rosenzweig and Elizabeth Blackmar, *The park and the people: a history of central park*, Cornell University Press, Ithaca, 1992, p. 133.

㉒Ethan Carr, "America the beautiful: the national parks," *SiteLINES: a journal of place*, vol. 5, no. 1 (fall 2009), p. 4.

㉓Roy Rosenzweig and Elizabeth Blackmar. *The park and the people: a history of central park*, Cornell University Press, Ithaca, 1992, pp. 114-115.

㉔中央公园里的建筑,包括桥梁,绝大部分是由沃克斯独立负责设计修建的,参见 Morrison Heckscher, *Creating central park*, Metropolitan Museum of Art, 2008, pp. 49-61.

㉕Ethan Carr, *Wildness by design: landscape architecture and the national park service*, Nebraska University Press, 1998, pp. 22-23.

㉖发布于 1862 年初的纽约市年度报告中记录了 1861 年造访中央公园的人数:约 186 万名步行者,约 47 万辆车,超过 7 万人骑马入园。Morrison Heckscher, *Creating central park*, Metropolitan Museum of Art, 2008, p. 70.

㉗Ethan Carr, *Wildness by design: landscape architecture and the national park service*, Nebraska University Press, 1998, p. 25.

从"完形"到"真实"的转变

——意大利建筑文化遗产的保护策略与审美发展研究

陈鸿雁 *

摘　要：意大利拥有丰富的世界文化遗产，遗产保护策略也一直发展，经历了重视"恢复建筑原形"、重视"历史真实性"、重视"整体性保护"的价值转变，这所呈现的审美也发生了变化，凸显"历史真实之美、当代印迹之差异美"。

关键词：建筑文化遗产；保护策略；审美发展

引　子

2015—2016 年，笔者在意大利佛罗伦萨大学访学，研究方向是建筑文化遗产保护与修复，其间，对意大利及欧洲其他国家的建筑文化遗产项目进行了实地考察研究，获取了宝贵的第一手资料。意大利的建筑文化遗产保护与修复策略，经历了不同的发展阶段，每个阶段呈现的审美趣味也不同，其中有些经验非常值得我们借鉴和参考。

一、建筑文化遗产的保护与修复发展历程

1978 年 6 月 23 日，意大利加入《保护世界文化与自然遗产公约》，从而成为缔约国，截至 2018 年 7 月，被联合国教科文组织审核并批准列入《世界遗产名录》的意大利世界遗产共有 54 项（包括自然遗产 5 项，文化遗产 49 项），含跨国

---

* 作者简介：陈鸿雁，男，中国社会科学院博士生，广州美术学院副教授。

项目 6 项(文化遗产 4 项、自然遗产 2 项),在数量上列居世界第一。意大利曾四次担任世界遗产委员会成员,两次担任主席国。1950 年,联合国教科文组织委托国际博物馆学会在佛罗伦萨举办会议,研讨成立一个关于文物建筑保护与修复的国际组织,起到指导和监督的作用;1964 年,第二届历史建筑的建筑师和技师代表大会在威尼斯举行,形成著名的《威尼斯宪章》;1983 年 12 月 5 日至 9 日,第七届世界文化遗产大会在意大利佛罗伦萨举行;1997 年 12 月 1 日至 6 日,第二十一届世界文化遗产大会在意大利那不勒斯举行。

(一)文艺复兴时期的保护与修复策略和审美呈现

中世纪期间,人们的思想受到天主教的禁锢与封闭,神权至上,人们生活于黑暗时代。15 世纪意大利文艺复兴运动发生之后,新兴资产阶级热衷于希腊罗马古典文化的复兴,古罗马时期的经典辉煌建筑文化引起人们巨大的兴趣。当时的罗马政府就已经有了"古代物品司",并在其中设置了"古建筑保护"专门职位和人员,负责对古罗马时期的重要建筑群进行保护及修复,开始挖掘被埋没的雕像、陶瓷用品等艺术品,整修破旧的历史墙垣,修缮残缺不完整的宫殿,展开了一定规模的历史文物建筑修复及保护。1515 年,文艺复兴时期三杰之一的拉斐尔被任命为罗马古迹保护官,他具备深厚宽广的古典建筑、雕塑和绘画的知识;1519 年拉斐尔提出有关罗马遗迹与古代都市地图稿本的保护问题。值得一提的是,拉斐尔还向教廷施压,禁止人们把罗马古迹(特别是斗兽场)当成采石场,贪婪开采石材而破坏古迹,这在紧要关头把斗兽场等古迹保护了下来。

文艺复兴从社会层面看是希腊罗马古典文化的复兴,但实际上是欧洲新兴资产阶级借助复兴古典文化的形式,在意识领域发起的反封建运动,摆脱神权至上的统治,在哲学思想上追求人文精神回归,强调以人为本;天文学也得到发展,再次讨论地球、太阳、宇宙的关系;绘画艺术方面,趋于表达具有人文主义思想的作品,反映世俗生活的场景;建筑方面,讲究秩序和比例,塑造理想中古典社会的和谐秩序。

当时的社会主张、哲学思想、天文学进步、艺术追求等综合因素,都对历史建筑的保护与修复观念及审美呈现产生了影响,该时期对历史建筑保护与修复

的方式被称为"文艺复兴式保护和修复"。其审美原则跟随保护与修复目的,即
"尽可能地恢复建筑原貌以被使用、再现古罗马的建筑经典美学、从古典建筑中
继承柱式系统、按照古典的比例来塑造协调秩序之美"。很明显,这种审美呈现
是一种对古典建筑风格及文化的崇拜,它追求的是一种过去的美学再现。而当
时新建成的建筑,也是在综合学习古典建筑的构造、比例等美学呈现之后,根据
功能需求进行创新的。这方面可以在文艺复兴时期的著名建筑"圣母百花大教
堂"的大穹顶中体现出来,它仿自罗马万神殿的大圆顶,体现出一种宏伟气势。
值得一提的是,圣母百花大教堂建设时期就已经设置保护与修复中心,一直到
现在该中心还保护与修复着该教堂,保证功能的同时更保证完整的形态。

　　这种文艺复兴式的遗产建筑保护方式,一直对世界产生不少的影响。我国
的建筑遗产保护手段,也受到其一定的带动。但有些地方还在结合商业目的进
行重建。例如有些城市的商业步行街,本来是有历史价值的旧建筑设计,但为
了促进商业发展,完全推倒重来,使得旧建筑焕然一新。以著名的世界文化遗
产长城为例,有些段落已经完全损坏或者倒塌,但地方机构为了带来旅游效益
和经济收益,用修旧如旧的方式重新建构倒塌段的长城,进行大规模的修复或
者复原,甚至还新建、假造长城。而这就是一种带有破坏性的保护,也违背了文
物的真实性原状。庆幸的是,国家出台了《长城保护总体规划》,整体提升世界
文化遗产长城的保护水平,结合先进的技术和国际保护与修复观念,全新保护
长城,并阐释长城的历史价值和当下精神。

(二)19 世纪的保护与修复策略和审美呈现

　　意大利从 1797 年开始成为法国的附属国,1809 年罗马被拿破仑视为帝国
的"第二首都",1814 年法国才从意大利撤退。而这期间,法国投入巨大经费用
于罗马的城市建设、考古发掘及遗产修复。法国人把没用的建筑拆毁,开辟为
规模宏伟的广场;对于建筑遗迹则坚持全貌式的发掘,在条件许可下将它们修
复成始建的样貌及状态。这期间,意大利不可避免地受到了法国"完形"
(reintegration)理念的影响。但借助国内的力量,意大利政府不断地推进和更
新其建筑遗产保护与修复理念,并使其逐渐成为国际主流。

1861 年,意大利王国成立;1870 年,意大利实现了领土的完全统一。意大利统一之后,政府全力推进历史建筑的保护与修复,并形成条例颁布。为了更好地推进历史建筑的修复和保护进程,1870 年意大利教育部组成专家组拟定了古建筑保护的条例。1872 年左右,古建筑保护条例经过修改和完善之后由政府颁布,意大利的第一部文物建筑保护法正式诞生。在该法律中,明确划分了"国家级(第一档次)"与"地方级(第二档次)"的不同保护档次。不同级别的历史建筑其保护经费的来源也不同,国家级档次的文物建筑由政府出资进行修复和保护,地方级的文物建筑由市政府出资进行修复和保护。值得一提的是,首部文物建筑保护法严格规定:要保护文物建筑的完整性和稳固性,不得进行任意的破坏。从此,意大利的文物建筑保护与修复计划开始纳入政府的严格管理之中。

19 世纪后期,建筑遗产保护实践在意大利(甚至欧洲)广泛地开展起来,修复是该时期对待建筑遗产保护的普遍做法。当时的罗马市政府开展了大范围的遗址发掘和文物修复工作。1887 年,政府制定了系列的遗址挖掘和保护计划,即对以古罗马广场为中心的古迹保护区,分步骤进行考古发掘和修复保护。随着发掘研究工作的纵深展开,出土的古建筑遗址、雕塑、陶瓷艺术品越来越丰富;为了避免保护区内古建筑遗址及建筑外饰面的真实性、完整性遭到无知的破坏,19 世纪末期政府颁布了一个古建筑保护的建筑规范,明确要求保护它们的真实性和完整性,现在依然是实践的典范。具体策略是,意大利政府采取整体性保护原则,一是对"古罗马历史中心区"的宏观规划保护,保护历史中心的原始结构,采取在旧城之外建新城的方式。二是对"大遗址"的整体保护,强调保护著名建筑及整体环境、公园的真实性价值,保留残垣断壁的千年沧桑及美学呈现,不进行大规模的修复和重建。对于需要维护固定的部分,采用新结构和新材料,体现当代印迹。三是构建持续性的、较完善的遗产教育体系,设立专业的文化遗产保护人才培养教育机构,培养专业人才,普及民众认知,开展环境式与生活式的教育互动。目前,该建筑遗产工程的保护、研究与传播工作还在不断地深化,一直持续至今,它已经成为罗马城市重要的历史价值品牌。在2016 年的现场考察研究中,人们依然可以看到真实性的建筑残留部分、整体环境及风貌景观,体现历史的痕迹。例如,有些残留的古罗马建筑柱子被固定着,但采用的是当代的钢铁材料;而有些较完整的旧建筑用于展示该区域的文献研究、考古研究的发现及成果累积,突出整体性的真实性保护及修复理念,呈现真实性的现状美学。但是,19世纪后半叶在欧洲依然存在着注重建筑历史风格和形式的"风格派修复",强化形式上的美化及完形,这种修复理念后来遭到批判。

这期间的审美也发生了转移,开始注重保护对象所具有的历史价值之美、艺术价值之美,尽可能地挖掘保护对象的历史和变迁过程,绘画、雕塑艺术作品的主题等,注重呈现历史文物建筑的完整性和真实性美学。

(三)20世纪的保护与修复策略和审美呈现

由于意大利拥有丰富的建筑文化并不断地进行保护与修复实践,其国际影响力和地位逐渐获得认同及提升。意大利借助其实力,举办几次重要的关于文物建筑保护与修复的国际会议,颁发系列国家标准,深化保护与修复共识,达到新高度。1931年,第一届历史古迹建筑师及技师国际会议在希腊雅典召开,主题是"讨论历史和文物建筑的修复问题",会议通过了著名的《雅典宪章》决议。1932年,国际博物馆管理局(IMC)在罗马召开同主题的国际会议,形成了《文物建筑修复的意大利宪章》(简称《罗马宪章》),明确文物建筑修复的技术要求和标准,它成为当时指导文物建筑修复的国际技术规范。1932年,意大利政府颁布了《文物建筑修复标准》,它基于《雅典宪章》的原则。这个国家规范由古斯塔弗·乔瓦诺尼主编完成,除了明确常规的保护和修复标准之外,还对保护与修复过程中怎样合理地应用现代材料(例如钢筋、水泥、混凝土等)做出了指导性的规定。1936年,前后颁布了《针对历史和艺术物品保护的法律》和《针对自然景观和名胜保护的法律》,它们细化了保护的类别。

第二次世界大战期间,很多国家的历史建筑受到破坏,全世界的保护与修复工作都处于停滞状态,无法开展。而战后,修复与保护工作就变得非常紧迫。1945年,联合国成立;1950年,联合国教科文组织委托国际博物馆学会在佛罗伦萨举办会议,研讨成立一个关于文物建筑保护与修复的国际组织,以指导和监督保护与修复;1956年,联合国教科文组织成立"文物财产保护与修复研究国际中心"(简称 ICCROM),总部设在罗马。这也奠定了意大利在该领域的国际核心地位。1964 年,第二届历史建筑的建筑师和技师代表大会在威尼斯举行,形成著名的决议《保护和修复文物建筑和历史地段的国际宪章》,它就是被载入史册的《威尼斯宪章》。宪章明确提出对后世影响深远的核心理念:"将文化遗产真实地、完整地传承下去是我们的责任。"这是以法定形式确立了"真实性"对于世界遗产的重要意义。另外,宪章还强调要遵从"最小干预原则、新旧可辨识性原则、兼容性原则、可逆性原则",这些思想对后世的保护和修复实践起到了实际的指导作用。

《威尼斯宪章》可以说对当下国际社会的保护与修复研究工作仍然具有指导作用和意义,它既是对现代保护与修复思想的一种总结,也是当代意大利保护与修复思想的新开启。20 世纪 60 年代以后,意大利在该领域的学术理论得到新发展与深化,涌现许多新策略、新观念、新方法,它们对世界的文物建筑保护与修复产生了具有深刻影响力的重要价值。

文化遗产的历史价值和美学价值是由它所承载的历史信息和"真实性"美感决定的。很明显,《威尼斯宪章》之后,文物建筑的保护与修复所呈现的美学是追求"建筑、艺术品、绘画、环境的真实性美感",尊重历史现实,最小干预、新旧可辨、兼容性与可逆性,避免带有伪造成分的简单完形,避免带有破坏性的保护与修复实践。自此,文物建筑保护与修复的"真实性美感"价值,被国际公认,也成为基本的美学呈现原则。而在宪章之后,它还引发出几个非常重要的趋势:第一,为了避免历史建筑的倒塌与消失,必须采用新方法、新材料、新结构进行维护、修缮和加固,才能呈现历史建筑的历史、文化与艺术价值。第二,从文脉与延续性的文本角度,进行历史建筑的保护与修复,追求呈现出可理解的历史文脉及美感。第三,建筑及其维系的社会环境和文化背景的保护及修复,呈现整体性的特征及美学价值。

在意大利的文化遗产中,有一些具有重要历史价值的城区保护与修复工作,从考古发掘开始至今都还在持续地推进着,并随着不同时代的保护与修复观念而逐步深化研究工作,但保持真实性原则是始终坚持的首要保护原则。世界文化和自然遗产"庞贝古城"可以说是一个天然的历史博物馆,1748 年,西班牙人持续挖掘该遗址并掠夺了不少宝藏;1861年,意大利王国统一后制定了文物保护新条例,组织考古及历史研究专业人员对该遗址进行全面的发掘和保护,并走上正轨。其保护与修复、研究、展示、教育等工作持续展开。特别是在意大利统一后的古城保护及修复工作,首先是坚持真实性原则,保持发掘后的城市格局、场地、建筑、人物、器物、绘画等的原状,建立具有历史教育意义和研究价值的开放博物馆。总而言之,庞贝古城的保护策略历经18世纪至今的演进,反映意大利保护与修复理念的更新,不仅是真实性的美学呈现,更是具有文献价值和批评价值的整体美学呈现。

二、文化资源与主题活动的审美融合

约在17世纪期间,意大利因拥有众多的历史建筑(教堂、城堡)、风景、绘画和考古发现等,已经成为欧洲上流人士的重要旅游之地,这可以说是文化与经济的初次成功"联姻"。随着时代发展,文化与经济的融合协作更加明显,而其呈现的当代美学也日渐多元和具有主题性。

从经济效益方面而言,意大利国内所具有的文化遗产是带有唯一性的旅游资源,也是推动其经济发展的重要资源。意大利的世界文化遗产保护目的之一,是被使用与被激活。而正确的规则制度才是建筑文化遗产得到最合适的、有活力的且不破坏原有建筑与环境的保证。这不仅需要政府投入巨资,更需要从城市品牌的国际视野进行整体的策划。

以意大利的威尼斯为例,整个岛屿的建筑格局及建筑外观不得更改与破坏,但建筑的内部空间使用功能可以实现置换,成为展厅、文化场所或者适当的商业空间,从而激活城市及建筑。威尼斯每年策划不少具有国际影响力的活动,吸引全世界的人来参观旅游。一方面是将威尼斯的历史建筑进行功能置换,另一方面是带来持续性的关注传播及消费。其中,具有百年历史的威尼斯建筑双年展和艺术双年展每年都吸引上千万人参观旅游,并成功地激活了威尼斯岛屿区域。类似的地区还有佛罗伦萨历史中心区,这也是一个文化资源为主、其他综合性主题活动为辅的旅游胜地,每年吸引上千万人来参观旅行。

不可否认，在国际性主题活动的带动下，文化遗产中的历史建筑实现了功能的置换，融入了变化多样的艺术性活动、商业性活动或者其他活动，形成建筑文化遗产与多样性美学呈现的共处。换句话讲，建筑文化遗产是不可以更改或受到破坏的，而策划的主题性活动是可变化的，可实现多元化美学呈现。

三、建筑文化遗产的文创产品流行

近年来，文化创意行业已成为国内外经济高速发展的重要驱动力，文化创意产品成为文化产业的新主角。建筑文化遗产的保护与美学价值传播，需要有更多样化的方式，文创产品就是一个文化性与生活性相结合的载体。意大利非常善于利用其建筑遗产的历史价值和独特资源，围绕建筑遗产的 IP（intellectual property）符号，开发了多系列的文创产品，实现历史建筑美学的当代传播，同时这也带来高利润，所获得的收益将继续用于历史建筑的保护和传播。以意大利建筑文化遗产为核心所开发的文创商品已经成为历史建筑的"鲜活代言人"，它依据每个建筑文化的历史和故事，进行具有特征指向和实用价值的设计，成为人们可以带回家的、可使用、可穿戴的建筑周边产品。其次，它们具有高辨识度、时尚性、易于流通的传播价值，呈现出历史建筑的生活美学特征，唤起更多的人关注建筑文化遗产。

值得一提的是，我国的故宫也围绕历史文化和故事，整合社会资源和网络平台，成功地开发了一系列文创产品，并带来巨大的影响。这些文创产品，传播了故宫的文化并引起了"故宫热"，呈现了故宫另一面的生活美学。

四、对我国的借鉴价值

意大利的建筑文化遗产保护经验及美学呈现，对于我国的历史建筑保护及美学呈现具有一定的借鉴价值，具体包括以下几个方面。

第一，形成条例和制度，在法律层面保护我国的建筑文化遗产，并要及时普及。意大利经过多次立法与更新，才逐渐形成当代的保护与修复制度。目前，我国建筑文化遗产保护法律法规还不健全，多以规章、办法、通知等形式出现，而不是上升到法律、法规层面。另外，需要不断地更新，需要更广泛地普及。

第二，加强国际合作，求同存异。一方面把国外人才"请进来"，为我国文化遗产保护提供智力与技术的外部力量，另一方面鼓励把国内人才"送出去"，到先进的国家学习其经验。意大利的建筑文化遗产保护制度虽然具有先进性，但它也是基于其环境与材料而推进的成果积累。类似的项目，意大利的经验值得我们学习借鉴，但我国的古建筑多以木建筑为主，其保护及修复理念需要有自己的经验，总结出适合木建筑的规则和审美呈现。

第三，主动策划具有国际影响力的文化活动，阐释和传播我国的建筑文化遗产价值。意大利的历史城区（威尼斯、佛罗伦萨、罗马），借助国际艺术活动实现功能置换并激活区域，传播历史价值与当地文化艺术价值。意大利已经形成"文化＋旅游"的创意经济，吸引全世界的参观者和爱好者。我国的建筑文化遗产也需要当代的文化活动介入，通过国际性的主题活动，阐释历史文化遗产的当代价值，产生国际影响力。

第四，开拓多途径的公众教育，增强文化遗产保护与修复的基本知识，形成社会共识、公共道德和公共审美观。文化遗产是一个国家、民族历史和文化发展的见证载体，是国家甚至世界的共同财富。意大利政府曾委托教育部起草文化遗产保护和修复的条例，并在教育层面给予推广；政府将"意大利文化遗产保护条例"作为官员必考科目，要求公职人员必须掌握相关条例法规；通过公共教育，使得民众高度意识到历史文化遗存的珍稀性、不可再生性及独特性，坚持保护其原真性和完整性。除了政府自身力量之外，还善于动员、借助社会的力量和资本实现文化遗产的保护及修复。设立多种途径，鼓励公众参与。保护建筑遗产的努力，离不开公众的有效参与，离不开公众的监督。意大利政府通过建筑遗产保护的公众教育、工作坊、论坛、展览、招揽志愿者等多种途径，传播其保护的政策和成果。

第五，增加美学及文化研究者的参与，提高建筑文化遗产保护的审美研究和真实呈现。建筑文化遗产须真实地反映历史变化和时代痕迹，需要美学专家、考古专家、工匠、建筑师、规划师共同参与。在国内修复进程中，美学研究者处于缺席状态或者是不被重视的,这使得建筑文化遗产修复的审美特征转向简单的"仿古和修旧"。

对于我国目前形式而言,公众对建筑文化遗产保护的重要性认识还远远不够,存在着较明显的利益驱动;另外,公众参与的方式和渠道并不是很多,这也造成一定的参与障碍。可以尝试将文化遗产保护的条例与知识纳入义务教育阶段,同时,利用信息技术载体等途径向公众普及,增加专业人士跟民众互动的机会,逐渐形成保护修复共识,实现美学呈现共赏。

参考文献

高建平:《西方美学的现代历程》,安徽教育出版社,2014 年版。

国家文物局:《意大利文化景观遗产法典(精)》,文物出版社,2009 年版。

何玉洁、常春颜、唐小涛:《意大利文化遗产保护概述》,载《中南林业科技大学学报》(社会科学版),2011 年第 5 期。

林源:《中国建筑遗产保护基础理论》,中国建筑工业出版社,2012 年版。

[美]门罗·比厄斯利:《美学史:从古希腊到当代》,高建平译,高等教育出版社,2018 年版。

王晨、王媛:《文化遗产导论》,清华大学出版社,2016 年版。

叶晗:《世界遗产保护启示录》,浙江工商大学出版社,2013 年版。

[意]齐珂理:《昨天之明天:意大利城市保护与发展 50 年》,吴庆洲主编,中国建筑工业出版社,2016 年版。

张松:《建筑遗产保护的若干问题探索:保护文化遗产相关国际宪章的启示》,城市建筑主题专栏。

张昕:《"真实性"原则在文化遗产保护中的价值与意义》,载《湖北美术学院学报》,2008 年第 4 期。

宗白华:《美学散步》,上海人民出版社,2015 年版。

釜山:海洋的美学想象力

[韩国]权 赫[*]

摘 要:海洋城市釜山,自古以来一直借由处于大陆和海洋关口的地理优势,成长为军事、商业重镇,从韩国三国时代到近代,经历了频繁的外侵和文化的激变。釜山的西北地区被群山围绕,东南地区面向大海,其城市文化展现了海洋城市的形象。城市形象是人们选择休闲地的重要因素,在对城市文化研究中占据十分重要的位置。海洋城市釜山的城市形象可形容为"激"和"涡"两个字,这是釜山的环境、历史、文化、人性美全面融合的结果。本文通过法国思想家加斯东·巴什拉的物质想象理论,解析釜山的城市美学形象。

关键词:釜山;海洋;城市形象

"逝者如斯夫","上善若水",中国古代思想家把道比喻成水,这让人很难直观理解。但是引起"想象力理论的哥白尼转变"的 20 世纪法国思想家加斯东·巴什拉(Gaston Bachelard,1884—1962)在他的著作《水和梦》当中,不把"水"解释为概念上抽象的对象,而是把水理解为主宰人类想象力的四大元素之一,进而详细分析水的多种质料性,跟踪了在文学、神话中出现的水的形象。

巴什拉认为想象力不是科学认识的障碍物,而是具备规范法则认知能力的一个轴心。他的想象力的核心是对象的物质性(质料性质),不是把对象理解为形态,而是理解成物质(质料)。形态的想象力如形状、大小、颜色等,是视觉形象的体现方式[①],而物质想象力是质料形象的体验模式[②]。巴什拉认为代表自然的四个元素具有各自特有的物质性,而这些元素通过环境或情形,展现给我们

---

* 作者简介:权赫,韩国人,浙江大学旅游与休闲研究院留学博士生。

各自不同属性的形象。例如，当我们在湖边散步时，感到纯净、平稳；但当我们面对大海汹涌的浪涛时，就会感到恐惧。

巴什拉思想的核心就是由于四大元素的质料性形象刻印在我们的下意识中，因此不把对象认识为理性概念与实体，而是理解成"物质—质料性形象"，并与其感应时才生产了创造形象。还有很重要的一点，就是这个对象的质料性形象，是来自对象的运动性（vector）。本文试图借助法国思想家加斯东·巴什拉的物质想象理论，解析釜山的城市美学形象，并与杭州的城市美学形象作相应比较。

一、水的想象力——大海与湖水

巴什拉在提出"物质想象力"的革命性理论的《水与梦》一书中，把水的信息大致分为"柔软的水"和"狂暴的水"两个类型。首先看"柔软的水"，他认为水有镜子、死亡、离别、女性、流动的形象，以及与土、火、空气等结合的形象，如同卡戎情结与奥菲莉亚情结，蕴含着人对水的下意识渴望。卡戎是船夫，负责让死者渡过冥河，所谓情结是指死亡的离别之意，这里的死亡意味着流动之水上漂走的离别。奥菲莉亚是《哈姆雷特》的一个人物，是"女性自杀的象征"，这里的水是美丽的、如花般的、性受虐狂式的死亡形象。卡戎与奥菲莉亚显示着将水与死亡相连的文化情结。卡戎情结里的水是向往死亡的断绝与离别之水，而奥菲莉亚情结里的水是意味着水中之死或水本身具备的死亡。四大元素都与死亡有关联，燃烧（火葬）、埋没（埋葬）、吹散（风葬）、漂送（水葬）。其中，"水里的死亡（水葬）是最像母性的"③，也是与生活并存的。

"狂暴之水"像巨大的海洋，是人类意志力的敌对者，也是妨碍者或者是挑战者。巴什拉说我们的想象界更多被柔软之水主宰着。这是因为它更加靠近我们的日常、更加感性。根据他的说法，人的梦，在本质上就是物质的，我们的梦为幼年时期的诞生地所物质化。例如，在溪水或江边诞生的人，在不知不觉当中被溪水主宰意识。④这如同中国南方楚国的感性、浪漫文化，受众多泽、潭、池的环境因素影响。这种色彩，我们可通过《楚辞》里的作品确认。在《楚辞》

里,水以郁愤、忧郁、自杀、爱情等丰富多彩的感情登场。与其相同,在浪涛肆虐的地方诞生、生长的人,被大海主宰其下意识。反之,在大地或沙漠出生、成长的人,被土、沙子或如巍然屹立的山和丘陵等具有大地性质的物质影响下意识。

我们从直觉上知道湖水和大海各自属于柔软之水和狂暴之水。这不是因为水本身有善恶,而是因为水的物质形象与我们的下意识里的物质形象产生共鸣。笔者以巴什拉的分类为根据,选择了代表湖水和大海性质的几个汉字。

为什么用汉字解说巴什拉所说的水的形象呢?那是因为巴什拉的物质形象与汉字原理有相通之处。

汉字不只是单纯形态上的象形文字(形),也是反映丰富情感的形象(象)。⑤这里有两个根据:第一,汉字的形态具有高度象征性和抽象性;第二,汉字在形成意义与衍生的过程中,有主观的类比原理在起作用。进一步来说,汉字不是以视觉为主的客观静止图像,也不是理性概念或客观的实体,而是从观察对象开始的一连串多种"印象"与"形象"压缩成的符号,而且是由人的五感均参与其中而形成的审美主观体。这里不把对象理解为视觉形态,而是一种物质(质料)与其运动性进行感应而产生的东西。这个审美主体,以观察对象的运动性类似的方式进行无止境的扩张。靠这种特性,这种特性使得汉字与罗马字这种有效、有逻辑的表音文字不同,成为具有感性化、审美化的特殊文字,它基于经验,可完整地(直观地)表达主体的丰富感受与判断,是十分有效的文字。⑥这种汉字意义形成的衍生原理与巴什拉形象学原理非常相似。

"流""温""润""泽"是湖水平静的物质性形象与运动性(vector)和我们的下意识结构感应而类比衍生的形象集合体。"激""涡"也是狂暴的物质性形象与运动性和我们的下意识结构感应而类比衍生的形象集合体。还有"沉""没""潜"是深邃的水拥有的"重""沉下去"的下降的物质性形象与运动性和主体心理结构里的"隐秘""沉重""下降"的下意识结构感应而类比衍生的形象集合体。这些字不仅单纯地传递概念,而且总括了人与水的交感过程当中产生的多种形象层,这点十分重要。以"温"为例子,探讨一下有关水的柔软形象。

为了表现"温暖"的现象或概念,结合意义部分"水(氵)"与"温暖(昷)"而成为"温"。"昷"原本是给"囚人(囚)"施舍"食物(皿)"的行为,原意是"仁义

（仁）”，后来衍生成温暖之意。“温”是连接温暖之水和“温暖”概念的媒介。（就是说，能够认知“温暖之水”具备的各种质料性特性的表象。）这不是单纯指示“温暖”概念的象形文字。水的温暖形象蕴含在“温”里，通过类比原理扩张为“温暖之水的质料性属性”和现象上、结构上类似的现象与概念。

对于温暖之水，“摄氏××度的 H_2O”这种理性概念（“理解”）与通过直接把手脚放入其中或通过喝来体验（“感觉”）的意义完全不同。当人直接与物质感应时，往往能开启比理性更加明确而广大的思维之路。孔子所说的“温故知新”之中的“温”为何有“学习”“复习”之意呢？将“温暖”解释为“复习”“深究”，在英语中就是是把“warm”解释为“review’”或“investigate”，这不合逻辑。但是，对于感性文字汉字，则是完全可能的。人可以把手脚放入水中，也能喝水；而且，水与火组合就能够煮熟某种东西，如同将食材放入热水中煮制成好吃的食物，把外面传过来的生硬概念和知识放入自己内心，好像煮汤，经长时间的焖煮，重新把知识变成自己的。把这种概念性思维存储在头脑之中，是与逻辑化、理性化模式迥然不同的思维模式。因此，我们才可以发现“天气温暖”“性格温和”等日常语言所涵盖的审美性、诗歌性思维。

综合上述，由于巴什拉的四大元素质料性形象刻印在我们的下意识，因此不把对象认识为理性概念与实体，而是认识成“物质—质料性形象”，并与其感应时才生产出创造形象，这与汉字的原理和结构非常类似，可以把巴什拉在《水与梦》中分类的柔软之水和狂暴之水概括为汉字，这可说是与不把对象理解为“存在（物）”，而是理解为“倾向（性向）”[7]的东方思想有着十分密切的关系。

二、釜山，海洋的美学想象力

湖水与海洋（自然环境）是让人们能够尽情享受自然、文化、旅游等休闲要素的地方，同时也与城市有着密切的关系。人类文化集中的城市，不是从大自然隔离而“被杀菌的地方”，而是大自然与人类的共存之所。在这里重要的一点就是对自然美的体验，在自然美的体验上，所有改造、分析、认知的东西被遗弃。就是说，对自然美的体验就是对美的体验，这个经验左右我们的世界观，因为这个体验干涉了位于世界中间的我们的位置。⑧

同样是以水闻名的城市杭州，与釜山有不同的风格和形象。因为这两个城市长期受湖水和大海两种截然不同的水性质影响，塑造了不同的城市文化。城市文化的各种因素（环境、建筑、饮食、艺术等等）制造了城市的"形象"。

全球化更加深化，更加容易走进其他国家之后，人们与其说是接受了法国、日本、美国等国家概念，不如说是接受了巴黎、东京、纽约等城市形象，而且这更加亲近。大众也不曾对这些国家进行思考或理解，而是以自己想要参观的或与自己有利害关系的、直接停留的城市为中心进行理解。⑨就是说，人们不想理解其国家概念，而是针对个别城市进行考虑，我们需要研究城市形象的缘由就在这里。其中，巴什拉提倡的"现象学上的想象力"可以说是开拓了城市休闲学美学研究的思路。

借用巴什拉的描述，杭州是个体现湖水想象力的地方，釜山是体现海洋想象力的地方。杭州被"柔软的""高雅的""丝绸般的"形象主宰，而釜山则有"粗狂的""动态的""率真的"形象。除了自然本身，建筑、饮食、生活、人情都与湖水的柔软和海洋的激情十分吻合。釜山体现了"山"和"海洋"的美学，釜山自古就是大陆与海洋的关口，军事冲突频繁，贸易往来也很繁盛，其本身就是"激流"。釜山在数十年前是殖民地的桥头堡、韩战时期的临时首都、港湾工业园区。这些动态的历史状况并存。所有这些都是因为釜山是海滨城市，因此釜山有形、无形的遗产背后隐藏着海洋的属性。这是因为建设釜山的人们的感性体验，与海洋的环境特性有着密切的关系，把这个形象特征简约成两个字就是"激"和"涡"，这与以"温""泽""润"为代表的柔软之水（湖水）形象不同。

（一）狂暴的水，釜山

笔者将先用巴什拉的物质性形象原理分析代表釜山城市形象的"激"和"涡"，并通过釜山大学严成元（Yim seongwon）2016 年的博士学位论文内容介绍多个案例。⑩

1. 激

2015 年以"对釜山的印象"为主题进行了问卷调查，调查对象包括釜山市民

479 名、其他市民 679 名,结果显示,在市民对釜山城市感性特征的认知中"热情""生气""自由""多样性"各占 22%、19.6%、11.4%、10.2%。如釜山市的官方标语—"dynamic busan",充满着"激",这展现了釜山的城市形象。在这个"激"里,蕴含了生机勃勃的多种形象("热情""生机""自由""多样性"等),因此很难分辨哪一个是准确的定义,很难进行概念化。如前文所述,通过巴什拉的物质性形象原理的汉字的形象分析,可帮助我们认知很难用概念、理性复合形象。

为了表现"跳起的水波"现象或概念,结合意符部分的"水〔氵〕"和声符部分的"〔敫〕"形成了"激"。"激"是连接跳起的水波形象和"跳起的水"概念的媒介,就是说,能够认知拥有"跳起的水"的多种质料性特性的表象。这不是单纯指示"水在跳起"概念的象形文字。水激烈跳起的形象蕴含在"激"里,通过类比原理扩张成"跳起的水的质料性属性"。在"过激的行动"当中所说的过激是什么意思呢?我们大概把过激理解成:"厉害""不把法律放下眼里""脱离正轨""超乎常理"。但是,"过激"涵盖着往上下左右激烈跳起的水的运动性。再看"激烈",这是水和火的结合。⑪"激情的生活"是怎样的生活呢,只是一种"困苦的生活"吗? 我们想象汹涌的波涛、被打碎狂暴水波的动态形象时,才完整地理解"激情的生活"。

对于西洋人来说,海洋是威严的,如同中国人也敬畏大海。与住在巴厘岛的人一样,中国人认为在狂暴大海里有攻击侵入者的奇异而具有威胁性的精灵。⑫因此大海自古以来,在美学上是崇高之美的源泉。康德把像荒凉而蛮荒的石山、暴风雨云、火山、台风一样爆发大自然的威胁性力量的现象认为是崇高之美。蛮缠而肆虐的大海是人类无法抵达的地方,巨大海洋是"攻击人类毅力的敌人、敌对者、挑战者"。

背后被山地阻隔着,随时通过往东南方开启的大海进出的釜山人们的下意识,与粗犷的大海性质不无关系。釜山自古以来山多,因此称为富山,其中也有像甑子的甑山,因此也称为釜山。而且拥有长达 306.2 千米的釜山海岸线,由岩石海岸和砂质海岸复杂地缠绕在一起。釜山同时涵盖着江水和海洋,因此称之为"三抱之乡",夹着内陆与海洋温泉喷涌的东莱与海云台温泉,也被称为"四抱之乡"。⑬

　　多亏这种地形,山和海缠绕在一起的釜山有"断绝的美学"。山和海纠缠在一起的地形使断绝的风让釜山体现出遥远而充满活力节奏感。釜山的特性和独有性质被大海这一自然景观深深影响着。

　　从风水地理学角度来看,釜山不是从传统内陆中心思想起源的山脉传达龙的气息,而是从大洋诞生而随着海流冲进来的白鲸之气息。⑭

　　海洋性是形成釜山激烈而充满活力的生命力("生气")的非常重要的因素。釜山具备的自然独特个性,比起在内陆盆地所见的静谧、温和,更具有活泛的动态性。为此,釜山人具有不稳定但生气勃勃的、不细腻但喜欢冒险的、有大肚量风格的、积极和生动的气质。就是说,釜山人的气质特性被认为是不够精致沉稳但充满活力的特性。⑮釜山的海洋性生机,让釜山人形成"激情(激)而旋涡(涡)的原型",影响深远。

　　釜山人像大海一样的气质,在釜山方言中明确凸显。釜山话发声大、抑扬强、同音异义词用音的高低来区分、紧音化现象多、发音的经济原则和文字的经济原则明显,有元音逆行同化现象。这是因为釜山是靠着海洋的港口城市,日本强占时期与韩国战争时期生活条件艰苦,从全国各地涌入的难民语言混杂在一起(尤其是咸镜道难民的尖尖的金属声)。而且釜山曾经是被侵略的、蛮荒而贫困的地方,也是被冷落的偏远地区,釜山人曾经也是以流浪人身份流入釜山的贱民、不肖之子或民工以及贫民。⑯

　　"激"是从"强力跳起之水"的运动性衍生出的多种形象的综合体。"激"所拥有的多种含义,我们体验而感应"强力跳起之水"过程当中衍生的多种形象都十分符合海洋粗犷的个性和形象,这也与釜山人的气质吻合。

　　2. 涡

　　代表釜山的另一个汉字是"涡"。"涡"就像所有元素杂糅在一起而形成的"大杂烩",与釜山文化形成过程以及现在的面貌相似。为表现"旋涡"现象或概念,结合部分意义的"水(氵)"和声符"骨(呙)'"而形成。"涡"是连接"旋涡之水的形象"和"旋涡"概念的媒介(就是说,能够认知"旋涡之水"具备的各种质料性特性的表象)。这个不只是单纯表示"旋涡"概念的象形文字。在旋涡之水的形象中蕴含着"温",通过类比原理扩张成"旋涡之水的质料性属性"在现象、结构上与其类似的概念。"涡中(韩语,wa-jung)"是常用词。表示"在百忙之中",如果发挥物质性想象力,则可发现之一日常概念性语言也具有美感。[17]

涡代表釜山的形象。釜山海洋文化的背面蕴含着"驱赶精神",在釜山人的气质、釜山城市的个性、生活的样态、艺术、文学、言论等当中存在着一个规律。[18]严成元把这些视为"化通美"。这个化通美同时具备如开放性、挑战性、自律性、自由性、多样性、实验性、率真性、大胆性、豁达性、动态性的积极性格以及具备粗糙性、粗笨性、非逻辑性、直接性、脱离主体性的消极个性,可以把这些概括为混种性、动态性、抵抗性三个范畴。混种性是指从三国时代之前就已经存在的釜山的双重性(粗糙海洋精神与神圣思想,与倭人混聚在一起的釜山人的杂种性,韩国战争造成的传统断绝和同时涌进的外来文化,日本强占时期之后实施的殖民化政策导致的城市中心贫民区域化)而言。动态性是指混种性经过长时间的收敛之后,以动态性力量喷出的情况。抵抗性是指自古以来对倭寇的抵抗成为独立运动与激励民主化运动的起始点,如反体制、反封建的东莱野游和水营野游,传统假面剧或现代滚石乐团,以及非主流性的独立音乐。[19]

三、结 论

釜山是一座背靠山地,前拥大海的海滨城市。借由海洋环境的优势,釜山逐渐成长为军事、贸易、航海的中心地。釜山从新罗时代开始被日本反复侵略而成为了第一战线,同时也是与中国和日本的重要贸易根据地。在日本强占时期成为了日本殖民地的桥头堡,韩战时是联合国军队的本营。釜山经历了曲折波澜的历史,成为了多种国内外因素混合融化的大杂烩,这种特性实实在在地遗留在釜山城市结构、人性、传统文化上。从整体来看,釜山下层的基层文化压倒上层高级文化的现象非常明显。釜山的海洋性,不是大海上平和微漾的海水,而海峡中奔流激涌的波涛。釜山是个处于边防的海岸,同时具有无限能量的"激湍"。这种釜山人的个性可以用"激""涡"来代表。

相比较而言,主要体现湖的特性的"流""温""润""泽""淡""染"等柔软之水的物质性形象比较切合杭州。根据巴什拉的主张,柔软之水更加感性,更加亲近我们的日常,我们的想象界不是被狂暴之水,而更多是被柔软之水主宰着。就是说,像溪水、湖水一样的柔软之水可发现更加丰富的审美思维的端倪。笔者着眼于城市文化的本来面目,因此不把釜山当做物理性空间或客观指标,而是着重从它的物质(质料)——水入手,在美学角度进行了分析。现在人们以旅游休闲为目的来选择城市时,独特的城市形象要比国家概念更受瞩目,因此从美学角度进行城市形象的研究,将会在旅游休闲学上有正面的意义。

注释

①假如我们要想象一个直平行六面体,我们可以想到公寓、盒子、汽车、手机等各种形象,但是无法跳脱直平行六面体的形状限制。

②如果一个直平行六面体是泥土制成的,当我们想象它时,意识可跳脱形状的限制,与泥土软绵绵的物质性衔接。泥土可变化成各式各样的形状。我们在直接触摸泥土进行创造的过程当中,可边感受泥土形状、颜色、触感、湿气等物质性,边发挥自己的创造性。

③[法]加斯东·巴什拉:《水与梦——论物质的想像》,[韩]李加林译,文艺出版社,1996年版,第139页。

④[韩]李加林:《物质想象力与动态性想象力》,载《诗与诗学》1995年第20期,第198页。

⑤有关象、形的概念需要更加详细的探讨,但是在这里首先以印象有无来区分了。

⑥老子也说过"名可名,非常名",把某种概念以理性的语言思维并进行定义时,所称呼的定义之外,有无数的属性被淘汰、褪色。当然这在通过逻辑与理性的有系统的学问体系,或订立概念会更加有利。逻辑的模糊性、非理性是受批评的主要原因。但是笔者认为汉字并不是非逻辑、非理性的文字,而汉字的意义在于其审美化、感性化的文字。

⑦[日]金原省吾:《东洋美术论》,大日本雄辩会讲谈社,1942年版。

⑧[日]佐佐木健一:《美学邀请函》,中央公论新社,2004年版,第51—52页。

⑨[韩]刘美贞:《有关城市品牌标语与城市形象相互关系研究》,成均馆大学硕士论文,第7页。

⑩他的博士学位论文不是以国家概念为中心的,而是激活釜山的地区性、城市的本来面目的最早的"釜山地政学美学",有其重要的意义。

⑪"烈"以意符"火"和声符"张开[列]"组合而有"火烧"之意。把占卜以烧火的燃火和咒术的强烈印象类比衍生成"辣""凶猛"之意。而且进行类比,与人的"强烈的意志"联系而用于"烈女""烈夫""刚烈"等词汇。"强烈"与金属(金)制造的刀形象结合的词汇,也存有物质的形象。因此我们可以说以汉字形成的几乎所有词汇,与物质形象有着不可分割的关系。汉字本身可说是物质形象的宝库。

⑫[土耳其]艾芙·丽泰·克罗提尔:《水的精神》,[韩]尹希奇译,艺文书院,1997年,第26页。

⑬[韩]严成元:《韩国美学理论体系与韩国美学的理论体系与地方美学论——以釜山美学为中心》,釜山大学博士学位论文,2016 年,第 69—70 页。

⑭同上,第 70—74 页。

⑮[韩]郑英子:《从釜山人们的结构看釜山精神》,见《釜山文化的本来面目(1)》,釜山广域市文化奖获奖人会,世宗文化社,2003,第 115—116 页;在上述严成元的文章,第 104 页。

⑯[韩]金义桥:《釜山话,釜山人的脾气》,见《釜山文化的本来面目(1)》,世宗文化社,2003 年,第 192—199 页。

⑰乔治·莱考夫在《我们赖以生存的隐喻》一书中指出,我们的思考模式受语言的影响,隐喻的思考位于人类语言的根底。汉字就是一个很好的例子。汉字的意义形成与衍生过程的核心是物质性形象进行类比性的扩张。这个类比性思维与汉字文化圈人们的隐喻性思考有着非常密切的关系。在汉字文化圈里,人们不考虑理性或感性、理性或现实的问题,而是通过理性与感性结合的隐喻性(审美性)思考,不仅在日常生活上,还在学术上、艺术上积极使用。

⑱[韩]郑英道:《釜山海洋文化与驱赶精神》,见《釜山文化的本来面目(1)》,世宗文化社,2003 年,第 77—86 页。

⑲[韩]严成元:《韩国美学理论体系与韩国美学的理论体系与地方美学论——以釜山美学为中心》,釜山大学博士学位论文,2016 年,第 102—105 页。

都市媒体与传播

"内涵先锋"与"形式先锋"的辨析

隋少杰 *

摘　要：在中西方历史的长河中，对"先锋派"的理解并不是仅仅局限于艺术的派别，而更为重要的是一种个体生命的姿态和精神气质的呈现。但在文化实践中，"形式先锋"却意味着文明的终结和整个文化形态将由感性的、无意识的、轻信的群体意志来左右的尴尬现实。历史上的唯美主义对自律的重申，其用意恰在于用"最接近于艺术的生活方式"来抵御物质与利益驱动下消费主义的腐蚀。它第一次将人类的心脏安放在"主体"与生俱来的生命品质上，以异于常人的方式捍卫符合人类整体利益的宇宙之道。

关键词：先锋精神；唯美主义；形式先锋；审美救世

引　言

"都市问题"实质上是现代学术研究的核心问题。自19世纪到20世纪，社会学理论的开创者向来把西方文明的本质看成都市文明。而最能够代表都市文明尊贵之处的，恰恰是先锋精神。换言之，"都市"是西方文明中先锋精神滋长孕育的摇篮！除了表现在物理的、空间的都市理解范畴以外，先锋精神总是被提炼为时间性的存在，从而与全球化、都市发展的历史如影随行。

抛却一向被视作是日益城市化的世界经济和政治对应策略的"实用主义"视角，先锋精神正在日益成为某种社会象征与新贵族标记。这主要表现在以下几方面。

＊　作者简介：隋少杰，女，四川大学文学与新闻学院博士，同济大学人文学院中文系教师。

第一，作为游荡者的现代艺术家，以及游荡生涯的副产品——诗歌、小说、摄影、电影、随笔、新闻、商业广告，都在以都市边缘者的身份反抗全景敞开的、钢筋水泥的城市化规训，坚守本真的生命体验。

第二，将"废墟迷恋"作为日常生活。博物馆、美术馆、复古民俗街、古典家装、品茗、原生态行为艺术等古老生活方式的方兴未艾。在人文教育和奢侈品消费当中，这种迷恋几乎成为惯例。

第三，拼贴与"蒙太奇"狂欢遍布于都市各个角落。"断裂性联习"通过各种媒体、互联网而产生，并伴随着都市信息和空间结构的复杂多变而变幻形态。这是都市在控制自然、满足私欲、驯服异质方面所付出的代价。

第四，反讽的、自我悖论的都市"画风"随处可见。与强烈的目的性、理性、坚硬感、钝感线条相对立的，自我悖论的都市画风必然成为否定的一极：疲惫、无力、纤弱与颓丧。这是对完美主义理想秩序追求落空的必然结果。

第五，"英雄主义"与冒险精神成为对都市高雅、香艳的"贵族做派"最直接的嘲讽和反击。

都市在全球化的语境中始终扮演着人类文明先行者的角色。然而，西方"霸权主义"所导致的意识形态对抗以及当今国际社会正在蔓延的恐怖与生态危机却一再催促着新的文化共同体意识的形成。尽管先锋文化体现了现代文化的责任与担当，通过推动都市文明的成长，保存了对国家意识形态长久的反思与批判，尽管其卓越的危机控制能力进一步创造了都市的安定与祥和，刺激了资本的快速积累，但是，在今天的语境下，先锋精神的内涵理应展现出更为丰富而强大的文化影响力。这是我们回溯历史上的先锋最为根本的动因！

一、历史上的"先锋"及其在当下语境中的意义

现代西方学术界论述这个问题最为知名的学者是让·弗朗索瓦·利奥塔。他在发表于 1979 年的《后现代状况：关于知识的报告》中提倡的先锋艺术显然不完全等同于艺术史上的"先锋派"，而是某一种作为对现代生活进行反动的革命精神："毅然与资本主义启蒙运动以来的现代性理论与方法决裂"[①]的非理性

冲动。这种敏锐的感知把我们拉回鲜活的生活世界予以关照,这才发现:只有"先锋精神"才足以标榜都市文化的高贵。而先锋精神的价值和意义往往需要在历史的语境中、时空的限定下才得以彰显。

因此,作为对启蒙理性的反动,先锋精神实质上与西方中世纪开始盛行的贵族做派、悠久的"拉丁传统"是一脉相承的。所谓的"先锋",首先是对自我个性和品质的高度肯定,其次则在对共同体责任的担当。正如有学者指出,贵族精神就是对名曰大道的"超越性力量"的忠诚,同时又是无惧于任何世俗势力的人格。因此,历史上的先锋应当具有十足的个性色彩,应当具备置身于道而安之若素的信心和勇气。

具体而观,中国文化史上引人瞩目的"文人画",其强烈地要归复"生命的本明""灵性的真实""存在的价值和意义"的冲动,其实就是先锋精神的自然流露。在八大山人、陈老莲、石涛等人那里,"贫贱不能移,富贵不能淫,威武不能屈"的生命尊严感,以个体身世和艺术创作的形式流露出来。通过他们的画作,我们清晰地触摸到他们拒绝随波逐流、拒绝猥琐和被奴役的孤绝之心,追求澄明、轻灵、自在的温暖情意。在思想禁锢、封闭的封建时代,这种姿态难道不是先锋的?!

因此,先锋文化在中西方历史的长河中,并不是仅仅局限为艺术的派别,而更为重要的是一种个体生命的姿态和精神气质的呈现,以及在其特定的时代语境中振聋发聩的启示意义与引领作用。

"先锋"的现实本义是双重的:其一是从军事现行部队引申而出,从而获得直观的政治学印象,即含有先驱和牺牲者的意旨;其二是从文艺复兴时期发展出的比喻意义,即进步和先进的文化方向。既然存在双重内涵,那么针对"先锋"就派生出两种截然不同的理论立场:前者是肯定的、褒奖的、善意的、寄予期望的,他们中最广为人知的是法国诗人波德莱尔、德国学者本雅明、意大利学者雷纳托·波焦利和德国学者彼得·比格尔。而后者则是充满敌意和否定的,以匈牙利学者卢卡奇和西班牙学者加塞特为代表。

对"先锋"采取肯定和欢迎态度的主要原因是:先锋立场是现代艺术家的终极评判和自我命名。可以说,文艺复兴运动和启蒙运动中涌现的杰出人物无一例外具备"先驱""英雄"的特质，在经历了人类历史考验后依然闪烁精神光芒的事实，使得"先锋"成为褒奖这一类杰出人物的最高荣誉。

伴随中世纪尾声、文艺复兴时代的到来，"天才"的产生首先冲击了"神义论"宗教等级观念。"天才"说法不但意味着艺术家个体意识觉醒，并要求用单个作品的形式来宣扬自我的独特性，而且也揭示了公众对待艺术的普遍态度：他们逐渐将关注艺术的目光转移到了作品的创造者——艺术家身上，甚至将艺术家的天赋置于他的作品之上。因此，在那个时代，"天才"是成为艺术权威的唯一尺度。

"天才"说法之所以产生，还在于商业资本主义的发展。艺术家拥有的创作自主权大大超过了他们的前辈，而这一切恰恰是在市场机制的支持下完成的。亚当·斯密认为，社会的劳动分工以及各个领域的专业化程度受到市场范围的影响。"市场"一方面建立起了艺术的生产者与消费者进行沟通和对话的机制，加速了艺术的专业化、职业化进程，另一方面还将艺术者从对"赞助人制度"的依附中解放出来，使他们作为"人力资本"而得到发掘。这样一来，艺术家的天赋便成了可以创造利润的宝贵资源。"资源被共识或影响赋予不同的价值。一种资源的价值赋予，部分是由对它的需求或预期的相对稀缺性来规定。"② 因此，"天才"从某种程度上成了艺术者在激烈的文化市场竞争中的有力武器，制造并运用各种有关"天才"的神话是艺术家打"自我广告"的方式。社会学者豪泽尔称，"天才的概念导源于'智力财产'的思想"，③ 智力所能具有的生产力因为与资本主义生产力的紧密结合而被划归到"私有财产"的范畴中。

"天才"称谓推动了艺术家摆脱赞助人的庇护和束缚，使他们得以按照自我的意志、独立的追求来进行艺术创作。本杰明·贝尔杰在《文学家与十八世纪英国公众》中说道："现时英国有一批不再依附权贵生活的诗人，他们的庇护人不是别人，只是大众。从整体看，大众可是一位好主人。……群体的每一位有教养的成员，通过购买文人所写的图书，都在无形中赞助了作者。"④ 作为天才的艺术家在支持名誉的市场机制下寻找到强烈的自我价值感，建立了独特的社会地位。由于"名声"代表了"社会资本"———一种在市场行为中能够获得回报的社会关系资源，因此成为鼓励艺术家努力创作、参与资本交换并获取关系资源回报的强烈动机。

"天才"的产生意味着艺术家社会地位的根本改观,从此他们不再听凭赞助人的调遣,而是通过提升自己的知名度、扩大作品的受众曝光率找到了自我的社会角色定位。

二、作为政治领袖和文化权威的现代知识分子

当艺术家在运用"天才"的称谓不断在市场上推销自己的时候,说明他们还未得以从"赞助人制度"中解放出来,而当他们一旦固定为一个阶层,成为干预政治、承担道德责任而专事批判社会、操纵公众舆论的知识集团的时候,他们才真正摆脱手工艺者的下等人身份,跻身到精英阶层的行列中。

在西方文艺复兴运动之前,艺术家的社会和经济地位始终是摇摆不定的;他们能否成功往往取决于能否受到有权势、有影响的个人主顾的青睐。只有在市场机制所提供的大众成为艺术家的主顾,成为支持文化的普遍力量,艺术家生存状态才得到了根本改观,他们作为"知识分子"的地位才得以建立并不断加强。

现代知识分子在启蒙运动中的崇高地位并不是偶然的。齐格蒙·鲍曼指出,当16世纪合法性问题在专制君主政治内部被广泛讨论,并因此提出了对公共生活行政管理的技术性问题解决的需求之时,对于个人才能和天赋的重视就已经提到了议事日程上来。这样一来,"贵族,作为一种卓越,作为一种在公共生活中扮演着出类拔萃的角色和作用的人的名称,颠覆了血缘贵族赖以存在的根基。换句话说,贵族身份可以向所有人开放,只要那些提出要求者受过良好教育"[5]。因此,当启蒙时代贵族完全丧失了文化和公共事务的支配权之时,知识分子就轻而易举地占领了公共舆论的统治地位,操纵了足以影响政府决策的权力话语,成为那个时代名副其实的文化权威和政治领袖。

与此同时,国内同样是经历了类似于西方启蒙运动的过程。"合理化"原则在探讨真理、规范的正确性、本真性和美的问题过程中形成了最初的科学、道德和艺术等价值领域的分类,而且在每个领域各自的内在逻辑中演绎了日常生活

的具象组成。这样一来,在自觉规划的现代化过程中,以"文学"为核心的自律的文化体制得以建立。"天才""艺术家""艺术""美学"等称谓和范畴在号称"自律"的文化体制形成中都获得了自我意义的诠释,现代文化的批判性与反思性也随着现代意义上的高等教育,"艺术家"和"艺术作品"以及诸如"天才""想象力""美学"等一系列观念衍生并发展起来。

但是,自西方浪漫主义运动及整个 19 世纪以来,高级知识分子群体却因为相对独立的处境而逐步发展了一种排斥社会、追求误解和人生失败的悲剧倾向。这部分归咎于艺术体制的特性和"天才美学"的深刻影响。在文学领域,这种影响和思想倾向甚至反映在他们的作品当中,例如法国作家司汤达的《红与黑》、德国浪漫派的诗歌与童话、俄罗斯作家契诃夫的《第六病室》《没意思的故事》、意大利作家卡尔维诺的寓言作品《我们的时代》、奥地利作家卡夫卡的《饥饿艺术家》、英国作家伍尔夫的《一间自己的房间》、奥地利作家茨威格的《一个陌生女人的来信》、普鲁斯特的《追忆逝水年华》……从某种意义上,作为知识分子的作家是逃离"赞助人"的钳制和庇护,抛弃其父母阶层的叛逆者。在"市场制"崛起、旧有的封建专制统治阶级无力履行其领导职能的时候,知识分子获得了新的历史机遇。但是,"市场制"的逻辑原则却把他们的一切文化艺术的成果兑换成金钱,把艺术品视作商品。因此,作为商品生产者的艺术家在承受了满足资本主义"剩余需要"(哈贝马斯)的异化劳动同时,成为"资产阶级社会毫无自卫能力的受害者"(阿诺德·豪泽尔)。他们的先锋文学实践无形中正应了"先驱"和"牺牲者"的内涵。

三、"唯美主义":内涵先锋的历史开端

意大利学者雷纳托·波焦利指出,政治先锋和文化先锋"只是在一个很短的时期内会合过,或合二为一过,那就是在 1871 年和巴黎公社之后,即从这一联盟的杰出体现者兰波开始,到象征主义和自然主义为止"⑥。事实上,他所意指的"先锋"已经挪用了政治内涵,法国学界通过阐释普法战争和巴黎公社两大政治事件的革命性内涵,将"左"倾或激进的品质,以及对社会认知产生催化促

进作用的极端主义面目赋予了法国自然主义文学。这种政治与文学艺术同谋的关系,已经引起著名诗人和学者的不满。最为代表性的是让·波德莱尔。他通过极富想象力的文笔,勾画出文学艺术的先锋栩栩如生的诗性面貌,以此否认其与政治存在任何瓜葛。⑦

我认为,先锋精神对后世的深刻影响并不区分于"政治的"和"文化艺术的";她的独特性取决于对今天当下的精神价值。即,正是因为始自19后半叶的唯美主义思潮对于我们今天依然具有启发和"超前意义",我们才愿意将视角定格于此。

德国学者彼得·比格尔在对20世纪先锋派艺术进行阐释之时,将美学问题还原为某种历史的范畴,并继承马克思的"系统内部批判"和"自我批判"的思想。⑧他认为,正是19世纪末唯美主义"为艺术而艺术"的美学宗旨导致艺术现象的全面展开,才使其认识到艺术的一般范畴和规律——艺术的自律原则。因此,"现代主义"和"先锋派"之间的本质区别在于其批判的视角是否作为艺术的"系统内部批判"。"现代主义"依然更多地意指对语言的怀疑和对传统艺术技巧的改革;而"先锋派"却并未局限在艺术体制系统之内,并发展出一种新的艺术风格,它由于唯美主义创造的历史可能,而成为艺术对自身的批判。它的独特意义就在于:对奉行自律的艺术体制的抨击。

若按比格尔所言,19世纪后半叶的唯美主义无法超越"艺术体制"对其自身的规约而形成了"为艺术而艺术"的美学追求,那么这种对自律的空前强调也绝非空穴来风。艺术家对独立美学人格的捍卫,恰恰折射出现实中失去自我、随波逐流的艺术"他律化"处境。

19世纪末,艺术商品化日益严重。消费社会的兴起、基督教信仰精神的日趋衰弱、商品符号价值的日渐凸显,非常类似于今天遍布全球的城市化进程。全球化、城市化一方面导致商品拜物教意识形态的产生,另一方面也为现代人购买商品符号价值而获取一个虚假的身份夸饰自我创造了条件。在这种时代背景下,艺术创作日益被功利的商品交换规则所左右。在迎合官方意识形态和大众日常感知、以追逐经济利益为根本目的的驱动下,传统艺术神圣的精神品性及其表达方式受到了严峻挑战!与之相应,真正的艺术家被边缘化的现象也渐趋严重。艺术家要么像"波希米亚人"那样放荡不羁，为追求自由而过着动荡不安的生活，要么像都市拥挤的人群中徘徊张望、无所作为的"游手好闲者"那样丧失创作的意志和实现社会抱负的行动能力。经济资本对人精神能力的腐蚀与渗透使艺术创作成为一种高风险投资，艺术家面临两难的抉择：若是转向商业创作，被经济利润所支配，那么就必然要放弃个体性的精神追求去迎合大众；若坚守个性和精神品味，抵御物质的诱惑，就可能会成为一个"波希米亚人"或"游手好闲者"而被社会主流排斥。

在这种环境下，以英国思想家、作家约翰·罗斯金、沃尔特·帕特、威廉·赫兹里特和奥斯卡·王尔德为代表发起的唯美主义文化运动悄然兴起。唯美主义对自律精神的重申，其用意恰在于用一种纯粹"最接近于艺术的生活方式"来抵御物质利益驱动对人精神的腐蚀；以"形式"为"内容"本身就是其政治激进的表现。艺术的政治倾向在历史上第一次指向了个体自身！换言之，唯美主义运动本质上乃是一场独立的、人类所共有的、古老文化精神的自救运动，而绝非要发展某种艺术的流派或思潮。唯美主义艺术家对感官享乐的颓废追逐、对生活艺术化的向往也具有某种否定现实的意味。他们将"身体及其快感作为伪善的意识形态的对立面"，恰恰表达了对消费文化背景下虚假主体的解构与反抗！正如沃尔特·帕特所言："重要的不在于批评家为知识界提出一个关于美的正确的抽象定义，而是应该具有这样一种气质，即在美的事物面前深受感动的能力。"⑨

由此不难看出，历史上的唯美主义运动第一次将人类的心脏安放在"主体"与生俱来的生命品质上。即"唯美"事实上关注的是"高级生命"之美。因此，所谓的"艺术自主"其实是高级生命的"特权"。也就是说，人群当中具有高级生命气质的人必然以异于常人的方式来捍卫符合人类整体权益的宇宙之道。这与20世纪先锋派运动信任现实、公然反对唯美艺术在资产阶级社会中的统治地位的简单粗暴是判然有别的。

在这个意义上，唯美主义是 19 世纪不同于带有强烈"官方色彩"的浪漫主义文艺运动的"异类"。我们毋宁称呼她是那个时代的"先锋派"。著名作家王尔德至今为世人所追缅，很大程度上与其惊世骇俗的私人情感生活和惹人注目的戏剧作品《莎乐美》对圣经故事的惊人改造,有着直接关系。然而,艺术史上声势浩大的欧洲先锋派运动毕竟在 20 世纪 70 年代呈现颓势,被克莱门特·格林伯格(Clement Greenberg)所说的"庸俗艺术"所取代。无论如何,我们都无法回避她的最初动机,即实现艺术与艺术家真正的精神"自律"和人格"自主"。

四、"形式先锋"的政治诉求:审美救世

在比格尔的描述下,"先锋派"是一个明确的艺术范畴,它特指 20 世纪 20 年代兴起于巴黎的实验性文学及艺术活动,包括未来主义、达达主义、超现实主义、俄国和德国的左翼先锋派。在他看来,绝大多数英美评论家将始于 19 世纪中期的现代主义与先锋派划归到"现代派"这同一个标签下,是因为他们并没有看到 20 世纪初"唯美主义"向先锋派的重大转折。唯美主义对自律精神的空前强调,使得先锋派清楚地意识到自律所导致的社会功能丧失,因而,它的历史独特性在于否定这种自律,并试图将艺术重新拉回到社会生活实践当中。

事实上,比格尔所论述的仅仅是"形式上"的先锋主义;他要为形式上的先锋实验赋予历史意义。他认为,西班牙学者奥尔特加·加塞特所说的"非人化"的艺术、禁绝了一切普通人的情感,以"闹剧"的方式反讽,都是非常有价值的。因为此举满足了学院派"精英的、个人主义的"价值立场。这突出地表现在形式先锋对极端"陌生化"⑩,即"震惊"⑪技巧的运用上。

毫无疑问,艺术史上的先锋派对"震惊"效果的依赖,其原因在于"震惊具有作为改变人的生活行为的刺激的目的"。它不再将意图诉诸表面的整体形象,而是引导接受者深入另一个阐释的层次;在这一层次上,接受者"停止意义的搜寻,将注意力放在决定作品的组成方式的构造原则上"⑫。这样一来,先锋派在有机作品和接受者受众之间有意地制造了令人不适的"震惊体验"和神秘感,使大众无从琢磨作品是否存有真实内涵。

"形式先锋"对现代性精神品质的体认还表现在:作为一个"文艺群体",他们将对自身的个体性生存体验诉之于以大众为接受对象的作品中。波焦利指出,首先要将先锋派理解为特定历史条件下的某种"心理"的事实,正是在这种

"心理/情感状态"的促动下,某个社会的群体才会产生特定的行为活动。^⑬他们热衷于"把弃绝与自由视同一物,并借助他们同观众的紧张关系来申扬自己的作品"^⑭。这种"为了反叛而反叛"的做法不但迎合了西方自 16 世纪就已产生的现代性精神,而且还在新的消费文化的语境中赢得"交换价值",并得以与庸俗文艺相结合而成为流行时尚的始作俑者。

五、"形式先锋"反对庸众的高级追求

现代性既培养了按时空的合法性和统一性规则组织起来的"理性个人",又通过复制技术、普及文化教育造就了有知识的群体"庸众"。

本雅明在《夏尔·波德莱尔:资本主义鼎盛时代的抒情诗人》里所揭示的现代艺术家迥异于前代艺术家的生存方式,从另一个角度亦反映了现代人丧失"本真"、淳朴的生活状态,陷入了精神颓废。奥尔特加·加塞特在《艺术的非人化》中指出,这群现代艺术家终于发现,"他在终生相伴的世界中找不到自己;他与这个世界的关系,总是和某个解释者那样的古老传统交织在一起"。他们越来越多地需要借助过去的知识谱系来了解所置身的周围世界。正是"传统"窒息了先锋派艺术家的创作灵感,阻挠着他们与这个世界直接的经验性交流!

"传统的力量"一方面表现为以理性的规则、概念的思维方式组织的浑整统一的审美规范、艺术技巧和接受习惯,一方面更表现为业已将这一切"观念化"进头脑,并作为现实影响力而存在着的群体大众。从某种意义上,印刷文化时代所造就的理性思维定式的"载体"——庸众,才是左右先锋创作取向的核心力量!从另一个角度上也可以说,先锋派的"反传统"实际上是在反对以理性的审美习惯组织起来的、非理性群体庸众。

现代群体庸众的社会性范畴是从"阅读公众"这一印刷文化时代的独特产物发展而来的。印刷术的发明在推动了以书籍为主导的大众印刷媒介的商品化、普及化的同时,也使得文化信息突破了原有的狭小贵族范围,通过教育和新闻传播日益被普通民众所分享。艺术史上的先锋派,他们强烈的目的性更易将"大众"想象成"理性个体"的集合;"震惊"手法的运用就是要试图打破"理性个

体"意识的完整性,"把事变转化为一个曾经体验过的瞬间"。⑮但事实却是:一旦整个文化呈现为以"大众"为主导的表现形态,那么"大众"自身便获得了某种独立的"意志",整个文化形态就将由感性的、无意识的、轻信的群体意志来诱导。⑯

毋庸置疑,艺术史上的先锋派,其价值是在批判斥责、称许赞和的理论"言说"中获得的,是被理论家"批评的观念"所左右的。不论创作到底是不是艺术作品,近似闹剧式的表演究竟是否有艺术价值,"言说"本身却表明了它的独特性和"艺术"本然的悖谬。这样一来,"形式先锋"成了一种需要"阐释"、依赖"阐释"的艺术。

"形式先锋"兴起的19世纪末20世纪初正值现代报业得以形成,图书杂志普及,广播电视等电子传媒方兴未艾的时代。大众传媒并非单纯意义上的信息传递和储存工具,而是参与了文化的创造和生产,成为经济资本变形和权力话语演绎的基本场所。正是在传媒技术发展的推动下,人类文化开始从"印刷场景"向"电子场景"过渡和演变。⑰与印刷媒介易造成信息交流的专业化区隔和信息掌握的高难度不同,电子媒介带来的传播通俗性、直接性制造了对信息最大限度的共享。这对20世纪20年代"大众社会"的形成有着非同一般的影响!

电子媒介所导致的专业知识域的融合对群体身份产生"同化"的影响,使"大众"的范围进一步扩大,共享信息的人数进一步增多,艺术作品日益以文化商品的形式表现出来。大众要求消费文化商品的意志通过传媒向文化生产者和组织者提出,诸如"新鲜""刺激""别出心裁"等特性才日渐成为博取"交换价值"的文化卖点。与此同时,大众传媒亦发掘"艺术"或"艺术家"作为炒作新宠,桀骜不驯、求新求变的"反叛"之举被制度化为"时尚"。波焦利认为,"时尚"造就的不是风格,而只是"时髦物"(the stylish)。当大众的"时尚"趣味通过传媒向创作者提出的时候,创作就注定要将新异视作流行的"程式"。换言之,一旦"震惊"沦为趣味的满足,成为大众获取感官刺激的习惯性际遇,那么"震惊"也就丧失了启迪沉思的现实意义,成为招徕顾客的法宝!

概言之,无论哪一种先锋,都是都市精神在人类文化实践的历史长河中的珍贵呈现。但是,就艺术策略而言,内涵先锋在自爱与利他之间取得更好的平衡,更有利于在现实中重塑自我健全完善的独立人格。正是历史上的唯美主义运动第一次将人类的心脏安放在"主体"与生俱来的生命品质上，使得人群中的"高级生命"得以延续和保存，并以异于常人的方式履行着捍卫符合人类整体利益之宇宙大道的神圣职责！

注释

① 参见刘冠君：《抵抗资本主义的非人——简论利奥塔的先锋艺术理论》，载《理论学刊》，2009 年第 11 期。

② [美]林南：《社会资本——关于社会结构与行动的理论》，张磊译，上海人民出版社，2005 年版，第 29 页。

③ [匈]阿诺德·豪泽尔：《艺术社会学》，居延安译编，学林出版社，1987 年，第 54 页。

④ 参见[美]丹尼尔·贝尔：《资本主义文化矛盾》，蒲隆、赵一凡、任晓晋译，生活·读书·新知三联书店，1989 年版，第 62 页。

⑤ [英]齐格蒙·鲍曼：《立法者与阐述者——论现代性、后现代性与知识分子》，洪涛译，上海人民出版社，2000 年版，第 42 页。

⑥ 参见[法]安托瓦纳·贡巴尼翁：《现代性的五个悖论》，许钧译，商务印书馆，2005 年，41 页。

⑦ 乔国强：《论波焦利的先锋理论》，载《复旦学报》，2013 年第 2 期。

⑧ 彼得·比格尔在《先锋派理论》中指出，"系统内部批判"即在一种体制内发生的批判，"自我批判"即在系统之外、对系统本身的批判。对艺术领域而言，"艺术系统内部批判"大体特指艺术风格和技巧的发展和嬗变，而"艺术的自我批判"则是将艺术系统本身作为批判和颠覆的对象。

⑨ 参见《19 世纪英国文论选》，人民文学出版社，1986 年版。

⑩ 俄国形式主义美学术语。该派认为，艺术是永恒的、自我决定的、持续不断的人类活动，永远不受生活的束缚。什克洛夫斯基认为："艺术是一种体验事物之创造的方式，而被创造物在艺术中已无足轻重。""形象的目的不是使其意义接近于我们的理解，而是造成一种对客体的特殊感受，创造对客体的视像，而不是对它的认知。"参见《二十世纪西方美学经典文本：第一卷》，复旦大学出版社，2000 年版，第 224—225 页。

⑪ 此处的"震惊"一词是德国学者本雅明在《夏尔·波德莱尔：资本主义鼎盛时代的抒情诗人》中对"现代英雄"——波德莱尔在 19 世纪大城市中的生存体验的提炼。"震惊"是像波德莱尔这样的被大革命和时代抛弃的文人在大城市迷宫中流浪与偷生体验的生动描绘。"震惊"，既是对资本主义商品拜物教的尖锐反应，也是以古代斗剑士的英雄精神挑战现代世界的"暴动技巧"。参见刘北成：《本雅明思想肖像》，上海人民出版社，1998 年版，第 195—198 页。

⑫ [德]彼得·比格尔：《先锋派理论》，商务印书馆，2002 年版，第 159 页。

⑬参见[意]雷纳托·波吉奥利:《先锋派三论》,选自米歇尔·福柯等:《激进的美学锋芒》,周宪译,中国人民大学出版社,2003年版,159—160页。

⑭[美]丹尼尔·贝尔:《资本主义文化矛盾》,蒲隆、赵一凡、任晓晋译,生活·读书·新知三联书店,1989年版,第84页。

⑮[德]本雅明:《发达资本主义时代的抒情诗人》,张旭东、魏文生译,生活·读书·新知三联书店,1989年版,第133页。

⑯参见[法]塞奇·莫斯科维奇:《群氓的时代》,许列民、薛丹云、李继红译,江苏人民出版社,2003年版,第120—121、143页。

⑰参见[美]约书亚·梅罗维茨:《消失的地域:电子媒介对社会行为的影响》,肖志军译,清华大学出版社,2002年版,第65页。

视频社交媒体之于城市文化遗产的角色研究

——以影视符用学分析视频社交媒体对城市文化遗产的传播

郭　倩*

摘　要:本论文的宗旨是研究社交媒体对城市文化遗产的传播及其所存在的问题,笔者采用罗杰·奥丁(Roger Odin)提出的影视符用学方法(Sémiopragmatique),通过对网上的自制类视频影片的分析,了解在传播过程中文化表达和文化内涵在不同传播语境下所发生的变化,进而思考社交媒体对于文化的诠释力,并在最后提出社交媒体在城市文化遗产激活和城市文化传承中可能饰演的全新角色。

关键词:社交媒体;城市文化传播;文化诠释;影视符用学

一、引　言

(一)研究背景及研究目的

视频社交媒体平台及其产业在中国的兴起,标志着一个全新视频时代的起始。视频社交媒体基于用户及其社会关系传播个性化内容,因而它提供了一种新的表现与再现(la presentation et la representation)的形式。[①]这种形式不仅仅指的是图像、声音,还有社交网标签、评论和其余多种网络印迹和数字标记。在网络的无边界传播过程中,被传播的内容中所嵌入的各种文化符号、文化语

---

* 作者简介:郭倩,女,法国里昂大学信息与传播科学实验室博士生,南方科技大学社会科学高等研究院城市文化项目组研究员。

义、文化内涵在不断变化,并随着社交媒体的普及,它所输出的文化内容将直接影响社会集体记忆的形成,对群体文化意识形态的构建起着至关重要的作用。于是,社交媒体到底是如何诠释文化内涵的,这成为一个当今在众多学术领域备受关注问题。

国际上许多学者对社交网络的文化诠释作用已经有较多的理论研究和具体案例研究,近几年国内对社交媒体的研究主要侧重于其传播力和社会服务功能,涉及大众生活、网络交流、数字一体化等问题的探讨,并且多有批判它在信息传播上因无序而导致的负面传播(无效传播,错误传播等)特性。但是关于社交媒体的文化诠释作用却鲜有研究,关于与其链接的信息文化产业对大众文化的服务功能也鲜有涉及。本文期望弥补这方面的国内研究空缺,基于法国学者伊夫·让纳雷的传播学"琐碎理论"②,着重探讨地方文化形态及文化内涵在社交媒体传播过程中发生的演变。我将首次把 21 世纪初期法国学者最新提出的影视符用学研究方法(sémiopragmatique)运用在分析中国社交媒体视频作品中,尝试再现城市遗产的文化形态在社交传播过程中的发生的变化,并基于科学分析的数据,对城市遗产在数字时代的新型传播模式进行初步思考,对社交媒体的创新性进行社会生成性(poïétique sociale)分析和思考。

(二)研究的价值和意义

国内学者在探讨文化遗产研究的问题上,往往是以时间为轴线探讨传承的问题,从而探讨对遗产的保护与激活。然而法国社会学家伊夫·让纳雷在传播诠释学理论中提到,"数字时代我们已经无法将传播(空间轴线)和传承(时间轴线)的概念分开,没有传播就没有传承"。③本文将以传播学的视角,探讨数字网络时代下中国传统文化激活,文化遗产再生和文化传承的相关热点问题。本文希望通过科学方法探讨社交媒体能否成为中国城市文化遗产的新式"激活器",并在社会层面、传播层面以及政策层面给城市文化遗产赋予新的价值。也就是说,社交媒体将来可能成为中国政府及专业机构激活及传播本土特色文化的一个重要手段。最后在方法论方面,该研究将首次运用法国社会学教授罗杰·奥丁提出的影视符用学理论分析中国社交网络平台的影视作品。这种探讨,对于研究全球范围的社交网络媒体来说,是一种实验性的尝试。

(三)为什么选择影视符用学

影视符用学(Sémiopragmatique)是巴黎索邦大学教授罗杰·奥丁于 21 世纪初最新提出的方法论,④是目前语言学里唯一一种对传播环境(语境)及传播内容(语义)做平等且综合考量的方法。该分析方法基于传播学的"不可沟通"原理,即内容的生产方和接收方是不可能直接沟通的,他们各自会根据一个传播主题或者内容创造不同的含义,这些不同的含义会通过庞大的传播系统而发生作用。基于这个原理,影视符用学要求我们把传播过程不再当作一个既成现象来看待,而是作为一个问题去思考。通过影视符用学的分析模型,我们可以思考文化传播中不同传播空间和传播模式所产生的不同意群,以此来思考文化内涵在传播过程中的变化(这种变化包括已有传统文化符号的形变和新的文化符号的生成),从而最终探讨社交媒体在文化传播过程中的新角色。

二、影视符用论的理论与分析方法

(一)影视符用论的理论构建

21 世纪初期由巴黎索邦大学教授罗杰·奥丁提出的影视符用学理论引起了理论研究界的热切关注,很多理论学家都难以确定这个方法论到底归属于传统的内在论范式(paradigme immanentiste)⑤还是语用学范式(paradigme pragmatique)⑥。

奥丁认为,无论是传播学的分析还是纯语言学的研究,都应该将这两种理论范式融会贯通。我们既不能忽略语义在不同语境的多样性变化,也不能忽略一个事实:每一个信息接收者都相信有固有存在的文本,它的固有文本都不会在传播中发生变化,他接收到的和别人接收到的都应该是一样的。这里奥丁提出了一种设想,也许我们讲的文本,终究就是一个传播的结果。所以我们需要的是一种新型的理论,可以同时把"文本的固有构建"和"因人而异的理解"都解释清楚(这二者都是传播过程的核心),这种新型的理论可以最终整合语用论和传统的内在论。

(二)影视符用学"模型"及其语义分析功能

1. 影视符用学的初步建模

奥丁在"模型"二字上使用双引号,是因为它并不是真正意义上的模型,而是一种研究工具,是理论与观察之间的媒介,比如一副眼镜,或者一台显微镜,这个工具是为了让我们可以更好地观察和更好地发现问题。奥丁重申两个行为状态,其一,当我们面对一个传播内容的时候,我们相信有人想要和我们交流,并且我们也有感觉能够去理解。其二,传播内容所处的不同语境会产生出不同的语义和内涵。他提出的符用学模型是基于一种不可传播理论而构建的,就是说内容的播出方和内容的接收方其实都在根据某些素材而各自创造,并不能直接沟通。于是他将播出场域和接受场域完全分开。

播出场域,以 E 来表示。在这个场域,E 主动把某些"震动"(vibration)变为文本内容(T)。例如,影片的拍摄团队把各种视觉震动——图像和自然界的震动(自然界声音)V,收集加工重组,制作成电影 T。

接受场域,以 R 来表示。在这个场域,原先的文本内容(T)再次以"震动"的样式为接受者所直接接收,所以这里我们赋值(V),接受场域的接受者会根据 V 而自行生成一个新的文本内容,我们给它赋值 T'。$T \neq T'$。因而,这个模型是一个"传播阻断模型"又或称为"不可传播模型"(non-communication)[⑦]。

这里的 E(播出者)和 R(接受者)指的并不是某个人,而是所有的施动者(actant)。奥丁把 E 和 R 具体定义为"由一簇'约束'所形成的道路的端点,这簇'约束'阻挠着,同时也构建着 E 和 R"。同一个人可能因为不同簇的"约束"的阻扰而作为不一样的 R 存在($R_1, R_2, R_3, \cdots, R_n$)于接受场域,从而因为同一个 V 而产生不一样 T($T_1, T_2, T_3, \cdots, T_n$)。相反地,不同的人可能因为有相同的"约束"而作为同一个 R 存在于接受场域,因而产生出同样的 T。在研究中对所有施动者的分析其实就是对不同语境的分析。学者认为,传播发生场域只有与接受场域的语境("约束")足够相近的时候,其产生的大文本才能传播成功。

2. 语境的探讨:传播过程的"约束"和"传播空间"的建立

基于上述两个模型和相关理论陈述,我们可想而知,接下来就是重点要考察传播交流的"约束"究竟有哪些,它们又是如何产生语义的,他们的传播效果又是如何。这里着重要探讨的是非自然普遍存在的约束,也就是在传播和语义产生过程中的交流约束。因为在对遗产传播的研究中,我们应该先弄清楚:在个体和传播内容的相互作用中,哪些特性起到的作用最大? 也就是说,哪些约束才最能影响和构建传播中的施动者⑧的构建? 我们选择"城市遗产的价值化"为研究视频传播语义的研究轴线(axe de pertinence),通过分析社交网络上相关的短视频,构建不同的传播空间,并分析不同空间中不同传播方式所发生的语义。这个研究过程将直观再现文化传播过程中文化内容与内涵所发生的形变,从而让我们可以最终探讨当今网络化传播之于文化传承的独特角色。

三、对社交媒体的角色的初步设想

(一)新的建构者

基于对在社交媒体上五百余条高曝光率视频的符用学分析,我们首先可以确定社交媒体客观上已经成为城市文化遗产的重要传播构成,它能够给文化传播提供更多的交流空间和交流类型。但不仅仅如此,基于地理学家米歇尔·卢索(Michel Lussault)关于"超级地址"的概念,在数字网络语境下,城市的文化遗产成为一个"超级地址",在这里不同的个体都时刻把自己的社会生活与世界相连。这同时也涉及了传播学概念,也就是说,在网络社交环境的驱动下,每一个城市遗址都具有可传播性,该类现实文化空间的传播已经成为一种社会性需求。而每个网民作为传播的原动力,将可能重新标识已经被遗忘的城市遗址,使得更多的文化遗产得以以各种形式再现于不同的交流空间。

进一步地,借助人类学家帕洛克-贝格斯的一个网络民俗学理论,一种文化传统其实是介于"真实"与"不真实"之间,因为"传统"从很久以前就不再作为一种事物被作用,而是在不断更新的当今,以一种符号的形式被重新创造出来。它总是出现在一句永远无序且杂乱的句子中,总是迫于变化的压力而濒临瓦解和蜕变。⑨于是,我们也有理由认为,嵌入在城市文化遗产中的文化传统以及文化内涵也在不断地被重新改写和重新构建。并且在这个网络社交时代,参与改写与重构的,不再仅限于专业的文化系统及机构,普通人的角色将在新的社交时代显得尤为重要。

(二)新的诠释者

视频社交传播中将产生新的诠释方式和文化内涵。并且根据迈克尔·赫兹菲尔德提出的社会诗学理论(poétique sociale)⑩,这其实是从社会学层面验证了传播学家伊夫·让纳雷的琐碎理论,即传播的过程可以重新给生活中的次凡⑪赋予新的价值,用于识别、描述和评价当代社会的各种已经归档的文化存在。这个理念也可以支撑我们进一步地思考社交媒体之于城市遗产的诠释角色。

(三)新的创造者——视频社交媒体的社会生成性(Poïetique)⑫探讨

对于生成性的探讨在本文中主要涉及两个过程,一个是播出方 E 把 V 转换成 T 的过程,也就是城市文化遗产被创作成用于传播的影视作品的过程,另一个是接受方 R 再把 V 转换成 T′的过程,这是网民对于所接受到的传播内容进行翻译和重写的过程。然而,这里需要指出的是,创造性对于传统文化的保存和传播来说,不一定是一个完全积极的过程。当然,这里也并不认同某些学者为了保护传统文化的纯粹性而将数字文化直接定义为负面的"恶搞"的做法。相反地,当今数字环境下社交媒体中出现的各种传统文化的形变,其实是某些新的信息文化产业发展的结果,是人们当下文化生活在传统文化内容上积极作用的结果。这种发自群众的,对传统文化的主动的诠释(或改写),是值得作为一个现象去客观研究的。举一个小例子,如果我在哔哩哔哩弹幕网的搜索框中键入杭州,并直接按点击率排序,就会发现点击率最高的视频是一个穿着角色扮演(cosplay)短装的少女在西湖湖畔伴着古风音乐翩翩起舞的视频。如果我们只是把它当作是一个略带色情意味的恶俗视频去对待,那么我们就忽略了这个角色扮演主播背后的一个强大的新生文创产业——数字动漫产业。

四、结　语

　　总之，在以上对方法论的介绍和对实际案例的分析中可见，我们不再将社交媒体作为一个简单的传播渠道去研究，也不再只关注于社交网络传播的结果或效果。而是把"社交媒体传播"整体作为一个问题去研究。我们向传播过程提问："我们向谁传播着什么？""我们到底讲述着一个什么样的故事？"得益于奥丁提出的方法论，我们可以跨出传播学的框架，从而思考传播过程对于文化的诠释和创造，思考网络时代的传播本身将如何贡献集体记忆，从而在文化激活甚至文化传承中发挥独特的作用。

注释

①Focault M., *Les mots et les choses*, Paris, Gallimard, 1966.

②人类创造、分享文化存在物并使得其永恒。这些文化存在物在改变形态的同时也定义着形式产生含义的方式。"琐碎"（Trivialité）是一个描述性词语（trivium 在拉丁语中是十字路口的意思），这个词用于表现思想和物体的传播，这种传播类似于一种文化存在物在途经各种社会生活的十字路口时发生的缓慢演变。"琐碎"不仅仅是一个可描述的现象，也是一个不同的社会角色参与进来的过程。详见 Yves Jeanneret, *Penser à la trivialité：volume 1, la vie triviale des êtres culturels*, Lavoisier, Paris, 2008.

③Yves Jeanneret, *Penser à la trivialité：volume 1, la vie triviale des êtres culturels*, Lavoisier, Paris, 2008, pp. 40-42.

④ Roger Odin, *Les espaces de communication：introduction à la sémio-pragmatique*, Presses Universitaire de Grenoble, Grenoble, 2011.

⑤内在论认为，恒定且有结构性的文字系统产生了文本或者语言，也就是说每一个词语一旦脱离了这个系统就不存在意义。文本或者语言是不参照任何外部系统去描述事物的。索绪尔说"语言是一种只关注自己本身秩序的、独立存在的系统"。传统且历史悠久的西方符号学就是基于这个理论发展至今的。

⑥语用学认为，任何一个字符、单词、词语或者文本只有在与语境发生关系的情况下才产生意义（这里的语境指的是它们被发出和被接受的环境）。语用论的研究认为文本和语言的意义产生于语境，语境是语义产生的源头，语境支配语义。

⑦这里需要特别注意的是，这个理论并不是在驳斥保罗·沃兹拉威克（Paul Watzlawick）的论点（保罗认

为"我们不可能不交流")。但实际上奥丁想说是帕洛阿尔托学派的观点，该学派认为"我们不可能不发出信号"，这句话意味着这些信号有可能并没有被接收者正确理解。

⑧施动者(Actant)，即行动元，行为的支配者。可以是人，也可以是物。

⑨Paloque-Berges C. 《Un patrimoine composite：le public historique d'Internet face à l'archivage de sa matière culturelle》. in Annales du 18ème Colloque bilatéral franco-roumain en SIC, *Traces*, *mémoire*, *communication*, 2011, p. 10 .

⑩社会诗学理论是对日常社会体验的研究，该理论认为人们会尝试把一些稍纵即逝的瞬间优势，某场官方谈话中的理解，或是交流中出现的某个符号形式，转变为社会进步的永恒的条件。社会诗学意识到人们会根据自己的现实意图去扩展某些过去的碎片，它的任务是重新对一些活着的历史性经验进行分析，重新意识到他们的社会、文化和政治基础。哪怕是最正式的权利和最抽象的知识都可以被如此分析。请参见：Herzfeld M. , *Cultural intimacy*：*Social poetics in Nation-State*, 2016, pp. 29-32.

⑪次凡(Infraordinaire)，指日常生活中最细微、最琐碎的存在。次凡构筑了我们的日常。

⑫poétès 在希腊语中是创造者的意思，1937 年由法国学者瓦雷里把社会生成性(Poïetique)确立为用于研究艺术作品形成条件的一个当代学术词语，它侧重于人与作品在创作过程中形成的关系。所以它研究的不是一个事件，而是一个在创作时间中的行为。它关注的是创作的较优条件，比如说创作者的心理，材质的自然条件，也可以是对创作意图的反问，对创作各个阶段的反思意识。在哲学范畴中，社会生成性(Poïetique)可以涉及整个艺术领域，甚至涉及意译性再创造的领域(比如作品修复、景观设计、翻译等等)，请参见：Passeron R. , 《Poïétique et histoire》, *Espaces temps*, 55-56, 1994. pp. 98-107.

参考文献

Akrich M. , 《Technique et médiation》, *Réseaux. Communication-Technologie-Société*, 60, 1993, pp. 87-98.

Appadurai A. , *Modernity at large cultural dimensions of globalization*. University of Minnesota Press, 1996.

Baillargeon, T. et Lefebvre S. , 《L'explorateur urbain à la recherche d'un temps perdu：visiter l'entre-deux ou la quête d'une expérience radicale》, *Frontières*, 28(1), 2016, pp. 15-30.

Barabel, M. , Mayol, S. et Meier, O. , 《Les médias sociaux au service du marketing territorial：une approche exploratoire》, *Management & Avenir*, 32(2), 2010, pp. 233-253.

Bouillaguet E. , 《Roger Odin, Les espace de communication introduction à la sémio-pragmatique》，*Revue française des sciences de l'information et de la communication* (*onlin*)，2011，URL：http://journals. openedition. org/rfsic/199.

Boyadjian, J., Velcin, J. 《L'analyse quantitative des médias sociaux, une alternative aux enquêtes déclaratives? La mesure de la popularité des personnalités politiques sur Twitter》，*Questions de communication*，31(1)，2017，pp. 111-113.

Charest F. et Gauthier A., 《Changement de logique et des Arts de faire dans les pratiques communicationnelles avec les médias sociaux》，*Communication et organisation*，41，2012，pp. 15-25.

Charest F., Gauthier A., Grenon F., 《Appropriation et stratégies d'intégration des médias sociaux par les professionnels de la communication》，*Communication et organisation*，43，2013，pp. 269-280.

Courtant A., 《Quelle place pour l'innovation dans les médias sociaux?》，*Communication et organisation*，43，2013，pp. 123-134.

Dye R., "The buzz on buzz," *Harvard Business Review*，78(6)，2000，pp. 139.

Eensoo, E., Bourion, E., Slodzian, M. &. Valette, 《De la fouille de données à la fabrique de l'opinion：Enjeux épistémologiques et propositions. 》，*Les Cahiers du numérique*，7 (2)，2011，pp. 15-40.

Foote K. E., *Shadowed Ground：America's landscapes of violence and tragedy*. Texas：University of Texas Press，2003.

Frau-Meigs D., *Penser la société de l'écran. Dispositifs et usages*，Paris，Presses de la Sorbonne nouvelle，2011.

Ghorra-Gobin C. et Reghezza-Zitt M. (dir.)，*Entre local et global. Les territoires dans la mondialisation*，Le Manuscrit，coll. Fronts pionniers，2016.

Gustavo C., *The media in the network society, browsing, news, filters and citizenship*，Lisbon，Center for Research and Studies in Sociology，2006.

Hanot M., 《Partie 1. Méthode sémio-pragmatique：réflexions, approches et définitions》，in Hanot M., *Télévision. Réalité ou réalisme? Introduction à l'analyse sémio-pragmatique des discours télévisuels*，Louvain-la-Neuve，Belgique，De Boeck Supérieur，2011，pp. 11-30.

Hanot M., 《Partie 2. Une analyse, quatre étapes sémio-pragmatiques》，in Hanot M., *Télévision. Réalité ou réalisme? Introduction à l'analyse sémio-pragmatique des discours télévisuels*，Louvain-la-Neuve，Belgique，De Boeck Supérieur，2011，pp.

31-32.

Jeanneret Y. , *Penser à la trivialité*: *Volume 1*, *la vie triviale des êtres culturels*, Lavoisier, Paris, 2008.

Jenkins H. , *Convergence culture*: *Where old and new média collide*, New York, New York University, 2006.

Jenkins H. , *Textual Poachers*: *Television fans and participatory culture*, New York, Routledge, Chapman &. Hall, 1992.

Jouët J. , 《 Pratiques de communication et figures de la médiation 》, *Réseaux. Communication-Technologie-Société*, 60, 1993, pp. 99-120.

Latours B. , *Nous n'avons jamais été modernes*, Paris, La Découverte, 1991.

Leclerc Y. , 《 Le développement local par la culture: cinq propositions pour des villes culturelles》, *Revue gouvernance*, 14(2), 2017, pp. 72-89.

Le Deuff O. , 《 Réseaux sociaux, entre médias et médiations, des espaces à méditer plutôt qu'à médire》, *Communication et organisation*, 43, 2013, pp. 5-12.

Lemoine J. , 《 À la recherche d'une meilleure compréhension du comportement des internautes》, *Management &. Avenir*, 8(58), 2012, pp. 116-119.

Mattelart, A. , *Diversité culturelle et mondialisation*, Paris, La Découverte, 2017.

Milad D. , *La grande conversion numérique*, Paris, Seuil, 2008.

Millette M. , 《Pratique transplateformes et convergence dans les usages des médias sociaux》, *Communication et organisation*, 43, 2013, pp. 47-58.

Mitch J. , *Six pixels de séparation*: *Le nouveau marketing à l'ère des médias sociaux*, Montréal, Les Éditions Transcontinental, 2010.

Odin, R. *Les espaces de communication*: *Introduction à la sémio-pragmatique*, Presses Universitaire de Grenoble, Grenoble, 2011.

Pignier N. , 《Pour une Approche sémio-pragmatique de la Communication》, *Questions de communication*, n9, pp. 419-433. DOI: 10. 4000/questionsdecommunication. 7945.

Pucheu D. , 《 L'altérité à l'épreuve de l'ubiquité informationnelle》, *Hermès-La Revue*, 68 (1), pp. 115-122, 2014.

Robertson R. , *Globalization*: *Social theory and global culture*, Sage Publications, 1992.

Tsikounas M. , 《 Esthétique de l'audiovisuel 》, *Réseaux. Communication-Technologie-Société*, 60, 1993, pp. 155-157.

"新媒介赋权"与文学评价方式变迁

——以网络文学的在线点击、点评为例

王江红*

摘　要:在互联网新媒介的技术支持与"赋权"功能下,当代文学的评价方式及评价效果有了显著的变化。以网络文学为例,网民读者成为参与网络文学评价的最大群体,且主要通过点击浏览、在线评论等方式,主动或被动地参与进网络文学的评价活动中;不同的评价方式既受互联网的媒介特征、技术特性的影响,同时也造成了网络文学多以点击率为导向,注重读者意见反馈,易于在小众、分众、大众等不同层面实现"成名"的现象,进而改变了网络空间中文学评价权、话语权的分布情况与结构关系。

关键词:网络文学;读者群体;评价权力

媒介赋予人的诸多权力中,包括"各种各样各样的资源、权威以及能力等",以互联网的发展与普及为代表,"新媒介赋权主要体现在信息、表达、行动三个方面","新媒介赋权的今天,社会关系以及社会结构中的权力关系发生了变化,过去不占有主导地位的组织和人,有了获得权力、权威、机会、资源的可能"①。就文学创作与文学评价而言,互联网传媒技术不仅催生了网络文学这一新的创作样式,改变了新世纪文学的格局,"成为流行文学和时尚写作的新贵"②,而且也衍生出点击浏览、网络留言等新的文学批评行为,"悄然地改变着人们的阅读习惯和方式"③,变革着网络空间中文学场域内的评价关系与话语结构。与传统

---

　　* 作者简介:王江红,女,浙江财经大学讲师,浙江大学杭州国际城市学研究中心博士后研究基地博士后。

文学的评价体系相比,网络文学评价的"游戏规则变了"④;在网络世界,人人都有写作的权力,人人也都有评价的权力。一方面,庞大的网络文学读者群体与复杂的读者类型成为评价网络文学的主体力量,另一方面,网络读者在技术协助与媒介"赋能"的支持下,利用点击/浏览、留言/点评、转发/分享、组建社群等方式参与到网络文学的评价活动中。以在线点击、点评为例,新的评价方式不仅可以帮助读者挑选出符合自身阅读趣味与审美标准的网络文学作者或作品,也可以使读者依照其自身的阅读趣味、审美标准对某些网络文学作者或作品进行评判、表达观点。

一、在线点击:无差别的"点击"与有差别的"点击量"

计算机的编写程序及其与人相交互的符码、指令、方式等被人们以"计算机语言"命名。这种"语言"既融合了人类思维与文化的因素,又带有明显的新媒介、新技术的独特性质。以"点击"为例,它的原意是指"进行计算机操作时,移动鼠标,把鼠标指针指向要操作的地方并用手指敲击鼠标上的键"⑤;人们往往在此基础上将其视为一种在网络世界中对某一内容进行选择或加以关注的体现。再如,类似于计数器等计数程序在网络系统中的应用,主要用以实现在网络运作过程中的标记、测量和控制等功能;人们常给这种测量点击次数的功能赋予特殊意义,引申出"点击量"的概念,使其成为衡量某对象的网络流量及影响力的重要指标之一。

从技术层面看,大部分网络空间信息的展示与获取,都需要靠"点击"来完成。计数软件与功能的开发、应用,使网民在网络世界中有意识或无意识的点击行为都可以被记录在册。这种点击是无差别的,操作它的"人/主体"被统一替换成了"指令/符号",且统一的指令隔绝了操作"人/主体"实体身份的介入。如人所说,"在互联网上,没有人知道你是一条狗",正是在这种技术所造成的"无差别"层面上,互联网被认为是一个"人人平等"的赛博空间,它"天然地"消除了现实世界中从经济、文化、外貌、性别、地位等不同角度对"个体"所做出的种种等级区分。

互联网上的点击消除了点击者的任何个体差异,对于网络文学而言,这种无差别的点击不仅在最广泛的意义上将每一个点击者都纳入了评选主体的范围内,而且在理论上赋予了任何网络文学阅读者绝对平等的评选权力。也就是说,只要在有计数程序监测的网络环境下,只要轻轻一点,每一个读者都有意或无意地参与进了网络文学的评选过程中,它在技术上使众多"不可见"的读者变得"可见",也使每一个读者都拥有了标识为"0"或"1"的等值评价权。数字化时代在某种程度上影响了人的"数字化"思维,当每一个读者的身份及其评价权力都被替换成"1"时,区分一部作品影响力的标准便被约等于了"1"的数量或倍数,"无差别"的"点击"便形成了"有差别"的"点击量"。在这种情况下,传统领域中知名编辑、评论家等"掌握文学权力"的专业人士以及知名刊物、出版社等文学"权威机构"所起到的作用大大减弱,其重要性也随之减小、降低,在网络上"一百个人看的话就会有一个较强的势力,这会比一个著名评论家的评论更有效"⑥。

在网络文学未商业化之前,点击量是衡量一部网络文学作品的首要指标,曾有论者指出,网民读者的点击"对作品完全是自发的关注和喜爱",因此,"文字之优劣,网站上的点击率最能说明问题","才是相对最客观的评价"⑦。人们在言说一部作品的成功之处时,往往要先列举它的点击量等数值情况,以此作为判定其影响力的一个"铁证"。如:作者"老榕"的《10·31,大连金州没有眼泪》,因"帖子上网后不到 48 小时就被阅读了 2 万多次"而一举成名⑧;江篠湖称赞《第一次亲密接触》《悟空传》"都有着数以百万计的点击率,高峰期的浏览几乎让服务器因为'堵车'而瘫痪"⑨;慕容雪村在谈及《成都,今夜请将我遗忘》的成功时,颇为自豪地指出其小说在天涯等网站"估计点击数在几十万到百万之间。看到这么多网友关注,我很受鼓舞,觉得很有成就感"⑩。可见,在网络文学发展早期人们不约而同地将"被点击了多少次"作为判断一部作品价值的标准,"数量"的重要性在某种程度上等同于了"质量"的高低。

网络文学开启商业化模式之后,虽然订阅量取代点击量成为衡量其价值的主要标准,但是对于部分网络文学作品而言,一方面,点击量与订阅量挂钩,前者是向后者转化的一个重要基数,吸引越多的读者点击量也就意味着付费的可能就随之增长，"网络小说最主要的是靠流量挣钱，读的人越多，收入自然越多……读者如滚雪球般壮大，作者的收益也就水涨船高"[11]；另一方面，由于免费试读部分、多渠道销售的运营策略以及盗版网站的分流，对于未能转化为订阅量的数据，仍需要用点击量及其延伸出的"关注度""搜索指数"等数值作为辅助的网络文学评价标准，如《大主宰》《完美世界》《莽荒纪》《绝世唐门》这四部网络小说曾名列百度2014年的"十大热搜词语"中；艾瑞咨询《2015年网络文学IP价值研究报告》中，对网络文学IP价值模型的基础数值采集区域包括"正版App点击量""正版网站点击量""贴吧关注度""微博关注度""百度搜索指数""全渠道正版比例"六项[12]，以尽可能地统计一部网络作品的各类点击数据，并将其转化为该作品"关注度""知名度"的代表。

正是出于对点击及点击量的追求，网络文学才偏向于用刺激性的形式与内容来吸引读者的点击，如邢育森《网络文学攻关秘籍》中所总结，想"迅速成为一个网络文学超级大师"，需要起一个"诸如血腥玛丽、狂野情人"等"一鸣惊人"的网名，需要将类似《我的故乡》的题目改为《那个使我第一次失去了初吻的地方》以"夺人魂魄，刺激心扉"，还需要写"带点色"的"感情"，并且像"相声小品评书笑话"一样抖"包袱"，如此才能"刺激读者兴奋"，使"点击率噌噌地往上蹿"[13]。对于连载形式的作品而言，需要采用一定的写作技巧与布局方法，将刺激性的内容均衡地分布在连载过程中，以保持点击率的稳定增长，如"故事发展快，设置的情节高潮迭起，几千字就有一个小高潮"[14]，便成为保证读者持续点击与"跟读"的一个重要方法。

此外，点击在最大限度地给予每一个读者普遍的、平等的评选权力时，也最大限度地遮蔽了读者阅读行为、阅读水平、阅读动因等方面的特殊性。如果将点击视为一种"动作性"评价行为，那么它目前是无法全面地反映出评价背后的"意识性"内涵的，也就是说，一个文学教授的一次点击，与某个中小学生的一次点击，意义等同；一次纯粹出于好奇而匆匆浏览的点击，与一次从头到尾认真阅读的点击，意义等同；一个人的一百次点击与一百个人的一次点击，意义等同；甚至屏幕前的真实人类的一次点击，与作弊软件的一次点击，意义也相等同。这就使"无差别的""平等的"点击中包含了很多不合理的、不公正的因素。于是,不但网络文学圈内有"不刷点击不成神"的说法,而且一些文学网站为了吸引点击,有意鼓励一些低俗、色情的作品创作。有网友在总结 2003 年网络文学发展状况时指出,在点击率的衡量下,"在幻剑刚改版的时候,因为管控不严,导致三本同作者的、无内容的、只靠书名吸引读者的书,同时上了幻剑人气版";"走红作品的题材,也逐渐变得边缘化和黑暗化",如《永不放弃之混在黑社会》《我就是流氓》等掀起了"黑社会"类小说的潮流;而"2003 年年中的时候,在百度的文学类搜索排行榜中,前十位中,大概有一半是情色小说"⑮。

总的来看,通过"点击",新媒介使每一个网络文学读者能够自由选择作品;"点击量"体现了数字化时代文学评价的"数值化"思维,以定量的评价替代式地置换为定性的评价,这在某种程度上造成了网络文学评价的矛盾:既有利于在最大的统计范围内得出相对"客观"的结果,又无法保证评选结果在客观现实中的合理性与公正性。

二、在线点评:"同步式"的反馈与"嵌入式"的效果

文学批评家南帆曾指出:"远古的时候,书写权力是一种极为重要的权力;这保证了文化与统治阶层的紧密联系。"⑯评论权力亦然,严密的近代学科体系建立后,批评家或评论家成为一种需要经由专业知识训练、经由专业组织或机构认可的一种职业身份,以书写文学史或发表评论文章的方式,掌控着评判文学作品优劣、得失的话语主导权;相对而言,远离学术生产体系、不具备在专业报刊上发声能力的普通读者,其阅读感受、体会、喜好等往往会被有意或无意地贬低、忽略。互联网的普及,在最大限度地释放写作权力的同时,也最大限度地开放了评论的权力。正如中国互联网络信息中心(CNNIC)2015 年《中国互联网络发展状况统计报告》所显示,"有 43.8％的网民表示喜欢在互联网上发表评论,其中非常喜欢的占 6.7％,比较喜欢的占 37.1％",网络空间"给广大网民提供了平等表达自己意见的'新公共领域'"⑰。

快速的发表与创作也需要快速的反馈系统与之匹配、循环。在线点评具有很强的即时性、互动性,读者能够对作者的创作给予迅速反应,作者也能够即时

掌握读者意见并选择性地与之进行沟通、交互。从体量上看,在线点评一般会根据字数或内容的多少分为短评、长评两种。短评有时只用"赞""好看""垃圾""不喜欢"等简单的字词来表示自己的喜恶,有时会用简单的几句话来表达阅读后的一些感受,比如:"作者文笔非常好";"很喜欢你的文,也希望像这种的文章可以多一点,期待你的新作";"设定不错,简介很吸引人,文笔可继续锻炼提高,部分情节逻辑有待加强,总体不错"等。长评的字数一般在千字左右,有题目、段落、主旨等,结构与内容都比较完备,接近传统的书评形式,对网络文学读者的阅读程度和表达能力要求比较高,因此,其评价效用往往比短评更具影响力或代表性。晋江文学城在每部作品的评论区内特设"长评汇总",例如,在小说《知否?知否?应是绿肥红瘦》的书评区,就有"XXX"《我为墨兰说句话》、"遇见"《在古代懂得生活》、"C。"《写实或 YY》、"eaglefeb726"《人物点评》、"观珥"《评〈知否?知否?应是绿肥红瘦〉》》等数千例长评⑱,都是对小说文本比较了解的网络读者,就作品中的人物、主旨、写法等做出的详细分析;而每一个长评的后面往往又会跟随大量其他读者对该长评的二次、三次或多次点评,以此构成了网络文学评价区域的内部讨论、内部筛选系统,被讨论的次数越多、时间越久,也就越能说明某一长评在作品评价圈内的代表性。

读者点评的热度、讨论话题的层次与深度,直接影响着作品的评价。网络作家月关曾在一次访谈中,"表示自己不确定《回明》(《回到明朝当王爷》)能否成为经典,但它应该是自己作品中最接近经典"的一部,他引以为傲的是"《回明》千字以上书评的总长度超越了作品总字数,读者对作品强烈的评论热情使他很受触动"。⑲通常情况下,在线点评在社区内是公开展示的,因此读者的点评除了给予创作者一定的评价与反馈信息外,也会干预到其他读者的阅读、评价,甚至是选择。首先,如上面所提到的,对评论的评论是读者间交流、探讨的一种方式,读者会在参评群体的内部通过"回复""点赞"等方式就某一评论意见进行再次或多次的讨论,被关注或被回复最多的就有可能被遴选为代表性评论,在读者圈层内享有较高的话语权及影响力。其次,对于某作品或某网站的一些新来读者、外来读者而言,他们有时会在直接阅读作品之前,先参考已阅读者留下的点评意见,如果评论区以好评为主,新读者选择开始阅读的可能性就大,如果差评居多,新读者放弃阅读的风险性就高。因此,虽然读者的点评热度会带动作品的热度,但这种热度也是一把双刃剑,当读者在线点评对其他读者的意见与选择具有较强的干预度时,既有可能起到正面的带动作用,也有可能造成负面的破坏效果;对此,网络作者的态度也颇为矛盾,他们往往既希望读者以在线点评的方式对作品多多给予回应,做好"数据"与"宣传",有时也会极为担忧或强烈排斥"差评",甚至不惜将负面评论屏蔽、删除,使评论区只留一片赞美之声。

如果将一部网络文学作品的首发网站视为这部作品的原生社区,那么社区内的读者构成与评论情况往往对该部作品在社区内的定位、地位等有着直接的影响。相比于单纯地点击浏览,读者可以利用社区内的留言或点评功能,更全面、更有效地将自己的阅读感受反馈给作者,希望以此达到对作者创作或作品走向的某种介入,而部分作者则会根据读者的点评情况予以选择性回应。对于网络文学,尤其是网络连载小说而言,读者的阅读、评论与作者的创作、修改往往是一个"对话"式、"共生"式的过程。作者常常会在作品正文文本的外部或侧部,单独写有"作者的话"之类的衍生文本,用以介绍作品创作过程中的一些想法或回应评论区部分读者的反馈意见。以网络小说《明月照大江》为例,全文共54章,从 2018 年 11 月 7 日连载至 2019 年 1 月 3 日,作者"随侯珠"在每一章节更新后都附有或长或短的"有话要说",其中几段写道:

"希望你们能陪着大珠写完这个故事,我觉得应该会是一次比较有趣的追文体验。不过太保证的话也不敢说,总之,我很期待也很盼望你们都参与明月照大江的新文连载。"(第 1 章)

"有童鞋说之前文案不好,那就再改一下,如果还是觉得不吸引人,那就是这篇文不合你们口味。反正,我是……不会承认,我写得不好哒—哼—"(第 6 章)

"解释一下这篇文的设置。1.江眠,景照煜,江之河,张大贺都是主角,四位主角,不然怎么会取名《明月照大江》呢,四人的名字都在书名里了。所以不存在谁抢谁的戏。2.主视角有两个,江眠视角和江之河视角——所以父女感情戏会比较多。亲情向。3.有感情戏,但是不太言情,如果只是为了看江眠和景照煜的对手戏的宝宝，可能会失望。4.剧情和校园逗趣日常同时进行。5.不同写法和尝试，大珠除了挑战自己，也是为了给读者更多的不一样。6.喜欢就追，不喜欢就退，爱你们。"(第8章)

"有读者问我这本是不是想转型，没有转型啊，我只是尝试写出不同的气质的青春小说而已……"(第35章)

"《明月照大江》里言情感不强，大珠也承认，言情感强了，故事气质就会变了。"(第41章)

"……原本《明月照大江》大珠打算拖一拖再写，琢磨一番，还是在今年考生高考之前写完这个故事。它不太言情，但是倾注了大珠很多的感情。尤其是对你们的鼓励！"(第54章)[20]

类似上述这种边创作边回应读者点评的现象在长篇网络小说连载中十分常见。在某种程度上可以说，由于读者在线点评的介入，网络文学的评价并不呈现出"完成时"的状态，并不是在全部文本生成之后的解读与阐释；而是大多处于"进行时"的状态，融合在整个创作过程、批评过程之中。因此，有学者认为，网络文学是"独特的社区文学"，是"多元互生性文学"，同一社区内的读者不仅是"最为重视和最能理解社区作者帖子的人"，而且"他们的观点、趣味、评价会直接影响社区内写作者的创作历程"，甚至"一个网络作家最在意的并是大众对他的作品的评价，而是其他社员对他的帖子的态度"[21]。与传统的、发表于专业报刊的批评形式相比，网络文学的在线点评可以视为一种"嵌入式"的文学评价，也就是说，网络文学的作者创作与读者评价是同步进行、彼此交织的，构成"你中有我，我中有你"的混合状态。

总之，在网络文学评价中，读者以在线点评的方式实现与作者的互动交流，文本的书写实际上汲取了交互过程中的集体意志，"网络小说作者的话语权是受到网民读者的选择权、网民评论者的评论权制约的"[22]。网友的在线点评直接或间接地影响着网络文学作品的修改与调整，它内化在作者的整个创作过程中，也"嵌入"在网络文学的文本系统中，这在某种程度上已不同于传统文学有关"作品"—"评价"的完整性、既定性观念，而构成一种开放性、生成性的"作品-评价"。正因如此，当在线点评脱离了网络文学作品的原生社区与读者圈层，或点评滞后于网络文学作品的创作进程时,点评的影响力与效用性也会有所减损。

综上所述,以网络文学评价为例,互联网的媒介特征既改变了网络文学不同以往的评价主体、评价方式,同时也影响着网络文学不同评价标准、评价效果的呈现。如果说"技术赋权赋予了社会的成员和个体以及想要有所改变的群体、组织主动作为的空间,造成了那些不想改变的全体与组织不得不改变的局面",从而"产生了对社会结构和制度具有反作用的权力与能量"③,那么,网民读者通过点击浏览、在线评论的方式,主动或被动地参与进网络文学的评价活动中,直接造成了网络文学多以点击率为导向,注重读者意见反馈的评价现象,影响到了网络空间中的文学评价群体、评价方式、评价标准、评价话语等。

注释

① 师曾志、金锦萍编:《新媒介赋权:国家与社会的协同演进》,社会科学文献出版社,2013 年版,第 12—13 页。

② 白烨:《新世纪文学的新格局与新课题》,《文艺争鸣》,2006 年第 4 期。

③ 路善全:《中国传媒与文学互动研究》,中国社会科学出版社,2007 年版,第 191 页。

④ 汪向勇:《逃亡中关村·游戏规则变了(序)》,辽宁人民出版社,2000 年版,第 1—2 页。

⑤《点击》,2018 年 9 月 22 日查询,详见 http://xh.5156edu.com/html5/199253.html,在线汉语字典。

⑥ 张英主编:《网上寻欢——前卫作家访谈录》,时代文艺出版社,2002 年版,第 54 页。

⑦ 江筱湖:《10 年一剑网络原创终成正果》,2003 年 11 月 21 日《中国图书商报》第 B11 版。

⑧ 法满:《写作＋网络＋网络文学?》,《中国新闻周刊》,1999 年第 2 期,第 68—70 页。

⑨ 江筱湖:《10 年一剑网络原创终成正果》,2003 年 11 月 21 日《中国图书商报》第 B11 版。

⑩ 慕容雪村:《神秘的网络文学青年》,2002 年 9 月 18 日《中华读书报》。

⑪《郭敬明、辛夷坞、安妮宝贝之后的符号网络文学作家》,2013 年 9 月 29 日发布,详见 http://www.takefoto.cn/viewnews-48599.html。

⑫ 艾瑞咨询:《2015 年网络文学 IP 价值研究报告》,2015 年 10 月 23 日发布,详见 http://report.iresearch.cn/report/201510/2470.shtml,艾瑞网。

⑬ 邢育森:《网络文学攻关秘籍》,《电脑爱好者》,2000 年第 12 期,第 40—41 页。

⑭《郭敬明、辛夷坞、安妮宝贝之后的符号网络文学作家》,2013 年 9 月 29 日发布,详见 http://www.takefoto.cn/viewnews-48599.html。

⑮"Kind_red":《彷徨与求索——2003 年网络幻想文学回顾》,2003 年 12 月 29 日发布,详见 http://lkong.cn/thread/4911,龙的天空。

⑯南帆:《电子时代的文学命运》,《天涯》,1998 年第 6 期。

⑰CNNIC:《第 35 次互联网网络发展状况统计报告》,2015 年 2 月 3 日发布,详见 http://www.cnnic.net.cn/hlwfzyj/hlwxzbg/201502/P020150203551802054676.pdf。

⑱佚名:《我为墨兰说句话》,2010 年 11 月 27 日发布,详见 http://www.jjwxc.net/comment.php?novelid=931329&wonderful=1&page=57,晋江文学城。

⑲项蕾、秦雪莹:《北大点评团"学者型粉丝"入场对话网文大神——记月关作品研讨会暨掌阅文学奖发布会》,2018 年 4 月 26 日发布,"媒后台"微信公众号。

⑳随候珠:《明月照大江》,2019 年 1 月 3 日更新,详见 http://www.jjwxc.net/onebook.php?novelid=3920292,晋江文学城。

㉑王晓华:《网络文学是什么?》,《人文杂志》,2002 年第 1 期。

㉒郑杭生:《丛书序》,载于蔡智恒《雨衣》,知识出版社,2000 年版,第 2—3 页。

㉓师曾志、金锦萍编:《新媒介赋权:国家与社会的协同演进》,社会科学文献出版社,2013 年版,第 13—14 页。

大数据时代下的个体自由

——以今日头条为例

杨汉升[*]

摘　要：当今社会，大数据在不同领域的应用已经成为一个显而易见的事实，人们的生活由于大数据技术的应用变得更加有效率并且便捷，在吃住行游购娱生活的各个方面，我们不难看见大数据带给我们的改变。但是，这样的一种改变是否可以被认为是一种进步，确实值得商榷。大数据技术对于个体数据的采纳是全方位的，从监测到数据计算后的回馈，人们的内在以及外在自由或多或少都被干涉了。量化后的每一个单独的个体也被客体化了，本文基于对今日头条软件的分析和哲学上的思考，对大数据时代下的个体自由进行探讨。

关键词：大数据；人本思想；个体自由

当今社会，随着互联网化的日趋成熟，大量与人相关的数据被记录下来，通过庞大的计算集群以及云计算技术将这些数据进行分析及分类，处理过的数据给不同人群标上了特定的符号，不同人群的喜好、行为、位置等信息被标注出来。各行各业看见了这些极具属性的数据及其背后的价值。我们不难发现，个人在生活的各个方面都在被数据化，包括新闻、旅游、购物、消费能力。通过使用这些数据将极快地提高信息与用户匹配的速度，将篮球新闻给男士，将普吉岛特价游发送给刚刚恋爱的学生情侣，人们享受着科技带来的方便快捷，不过，在这样看似合情合理的大数据计算的背后，有没有值得我们深思以及警惕的潜在危险呢？南京建邺区环卫部门给环卫工人配发了一种智能手环，这款手环除

　＊　作者简介：杨汉生，男，浙江大学旅游与休闲研究院博士生。

了定位功能,还会给环卫工人"加油",戴手环者一旦在原地不动超过 20 分钟,手环就会自动发出语音:"短暂的休息之后,继续努力工作吧。"另据报道,有的地方,环卫手环该项功能的规定时间是 15 分钟,提示语是"你该努力了! 你该努力了!"此举引发了争议,工人在某种程度上被数据化了,这种方式虽然能提高环卫工作的整体效率,但是将人看作机器是否合理,是值得探讨的。在不断被客体化(数据化)的过程中,每个个体的某种属性被不断展示,个体的丰富性及其"明暗交替"的特性被忽略了。在个体自由与数据的选择中,个体往往不得不被数据束缚,不论是内在与外在的自由同时都被束缚住,并且数据记录的全面性导致了这种对人的监视是没有死角的。本文希望从个人自由在大数据量化下的表现这点出发,反思大数据可能给我们带来的危害。

一、大数据的背景

自古以来,人类都是用数据文字记录着自然及生活,这是对自然生态的解读,是对人类生态的描述。随着科技的不断发展,多媒体和自媒体时代到来,数据正在爆炸式产生,其种类也发生着变化:从结构化数据到半结构化数据再到现今的非结构化数据。可以说数据的种类、结构及应用更加繁多、复杂和开阔,这对信息处理技术带来了重大而有意义的挑战。世界已经转移到以数据为中心的范式上——"大数据时代"。目前大数据领域的权威人士维克托·迈尔·舍恩伯格认为:"大数据开启了一次重大的时代转型,就像望远镜让我们能够感受宇宙,显微镜让我们能够观测微生物一样,大数据正在改变我们的生活以及理解世界的方式,成为新发明和新服务的源泉,而更多的改变正蓄势待发……"目前,对大数据并没有一个统一化的标准概念,维基百科中这样定义大数据:或称巨量数据、海量数据、大资料,指的是所涉及的数据量规模巨大到无法通过人工在合理时间里进行截取、管理、处理,并整理成为人类所能解读的信息。在总数据量相同的情况下,将各个小型数据集合并后进行分析,可得出许多额外的信息与数据关系性,可用来分析商业趋势,判定研究质量,避免疾病扩散,打击犯罪或测定实时交通路况等,这样的用途正是大型数据盛行的原因。我们已身在大数据之中，大数据深刻地改变了我们的生活方式。

而真正改变我们生活的并不是大数据本身，而是对它的运用。所以说，大数据和电子媒介技术是密不可分的。大数据要把一切都"数据化"并储存起来，以便随时进行量化分析，离不开电子媒介技术。电子媒介能把一切事物转换成数据和信息并将其储存起来。通过电子媒介，过去作为我们"人的延伸的"的技术都会"转换成信息系统"。电子媒介具有无穷的转换能力，它"将自然完全变形或转换成人为技术的世界"。通过电子媒介的转换，我们可以转换意识，"将我们的意识迁移到电脑中去"，使电脑作为人的意识的延伸。通过"给人的各种感觉编制程序，使之更接近于人的意识"。不仅如此，电子媒介甚至"可以将整个世界的场景迁移到电脑的存储器之中"。总之，电子媒介技术使大数据时代得以可能，同时使"整个生活转换成信息的精神形态"，使"全球和人类大家庭被转换成统一的意识"得以可能。这种意识表现为舍恩伯格所说的"大数据思维"和量化一切的目标。

简而言之，我们日常所用的诸如手机电脑这些智能设备，负责日常数据传输，并且帮助我们接收信息，可以这么说，只要与现代文明产生关系，个体本身的数据就同时被接入大数据的系统中，在这样的一个时代，人们难以避免地受到大数据的影响，除去我们平常的工作，当今人们的吃住行游购娱无不和大数据相关。随着 20 世纪末互联网的发展，人们当下生活的刚需早已被网络涵盖。美团、携程、滴滴、淘宝等手机程序将人的自然行为转化成了一列列数据。大量高速多变的信息被这样一种先进的技术同时处理，可以对个体甚至群体的行为进行预测。并且，借助大数据及相关技术，城市服务可针对不同行为特征的客户进行针对性营销，甚至能实现从"将一个产品推荐给一些合适的客户"到"将一些合适的产品推荐给一个客户"，商家得以更聚焦客户，进行个性化精准营销。但是，个人的自由在这股数据化的浪潮中是否得以保存，而大数据带来的种种便利是否比个体的自由更加重要呢？

二、今日头条算法分析

以今日头条和百度为主的资讯分发程序，是以用户的浏览数据为导向的。

算法推送新闻是一种通过计算机算法与海量数据匹配,将个性化内容推荐给不同用户的智能媒介技术。在中国,今日头条是算法推送新闻的代表。今日头条将自己定位为一款"基于数据挖掘的推荐引擎产品","没有采编人员,不生产内容,运转核心是一套由代码搭建而成的算法"。自 2012 年 8 月上线以来,今日头条不断积累用户群体,近两年实现爆发式增长。今日头条现已拥有 7 亿用户,月活跃用户超过 2 亿。

个性化算法推荐系统融合了热门推荐、相关推荐、用户的短期兴趣和用户的长期兴趣推荐结果。热门推荐即计算出实时的热门资讯推荐给用户;相关推荐是识别用户当前正在阅读的文章的主题,推荐与其相关的其他资讯;用户的短期兴趣是根据用户最近阅读的文章内容的关键词进行相关内容的推荐;用户的长期兴趣是一组根据用户长期行为形成的关键词(keywords),进而展现出"用户自画像",包括性别、年龄、偏好等。此外,个性化推荐算法能够识别与"用户自画像"相似的"他人自画像",将他人的选择推荐给用户,这种社会过滤的方法也叫作"协同过滤算法"。基于算法推送的新闻被打上"个性化"标签,每个用户都可以根据自己的偏好浏览自己所需要的讯息,用"千人千面"来形容这种现象再恰当不过。但是"个性化"的背后有两个重要问题不能忽视。

一方面,看似"以人为本"的背后实际是低层次的个性满足。如果纯粹按照算法来运营以及按照热度来推荐内容,大量的色情暴力内容会因为这种低层次的个性满足而出现。从 2017 年开始,移动短视频行业发展迅速。2018 年 5 月 17 日,全球领先的新经济行业数据挖掘和分析机构艾媒咨询(iiMedia Research)权威发布了《2018 年中国社交类短视频平台专题报告》。艾媒咨询数据显示,2018 年中国短视频用户规模达 3.53 亿人。短视频的用户流量带来了巨大的"注意力经济市场",各种短视频平台大量涌现,如中国移动旗下的咪咕圈圈、今日头条旗下的抖音短视频和火山小视频、快手等等。基于用户生产内容(UGC),依托算法渠道进行推送,导致这些短视频平台在发展的过程中出现大量雷同化、低俗化内容。短视频中含有大量血腥、色情、恶搞等猎奇性低俗内容,比如生吃毛毛虫、蝎子、蛇等视频。还有一些短视频的博主利用虚假视频赢取受众同情心,比如假装自己生病、出车祸等。甚至有些短视频内容已触犯法律底线却依然能够登上热门，比如被央视点名的快手、火山小视频平台中出现的"未成年少女妈妈"内容。不可否认，是隐藏在"你可能感兴趣的人"背后的算法促成了这些"乱象"大肆。但本文并不花大量的篇幅去讨论这个问题。数据本身并没有道德的限制，根据人类行为的数据分析而得出的结果往往偏离主流的价值观，这也是大数据运用在各个领域中会遇见的问题。

　　另一方面，人有着主观能动性，人的变化在规律中又时常出现偶然性。"个性化"算法推荐是用用户过去的数据来预测未来，但人们的喜好并不是一成不变的。现象学家海德格尔曾经一再申言，宁要保持着黑暗的冠名，不要单纯的一片光明。一千个太阳是缺乏诗意的，只有深深地潜入黑暗中的诗人才能理解光明。当今时代下，当人们进入文明社会的当下，就已经被 360 度地暴露在大数据的记录和监视下。无论是我们上网浏览网页的记录，还是在城市中的一个行为或者一个动作，都会被储存在数据库中，而这种数据又会被不同的媒介以不同的形式运用。人们的所有方面都被数据记录在案，这也许会扼杀人类的创造力以及一种明暗交替的潜力。我们以今日头条的算法为例，可以看到由于人被以一种数据的形式客体化，喜好、位置、浏览记录决定了他们收到信息的内容，在越来越狭窄的信息通道内，人的自由意志也会逐渐消失，真正意义上失去了人的多样性。

　　基于算法推荐的资讯就好比尼古拉斯·尼葛洛庞帝 20 年前在《数字化生存》中预言《我的日报》(The Daily Me)，尼葛洛庞帝充满遐想地写道："我们可以从另外一个角度来看一份报纸，那就是把它看成一个新闻的界面……这份报纸将综合了要闻和一些'不那么重要'的消息，这些消息可能和你认识的人或你明天要见的人有关，或是关于你即将要去和刚刚离开的地方，也可能报道你熟悉的公司。你可以称它为《我的日报》。"算法给每个人都定制了一份特殊的动态算法模式，一方面算法基于用户阅读习惯和内容进行推荐，另一方面用户每一次的浏览行为又被算法所记录，并且直接影响下一次推荐，这样整个"私人定制模式"是一套加固循环模式。长此以往会造成"信息茧房"和"回音壁"效应，受众仅仅安于和自己意见相同的圈子里，具有排他性、固执性。这就使得人与人之间共通的价值观越来越少，对于社会的"公共意见"越来越麻木。"回音室"

这一概念和"信息茧房"同时在《信息乌托邦：众人如何生产知识》中被第一次提出。在网络世界，人们会自然而然地将自己归于一类回音房中，即由观点相似的人组成的一个协商体，其整体观点得到不断重复，与事实逐渐相偏离，从而产生群体极化现象。网络信息交流平台给了互不相识的人一同追求同一兴趣的可能性，真正地赋予了人们自由传播信息的权利。但人的精力和信息承载量是有限的，只能对个别信息领域保持较高的活跃度。同时，智能算法的运作让人们精确地维持在某些领域的交流，形成"圈子"，在无形中形成了趋同性群体压力和默认的群体规范。当个体获取信息、交流观点更多地从"圈子"发出时，智能算法挤压了"圈子"的包容度，信息茧房逐渐窄化且内向，从而让个人的观点越发敞亮。这种逐渐失去可能性的观点，也会形成一种作茧自缚的偏见，而大多数使用这种资讯分发软件的用户却并不知道自己的视野已经一步一步地失去活力，僵死在这围城之中。

这样的情况不仅仅出现在生活的这一个方面。身处当今社会，我们已经被连入以手机和电脑为端口的数据网络中，每个个体都被量化成了一段数据而被记录在案。从购物的选择，到旅游目的地的筛选，我们的决定已经慢慢脱离了我们个体的自我能动性。排除对数据的不合理运用（也就是所谓的假数据、标题党，以及类似于脸书在2016年美国大选时出于政治目的而运用大数据影响用户决策的行为），我们所能接触到的信息，其实早就被我们量化的数据所决定。当今的人们也逐渐失去了诗意，就像一句大白话躺在纸上，没有活力，显得苍白。大数据不是要教机器像人一样思考，相反，它是要让人像机器一样思考。

三、哲学反思

很多西方学者喜欢借用边沁的"圆形监狱"来形容大数据对人的隐私的侵犯。"圆形监狱"概念是边沁于1785年提出的，边沁设想通过在监狱的中心设置瞭望塔，看守可以360度地看到所有囚室中的犯人，从而使得犯人感觉自己时刻处在被监控的可能性之中，不敢做任何违规的事情。"圆形监狱"中的囚犯变成了"透明人"。如果说圆形监狱的设计理念旨在对所有囚犯实施全面监控的话,那么这种理想的完全实现在大数据时代才变得可能。边沁时代的监控依赖于看守,而作为人的看守总是有很多局限的,比如他可能偷懒,可能不认真,即便他在兢兢业业地工作,也不可能实现全面监控。从空间上讲,由于人的视野的局限性,看守只能看到有限的囚犯;从时间上讲,他也只能看到囚犯的当下行为,而无法看到囚犯在将来可能做出的行为。大数据对人的监控则完全没有这些限制。由于大数据能同时处理海量的信息,使得大数据监控突破了人本身的限制。大数据对人的隐私的侵犯集中体现在大数据技术可以在搜集海量的个人数据的基础上,借助于"云计算"等超级计算能力,通过对数据的加工处理,发现数据之间的"相关关系",并以此来进行预测。相关关系不同于因果关系,"相关关系的核心是量化两个数据之间的数理关系",借助于这些相关关系,就可以实现对人的行为预测。

从现象学分析中,事物被构造时,由于时间性和空间性的不可全面性,造成了事物本身的无限可能性,中国传统哲学的显隐说无不强调事物本身的可见性和不可见性的重要性,天地万物处于一种普遍的内在联系中,处于一种相互勾连中,他们相互影响着对方,哪怕任何单一的一件事物本身也被它具有的显和隐制衡着。大数据通过对于海量数据的储存,打破了原本自然科学的因果逻辑论,运用相关关系分析,预测人类生活的走向。人们在自己对未来都不是很清楚的情况下,大数据就已经给出了相关的预测,无论是基于大数据技术的资讯类软件还是旅游出行类软件,都是通过这样的一种方式对大数据的预测方向进行一种印证。但是从上文的分析中,我们不难发现,回音壁现象是确实存在的。人类从未像我们认为的那样掌控自己的生活,我们的行为总是受到各种因素的影响。但是,在大数据时代,这一特点被无限放大了,我们接受的信息越发片面了。在大数据时代下,人们将逐渐丧失这种自主选择的权力,你的经济、地理、文化等条件将被数据化,然后大数据系统会帮助你决定你所面对的个性化的社会。大数据看似全面地吸纳了我们的所有方面,并且有能力处理。但是问题的关键在于,每一个单独的个体是不可能被量化的,这种显性的量化方式完全否定了人类自身的隐蔽性,我们从一个立体的结构变成了一个片面的数据。凡·高的《破鞋》只是一双破鞋,数据化后可以把细小的每一个部分都用数字标注出来,但是却不能数据化出那位老农辛苦工作的生命意义。每个单独的个体就如这双破鞋,无论多么全面的数据,都无法定义一个单独的个体。大数据在预测人类行为上有着无可替代的优势,但势必否定了生活世界的丰富性。

在当今大数据时代下的城市中,我们不得不承认大数据为了我们带来了很多便利。在交通运输方面,通过实时的数据监测,对车流量的分析,能快速疏通城市交通的拥堵。电子商务平台通过大数据的搜集,为人类创造了生活舒适标准,为个体私人定制服务。可人类也被束缚在电商体制之中:即时互动网络根据每个个体提供的方位数据、图片数据和社交关系数据可以方便地为人们发送"私人定制"的广告,控制人类的心理行为,人类完全习惯于这种技术带来的便利,逐步丧失追求精神自由和批判思维的主动意识,丧失了那种人之所以为人的"内在自由"。这种自由丧失的异化过程是被动的,也因为是被动的,人不再与世界发生积极联系。

在堵车的路上听一听音乐,享受下自己一个人的时间,和三五好友在商场逛街,购物有时并不是购物这一个动作,而是从在家中精致打扮到大包小包拎回家的整个过程。在没有大数据的那个时代,人们依靠自身与世界接触的经验去了解世界。所以,究竟大数据时代下的城市能否提高人们的生活质量(这种生活质量必将伴随着自在生命的一种自由体验),这是一个需要继续思考的问题。但社会不会倒退,时间不能倒流,怎样以一种人文主义的方式驾驭大数据,却是一件必须做的事情。

参考文献

陈明:《大数据与镜像化生存:对大数据时代的哲学反思》,载《浙江传媒学院学报》,2015年第6期。

崔迪等:《算法推送新闻的知识效果——以今日头条为例》,载《新闻记者》,2019年第2期。

冯枫添:《大数据对人隐私的侵犯及其哲学意涵》,载《山东青年政治学院学报》,2019年第1期。

谷雨等:《茧房效应下的新闻App用户行为分析——以"今日头条"为例》,载《华中传播研究》,2018年第2期。

黄欣荣：《大数据、透明世界与人的自由》，载《广东社会科学》，2018 年第 5 期。

李世雁：《大数据的生态维度解析》，载《自然辩证法研究》，2015 年第 8 期。

王天思：《大数据中的因果关系及其哲学内涵》，载《中国社会科学》，2016 年第 6 期。

王武斌：《大数据带来的变革与反思问题的研究》，载《现代信息科技》，2019 年第 1 期。

温亮明等：《大数据时代科学数据共享伦理问题研究》，载《情报资料工作》，2019 年第 2 期。

张一帆等：《关于大数据时代的弊端》，载《才智》，2019 年第 9 期。

都市文创产业

城市社区权力场域与公共艺术生产

李 雷[*]

摘 要:资本和权力广泛渗透于当代城市社区空间之中,社区权力场域的形成是社区内部不同权力主体之间相互对抗、角力与妥协的结果,它会随着不同权力主体的此消彼长而不断发生变化。作为社区空间中的独特艺术形式,社区公共艺术的生产势必受到社区空间权力的影响与制约。中国当下的社区公共艺术生产,主要受制于行政权力话语、资本权力话语和精英权力话语等三重权力话语,并因此表现出明显的社会阶层分化与审美趣味"区隔"。建立健全社区公共艺术运行机制,或许是破解中国社区公共艺术生产困境的有效路径之一。

关键词:城市社区;空间权力;公共艺术;场域

自 20 世纪 90 年代初期被引介至中国以来,中国的公共艺术经过近 30 年的探索与发展,不断趋于成熟和完善。这不仅表现在公共艺术的类型愈加丰富多元,除了传统的雕塑、壁画、景观等固有形态,还出现了装置、数字影像、行为艺术等新型式样;而且公共艺术的设置空间也实现了由城市街区向城市社区的深入与"扩张"[①]。由此,公共艺术所传递的公共精神与民主理念逐渐被民众所接受和认可,以至于很多市民自觉地完成了由以往单纯的公共艺术旁观者向公共艺术的参与者,乃至创作者的身份转变。随着城市社区公共艺术的陆续出现和社区居民参与公共艺术意识的增强,公共艺术在改善社区环境、丰富社区文化、彰显社区历史、凝聚社区心理、构建社区公共精神方面的作用愈加凸显,这无疑对于我国的基层民主建设和现代公共文化服务体系的建构具有强有力的

---

* 作者简介:李雷,男,首都师范大学文学院博士、副教授。

推动作用。因此，如何将公共艺术成功地植入城市社区，从而更加有效地发挥公共艺术在社区文化营造中的作用，将是中国当前城市社区文化建设的主要内容，亦是中国公共艺术未来发展的重要取向。

一、社区空间及其权力秩序

20 世纪 90 年代以来，伴随着我国的经济体制改革与社会转型，国有企业转换经营机制，政府机构转变职能，单位剥离开来的社会职能和政府转移出来的服务职能，大部分皆由城市社区来承接。自此，社区作为一个比较纯粹的生活与居住功能模块从过去的单位中分离出来而登上历史舞台，并在"单位制"解体之后发挥着越来越重要的社会性作用。社区的发展完善与否，不仅直接关系到城市居民的生活质量，而且是衡量国家、城市基层管理与服务水平的重要指标；社区的稳定与发展，逐渐成为城市乃至整个社会改革、发展与稳定的基础。基于此，中办、国办于 2000 年 11 月转发了《民政部关于在全国推进城市社区建设的意见》（简称中办发〔2000〕23 号），就城市社区建设的重大意义、指导思想、基本原则、主要目标和内容任务等给予了明确的说明。这一文件的出台，标志着我国城市社区建设迈进了一个全新的阶段，并上升至事关社会改革与国家发展的战略性高度。

一般而言，城市社区建设包括社区政治、经济、文化、环境和健康等诸多的内容，但如果从空间政治学的角度来看，城市社区建设亦可归结为社区空间的权力分配与运行问题。

关于空间与权力的关系问题，福柯与布尔迪厄这两位法国学界著名的反体制者有着深刻的思考与精彩的论述。福柯突破传统权力观，将权力纳入空间体系之中，认为空间是权力的容器，是任何权力运作的场所或媒介。在权力的运作过程中，权力实施者让自己的控制对象在空间上具有可见性，权力本身则寻求空间上的不可见性，隐匿于权力对象无法企及的空间之中。[②]这种可见性与不可见性的辩证关系，恰是现代社会空间与权力之间复杂关系的体现。布尔迪厄则主要从其"场域"理论来具体切入对二者复杂关系的阐释。在他看来，"一个场域可以被定义为在各种位置之间存在的客观关系的一个网络(network),或一个构型(configuration)。正是在这些位置的存在和它们强加于占据特定位置的行动者或机构之上的决定性因素之中,这些位置得到了客观的界定,其根据是这些位置在不同类型的权力(或资本)——占有这些权力就意味着把持了在这一场域中利害攸关的专门利润(specific profit)的得益权——分配结构中实际的和潜在的处境(situs),以及它们与其他位置之间的客观关系(支配关系、屈从关系、结构上的对应关系等等)"③。就是说,场域是由占据不同位置的代理人或机构之间所构成的客观关系网络。场域中不同代理人或机构因其所拥有的资本类型与数量的差异性而致使其占据不同的位置,为了保持、改变或提升自身在场域中的"占位",不同代理人在共同遵循特定"场的逻辑"的同时又总在进行着隐形的权力争夺和力量对抗。因此,每一个场域都是权力场,皆充满着资本的竞争与权力的斗争。显然,无论是福柯还是布尔迪厄,皆洞察到了社会空间中隐匿的权力斗争关系。由此推断,当代城市社区空间,便绝非单纯的物理空间,而是市民居住、休憩、游乐、交往和集会等的重要场所,其间交织着复杂的社会关系与人际交往;而且,它并不是一个被动的"容器",而是一个"由资本、法律和秩序造就的空间,展示的是合乎资本和权力运行逻辑的自然结果:不同收入阶层所占据的被分隔的生活、生产及消费的空间和区域"。④换言之,资本和权力同样广泛渗透于城市社区空间之中,社区内部不同利益主体之间相互对抗、角力而促成了社区权力秩序的形成,这种秩序对应着不同的身份阶层以及社会地位、经济利益和政治资源等的不平衡分布。它不但能够被认识,而且可以经由主体对时空的实践被生产和再生产出来。更重要的是,这种社区权力秩序与格局并非固定不变,随着不同权力主体的此消彼长及其社会"占位"的改变,它始终处于相对的动态变化之中。

对于城市社区空间中普遍存在的权力分配不平等、不均衡状况,美国社会学家亨特于20世纪50年代在其《社区权力结构:决策者研究》一书中曾进行了详实地揭示。受其影响,后来的西方学界关于社区权力的研究主要存在"精英论"和"多元论"两种代表性理论模式。"精英论"主张,极少数的精英或领袖操纵着社区权力的运行,社区的权力分布呈现金字塔状结构。与之相反,"多元论"则主张,社区权力分散于多个团体或个人的集合体之中,每个团体皆有在特定专属领域内的发言权。尽管两种理论模式存在着明显的对立,两派之间的斗争也从未停歇,但事实上两种理论主张对社区权力研究的结果有时并不矛盾——社区做出重要决策的往往只是少数人;而且基于马克斯·韦伯关于"权力"的界定,"权力意味着在一定社会关系里哪怕是遇到反对也能贯彻自己意志的任何机会,不管这种机会是建立在什么基础之上"[⑤]。上述两种理论模式的研究皆旨在解决社区权力的分配与运行问题,简单来讲便是谁来就社区公共事务进行决策和谁的意志得以贯彻的问题。而社区权力掌控在不同的主体手中,社区的决策机制、治理方式以及呈现出的发展面貌是截然不同的。由此不难发现,社区的权力问题是解决社区其他问题的关键,只有不断优化社区权力秩序,社区的治理与发展才能不断趋于完善。

社区权力的分配与运行受诸多因素的影响,大到社会性质、城市发展模式,具体到社区人员构成、组织结构、所在地域等,皆会对其产生影响,以至于不同社区的权力秩序存在着巨大的差异性。由于中国特殊的国情,20 世纪 90 年代之后的中国城市社区建设并非完全遵循西方自下而上的自然生长模式。社区作为城市基层社会的自治空间,在中国并非绝对意义上的具备文化与价值认同的有机联系的社会生活共同体,而"更多是指一种新的城市行政管理地域单元"[⑥],政府在其间扮演的角色与发挥的功能依然十分明显。

较之西方社会,中国城市社区权力秩序与组织形式更为复杂,基本处于一种半行政半自治的运行状态,一般依靠由街道办事处和社区居委会组成的正式权力网络,社会中介组织与物业公司组成的非正式权力网络,街道党工委组成的党组织网络等"权力的三叠组织网络"来维持社区权力的运行,三者以社区居委会为中枢来共同参与社区权力的分配与实施。[⑦]基于此种相互交织渗透的复杂权力组织网络,政府的权威性得以受到妥善维护,社区的自治空间也获得有效拓展,社区的各种力量也能够参与到社区建设之中,并慢慢形成了"政府主导,社会行动"的社区建设格局,由此中国城市社区的性质也逐渐实现了由"行政社区"向"公民社区"的过渡与转变。

二、社区公共艺术背后的权力话语

如前所述，进入 20 世纪 90 年代之后，随着中国改革开放的逐渐深入和城市化进程的加快，对于城市的治理尤其是城市基层社会的组织管理愈加重要，城市社区的发展建设与和谐稳定日益成为社会与城市发展的重要组成部分。与此同时，广大城市居民对于城市的生活环境、文化品位和整体形象等提出了更高的要求。于是，在美化城市环境、提升城市形象和激活城市空间等方面具有独特优势的公共艺术便迅速出现于城市公共空间之中。可以说，"城市社区"与"公共艺术"这两个舶来概念在中国的正式出场几乎同步，二者皆生发于中国的经济体制转轨和城市化快速推进之际，并均与城市居民日益增长的提升生存空间品质的要求密切相关。

作为市民社会的产物，公共艺术强调与所在空间的整体协调，旨在借助艺术手段介入社会的日常现实与民众的普通生活，进而实现对于城市公共空间的美化和改造，达到对于民众积极参与社会公共事务、合理表达主体意愿的激活和引导，带有明显的公共性与民主化诉求。所以说，"公共艺术的出现，反映了市民阶层对于公共空间的权力要求和参与的意向，它与社会公共事项的民主化进程是密切联系在一起的，公共艺术在本质上，是一种社会权力的体现"。⑧公共艺术的这一内在特质，无疑与我国"以人为本、服务居民"和"扩大民主、居民自治"的城市社区建设基本原则相契合。公共艺术的有效介入，有助于调动社区居民参与社区活动的积极性，增强社区居民与社会、社区居民之间的交流互动，激发居民对于社区的情感认同和归属感，对于和谐、宜居的社区生活环境塑造具有强大的助推作用。而且，"只有当艺术活动及其审美文化成为社区民众共同参与的社会活动，并成为其自身文化生活管理与协商的一个有机组成部分，才可能取得社区综合管理和自我成长的内在效应"⑨。鉴于此，越来越多的社区将公共艺术纳入社区文化建设与总体营造的内容架构之中，而公共艺术作为一种新型的艺术形态也越来越多地出现于社区的公共空间和民众的日常生活之中。

　　作为社区空间中的独特艺术形式,社区公共艺术的生产势必受到社区空间权力的影响与制约。这种影响与制约或直接或间接地体现于公共艺术的提案、决策、创作和置入等整体进程之中,某种程度上,公共艺术的生产状况即可映射出社区的权力结构及其运行轨迹。中国社区权力组织网络的复杂性,致使中国社区公共艺术的生产主要受以下三重权力话语的影响。

　　第一,行政权力话语。我国城市发展长期以来施行市、区、街道办事处三级行政机构领导机制,社区属于基层民众的自治性组织,受上级街道办事处的直接指导与管辖。社区居民一般通过社区居委会和业主委员会、社区服务中心等社区非营利组织来参与社区公共事务,维护自身权益。由于计划经济时代街道办事处包揽基层社区事务模式的影响尚在,社区组织行政化色彩依然浓重,我国当下大多数城市社区居委会在接受街道办事处和基层政府管理与指导的同时,几乎变成了政府的派出机构,被迫承担政府下达的诸如政令宣传、组织居民参与人大代表选举、反对邪教、疾病防控等诸多事务,而难以切实有效地发挥其在教育、卫生、环境美化、公共文化服务等关乎居民生活福祉方面应有的功能与职责。

　　具体到公共艺术生产,由于街道办事处或上级部门的行政权力话语的存在,社区居委会在公共艺术的立项、主题、形式、安置空间等决策层面上往往缺乏自主性,难以根据社区的自身特点和居民的真实需求来推行公共艺术的设计与生产,而只能听从上级的安排与指示。如此而生的社区公共艺术作品往往存在着以下两种弊端:其一,社区公共艺术是官方意识形态的宣传载体或是政治权力的象征符号,传达的仅是官方的声音或少数人的意志,代表了一种行政规训力量。当前几乎遍及全国各大城市的居民社区,意在宣扬主流价值的墙体艺术,某种程度上便是这种公共艺术的典型代表。固然,政府出于管理需要而进行必要的价值引导本无可厚非,但如此大规模的、千篇一律的简单化作品,几乎是对公共空间的一种巨大的资源浪费,对民众而言亦是一种强制性的视觉存在,其非但无法达到预期的宣传教化目的,反而容易引发民众的反感和无视。其二,社区公共艺术仅是某些官员的政绩工程或是其个人的艺术游戏。少数官员为了捞取政治资本和吸引公众注意,置社区的真实境况和居民的生活诉求于不顾，完全根据个人的主观意志与审美好恶，盲目打造了诸多体量庞大且毫无美感和现实意义的所谓公共艺术作品。此类社区公共艺术因与社区环境的违和以及与民众生活的隔膜，最终往往沦落到无人问津的境地或拆除挪移的下场。

第二，资本权力话语。目前，我国社区公共艺术的建设资金除了政府的政策资金外，大多源自房地产开发商的赞助或私人捐赠。由于提供资金支持的缘故，出资方或赞助商往往在艺术方案的审议与决策、艺术家的选定、公共艺术项目的实施等具体环节拥有一定的话语权力。他们经常根据自身利益和市场需要，对公共艺术的形式、材质、大小等进行干预，而这势必会极大地影响艺术家创作自由的发挥和公众集体意愿的表达，公共艺术作品也因掺杂了过多的资本元素和商业成分而成为某种类似于批量化生产的"商品"，大多带有明显的商业化和同质化症候。例如，某些房地产商完全出于商业性目的，故意炒作花园洋房、欧式别墅等概念来标榜浪漫舒适的生活方式，在社区内放置众多雷同、庸俗的西式人物雕像，或简单堆砌一些西方景观元素，致使众多社区面貌大同小异，毫无地域与文化特色可言。更有甚者，为了提高容积率，赚取更多的商业利润，开发商擅自减少公共设施，简单应付社区的公共艺术设置，在社区内随意摆放几件雕塑或装置作品作为点缀，极大地损害了广大业主的合法权益。显然，这类资本权力话语支配下的社区公共艺术作品，并不符合国人的审美习性，与社区整体的环境氛围并不协调，故很难获得社区居民的认可与肯定。

第三，精英权力话语。作为艺术创作的主体，艺术家在所有公共艺术项目中的地位可谓举足轻重，因此对于艺术家的选择是关系公共艺术作品成败的关键性环节。一般而言，艺术家人选主要有政府有关部门的直接委托和公开招标后的集体筛选两种路径。因上述行政权力话语的普遍存在，目前国内在艺术家的选择上以前一种路径居多。尽管两种路径各有优缺点，但问题的重点还在于艺术家如何妥善处理与社区民众的关系以及如何使用社区的空间支配权。部分获得政府授权的艺术家因固有的精英主义心态，时常以专家身份自居，并不主动甚至拒绝了解社区民众的公共艺术需求，而完全按照个人的艺术主张和美学理念进行创作，导致众多社区公共艺术与传统的博物馆艺术或室内艺术几无差异。面对社区民众的质疑与批评,他们非但不虚心接受民众的意见,反而斥责民众不懂艺术,无法与自己及自己的艺术作品进行对话。或许,单纯作为一件艺术品,其拥有独特的美学品格与艺术价值,但作为存在于社区空间之中且与民众的日常生活发生关联的公共艺术,因其无视民众的需求与意愿,脱离了群体的文化心理结构,彰显的是艺术家的个人意志,对民众而言无异于某种"视觉独裁"和"观念暴力",遭到民众的抵制与抗拒便在情理之中。

以北京天通苑社区公园内的十余尊巨型人物雕塑为例,这些雕塑原型出自一位天津蓟县(今天津市蓟州区)的民间捏泥艺人之手。其作品带有浓郁的乡土生活气息和鲜明的北方农村地域色彩,造型粗粝、夸张但不乏喜剧元素,颇具个人风格与艺术特色。但其作品被一些中央美术学院的专家发现、扩大并放置于社区空间之后,却受到了当地众多居民的强烈反对与批评。毕竟作为北京最大的居民社区,天通苑的居民几乎来自全国各地且不乏外籍人士,这些体量庞大、反映北方农村生活的人物雕塑,显然难以迎合大多数居民的艺术口味。未征得民意许可而将艺术品强制性地放置于社区公共空间之中,可以称作一种精英权力话语之下的侵权行为,民众对此的反应则很好地说明了此类行为并不足取。

上述三种权力话语的共性在于皆寻求自身利益及自我声音的最大化,而有意或无意地忽视了社区真正利益主体——居民的意愿,或多或少地侵犯并挤压了社区居民的合法权益,从根本上了违背了公共艺术的公共性精神。因为公共艺术的真正目的,不在于为公众提供可供瞻仰的纪念碑,亦不在于简单的城市美化,而在于为公众提供一种视角,使得观者以崭新的视野来重新审视周遭的生活空间,同时为公众创设一种机会,使得公众可以自由地参与社会公共事务,平等享有社会文化福利。具体到社区公共艺术,其"最后的重点不在于是否创造出一个有形而且可以长久放置于公共空间的物件,而是形塑了一个无形的公共沟通场域,容纳多元差异的公众观点"⑪,在于通过艺术来推动社区文化建设,凝聚社区力量,增强社区认同感与归属感。无疑,这三种权力话语,与社区的民主自治原则、居民的平等参与原则相违背,既不利于基层社区的民主建设,也不利于社区公共艺术的有效介入及其功能的充分发挥,极大地阻碍了社区公共艺术的发展进步。某种程度上,中国社区公共艺术之所以整体质量格调不高,公众认可度偏低,与这三重权力话语存在着密不可分的关系。

三、社区公共艺术场与审美趣味区隔

布尔迪厄在揭示任何场域中的不同代理人或机构之间皆存在着隐形的权力对抗的同时,还洞察到由于所掌握资本的总量与结构的不同及其社会占位的差异,不同代理人在审美趣味上亦表现出明显的"区隔",这种趣味的区隔既是文化等级秩序划分的依据,又是社会阶层区隔的标志。布尔迪厄由此提出了一种反康德的"美学"。在他看来,康德基于先验的趣味判断力而设想的美感经验的普遍性观点忽视了审美判断具体的历史性、社会性因素,遮蔽了审美主体自身的物质基础与文化基础。事实上,任何审美趣味皆无法脱离审美主体所在的社会历史文化场域自然产生,而是阶级习性、资本和场域相互作用的结果。因此,布尔迪厄强调:对于趣味的考察,需要超越单纯美学的或艺术的经验领域,拓展至普通的文化实践,即大众的日常生活实践以及与饮食、服饰、运动等有关的文化商品的消费活动之中来加以分析;同时需要将审美主体放置于其所处的社会场域之中来进行综合判断。正是依靠 1963 年和 1967—1968 年对 1217 人进行的一系列统计调查和时尚采样,布尔迪厄研究发现行动者的社会占位、阶级习性等决定了与其身份地位相对应的生活品位和审美趣味。

既然社区公共艺术的生产,涉及社区管理者、出资者、艺术家及社区公众等不同利益主体,其中亦存在着不同权力话语的斗争与博弈,那么社区对于公共艺术而言便能够称作布尔迪厄意义上的"生产场"。具体而言,社区公共艺术场,是由社区管理者、出资者、艺术家及社区公众等不同的代理人组成的关系网络。这些不同的代理人之间围绕社区公共艺术的提议、造型、生产及安置等一系列问题势必存在着各种利益争斗与力量对抗。相应地,社区公共艺术场中便必然存在着因阶层、地位、习性等的差异而产生的审美趣味分化。

根据布尔迪厄的趣味理论,社会文化场域中一般存在着由统治阶级分享的、占据支配地位的合法趣味,由被统治阶级分享的、居于被支配地位的大众趣味,以及介于二者之间的中产阶级趣味。三种趣味对应着三种不同的美学性情:合法趣味强调与日常世界的断裂,崇尚形式重于功能;与之相反,大众趣味是以对艺术和生活的连续性的肯定为依据,崇尚艺术的功能与实用性;中产阶级趣味则处于"比上不足,比下有余"的中间状态,一方面试图竭力摆脱大众的"俗趣"而趋向统治阶层的"雅趣",另一方面资本结构与总量的不足又致使其无法真正享有而只能依附于合法趣味。其中,统治阶级的合法趣味,作为社会和历史的产物,借助于教育体制及其所灌输的社会文化规范和艺术审美理想,不断强化其合法性,而逐渐被确立为普遍认同的趣味。对艺术的形式与功能的接受偏好的差异性或对立性,导致了合法趣味与大众趣味之间的对立,也使得社会底层的通俗趣味一直被上层贵族所排斥和不屑。

如将布尔迪厄关于趣味判断的分析应用于社区公共艺术场,便可发现,其中不仅存在着不同代理人之间的权力对抗,也存在着不同阶层之间的审美趣味对立。由于社区管理者、出资者、艺术家所占据或拥有的经济资本、文化资本和社会资源等较之社区普通居民而言一般较有优势,因此在审美趣味上亦会表现出一定的分化甚至对立。具体而言,社区管理者、出资者、艺术家作为社区公共艺术场中的上层阶层,往往以自身审美趣味为合法趣味、权威趣味,并表现出对社区居民审美趣味的轻忽和排斥。所以,在社区公共艺术生产场之中,他们往往会不自觉地从自身的社会"占位"和身份立场出发,基于自身关于公共艺术的理解和认知来参与公共艺术的生产,并积极谋求本阶层权力意志的最大化彰显,这在某种程度上便会造成对社区居民审美趣味的漠视或挤压。尽管在社区公共事务中,居民代表亦会收集和传达社区居民的想法与建议,但因居民代表目前以中老年居多,无法代表社区成员的整体利益诉求,尤其是在社区公共艺术的生产与设置方面,因对公共艺术了解的程度及其审美鉴赏能力的参差不齐,致使其在艺术审美层面上发挥的作用往往较为有限。所以,基于中国社区公共艺术场中的三重权力话语事实,关于社区公共艺术的审美趣味分化便不可避免,这便使得中国的社区公共艺术生产往往陷于两难的困境之中:一方面,公共艺术区别于其他艺术形态的特质就在于公共性,在于其中蕴含并包容了公共领域中不同交往主体的意见或愿望,公共性的彰显必须依赖社区居民的切实参与和社区居民艺术审美诉求的满足;另一方面,社区空间场域中的权力对抗与趣味区分,又可能会造成对社区居民合理声音的忽视或压制,限制公共性的有效实现。显然,如何在社区公共艺术的提议、立项、生产、设置等过程中进行必要的权力制衡,使得社区权力结构趋于更加合理,使得社区居民的声音与文化意愿得以有效呈现,既是当下社区公共艺术发展的重中之重,亦是实现社区民主自治和居民共建共享的核心所在。

当然,追求社区公共艺术对于社区普通居民审美趣味的彰显,并非对社区民众艺术品位的直接迎合,也不是谋求一种大众审美趣味的平均值,甚至也不意味着一定被大众所"喜闻乐见",刻意达到"雅俗共赏"的审美效果,而是将其作为构建自由、平等对话意义上的公共性所必不可少的象征手段,并借此实现对社区公共艺术生产场中诸种权力话语的抗衡,推动社区权力结构的变动与调整,进而为社区公共艺术创设更加理想的生产场域。

结　语

社区公共艺术在改善社区形象、激活社区空间、提升社区凝聚力、增强居民的认同感与归属感、提高居民的主体意识和参与意识等方面,无疑拥有行政命令、口号宣传、经济行为等硬性手段所不具备的优越性。但这种优越性的发挥必须建基于公共艺术作品对于当地的历史与文化记忆、所在社区生活现实的准确反映和对社区民众意愿理想的真实表达。如果社区公共艺术与社区的整体文化氛围不协调,与社区民众的共同利益相违背,那么其在社区文化建构方面的功效势必会大打折扣,甚至会成为有碍民众审美活动和日常生活的视觉垃圾。近年来,城市社区中反复出现的诸多丑陋的、奇怪的"空降艺术"便引发了广大社区居民的强烈不满,某种程度上也影响了民众对公共艺术的认知。鉴于此,建立健全社区公共艺术运行机制便势在必行,如此方能建立政府、出资者、艺术家和社区居民之间的权力制约关系,有效规范社区公共艺术生产,切实保障居民平等参与公共艺术生产并发表意见的权益,并真正有效地实现公共艺术在社区文化营造过程中的推动性作用。

注释

①王洪义:《从街区到社区:新类型公共艺术的空间转移》,载《公共艺术》,2014 年第 5 期。

②包亚明:《后现代性与地理学的政治》,上海教育出版社,2001 年版,第 13—15 页。

③[法]布迪厄、[美]华康德:《实践与反思:反思社会学导引》,李猛、李康译,中央编译出版社,1998 年版,第 133—134 页。

④[英]安东尼·吉登斯:《社会的构成》,李康、李猛译,生活·读书·新知三联书店,1998 年版,第 8 页。

⑤[德]马克斯·韦伯:《经济与社会》(上卷),林荣远译,商务印书馆,1997 年版,81 页。

⑥[加]阿兰纳·伯兰德、朱健刚:《公众参与与社区公共空间的生产——对绿色社区建设的个案研究》,载《社会学研究》,2007 年第 4 期。

⑦朱健刚:《城市街区的权力变迁:强国家与强社会模式——对一个街区权力结构的分析》,载《战略与管理》,1997 年第 4 期。

⑧孙振华:《公共艺术时代》,江苏美术出版社,2003 年版,第 37 页。

⑨翁剑青:《城市公共艺术——一种与公众社会互动的艺术及其文化的阐释》,东南大学出版社,2004 年版,第 61 页。

⑩麦肯·迈尔斯:《艺术、空间、城市:公共艺术与城市的远景》,简逸姗译,台北创兴出版社,2000 年版,第 8 页。

"旅游＋消费＋科技"·善治·创新

——以文塑城的深圳实践

李丹舟[*]

摘　要：作为中国改革开放的前沿地带，与香港仅有一河之隔的深圳自改革开放以来飞速发展，从一个小渔村一跃成为当今中国粤港澳大湾区战略下的中国特色社会主义先行示范区。特区城市的建立是中国市场化改革背景下民营经济蓬勃发展的产物，以侧重于土地扩张和空间形体改造为其主要模式。进入以"经济新常态"和"新型城镇化"为诉求的"十三五"规划发展阶段，深圳的城镇化道路日趋凸显文化创新的特点，集中体现为"旅游＋消费＋科技"的文化产业空间布局、朝向空间正义和移民归属感的城市文化治理机制创新、独具地域特色的创新型城市人文精神塑造。"以文治城""以文化人"的深圳经验为质量型、内涵式的新型城镇化道路提供了一定的对策思路。

关键词：城市文化；"旅游＋消费＋科技"；善治；创新

一、问题的提出

如何以文化来打造城市魅力？这是中外城市创新均会关注的议题。随着党的十八大以来中国的城镇化建设从外延式扩张转向内涵式、质量型发展道路，"文化"在提升城市发展水平中发挥的作用日益突显，并呈现为从快速城镇化迈向新型城镇化的历时性背景、以城乡二元结构为特点的共时性结构这二者

---

　　* 作者简介：李丹舟，女，香港中文大学哲学博士，深圳大学美学与文艺批评研究院副研究员，深圳大学文化产业研究院兼职研究员。

共同作用之下的综合机制。《国家新型城镇化规划（2014—2020 年）》从战略高度的层面指出人文城市建设是创新型城市建设的有机构成之一，指出传统文化的传承与创新、现代公共文化服务体系和文化市场体系的建立健全是推进城市文化现代化发展的提升路径。当前无论是城市更新与旧城改造所诉求的文化介入机制，还是"特色小镇"或美丽宜居的乡村振兴战略，均体现出文化在城、镇、乡三位一体的空间再造与整体复兴进程中正在扮演着日趋重要的角色。

基于一定时期和高度参与的都市民族志研究，本文认为：中国的以文塑城主要是由文化产业驱动、公共文化盘活、文化特色重塑三股力量交汇而形成的话语实践，分别从经济属性、社会属性和审美属性三个维度不断地丰富中国城市文化的内涵，总体上见证了从"大拆大建"到"以人为本"、从历史古迹保护到全方位审视文化之作用的发展趋势，并在具体实践中探索出一系列的产业空间布局、政府治理方案和文脉传承特色，其意义已经超越西方工业化道路的阶段性任务、"文化研究"所标榜的空间政治等经验范畴。其中，作为分析案例的深圳，其叠合"工业旅游＋商圈消费＋创客空间"的文化产业空间布局，追求空间正义与移民归属感的城市文化治理创新机制，以"新城市·新文化"为内核的人文精神塑造，都为海内外城市文化的多样化发展提供了一种独具特色的实践方案。

二、以"工业旅游＋商圈消费＋创客空间"
为特点的文化产业空间生产

文化的市场化改革可谓文化产业驱动空间生产的历史契机。2000 年 10 月，《中共中央关于制定国民经济和社会发展第十个五年计划的建议》，首次正式提出"文化产业"的概念，标志着我国对文化产业的官方认定。与此同时，20 世纪 90 年代末期至 2010 年将房地产开发视作拉动经济发展、转嫁金融危机的重要驱力，住房成为市场化和社会化背景下个人所有的一般消费品，城市空间继而成为从工业生产转向消费服务的生产资料与资本积累主体，诉求"无烟工业""知识经济"的文化产业逐渐纳入城市更新的规划范畴。另外诸如焦作、抚顺、阜新等资源枯竭型城市在工业方面面临着发展瓶颈。[①]为了发展创意产业以

及构建创意城市的新型工业化道路,工业遗产转化而成的文化创意产业园区、地产商主导下的城市商业综合体,这些文化生产与文化消费的新形态逐渐成为空间再造的参与主体。

作为文化在生产端的空间代表,"工业遗产"进入中国学界理论视野的主要原因是 20 世纪 90 年代以来在中国众多城市掀起的旧城改造运动,城市码头工业区逐渐失去旧有使用价值,而其作为工业文化象征之一的历史景观价值逐渐引起关注。我国工业遗产保护主要通过文物保护的方式进行普查、认定和展示[②],但其发展文化产业和推进旧工业区整体复兴的现实原因如下:一来,作为特定历史时期城市发展的见证者,针对厂房、景观、仓库的保护和改造有助于城市文脉传续以及塑造独具特色的城市文化肌理;二来,工业遗产不仅仅意味着工业时代留下的物质载体,其加工工艺、工人群体等"活"文化也是一种极具潜力的创意资源,有待于在新时期与文化、科技、艺术相融合而不断开发其经济价值。当前我国工业遗产的文化实践主要体现在以多样化的方式为旧有工业空间注入创意文化元素,大力开发以休闲、游憩、娱乐等为方向的体验式旅游产业和文化创意园区,具体包括"工业博物馆保护""景观公园改造""综合物业开发"和"创意园区利用"四种模式。[③]深圳经验突出表现为大规模复兴工业景观以适应产业结构调整背景之下的空间布局:既有华侨城以纽约 SOHO 艺术商区为参照对象打造的创意文化园区,并在旧厂址改造后的空间运营过程中积极探索当代艺术的社会参与、公众对话和市民精神培育;又有招商蛇口对老工业区电子厂房、玻璃厂房的文化园区改造,分别侧重于创意产业集群和文化艺术活动驱动,其最新的"邮轮旅游＋文化"方向在回应深圳新兴中产阶级消费需求的同时,更成为整个蛇口港片区空间升级的未来方向。

城市商业综合体则意味着文化在消费端的着力业已透过景观空间的重构而日益改变居民日常生活的文化。就词源学的意义流变而言,如果说综合体(complex)的建筑学本义为多种功能空间组合之后形成的复合型空间,城市综合体则将范围缩限为酒店、写字楼、公寓、会展等具有城市特征的空间形态;城市商业综合体进一步凸显空间的文化消费功能,认为这是在一定区域内涵盖零售、餐饮、娱乐、游戏、教育等消费主题,以购物中心为主要特点的功能空间。一方面,城市商业综合体的出现说明建筑空间持续地经历"社会—文化转向"④,促使空间的精神性与社会性意义得以充分表达。比较贴近现代意义的城市商业综合体主要源自欧美学界针对人口和资本在城市中心的集中化抑或城市中心外移至边缘的"郊区化"这二者之间的矛盾所展开的讨论⑤,主张通过设计一种多功能中心来吸引中产阶级重返衰败的内城。⑥另一方面,消费主义成为 20 世纪 90 年代中国社会和文化的显著表征,针对非物质商品的符号价值消费和体验式经济甚嚣尘上,传统商业空间受中产阶级文化的影响而拓展为综合性空间载体以及城市文化的代言人。由此,空间的综合性让位于功能的综合性。随着 20 世纪 90 年代以来商业地产的蓬勃发展,如以深圳九方、万达广场、华润万象汇等为代表的城市商业综合体在整合零售、娱乐、艺术等文化旅游功能上发挥了重要作用。

科技元素融入文化空间生产的根本原因在于,21 世纪以来一线城市的产业结构从劳动和资本密集型以及低附加值的低度加工产业逐步向知识密集型、高附加值的高度加工产业转型,这不仅推动以高新技术含量为驱动的第二产业提质增效,以文化产业为代表的第三产业以其高附加值也成为产业结构优化升级的一大亮点。回溯经济特区的成立,深圳在经历了 20 世纪 80 年代初期外商投资向 80 年代中后期的国有企业股份制改革和民营科技企业的转轨之后,至 90 年代中叶,高新技术产业逐渐发展为产业结构调整的转型方向,并进一步实现"去农化"和第三产业占地区生产总值比重的攀升。进入新世纪后,包含文化创意产业在内的战略性新兴产业和现代服务业逐渐成长为深圳经济的支柱性产业。在此背景下,科技含量高、跨界融合能力强的文化新业态不断涌现,类似深圳腾讯、华强、雅昌等领军文化企业在实践中业已收获一些经验:"以科技型龙头行业、龙头企业高效集聚为发展路径,以科技、金融为依托,以数字内容为主体,以自主知识产权为核心,形成了'科技＋创意＋高效集聚'的方向"。⑦与此相适应的是,"众创空间"⑧在创新型城市建设进程中如雨后春笋般涌现,体现出以科学技术为导向的产业结构布局对城市空间升级和创新文化培育的深刻影响。⑨有别于以文化旅游为诉求、以创意集群为载体的文化创意园区,众创空间更强调小微企业通过以开源硬软件、全球知识共享和金融众筹为创新生态体系的草根创新运动来实现制造业的转型升级——从代工生产到自主创新,进而打造中国人的文化品牌。作为传统制造业向高科技产业发展的典型代表,华强北国际创客中心和雅昌(深圳)艺术中心体现出两种不同的空间文化转型方向:如果说前者代表着电子信息产业上下游全产业链向高端服务业的转型,并紧密结合跨境电商这一服务于中小微企业的外贸模式来致力打造文化品牌,那么后者则意味着传统印刷业向艺术服务全产业链的进阶,并在"互联网+"的时代背景下全方位拓展"艺术+数字化""艺术+教育"和"艺术+社交"等业务领域。正如已有研究概括得出深圳"双创"的成功经验:"以制度环境优化、创新要素集聚为支撑,以民营企业为主体,以高科技产业为方向,不断升级的'塔形双创体系'"。⑩可以说,"科技+文化"正在改变着这座新兴城市的空间版图,进而透过发生在众创空间中的文化实践继续传承深圳改革开放四十余年来"敢闯敢试、敢为人先"的创业精神,而"深圳文化"所蕴含的一种自下而上的内生力量恰恰隐含在如华强、雅昌这些创业者的草根梦想之中。

三、以空间正义与移民归属感为
目标的城市文化治理创新

从学理依据看,城市文化治理的概念是对城市治理和文化治理两个理论术语的改造:一是沿用城市治理所主张的政府与民间共治的治理结构,通过公共参与来解决城市问题并实现公共利益的最大化;二是秉承文化治理关于治理对象和治理手段一致的思路,认为文化既是解决城市问题的工具手段,其倡导的"人的自治"更是城市发展的终极目标。从现实语境分析,现代城市所形塑的陌生人社区、原子化社会对传统邻里关系产生冲击,市场化改革所催生的个人主义和消费主义又影响着中国的传统社会文化结构,尤其是单位制社区向住房商品化改革之后大量新移民涌入城市并导致城市社区碎片化,缺位的认同感和归属感都在召唤着一种新的日常生活文化实践,致使公共文化服务需要应对这三重背景下城市居民对于"公共性"的诉求。⑪因此,"新型城镇化"的内涵式发展道路突出文化在提升城镇化水平与实现社会服务均等化上发挥的关键价值;城市文化治理主张文化是推进新型城镇化进程的工具手段,也是实现"人的城镇化"的价值目标所在。

以建筑规划师、艺术家等为代表的专业人士和社会组织人士在针对城市议题的批判性反思上扮演了重要角色,促使一些具有感性经验对话和情感力量介入的空间改造案例得以出现,深入拓展了"政府—社会"双元主体治理结构的内涵。代表性的案例是当下各地如火如荼的"艺术介入社区",号召以创意文化资源和参与者的内省精神来更为贴近脚下的土地,尤其是构建一种基于想象力的地方感,强调通过多样化的社会实践来丰富文化空间营造和送文化下乡等传统做法的内涵。

其模式可分为两种。一是以公共对话平台的搭建来获取城市矛盾的人性化解决。例如,发端于 2005 年的深港城市/建筑双城双年展(英文译为 Bi-city Biennale of Urbanism / Architecture,以下简称"深双")旨在透过快速城镇化的珠三角地区来参照全球城市化的发展现状,侧重于城市空间的流变以及城市与人们日常生活的关联,尤其注重以展览这一视觉文化的方式来加强与公众之间的沟通与互动。正是将城市空间作为流动展场,将生活美学作为理念表述,使"深双"成为一个具有多重发声可能的平台,所展示的并不是一个标准化模式之下的深圳,而是富有丰沛内涵的中国城镇化的现场样本。在此背景下,位于罗湖区的湖贝古村落改造从一开始便游走于城市更新计划和专业人士所发起的城市介入实践之间而成为一个公众参与的对话场域。诸如"深双"、都市实践、"湖贝 120"等建筑规划界专业人士和社会组织所搭建的对话平台也在近几年推动一个有别于大拆大建,更强调不同利益相关方深度参与的空间改造模式在深圳落地生根。

二是透过返乡青年艺术家的公共文化实践来使城市边缘空间焕发新颜。比如,自 2003 年"文化立市"政策的出台,文创产业和文化艺术活动成为深圳从工业化向后工业化城市转型升级的战略路径。有别于空置老旧厂房"腾笼换鸟"——对文化创意园区和古建筑的保护及再开发两种模式,以艺术家的自行集聚而形成的艺术村揭示了这座新兴移民城市的草根性、流动性与包容性。鳌湖艺术村可谓以艺术家的亲身参与来盘活荒废老村的典型案例,青年艺术家的返乡群体所带回的不仅仅是抽象的艺术作品,更是在扎根家乡而开展的一系列改造社区的社会实践工作中通过融入原居民生活而呈现出来的土地关怀。概括而言,湖贝古村落改造和鳌湖艺术村计划揭示了"以人为本"的城市再生之可能路径:前者借由"深双"所搭建的对话平台,积极将建筑规划师、艺术家等专业人士的公众参与和公共讨论纳入具体空间改造的范畴,是古建筑群在城市更新语境下进行保护式开发的一例深圳表述;后者则围绕着深圳艺术村的已有形态,指出青年艺术家群体的返乡实践在公共艺术文化与城市边缘空间之间所发挥的黏合作用。

内容的 IP(intellectual property,又称知识产权)化指的是打造各具特色的公共文化产品及服务、塑造文化品牌活动来提升文化基础设施的供给能力;手段的数字化则为盘活公共文化服务资源、扩大公共文化服务的供给面和加快公共文化服务的现代传播能力提供解决之道。这二者在治理工具上产生的叠加效益就是打造优秀文化成果、借助数字平权来消弭城乡二元鸿沟。深圳的城市文化治理具有鲜明的工具创新特点,这离不开深圳深化改革、坚定开放的城市发展动能,尤其在新世纪国内外形势变化的背景下提出后工业时代的国际化大都市定位[12],直接决定深圳的文化建设从特区初创阶段的社会主义精神文明建设进阶至"文化立市"(2003 年)、"文化强市"(2011 年)的高度文化自觉。[13]基于将文化作为融入城市的现代化发展进程的软实力,其文化事业也从早期强调文化基础设施建设、文化活动开展,逐步迈向包括行政辖区公共文化服务均等化与标准化、城市文化品位整体提升、外来劳工文化民生工程等子议题在内的"完备的公共文化服务体系"框架建构。打造"图书馆之城"是深圳市委、市政府深化文化体制机制改革、建设学习型城市的一项举措,旨在以阅读作为核心 IP 来彰显城市转型的文化自觉。在制定相关法律法规和管理章程的基础上,深圳的做法是深入推进公共图书馆的总分馆建设和全民阅读活动的广泛开展:一来,统计年鉴显示,2015 年深圳的公共图书馆总藏量仅次于北京和上海并以32820.12 千册位居第三,2014 年每百人公共图书馆藏书以人均 920.03 本排名全国第一。[13]二来,通过打造以深圳读书月等为代表的一系列全民阅读活动品牌来不断提高阅读文化基础设施的覆盖面和利用率,每年一届的深圳读书月已发展为深圳的一项文化品牌，旗下的子品牌有"图书漂流""年度十大品牌好书评选""深圳晚八点""市民文化大讲堂"等系列阅读活动。此外，深圳在公共阅读基础设施的数字化改造上着力颇多，具体包括公共图书馆资源的技术提升、线上阅读文化活动、自媒体阅读等，促使阅读的类型和载体等日趋丰富。无论是以多中心治理为内核的"政府—社会"治理结构，还是治理要素的 IP 化与数字化，城市文化治理的最终目标必须落脚到以"人民性"的社会效益为导向的善治。深圳的案例说明，"城市推崇阅读，阅读改变城市"的人文关怀不仅着意于满足广大人民群众日益增长的精神文化需要，更重要的是召唤农民工、留守老人和儿童等弱势群体对于一方水土的文化自信。

特区个案揭示出"艺术介入社区"的政府—社会双元主体治理结构创新、公共阅读文化品牌和数字化建设的治理工具创新、城市文化高度自觉的治理目标创新，以上三点构成通往这座新兴城市之文化公共性的创新经验。其中，治理结构创新突出显示为以城市公共对话平台的搭建和返乡艺术家的空间文化实践来构建"艺术介入社区"的深圳表述；治理工具创新表现为深圳因地制宜地为这座以移民为主要人口的新兴城市打造独具特色的公共文化服务体系，"图书馆之城"的公共阅读品牌设计和数字化改造有助于来自五湖四海的"异乡人"在深圳找到文化归属感；治理目标创新则紧密依托于高新技术产业和第三产业的产业转型背景，进而将"文化"置于城市发展的战略高度来不断塑造城市文化的亮丽名片。

四、以"新城市·新文化"为内核的城市人文精神重塑

城市人文精神塑造指的是城市建设需立足于本土文化和地域文化，因地制宜地从悠久绵长的历史文脉中提炼出独具个性的文化基因。作为全球四大文明古国之一，中国幅员辽阔、地大物博，中华民族在五千年文明中孕育了丰富多元的文化积淀——这不仅构成中国人文化自觉的源头，同时也是城市转型升级进程中坚定文化自信的"更基本、更深沉、更持久的力量"。具体而言，对人居环境之历史文化价值的重视与城市保护体系的历时性发展息息相关，大致可分为

四个阶段[15]：第一，新中国成立以来的文化遗址保护，主要通过中央和地方立法来推动文物古迹和遗产保护体系的形成，而"文化大革命"期间历史古迹遭到严重破坏；第二，改革开放以来的历史城市保护，较之单个文物古迹的保护，更为强调城市历史环境的整体保护，但与以经济发展为导向的城市再开发往往形成冲突；第三，20世纪90年代以来的历史街区保护，认为其兼具文物古迹和特定历史时期传统、民族和地方文化的意义，但在城市扩张和耕地保护的矛盾下，这种城市再开发倾向于"推倒重来"，致使"千城一面"、"仿古一条街"、原居民搬迁和社区生活瓦解等问题的出现；第四，2004年以来的非物质文化遗产保护，依据联合国教科文组织《保护非物质文化遗产公约》而将民间文化、地方文化、原居民文化的特殊意义突显出来。在此背景下，文化的地域属性无疑成为各个城市构建自主话语、彰显品牌魅力的聚焦场域。

对地域文明的关注为城市人文精神的塑造赋予了历史感和个性化的特点，这也是全球城市语境下建构中国城市辨识度的独特路径。如果说北京记忆带有浓浓的"京味"，十里洋场的风情构成上海书写，金陵古都自带随遇而安的恬淡气质，那么特区深圳的城市个性则体现为产业结构优化升级和科学技术自主创新背景下的城市文化创新。早在经济特区创立初期，深圳的定位确立为在国家设立的经济区域内实现社会主义市场经济体制改革和构建以出口为导向的外向型经济。以"三来一补"（专指来料加工、来件装配、来料制造和补偿贸易）为主体构成的外资投资项目为特区初创阶段的产业结构布局奠定了坚实基础，深圳迅速实现了从小渔村向现代工业城市的华丽转身。1995年之后的十年被认为是深圳产业结构转型升级的转捩点，深圳不仅在引进外资的资金、规模和来源上逐步优化，而且通过产品品质、资源配置和运行机制的国际化而逐步形成以高新技术含量为驱动、第二产业的提质增效为基础的产业结构。[16]随着经济体量的迅速增长和物质文明的快速积累，特别是21世纪以来出于"土地、能源、人口、环境"的难以为继而必须向高科技附加值的新技术产业和第三产业转型，以金融、旅游、信息、服务、物流等为代表的第三产业以其高附加值成为深圳产业结构优化升级进程中的一大亮点，包括文化创意产业在内的七大战略型新兴产业[17]自2009年起逐渐成为推动深圳创新驱动发展的产业支撑，城市发展也从

"经济深圳"向"文化深圳"转型。

基于深圳的城市发展方式迈向兼顾经济效益与社会效益的外向型经济,深圳的文化建设从早期的特区社会主义精神文明建设逐渐进阶为城市文化战略的高度自觉。2003 年"文化立市"战略主张全方位地提升城市文化的发展水平,在满足市民日益增长的精神文化需求和塑造良好城市形象的同时,更要将文化作为一种软实力来积极融入城市的现代化发展进程之中,促进文化与经济社会的协调发展。具体到政策落实层面,深圳通过"两城一都一基地"(意指"图书馆之城""钢琴之城""设计之都""动漫基地")的形象定位,推动现代文化产业作为四大支柱产业之一等一系列举措来推动深圳成为立足珠三角地区的文化产业发展中心城市和现代文化名城。2010 年"文化强市"的发展目标,这意味着在"文化立市"的基础之上继续深入推进特区文化建设,积极发挥文化的多方优势来实现内涵式、高质量的城市升级。⑬作为一项系统工程,"文化强市"的"文化"涵盖文化的精神价值、产业价值、公共价值和审美价值,也就是说将文化作为城市发展的动力引擎,以城市人文精神作为价值引领,以现代文化产业作为产业驱动,以现代公共文化服务体系作为文化民生,以文化体制机制改革作为制度创新,以城市文明程度和市民文化素质提升作为"人的城镇化"的未来方向等等,这一系列治理要素构成了深圳"以文强市"的实践路径。2016 年由深圳市政府颁布的《深圳文化创新发展 2020(实施方案)》可视作"文化强市"战略目标的拓展与深化,进一步提出以建设国家文化创意先锋城市作为发展方向,建成与现代化国际化创新型城市相匹配的文化名城。深圳的经济特区建设历程揭示出社会主义市场经济体制转轨和以出口导向型为主体的外向型经济发展战略在 21 世纪以来转向以高新技术产业、第三产业为特点的开放型"绿色经济""知识经济",城市发展也随之迈向后工业时代的国际化大都市。新城市与新文化,无疑构成深圳最富特色的城市人文精神与内在底蕴。

五、结　语

中国的以文塑城需要在坚定不移地走中国特色社会主义道路基础上充分

发挥灵动的创造力,深圳毫无疑问是一个极佳的观察样本。

其特点有二。一是吐故纳新、博采众长,在警惕新自由主义经济和文化自由主义思想的基础上批判性借鉴外来经验。其"旅游＋科技"的产业空间布局总体看来是对欧美模式"文化经济"的创造性吸收与转化,表现为文化生产端的工业遗产空间重建为都市旅游的文化地标,文化消费端的棚户区旧城改造为集购物娱乐休闲为一体的商业综合体;而众创空间的出现则不仅是国外"车间文化"(garage culture)的借鉴,在"互联网＋"的驱动下,发生在这些空间中的创意、创新、创造运动正在全方位地打造中国人自己的文化品牌。城市文化治理的概念提出实际上是传统的城市管理和文化管理在新型城镇化背景下深化体制机制改革的产物,但在做法上有益参照"文化规划"的多中心治理结构和东亚地区以社区为基本单元开展地方文化创生的文化行政,例如"艺术介入社区"的政府—民间双元主体结构、"图书馆之城"的全民阅读品牌化设计和数字化提升等案例均体现出上述文化治理的创新实践。

二是因地制宜、绵延传续,较之现代城市话语的过度西化,地域性视角的引入有助于深度发掘城市文化的独特底蕴,以此来把握城市的精神气质和未来走向。深圳的做法是牢牢把握住经济特区发展模式迭代更新的契机,以"文化"作为引领城市内涵式发展的不竭动力,通过一系列科技创新的进阶式举措逐步实现"经济深圳"向"文化深圳"的创新性发展,在广阔的中国城市版图上描绘出深圳话语的创新气息和时代风貌。这一地域案例既构成当代城市文化的鲜活实践,同时也为世界城市文化的多样化发展提供中国的文化根系与本土化想象方案。

注释

① 国家旅游局规划财务司:《大力发展工业遗产旅游,促进资源枯竭型城市转型》,旅游教育出版社,2014年版,23页。

② 《中华人民共和国文物保护法》针对文物保护所制定的十六字方针——"保护为主、抢救第一、合理利用、加强管理"同样适用于工业遗产保护。关于工业遗产保护的具体政策指导则以2006年5月国家文物局颁布的《关于加强工业遗产保护的通知》为准则,明确指出"旧址、附属设施、机器设备等工业"既是文化遗产的构成要素,同时也是城市人文底蕴的传承。

③ 王晶:《工业遗产保护更新研究:新型文化遗产资源的整体创造》,文物出版社,2014年版,第137—

139 页。

④"前现代—现代—后现代"的社会动态变迁进程在 20 世纪 70 年代受到质疑,福柯的"全景监狱"理论说明空间与话语、权利和规训息息相关。列斐伏尔在《空间的生产》(1992)一书中进一步细分为三种空间性(spatiality),以空间实践(spatial practice)说明纯粹静态的空间概念不存在,空间的再现(representation of space)和表征空间(representational space)分别用来指征文学艺术的空间和人的关系及行为构成的社会空间。

⑤Tallon Andrew, *Urban regeneration in the UK*, Routledge, London and New York, 2010, pp. 8-11.

⑥伴随着以清拆、重建和管制为主要物质手段的都市干预,20 世纪上半叶也出现了为数众多的城市规划理论学派,围绕着空间形式的功能性设计展开一系列学术讨论,其中包括以中心商业区作为城市中心的同心圆模式、渐进式整合城市空间的多核心模式、扇形模式、典型的英国城市模式、改良版同心圆模式、城市地域模式、21 世纪城市模式等。

⑦丁未等编:《粤港澳台文化创意产业发展报告(2014)——聚集数字产业》,社会科学文献出版社,2015年版,第 28—29 页。

⑧黄玉蓉等:《创客运动中国流变及未来趋势》,《山东大学学报(哲学社会科学版)》2018 年第 5 期。

⑨众创空间在定位上可分为兴趣团体、技能培训、项目孵化和项目加速、社交空间、联合办公空间、学校创客空间,在建设主体上分别对应民间创客、科技企业、金融机构、地产企业、高校等。另外根据笔者在2017 年全国双创周暨第三届深圳国际创客周上的发现,深圳的众创空间已细化为创客空间、孵化器和加速器、IDH 技术方案、PCB 生产、创客培训、打样、金融、开模、供应链、生产及组装、趣味生活、华强北商业区、工业设计共计 13 种空间类型及 398 个空间载体。

⑩王京生等:《"双创"何以深圳强?》,海天出版社,2017 年版,第 80 页。

⑪颜玉凡:《大都市社区协同治理视域下的公共文化服务》,中国社会科学出版社,2017 年版,第 1—7 页。

⑫这里的国内外形势变化指的是深圳在经济发展二十多年后面临"土地、能源、人口、环境"四个方面难以为继的发展困境,同时全球经济重心从制造业转向服务业的产业结构调整所致。因此,高科技含量、高人力资本投入、高附加值、高产业带动力、高开放度、低资源消耗、低环境污染的高端服务业成为大势所趋。

⑬董建中编:《深圳经济变革大事》,海天出版社,2008 年版,第 288—289 页、第 306 页。

⑭深圳市统计局等编:《深圳统计年鉴(2015)》,中国统计出版社,2015 年版,第 355 页。

⑮翟斌庆:《中国历史城市的更新与社会资本》,中国建筑工业出版社,2014 年版,第 120—128 页。

⑯魏达志:《深圳电子信息产业的改革与创新》,商务印书馆,2010 年版,第 47—48 页。

⑰深圳重点部署的七大战略型新兴产业分别为新能源、生物医药、互联网、新材料、节能环保、新一代信息技术和文化创意产业。

⑱彭立勋编:《文化强市建设与城市转型发展》,中国社会科学出版社,2011 年版,第 78 页。

地方消费主义、舒适物系统与创意阶层流动

吴　军[*]

摘　要：伴随着知识经济时代来临，诸如创意阶层等高级人力资本对驱动城市转型发展至关重要。一个城市拥有创意阶层数量的多少直接影响着未来竞争的成败。因此，如何吸引创意阶层成为政策制定者们的重要难题。不同于服务阶层和劳工阶层，创意阶层往往具有很强的地方消费主义价值观念，他们在择业和择居的过程中，更倾向于把一个地方看作一个整体性产品进行消费。然而，一个地方作为整体性消费品的质量，即地方质量，不但取决于舒适物数量，而且还取决于舒适物组合形成的场景以及场景蕴含的价值观与生活方式等内容。正是这些因素影响着创意阶层的城市流动抉择。因此，本文所讨论的地方消费主义和舒适物理论，将为城市如何"筑巢引凤"从而推动转型发展，提供理论与政策上的指引。

关键词：地方消费主义；舒适物；场景；创意阶层

一、什么是地方消费主义？

随着后工业社会的来临，市民作为消费者，不但会重视对具体的物品与服务的消费，而且越来越多地会把一个地方作为整体性产品来看待进而进行消费^①，比如，步行街漫游、海岛之旅、特色小镇观光等。这种把一个地方作为整体性消费品来进行选择消费的偏好和价值观念，被称为地方消费主义^②。

地方消费主义者们往往会从微观、中观和宏观三个层次来理解消费单位、

---

　　* 作者简介：吴军，副教授、博士，浙江大学杭州国际城市学研究中心博士后研究基地博士后。现任职于北京市委党校社会学教研部。基金项目：北京市社会科学基金研究基地北京人口与社会发展研究中心项目——北京创新创业社区发展的文化动力机制研究（编号：17JDSRB001）。

消费层级和消费对象。消费单位是指消费预算、消费资源配置和消费摄取的制度性范围③。比如，微观层面的个体或家庭范围，中观层次的社区或城市范围，宏观层面的主权国家范围之内。另外，消费单位越大，意味着消费层级越高。微观消费单位为私人消费（个体或家庭），中观层次消费为市民消费（社区与城市），宏观层面的消费上升到更高层级，即国家。更为重要的是，消费层级不同，系统整合机制也不同。私人消费系统整合机制是市场，市民消费的系统整合机制是社区结构或城市社会结构，公民消费的系统整合机制则是国家。具体见表 1。

表 1　消费单位、消费层级与消费对象的对应关系④

消费单位	消费层级	消费对象
社会消费	公民消费	全国社会保障与福利
社区/城市消费	市民消费	地方消费品（城市舒适物系统）
个体/家庭消费	私人消费	具体物品与服务等

　　另外，微观消费与中观消费、宏观消费有着一个显著不同。前者往往属于消费性支出，比如，个人或家庭购买的吃穿住行等物品与服务等，而后两者不但是消费性支出，而且还是一种投资，比如，城市与社区的软硬件建设、国家社会保障与福利制度的推进等。中观与宏观层面的消费支出，不但会带来区域人力资本与社会资本的提升，而且还会带来大量的就业机会。经典经济学家与社会学家的研究早已证明，一个地区人力资本高低或社会资本的多寡，会制约着本地区经济发展的好坏。⑤

　　事实上，从私人消费上升到市民消费、公民消费层级，系统整合机制从市场变为了社区、城市与国家，经过后者的机制整合之后，消费就变成了集体消费，比如公共交通、公立学校与医院、住房保障以及其他社会福利等。从这个层面来讲，消费与生产在功能上不再截然分开或对立；集体消费上的支出，既是消费，又是投资；既是生活，又是生产。在此意义上，集体消费品构成了消费型资本。⑥

　　市民消费层级高于个体或家庭消费层级，它的对象是作为整体的某个社区或城市的集体消费系统。从一个社区或城市来说,许多消费资源,如学校、医院、图书馆、商店、道路交通、自来水、天然气管道等,具有不可分割性,必须以一个社区或几个社区或一个城市某个区域或整个城市来供给与配置,并让居民以市民身份来摄取。⑦比如,公立学校择校和保障性住房的户籍限制,抑或有很多限制条件的公立休闲娱乐设施或场所等。因此,我们分析一个地方的消费水平,不能仅仅停留在个体或家庭的私人消费层级,应该上升到市民对社区或城市作为一个整体性消费的“地方”层面。

既然以地方为单位的消费系统具有完整性和不可分割性,我们完全有理由把它当作一个完整的产品,即由各种不可分割的消费资源所组合成的共享型或摄取型系统。由于这种消费系统是以一个地方为载体或基本单位来供给、匹配的,因此,可以简称为“地方消费品”,即一个地方被当作一个整体性的消费品。⑧一个地方作为整体性消费品的质量(地方质量),不但取决于舒适物的数量与水平,而且还取决于舒适物组合形式形成的不同场景以及场景蕴含的价值观与生活方式等。然而,在已有的文献中,对这方面的内容却往往没有得到应有的重视。

二、地方作为消费品的判定:舒适物系统

一个地方作为整体性消费品的主要内容是什么? 这个消费品质量如何判定? 本文认为,可以根据生活在这里的居民是否感觉到舒适和乐趣来判定。居民整体上的舒适感有着明确的、具体的、可分析的来源,这种引发生活在其中的居民舒适感和享乐性的东西就是本文所说的“舒适物”(Amenities)。它可以是一个温馨的书屋,或者是一个有情调的咖啡店,抑或一间特色鲜明的餐馆等。在这个意义上,地方消费品的主要内容,就变成了各种舒适物及其组合系统。在芝加哥大学克拉克教授那里,这个组合系统被称作城市场景(Urban Scenes);并且,他领衔的新芝加哥学派城市研究团队多年的研究证明,有舒适物组成的场景以及场景蕴含的价值观与生活方式能对创意阶层的城市流动产生重要的驱动作用⑨。

从舒适物种类多寡和等级高低去体验这个地方的舒适程度,解决了舒适性

如何判定的问题。从场景角度去捕捉属于地方的文化风格与美学意义,解决了关于地方的乐趣性问题。因此,对于地方消费品质的判定,可以从两个方面入手:其一是舒适物种类多少及其等级高低,其二是舒适物组合形成的不同场景,以及场景中的价值观与生活方式等。

事实上,舒适物(Amenities)这个概念最早来源于经济学家,更多指向的是"非生产性的公共产品,就像天气质量那样,没有明确的价格,如教育和公共安全等"⑩。国内关于"Amenities"的中文翻译大致有两种,有的学者直译为生活便利设施⑪,有的意译为生活文化设施。芝加哥大学社会学家克拉克教授经过多年的系统研究,在其表述中多数情况下把它称为以消费设施为导向的公共产品(Public Goods)。

本文认为,具体到城市社会科学研究中,生活便利设施的翻译在中文语境中的含义过于狭窄,很难全面表达"Amenities"的含义。关于生活文化设施的翻译,生活设施能够给人们带来诸多便利,文化设施能够提升人们的美学享受,但设施本身很难过渡到一个抽象的理论层面上。

对于事物的认识,往往需要一个过程,对于"Amenities"的理解也不例外。结合现有学者们对"Amenities"这一学术术语的表述,本文认为,这个词语最精确的表达是其所要展现的"能够给居住在城市里的人们带来舒适与快乐的设施、活动与服务等的统称"。根据这一理解,本研究将其中译名暂定为舒适物,准确地讲是城市舒适物(Urban Amenities),它与城市经济社会发展有着紧密的关联关系。

对于城市舒适物类型的划分,主要贡献来自芝加哥大学社会学家克拉克教授。他把城市舒适物划分为四类⑫:

其一是自然物理设施,如气候、温度、湿度、可接触的水资源以及自然景观灯;

其二是人工建构的设施,如图书馆、博物馆、剧院以及一些规模较小的设施(书店、果汁店、星巴克自行车比赛与专用通道等);

其三是社会经济结构与多样性,如本地居民收入与教育、外国人或其他民族人的数量情况、同性恋人群及家庭等;

其四是本地区居民的价值观和态度,如友善或敌意、包容性、敢于冒险、个人主义等。

在该定义和分类基础上,结合中国城市发展的实际情况,本文把舒适物重新分为三类:自然舒适物、文化舒适物和社会舒适物。[13]具体参见表2。

表 2　城市舒适物划分类型

分类	具体内容举例
自然舒适物	气候、温度、湿度、水资源以及自然景观灯
文化舒适物	图书馆、博物馆、剧院以及一些规模较小的设施(书店、果汁店、星巴克、自行车专用通道等)
社会舒适物	地方多样性与包容性等社会价值观与精神内容

三、舒适物系统与创意阶层流动

国际经验表明,在创新驱动城市转型发展过程中,诸如科学家、工程师、艺术家和设计师等"创意阶层"发挥着至关重要作用。创意阶层的显著特点是其成员从事着旨在"创造有意义的新形式"的工作,包括两种类型成员:科学家、工程师、大学教授、艺术家等核心创意人士,金融、法律与卫生等专业创意人士。[14]具体见表3。

表 3　创意阶层划分

社会阶层		职业内容
创意阶层	核心创意人士	计算机和数学类;建筑与工程类;生命科学、自然科学和社会科学类;艺术、设计、娱乐、体育和媒体类
	专业创意人士	商业和财务运营类职业;法律类职业;医疗技术类职业;营销类
服务阶层		保健支持类;食品加工与服务类;个人护理与清洁服务类;办公室行政类;社区与社会服务类;安保服务类
劳工阶层		建筑和开采类;设备安装与维护类;生产类;运输与物流类
农业阶层		农林牧渔类

资料来源:佛罗里达《创意阶层的崛起:关于一个新阶层和城市的未来》,中信出版社,2010年。

　　创意阶层的城市流动直接影响着城市创新与转型发展。对于创意阶层来说,居住地不但具有工具性功能,如工作或者开办企业,而且还具有工具性功能,如享乐与愉悦。舒适物系统(场景)决定了一个地方或城市的舒适性和乐趣性。随着知识经济时代的来临,创意人士收入普遍提高,他们对生活品质的要求也越来越高。因此,他们在对居住地的选择时,不仅重视地方的工具性功能,而且还看更看重地方的目的性功能,而且对于他们来说,目的性功能会越来越重要。这一变化,揭示了一种新的趋势,即整个社会消费观念正在发生从物品消费主义到地方消费主义的文化转向。

　　以前,创意阶层的消费享乐更多地体现在对一个具体物品或服务的消费上,比如电影、美食、奢侈品、住房与汽车等。今天,他们消费享乐的来源除了这些具体物品与服务外,还扩大到更广范围的对象,比如,一个承载了多种舒适物及其舒适物系统(场景)的地方,这个舒适物系统包括自然舒适物、文化舒适物与社会舒适物。

　　随着知识经济的崛起,创意精英们的财富快速增加,对生活品质的要求越来越高,他们更倾向于选择在舒适物等级更高的地方居住。以住房消费为例,在选择定居地的过程中,他们不仅消费住房,而且还消费住房所附带的各种舒适物资源,由特定舒适物合成的备受创意人士喜爱的城市场景,比如提倡自我表达的文化场景。场景对于技术精英,就如同土壤对于农民一样,土壤的肥沃会影响到农民收成,舒适物品质和场景特征会影响到创意阶层的城市流动与产品创造。事实上也如此。房屋越靠近舒适物,城市场景特征越备受创意人才青睐,房屋的价格也就越高。

　　地方消费主义还表现为创意人士为了享受某个城市更高等级的舒适物系统,愿意支付更高的住房费用。[15]简言之,他们愿意为居住在更令人感到舒适的城市而支付更高的住房费用,是由某种价值观念所支配的。[16]这种价值观念就是本文所讨论的地方消费主义。

　　地方消费主义作为一种消费价值观,影响着诸如创意阶层等专业技术人才的舒适物系统(场景)偏好,从而对其择居行为产生重要影响。《创意阶层崛起》

一书的作者佛罗里达在一项关于"舒适物对创意人才居住地选择的作用"的研究中发现，高技能创意人士的收入较高，有能力享受更高品质的生活，在居住地选择上，更青睐于在舒适物等级高的城市或地方生活与工作。哈佛大学城市经济学家格莱泽也有类似的论断："大多数城市的未来取决于这些城市可否提供足够的、让消费者舒心愉悦的场所"，"随着消费人群日益富裕和企业流动性的增强，城市构建对雇员有吸引力的舒适物设施，将与它们兴建对公司有吸引力的设施有着同等重要的位置"。[18]

尤其值得注意的是，创意阶层的城市流动具有双重属性。一方面，作为"经济人"，此种情境下他们会体现更理性的一面，比如追求人力资本经济效用最大化，会选择在那些物质回报最高的地方工作；另一方面，作为"社会人"，他们也存在非常感性的一面，在选择工作地的时候，除了考虑经济效用外，还看中舒适与享乐。[19]于是，他们在经济效用和舒适物系统之间进行权衡，做出抉择。最能体现经济效用和舒适物系统一致性的地方，往往是大城市，创意精英们也往往喜欢到大城市去工作，因为这里不但能够提供给他们更多的经济机会，而且还拥有更多种类舒适物，而且舒适物系统组成的城市场景具有更大的包容性和多样性。

社会学家布迪厄曾在《区隔》一书中曾指出，经济资本决定着舒适物的竞争能力，而文化资本则决定着舒适物类型的偏好；受教育水平越高的人，他们的文化品位越高，对文化舒适物就有越高的需求。[20]文化舒适物，尤其是高雅文化舒适物多集中在大城市，因为只有大城市才有足够的创意阶层人数来支撑各种"专门化"的文化舒适物消费市场。[21]为了这些文化舒适物以及各种舒适物组成的场景，一些创意阶层精英往往愿意支付高房价或高房租，以便居住在高舒适物系统的地方，获取对这些舒适物的就近摄取机会。

既然创意阶层具有更高的地方消费主义倾向，对舒适物系统（场景）等级与特点具有更高的要求，其所从业领域的相关公司，尤其是高新技术企业，在选址的时候，不但要考虑投资环境是否有利于利润最大化，而且还要考虑投资地的舒适物的最大化，因为舒适物系统在吸引人才方面发挥着越来越重要的作用。"公司选址追逐舒适物系统"，实质上在追逐人才。过去，人才追逐工作机会，哪里提供工作，人才就到哪里去；时至今天，这种情况发生着微妙转换：工作追逐人才，哪里有人才，公司就愿意落户到哪里。[②]

四、知识经济时代下的城市发展动力模型

知识经济时代，舒适物与城市发展之间产生紧密关联。与传统社会相比，知识经济时代的城市出现一些非常重要的新特点，即新经济形成（New Economy）[③]与创意阶层（Creative Class）[④]崛起。它们的形成与发展不但给生产、生活方式带来大的变革，而且也会对城市资源配置提出新的要求。区别于传统工业社会里关于重工业、制造业等生产性特点，新经济的增长动力和创造就业岗位的重要推动力来源于知识，更准确地说是创意。

到后工业化时期，传统增长动力因素对于城市发展的影响之重要性开始逐渐降低，相反，互联网、新媒体技术、新物流通信技术等正在改变着人们对于物理空间的感知和联系方式，他们在公司如何选址上的考量，逐渐地被一些新的内容所替代，比如，美学、趣味、审美、符号消费、体验、生活质量和生活方式等。

因此，政府相关部门和城市政策也得做出新的调整来适应新的变化。为了满足新市民关于新趣味和新生活的要求，会更多地规划与建设一些备受青睐的舒适物。比如，绿色公园、适合广场舞的广场、有吸引力的建筑物、提升审美的公共艺术长廊、满足私人定制的时尚艺术品店、适合年轻人谈情说爱的咖啡馆和酒吧、适合大学生的书店、适合骑行爱好者的骑行专用车道等。这些都有利于提升居民的获得感和幸福感，改变地方质量，增加舒适性、宜居性、乐趣性，提升城市品质。

事实上，现代城市的经济增长也有赖于这种新经济的发展，新经济的产生依赖于有知识的高级人力资本，而城市舒适物的数量、质量、组合形成的场景特征，以及场景蕴含的价值观与生活方式，直接影响诸如科技人才、创意人才等高级人力资本的移入。克拉克教授在之前经济学家和社会学家研究的基础上，继续拓展了它们之间的关系，并形成了新的相互嵌套的城市发展动力模型（见图 1）。

1.传统模型

```
┌─────────────┐      ┌────────┐      ┌──────────────┐
│生产的经典元素: │  +   │ 经济增长 │  +   │   人口流动     │
│土地、劳动力    │─────▶│        │─────▶│ (被工作影响)   │
└─────────────┘      └────────┘      └──────────────┘
                          ▲
2.人力资本                  │
┌─────────────┐          │
│  人力资本     │──────────┘  +
└─────────────┘
    ▲
  + │
3.舒适物
┌─────────────┐
│  城市舒适物   │
└─────────────┘
```

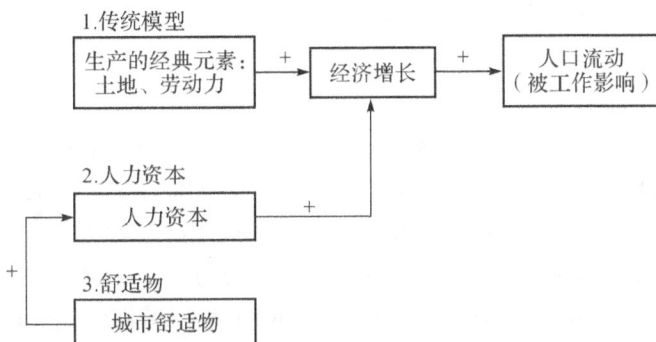

图 1　城市发展动力的三个连续模型^①

从图 1 中不难发现,新芝加哥学派总结的城市发展动力模型是相互递进的三个层次,它们之间并不是排斥的关系,而是继承与互补的关系。具体而言,在早期的传统城市经济增长模型中,诸如土地、劳动力、资本和管理等生产要素对于区域经济增长有着明显的提升作用,从而影响着被工作吸引的人力资本(创意阶层流动);到城市发展的第二个层次,人力资本又作为一个新的动力因素加入城市发展的行列,人力资本和传统生产要素一起对经济增长和人口流动产生影响;但问题的关键是这些具有知识的高级人力资本的流动是受到城市舒适物的影响的。

根据克拉克的分析,近年来,美国许多城市的政策制定者们已经意识到舒适物以及舒适物系统(场景)对于发展的重要性,并开始致力于规划与建设提升城市居民生活质量的舒适物,比如,结合本地文化特点,规划建设各种舒适物设施,举办各种节庆活动,刺激市民文化消费,有的地方甚至为了吸引年轻的自行车爱好者,还专门修建了自行车赛道等。这些措施已经证明了舒适物系统在促进地方消费和经济社会发展方面有着很显著的作用。毫无疑问,在这一过程中,这也增加了地方的吸引力。因此,我们认为,在某种程度上,克拉克也给出了知识经济时代下的城市发展"良方",即舒适物主导下的城市发展战略。这个结论对于中国城市转型发展依然重要,尤其是当前我国城市普遍面临转型发展的挑战,从依靠"资源驱动"转向"创新驱动",吸引和留住创意阶层是未来大城市竞争的制胜关键。

注释

①John Urry，*Consuming Places*，Routledge，London，1995．

②王宁：《地方消费主义、城市舒适物与产业结构优化》，载《社会学研究》，2014 年第 4 期。

③王宁：《地方消费主义、城市舒适物与产业结构优化》，载《社会学研究》，2014 年第 4 期。

④王宁：《地方消费主义、城市舒适物与产业结构优化》，载《社会学研究》，2014 年第 4 期。

⑤Robert E. Lucas，"On the mechanics of economic development，"*Journal of Monetary Economics*，vol. 22，1988，pp. 3-42．罗伯特·帕特南：《独自打保龄：美国社区的衰落与复兴》，北京大学出版社，2011 年版。

⑥王宁：《地方消费主义、城市舒适物与产业结构优化》，载《社会学研究》，2014 年第 4 期。

⑦Yu Chen，"Possession and access：consumer desires and value perceptions regarding contemporary art collection and exhibit visits，"*Journal of Consumer Research*，vol. 35，no. 6，2009．

⑧王宁：《地方消费主义、城市舒适物与产业结构优化》，载《社会学研究》，2014 年第 4 期。

⑨[加]尼尔·西尔、[美]特里·克拉克：《场景：空间品质如何塑造社会生活》，祁述裕、吴军等译，社会科学文献出版社，2019 年版，第 94—98 页。

⑩Terry Nichols Clark with Richard Lloyd，Kenneth K. Wong and Pushpam Jain，"Amenities drive urban growth：a new paradigm and policy linkages，"in *The city as an entertainment machine*，Lexington Books，New York，2011，pp. 220-230．

⑪吴迪：《基于场景理论的我国城市择居行为及房价空间差异问题研究》，经济管理出版社，2013 年版，第 68 页。

⑫Terry Nichols Clark，"Urban amenities：lakes，opera，and juice bars—do they drive development?"in *The city as an entertainment machine*，Lexington Books，New York，2011，pp. 104-105．

⑬吴军：《文化舒适物：地方质量如何影响城市发展》，人民出版社，2019 年版，第 37 页。

⑭[美]理查德·弗罗里达：《创意阶层的崛起》，中信出版社，2010 年版。

⑮Edward Glaeser，"Urban resurgence and the consumer city，"*Urban Studies*，vol. 43，no. 8，2006．

⑯王宁：《地方消费主义、城市舒适物与产业结构优化》，载《社会学研究》，2014 年第 4 期。

⑰[美]理查德·弗罗里达：《创意阶层的崛起》，中信出版社，2010 年版，第 298—299 页。

⑱Edward Glaeser，Jed Kolko and Albert Saiz，"Consumer city，"National Bureau of Economic Research，Cambridge，Working Paper No. 7790，July 2000．

⑲Terry Nichols Clark，"Urban amenities：lakes，opera，and juice bars—do they drive development?"in *The city as an entertainment machine*，Lexington Books，New York，2011，p. 5-15．

⑳Pierre Bourdieu，*Distinction：a social critique of the judgement of taste*. London：Routledge，1984．

㉑Terry N. Clark，Richard Lloyd，"Amenities drive urban growth，"*Journal of Urban Affairs*，vol. 24，no. 5，2002.

㉒Richard Florida，Gary Gates，"Technology and tolerance：diversity and high-tech growth，"*The Brookings Review*，vol. 20，no. 1，2002.

㉓新经济是指新的经济形态；社会占主导地位的产业形态的不同，决定社会经济形态的不同。在不同的历史时期，新经济有不同的内涵。当前新经济是指创新性知识在知识中占主导、创意产业成为龙头产业的智慧经济形态。

㉔理查德·佛罗里达（Richard Florida）提出，创意阶层是在新经济条件下，由于经济发展对于创意的渴求，从而衍生出来的一个新的阶层。创意阶层的工作涉及制造新理念、新科技、新内容；他们包括了所有从事工程、科学、建筑、设计、教育、音乐、文学艺术以及娱乐等行业的工作者；这些人具有创新精神，注重工作独创性、个人意愿的表达以及对不断创新的渴求；他们与文化艺术、科技、经济各方面的事物，都有着不可分割的关系。

㉕Terry Nichols Clark，*The city as an entertainment machine*，Lexington Books，New York，2011，p. 99.

传统专业市场有机更新路径
及其文化延承策略

——以杭州四季青服装市场为例

接栋正*

摘　要:随着大城市空间优化和功能提升,以专业市场为代表的城市非核心功能,将逐步退出中心城区。本文以杭州四季青服装市场为例,研究以有机更新为核心的规划设计方法和实践模式引领传统专业市场转型的可行性,并探讨如何在规划引导中保护好专业市场的传统风貌和文化基因。研究提出,专业市场更新改造并非一定要走易地搬迁或"大拆大建"的模式,在原有基础上进行专业市场的有机更新,同样可以实现转型升级。专业市场的更新改造要摆脱传统的路径依赖,与周边城市的有机更新有效结合起来,坚持以城市有机更新带动专业市场有机更新,实现城市发展方式与市场发展方式、产业发展方式的同步转型。

关键词:专业市场;有机更新;文化延承

一、问题的提出

专业市场的持续快速发展,是改革开放四十多年来中国区域经济发展的重要特征之一。但随着大城市空间优化和功能提升,以专业市场为代表的城市非核心功能或城市功能的非核心端环节,将逐步退出中心城区,这是城市发展方式转变的必然选择,也是产业发展方式转变、商业模式转型的必然趋势。

近年来,随着经济转型步伐的加快和互联网经济的冲击,专业市场自身的

＊　作者简介:接栋正,杭州国际城市学研究中心暨浙江省城市治理研究中心副研究员、博士。

局限性日益凸显,如何进行转型升级成为学界关注的热点,许多研究也提出了转型升级的路径模式。学界普遍认为专业市场与电子商务相融合是转型的方向和途径。蔡小哩、丁志刚认为电子商务的发展使贸易模式发生了深刻变化,也促使专业市场逐步向网上专业市场转型,因此,应当根据现有不同类型专业市场提出有针对性的网上专业市场创新模式,通过网上专业市场能力提升来带动专业市场的转型升级。[1]郑小碧、刘广从资产专用性、交易的不确定性、交易频率三个维度分析专业市场与电子商务联动发展的演化特征、动力及其路径选择,总结了专业市场与电子商务联动发展的阶段和特征。[2]张友丰认为专业市场与电子商务的融合正引发组织结构和制度设计的创新和变革,作者提出借助电子商务改造提升专业市场势在必行。[3]吕丽珺、吴有权以浙江省为例分析了专业市场的特点、不足以及电子商务应用的情况,重点分析了专业市场电子商务化的模式和影响因素,针对发展模式和影响因素提出了解决策略。[4]

值得关注的是,城市规划设计在专业市场更新改造和转型升级中发挥着越来越突出的作用。无论从国外城市发展的一般规律,还是从区域经济发展和城市空间规划的角度来看,专业市场有序外迁都是推动产业转型升级、优化城市空间布局的有效举措。在大城市中心城区非核心功能疏解的大背景下,越来越多的专业市场在规划引导下逐步退出主城区,进行区域性转移。王国文、王文博从城市空间结构优化的角度来看,提出主城区内专业市场的外迁,有利于实现"城市功能的有机疏散,多中心发展,多功能布局",推动城市可持续发展。[5]邢华、张阿曼、王瑛以北京动物园批发市场搬迁为例,运用利益相关者分析框架,对市场搬迁政策中涉及的利益相关者进行界定分析,依据各利益相关者对政策的重要程度和影响力大小以及各相关者之间的利益冲突分别制定解决对策,为北京市动物园批发市场搬迁提出可行路径。[6]陈昌钦以广州濂泉路地区服装批发市场为例,分析了中心城区批发市场面临的困境,并提出了环境整治、整体搬迁、更新重构三种升级改造路径。[7]张丽菁以旧城区城市更新为背景,从企业视角透视汉正街更新转型阵痛,并从城市更新改造对汉正街小商品市场如何建设中央服务区以实现转型发展提出了若干策略性建议。[8]

在对传统专业市场更新规划的过程中,许多城市选择将专业市场简单地

"搬而了之"。虽然专业市场的搬迁退出，在短期内可以为中心城区腾挪出新的发展空间，其所引致的交通、环卫、消防等"脏乱差"问题也可能"一搬见效"，但从长远来看，市场搬迁也不可避免地带来商圈人气再培育、人口再就业等一系列新问题，甚至会在一定程度上造成对专业市场原有的品牌文化资源、商业文明甚至所在区域城市风貌的破坏。在推进新型城镇化的宏观背景下，特别是现阶段越来越重视土地集约化和城市空间利用整体性的背景下，专业市场改造提升是不是一定要走"大拆大建"的粗放型模式，能否将专业市场视作"生命体""有机体"，尊重专业市场发展演变的基因、脉络及其与所在区域的互动联系，坚持有机更新的规划理念，探索有效的规划设计理念和路径，以更好地适应和应对新的市场经营模式，实现专业市场的转型升级和可持续发展，目前还缺乏应有的深入探讨和系统的实证研究，这也是城市规划研究需要认真思考甚至反思的重要命题。

杭州四季青服装市场是全国最大的服装集散地之一，也是浙江专业市场的典型代表。本文以四季青服装市场为例，研究大城市传统专业市场有机更新的行动逻辑和规划路径，探讨传统专业市场转型升级的规划引导策略，并探讨市场更新改造中如何延续特色文脉、挖掘文化内涵。

二、四季青服装市场的经营现状与主要问题

（一）市场经营现状

杭州四季青服装市场位于主城区核心区和钱江新城核心区的交汇处，紧邻西湖及延安路商圈、城站火车站、钱江新城 CBD，是中国特色服装第一街，更是西湖时代向钱塘江时代发展的重要门户节点，区位条件优越。市场始建于 1989 年 10 月 1 日，位于杭州市清泰立交桥东面，处在沪杭甬高速公路、浙赣铁路以及杭州火车站之间。自 20 世纪 80 年代末开设第一家服装市场以来，从"低、小、散、乱"起步，逐步形成现在独立发展的市场形态，已成为全国最大的服装集散地之一。

目前,四季青服装市场汇集 18 家专业市场,在 50 万平方米的经营面积上拥有 1 万余个摊位和近 5 万名市场从业人员,年交易额 170 亿元,年税收 1.34 亿元,日均客流量达到 7 万至 10 万人次,服装销售辐射全国主要大中城市,已成为全国最大的服装集散地之一。四季青服装市场形成了极具规模的女装、男装、童装、精品服饰、休闲服饰、商务信息等综合功能区块,具备了独立发展的现代市场形态,拥有 1 万多家流通企业的较为完善的产业链。

(二)主要问题

1. 电子商务崛起,线下交易市场阵地难守

随着电子商务的崛起,服装批发市场面临多重竞争的考验,服装批发市场的地位和节约交易成本的功能逐渐弱化。一方面,传统专业市场依然以现场、现金、现货"三现"为主的传统交易方式受到电子商务等新兴业态的冲击,如以淘宝等网络零售业为主的电子商务的迅猛发展,对从事批发、零售的线下市场造成客源分流压力。虽然四季青市场也联合阿里巴巴拓展了服装电子商务经营活动,但网上平台更多的是展示功能,线上线下融合尚未取得实质性突破。另一方面,传统批发市场受到国内外大型服装连锁零售商的冲击,如优衣库等,这类连锁零售商兼具品牌优势与渠道优势,通过自建采购渠道和销售体系,绕开了批发环节,打造了价格优势。

2. 规划管理滞后,"场""城"矛盾突出

由于早期缺乏统一规划和管理标准,老四季青市场的休闲、餐饮、游憩等功能严重不足,区域内公共停车设施不足,路边停车侵占道路空间和公共空间现象较为严重。市场聚集的大量人流、物流、车流,导致钱江三桥附近区域的交通拥堵状况无法得到根本疏解,消防隐患等环境杂乱问题得不到根本解决。尤其是随着萧山机场高速公路—西兴互通立交—钱江三桥的快速路建成开通,以及行政中心搬迁及钱江新城功能进一步完善,老四季青市场区域功能、交通布局和环境质量等方面的问题更加严峻。

为更好地了解市场对周边交通的影响情况,本文以百度流量大数据为依

托,采用定性分析与定量分析相结合的方式,以一个小时为间隔取样。取样时间覆盖 24 小时,同时考虑到周一上班高峰、周五放假高峰和周末非上班时间的不均衡影响,取样周期为一个星期。从市场周边道路一个周期的流量模拟来看,结合市场的营业时间特征,得出如下结论:秋涛路的交通拥堵与市场功能特别是批发功能的相关性不大,造成拥堵的主要是城市的潮汐交通。解放路很少出现交通拥堵现象,其交通流量略微受市场批发功能影响,但是影响在可控范围内。清江路交通拥堵受市场批发功能和城市潮汐交通的双重影响,而且相关性比较大。航海路交通拥堵受市场影响,而且影响范围广、时间长。

3. 利益关系复杂,老市场搬迁阻力重重

老四季青市场起步早,以地缘、业缘和亲缘等为纽带,自发形成了相对稳定的交易关系和一致的商业习惯。由于市场内各幢楼宇的产权主体和经营主体情况较为复杂,产权所有者和经营商户担心市场搬迁会打破原有的良好市场氛围和盈利水平,担忧会打破已有的社会经济关系网络,担忧要面临新商圈人气培育等新问题,因此不少商户搬迁意愿比较低,商户、市场、政府之间公约数较小,搬迁工作较难开展。

为深入地掌握不同利益群体对四季青市场运行的评价及市场更新改造的意见建议,为其市场更新研究提供决策依据,笔者以杭州市江干区政研室委托规划项目"江干区采荷单元南部区域概念规划及常青区块改造"为依托,联合四季青市场管委会于 2017 年 8—10 月开展了问卷调查,分别向经营商户、周边住户、消费者发放问卷 700 份、300 份、107 份,回收有效问卷 665 份,其中,经营商户卷 456 份,周边住户卷 154 份,消费者卷 55 份。

在市场评价方面,三类群体对市场的地段位置、客流人气、市场口碑均给予了一致的肯定评价。对市场管理、物流仓储、布局环境、配套设施方面,周边住户与经营商户、消费者给出了完全不同的评价,大部分经营商户和消费者对市场管理给予了充分的认可,满意度分别高达 82.5％和 43.6％,经营商户对物流仓储的满意度也超过了半数,达到 52.5％,配套设施的满意度也分别达到了56.8％和 56.3％。相比之下,周边住户对市场管理、物流仓储、布局环境、配套设施的满意率很低,分别仅为 14.3％、30.5％、8.4％、9.1％,体现出了非常突出的邻避效应。

在涉及城市规划的重要因素之一的交通停车方面,经营商户、周边住户、消费者的满意度分别为 37.1%、4.5% 和 16.4%,由于经营商户的上下班时间节律与城市潮汐交通流量有所错位,所以对交通停车的满意率尚可,而周边住户和进入市场购物的消费者则普遍表达了不满,如何破解市场人流、物流带来的交通拥堵问题以及如何协调周边区域的交通流量仍是本文规划落地过程中需要特别关注的重要问题。

表 1　经营商户对四季青市场的评价占比　　　单位:%

因　素	非常满意	比较满意	一般	不太满意	很不满意
地段位置	42.1	41.9	14.7	1.1	0.2
市场管理	38.4	44.1	14.0	2.6	0.9
市场口碑	37.3	43.0	16.7	2.4	0.7
交通停车	17.1	20.0	46.3	10.7	5.9
物流仓储	21.1	31.4	42.1	3.5	2.0
布局环境	23.7	37.5	35.7	2.6	0.4
客流人气	21.5	44.7	21.3	9.6	2.9
配套设施	24.8	32.0	40.1	24	0.7

表 2　周边住户对四季青市场的评价占比　　　单位:%

因　素	非常满意	比较满意	一般	不太满意	很不满意
地段位置	37.0	21.4	16.9	6.5	18.2
市场管理	2.6	11.7	38.3	18.2	29.2
市场口碑	22.7	15.6	30.5	10.4	20.8
交通停车	0.6	3.9	20.1	15.6	59.7
物流仓储	17.5	13.0	23.4	17.5	28.6
布局环境	0	8.4	20.8	23.4	47.4
客流人气	18.2	23.4	26.0	11.0	21.4
配套设施	1.3	7.8	29.2	13.6	48.1

表3 消费者对四季青市场的评价占比 单位:%

因 素	非常满意	比较满意	一般	不太满意	很不满意
地段位置	36.4	34.5	16.4	9.1	3.6
市场管理	21.8	21.8	41.8	12.7	1.8
市场口碑	23.6	38.2	29.1	7.3	1.8
交通停车	7.3	9.1	27.3	38.2	18.2
物流仓储	16.4	38.2	21.8	18.2	5.5
布局环境	9.1	38.2	40.0	5.5	7.3
客流人气	36.4	45.5	14.5	3.6	0
配套设施	14.5	41.8	32.7	9.1	1.8

4. 市场同质竞争,新市场功能集聚不足

位于九堡的新四季青服装交易中心市场已建成多年,但由于老四季青市场没有完成更新改造,特别是批发功能没有向九堡进行转移,导致九堡新市场没有人气、无法旺市,没有达到建设新市场、搬迁老市场、疏解交通和功能的决策初衷。同时,老四季青市场与九堡四季青服装交易中心还存在同质竞争的风险,没有围绕整合现有市场资源,增强市场服务功能,共同打响中国四季青服装市场金名片这一发展目标,实现错位发展、优势互补。

针对四季青市场的发展意向调查中,64.0%的经营商户和58.2%的消费者希望市场继续以批发功能为主,而相反,70.1%的周边住户希望市场应该逐步退出批发功能,推动市场向商场的转型。反映到消费者群体上,58.2%支持市场继续做批发,16.4%希望向商场转型。

表4 不同群体对四季青市场今后发展方向的意愿占比 单位:%

群 体	逐步退出批发功能,向商场转型	继续以批发功能为主	说不清楚	其他
经营商户	3.9	64.0	16.1	16.0
周边住户	70.1	3.9	16.9	9.1
消费者	16.4	58.2	21.8	3.6

三、四季青服装市场有机更新的路径

四季青市场的品牌效应非常大,以至于新市场的认同感远远没有老市场高。反映在针对四季青市场如何更新改造的调查中,经营商户、周边住户、消费者对更好市场环境的需要和意愿是比较一致的,都希望得到更好的公共服务配套、更舒适的购物环境、更加便捷的交通。而"逐步退出传统批发功能,增加休闲娱乐功能,完善市场布局"的意向调查,得到了 67.5% 的周边住户和 63.6% 的消费者支持,而经营商户仅有 22.6% 的支持率,高达 54.2% 的经营商户反对市场功能调整,希望继续维持批发功能,这也反应在街区道路改单行线的意向中,40.1% 的经营商户反对这一做法。因此,市场的更新改造不能寄希望于通过整体搬迁,将专业市场与城市功能不相融合所产生的社会问题"一搬了之"。不同利益主体对市场改造的迫切度、公共设施等的相关问题的诉求存在多元化,后期改造过程中要特别注意处理好各个主体之间的关系。传统专业市场曾经是市场经济浪潮中想象力与创造力的产物,在新的时代形势下,需要有新的思维去更新发展。

(一)以城市有机更新带动专业市场有机更新

四季青服装市场的有机更新不能仅仅针对专业市场的有机更新,就市场论市场、就产业论产业,而要将专业市场有机更新与城市有机更新有效结合起来,将四季青市场与周边城市区块作为发展的"生命体""有机体"来看待,坚持以城市有机更新带动专业市场有机更新、专业市场发展方式转变与城市发展方式转变同步推进的理念思路,推动市场由西湖时代的传统专业市场迈向钱塘江时代的国际化都市休闲驿站,探索适应新经营模式的专业市场有机更新路径,并有效落实到具体的城市规划设计上和文脉延承上。

(二)转型利用存量空间,修补公共服务配套功能

现状四季青市场由于建设较早,建设时序不一,整体空间不成体系,加上通

车道路的分割,造成整个空间不连贯,休闲体验感较差。目前的公共设施主要围绕服装批发而设置,不管配套的内容还是服务品质都难以满足新的需求。通过逐步将四季青市场原有的批发功能外迁,疏散低端业态和冗余功能,达到让市场远离"城市病"而非远离城市的目的。通过"拆一批、提一批、建一批"的模式,进行空间的综合利用,一是利用存量空间修补教育、养老、停车等城市公共服务配套功能,通过步行道路建设、功能梳理整治、立面提升改造、停车场地建设、景观环境提升等将航海路改造成为特色步行街区,以提升四季青的整体休闲氛围。二是适当提升存量空间的再开发强度,加强土地复合利用,提高空间利用绩效。利用空余地面,增加部分开发强度,并串联低下空间,以达到优地优用的目的,确保"黄金宝地"发挥"黄金效益",实现"有限空间、无限发展"。

(三)更新市场功能和交易场景,引领产业升级

大力发展"互联网＋实体市场",打造线上线下一体化的智慧化市场,积极引进工业设计、文化创意等专业结构,举办各类高层次的展销会、交易会,选择一批条件较好的市场推进交易场景的改造提升,将市场打造成为新品发布、产品展示、购物体验、产品看样、网上下单的场所,引导市场走精品、名品之路,提升市场的品质品位。围绕打造都市休闲驿站,强化休闲体验、创业活力、特色展示等功能,拓展购物体验、活力商业、休闲旅游、特色餐饮、商务办公、设计研发、金融服务、创客天地、文化展示、城市记忆等功能。以杭州城站枢纽为依托,充分发挥铁路交通的便利,最大化利用人流、物流、资金流和信息流优势,适度发展电子商务、总部经济、智慧经济、中介服务、咨询服务、物业服务等业态,带动信息、金融等周边相关配套企业的聚集发展。

(四)提升有机更新的要素组织

经营业态方面,按照杭州市专业市场发展规划,逐步将批发功能或服装产业链较为低端的业态逐步迁出现在的市场,借助"互联网＋"和"工业 4.0",开展全产业链新模式、新理念的研究,探索以服装行业智慧产业为基础的第五代市场。土地开发利用方面,重点落实"大疏大密"的规划手法,对市场用地进行调

整,通过拆建、复建等方式提高部分区块的容积率,同时挖掘地下空间资源,用于满足停车场地、配套服务设施,剩余部分也可用于补充休闲娱乐及商业空间。资金平衡方面,通过城市财政预算和国有资产的经营性收益,解决先期启动资金的问题。通过地块内的土地整理、开发强度挖掘及地下空间建设,从土地收益中提取一部分资金,用于街区改造。同时通过引入社会资本,按照 PPP＋XOD 模式⑨,通过新增与服装市场相配套的用地进行联合开发,用于平衡周边区块拆迁和四季青市场改造的资金问题。

四、四季青服装市场更新中的文脉保护和延续策略

随着城市化推进速度的加快,现状四季青批发功能外迁后,如何留住城市记忆,在兼顾市场需求的同时也保护好市场的传统风貌和文脉,成为新的难题。

(一)发挥品牌文化优势

四季青服装市场是被杭州市政府首批命名的商业特色街之一,形成了极具规模的女装、男装、童装、精品服饰、休闲服饰、商务信息等综合功能区块,形成了品牌特色鲜明,竞争力影响力巨大,设施设备功能完善,独立发展的现代市场形态,代表着典型的大众服装文化,要继续打好大众服装文化牌,擦亮四季青市场对外文化形象展示的金名片。

(二)彰显规划引导作用

通过规划引导,将特色文化融入景观设计、活动策划和业态导入,以景区化标准建设休闲驿站,融入艺术、创意元素,提升市场的文化引领性。通过有机更新创造休闲性的拓展空间,进行业态引导,走休闲体验、文化体验的路径,延续四季青的品牌和历史。

(三)延续基地特色文脉

规划区块内拥有历史文化悠久的古海塘及其碑亭,是钱塘江北岸海塘的杭

海段海塘中十分重要的一部分。北岸古海塘的兴筑年代已无可查考，现存最早的有关北岸海塘的正式史料为《新唐书·地理志》所载：盐官县有捍海塘堤，长百二十四里，开元元年(713)重筑。古海塘不仅起着防洪御潮的重要作用，其千百年来留下的海塘文化也深深影响着沿江平原的文明发展，具有较高的历史文化价值，至今依然屹立在钱塘江两岸，彰显着旅游与文化、景观与文物的和谐共存。要串珠成链，做好古海塘文化的文脉传承。

五、结论

传统专业市场在体制机制、市场规模、传统业态等方面的优势不断弱化，加快更新改造势在必行。但传统专业市场的更新改造和转型升级，并非只有大拆大建、搬迁外移一条发展路径，如果能够有效处理好与所在城区的发展关系，在原有基础上进行专业市场的有机更新、改造提升，同样可以实现转型升级。专业市场的更新改造要摆脱传统的路径依赖，坚持与周边城市片区的有机更新有效结合起来，坚持以城市有机更新带动专业市场有机更新，实现城市发展方式与市场发展方式、产业发展方式的同步转型。更新过程中要妥善解决好人群、业态、土地、资金等问题，通过要素的有效整合，推动专业市场有机更新规划的落地实施，推动市场可持续发展。

本文试图探索以有机更新理念推动市场转型的规划设计思路，并探讨专业市场传统区域转化为一种新的城市空间的可能性。对于尚处在起步阶段的传统专业市场更新改造规划研究而言，本文探索的有机更新规划思路不失为一项有益的创新和尝试，为学界深化这一问题的研究提供了新思路。规划的核心是处理人的问题，利益关系协调问题事关传统专业市场运营和改造的成败，涉及传统专业市场生产链、生活链的复杂利益关系及其影响因素，仍需要在后续研究中进行深层次的探讨。

注释

① 蔡小哩、丁志刚：《浙江网上专业市场的创新模式及能力提升途径研究》，载《市场论坛》，2011年第

10 期。

② 郑小碧、刘广：《专业市场与电子商务联动发展的演化路径研究——以义乌中国小商品城为例》，载《华东经济管理》，2013 年第 7 期。

③ 张友丰：《专业市场与电子商务融合发展研究》，载《现代商贸工业》，2014 年第 16 期。

④ 吕丽珺、吴有权：《专业市场电子商务化发展模式与影响因素研究——以浙江专业市场发展为例》，载《商场现代化》，2013 年第 26 期。

⑤ 王国文、王文博：《城市可持续发展的一种重要手段——从兰州的实践看专业市场有序外迁与城市物流规划的关系》，载《中国物流与采购》，2014 年第 19 期。

⑥ 邢华、张阿曼、王瑛：《基于"重要性—影响力"框架的非首都功能疏解路径研究——以北京市动物园服装批发市场搬迁为例》，载《城市观察》，2016 年第 5 期。

⑦ 陈昌钦：《中心城区传统批发市场升级改造的规划实践与路径选择——以广州市濂泉路地区服装批发市场为例》，载《城乡建设》，2016 年第 7 期。

⑧ 张丽菁：《城市更新背景下武汉汉正街转型发展的问题与策略》，载《企业改革与管理》，2016 年第 10 期。

⑨ PPP 模式（Public-Private Partnership），即政府和社会资本合作，是公共基础设施中的一种项目运作模式。XOD 模式，是以城市经济、社会、生态三大类基础设施为导向的城市空间开发模式。

都市休闲文化

喧嚣与闲居

——当前都市休闲文化的审美意涵

张耀天[*]

摘　要：诞生于工业革命后期的"都市休闲文化"命题，既是人类社会生产力发展、科技进步的成果，也是都市人群在经济压力下摆脱现实压力、寻求个体精神解放的结果。都市休闲文化把都市休闲行为纳入美学的审美视阈中，在休闲美学的结构下，以与现实世界和解的智慧态度，探寻从"异化"到"归化"的审美意涵，发掘从"生产"到"生活"的审美价值，在喧嚣的都市生活中寻求审美之境。

关键词：都市休闲文化；休闲美学

传统功能主义对城市的定义，一般往往是指以空间地域为中心形成的人类从事商业、文化、军事、政治等活动的地理环境。城市所具有的休闲功能，及由此而产生的休闲审美，在传统的城市功能中并不具备。西方资本主义进入黄金发展期之后，城市管理者为聚居的工厂劳动者设计规划的公园、学习场所、运动场所等公共服务设施，为城市增加了身心放松、消遣娱乐等崭新的功能。不少具有人文历史沉淀的城市，由此而开始开发休闲旅游资源，如借助于历史遗迹、工业建筑、自然风光、风土人情等元素，集合休闲经济要素，既实现了城市经济效益的增长，也实现了城市居民的休闲文化享受，由此为都市休闲文化的肇始。

改革开放 40 多年的历史，成就了中国经济的迅速发展。当前我国居民消费的基本结构发生了根本性的转变，消费能力的提升和休闲时间的延长成就了

---

　　[*]　作者简介：张耀天，男，中国人民大学哲学博士，浙江大学人文学院博士后，湖北师范大学马克思主义学院讲师。

今天都市休闲文化产业的迅速发展:一方面,改革开放推动了中国城市化的进程,都市成为新时代工业发展的成果和大规模人口迁徙的聚居地;另一方面,工业化历程中与人的劳动物化对应的休息、消闲,成为都市生活的重要组成部分。都市不再承担单纯的工业、商业、文化功能,而是更乐于承担文化休闲的职责。国际大都市多以休闲文化符号标注都市的个性,巴黎被誉为"时尚之都",维也纳是"音乐之都",威尼斯是"水上之都",国内大都市如昆明是"春城",香港是"动感之都",杭州是"休闲之都"等,非生产性的休闲文化因素都被融入都市文化建设之中。从 20 世纪 90 年代于光远先生开始关注"休闲经济"以来,从国家顶层设计的角度指出"休闲,是生产力发展的根本目的之一",围绕"休闲"主题的相关学科,如休闲经济学、休闲学、休闲美学等纷纷展开探索性的开拓。改革开放以来,中国城市化建设与现代化建设同步发展,在激活市场经济迅速发展的同时,也给相关休闲学科的建设提供了"硬件"基础。从审美文化的角度出发,都市休闲硬件建设是为了最终实现繁忙都市生活中的闲居之乐,借助于都市休闲文化和氛围的营造,为当代休闲审美的发展提供基础。中国当代休闲美学相关的研究范式、研究主题、研究范畴,也为都市休闲文化生活的展开提供了哲学意义和价值依据。

一、从雅典到北京:都市休闲文化的界定及其发展

现代化的城市建设,是资本主义生产力迅速发展和工业化驱动的结果,为城市发展提供了技术力量和资本力量。进入 21 世纪以来,世界城市发展历史进入了新阶段,以传统工业城市为中心的超大"城市群"在世界各地开始出现,超大"城市群"成为新世纪国家竞争力的主要象征。超大"城市群"的出现,也要求地方政府探索传统工业城市之外的经济发展的新驱动,以消费为主要形式的休闲经济成为未来城市发展的持续动力。以休闲经济作为判断城市发展的主要指标,已成为经济学界的主要观点,以"休闲"为主题构建城市发展的动力结构,休闲经济成为城市经济的新增长点,助力城市经济发展。

事实上,对传统都市功能建设的反思,从 20 世纪初期即已开始。如 1933

年 8 月，国际现代建筑协会第 4 次会议通过的《城市规划大纲》，即后来广为流传的《雅典宪章》，就已开始对城市的"物化"趋势进行反思。《雅典宪章》拥护者认为，现代城市的主要功能之一就是呈现人本主义的文化，所以城市不仅要反映资本主义发展的"物化"成果，更要回归到欧洲文艺复兴的优秀传统，要尊重人、实现人的文化价值。《雅典宪章》在人类城市建筑史上第一次提出城市规划要按照居住、工作和休闲进行分区规划，要解决"城市病"问题。①

在城市中心区适当满足劳动人民的休闲需求，在一定程度上回应了"西方公园运动"的呼声。此后几十年，经历了两次世界大战和欧洲经济复苏，全球城市化进程急剧加速，"大城市病"在全球主要城市群集中爆发：大量农村人口在工业化进程中涌入城市，导致人口急速聚集，给公共卫生、交通管理、城市运营等方面带来巨大压力。此外，超大城市的人口问题进一步激化了城市与自然环境的矛盾，生态恶化、能源短缺、资源破坏成为超大城市的通病。再到 1977 年 12 月，全球城市规划者又齐聚利马，在继承和批判《雅典宪章》的基础上，签署了《马丘比丘宪章》。较之于四十多年前的《雅典宪章》，《马丘比丘宪章》则更加关注城市中的人居感受，开始明确提出"生态城市"建设的问题，由此启动了全新的人性化城市规划，开始强调城市生活中人的交往、民主化介入等新思想，都市的休闲功能也正式被纳入城市设计理念中。②

世纪之交的 1999 年 6 月 23 日，以"21 世纪的建筑学"为主题的世界建筑师大会，在中国北京召开。与前两次的世界级城市建筑师的盛会一样，此次大会通过了《北京宪章》。在人类从传统工业化时代迈入信息时代的过程中，融合了中西方建筑智慧的城市规划学科，正式把生态人居和休闲功能嵌入城市规划的过程中。从 1933 年的《雅典宪章》到世纪之交的《北京宪章》，既可以看出城市功能不断拓展、不断创新的进步，也能感受到三个宪章都贯穿着一个城市规划的主线，即城市服务于人类的宜居环境。城市不应该成为"异化"的工业化工具，而应该以实现人的幸福为根本目的和出发点，使人对现实生活的美好追求回归到城市的日常生活中来，由此成就新世纪都市休闲经济新发展。

都市建设理念的改变，为都市休闲经济的发展提供了契机。休闲经济和传统的"生产投入式"的经济模式不同，它建立在人的休闲消费欲求基础之上。传统经济特别是进入近代工业体系发展的经济模式,提供的消费产品是物质的、可视的,且多以单一的工业成品为产品形式。都市休闲经济则不然,它提供给消费人群的既富有情感性,满足人的精神需求,又多以个性化、体验式的产品为主,可满足消费人群的个体化需求。都市休闲经济成为实现社会转型的新经济,它既改变了传统经济的单一构成模式,集资本、知识、技术、文化等形式于一体,也改变了传统经济的增长方式,从数量增长转移到质量增长。更重要的是,回归到经济发展"以人为本"的初衷,实现了经济发展的目的与手段、方式与价值的统一,从"满足需求"到"创造需求",从经济规律发生作用的单项维度到双向回馈循环,发掘人的深层精神需求,实现了休闲作为社会经济发展的新增长点。都市建设理念的改变,为都市休闲经济的腾飞提供了先决条件。从产业经济学的角度出发,休闲经济的主要消费产品为非物质消费,驱动了新的产业升级。作为经济新模式的都市休闲经济,促进了第三产业的发展,提供了更多的工作岗位和就业机会。都市休闲经济也改变了人类对个体生命的认知方式,人的幸福诉求成为时代的新标,闲、适、雅、文的休闲生活内化为当代都市文化的主要意涵,也成为经济与文化生活契合的新方式。③

回顾从"雅典"到"北京"近一个世纪的都市建设理念,一方面可以感受到市场经济以其前所未有的力量消解了传统世界的生活方式和价值观念,人正生活在由自己建造的诸多外在"工具"之中,价值理性日消、工具理性日盛;另一方面也意味着人类正在反思当前被"物化"的生活方式,《北京宪章》是人类反思当下都市生活方式、回归休闲生命状态的表征,而都市休闲经济是哲学反思和"经世致用"的完美结合。都市休闲经济承认了物质对价值诉求的支持作用,是"入世"的、哲学的经济模式,认为人应当在现实生活中、在无可摆脱的都市产业生态圈中寻求个人生活的支持,更强调借助哲学的力量寻求强大的"物化"压力下生命的本真。

在中国当代休闲美学的视阈下,都市休闲美学"升华"了都市经济生活,借助休闲美学中审美主体的构建,在现实生活中寻求生命的本真与朴初状态,让都市的日常生活进入审美之境。中国当代休闲美学发源于中国传统美学,也是中国古代哲学的生活、生命之道。都市经济是都市生活的主要场景,也是休闲审美的主要对象,而把日常生活的"人伦日用"提升到人生审美的境地,是中国古代思想的一个重要特点。如《颜氏家训·治家》中就讲道:"生民之本,要当稼穑而食,桑麻栋宇器械,樵蘸脂烛,莫非种殖之物业。至能守其业者,闭门而为生之具以足,但家无盐井耳。今北土风俗,率能躬俭节用,以赡衣食;江南奢侈,多不逮焉。"④在中国古人看来,经济生活是"生民之本",能够进行自给自足的生活,能够勤俭持家,既是尽心知性,也是借助生活而"达道"。中国古代传统生活中的审美方式,颇有自然主义审美的志趣,借助于对日常生活的"解构"与理解,实现个体生命与外在世界的和解,为重复、庸常的日常生活赋予审美的意涵。

从这个角度出发,从"雅典"到"北京"的三大宪章的内在逻辑线索,即实现当代都市混凝土森林中人的休闲审美,是当代都市建造者关注人的内心世界的表征,"都市休闲文化"这一命题的提出,既是社会生产力发展的成果,也是当下人类在市场经济压力下寻求个体精神解放的结果,借助在都市的休闲生活以期摆脱沉重的生活压力,实现生命健康、生活幸福和生存和谐。

二、从"异化"到"归化":都市休闲文化的审美意涵

市场经济以前所未有的力量,促进中国城市化的发展,同时也撕裂了人与自然的天然和谐关系。中国一直拥有悠久的农业文化传统,"农耕"是中国传统社会的底色,也是中国以儒家思想为中心的传统文化的底蕴。而"都市"则是工业化的产物,与资本主义的发展进程同步。都市文化不仅是一种工业生产的方式,更是被内化的人文精神,都市文化被象征为"进步的工业精神",如都市中生活的人们为实现个体精神而在都市中奋斗、拼搏等,这些被视为"积极向上"的精神性要素,符合市场经济发展的精神驱动要求。

但由此也导致城市的"都市病"和都市人群的"都市病"。在城市化的过程中,原有的乡村生产方式被工业和市场的强大力量消解,传统乡村与自然和谐相处的关系被打破,为实现都市经济的短期发展效益而不惜牺牲自然环境,最终导致生态恶化。对于都市人群来讲,城市化的过程也是被都市力量所物化、异化的过程,在庞大的都市混凝土建筑中,人的个体化存在意义荡然无存,人

本、人文的价值无处可寻,人弱化成为经济符号和数据。至于日常生活上的状态,都市也和传统社会不同,后者是以"血缘"为纽带构建一个庞大的家族伦理文化,生活活动围绕着"人伦"而开展。都市生活则是以"业缘"为纽带,都市人群借以谋生的职业,以及由此而建立的"职场关系"也成为工作以外的生活关系的主要构成部分。人在这种社群关系中,往往"无可逃遁":生活场景高度趋同于职业场景,生活和工作有实现一体融合的趋势。

从哲学的角度出发,人借助于技术的力量实现"工具理性",最后反倒丧失实现幸福的价值归宿。科技力量、技术手段,成就了市场经济的迅速发展,以短短百年摧枯拉朽的速度,消解了几千年来传统世界形成的文化传统和生活习惯,传统农业社会的"日暮乡关何处是"的乡愁与温情,在都市文化中成为缅怀的对象。人类通过技术改变生活的梦想已经实现,但是技术并没有提升人的精神自由,相反现代化的许多符号与人的自由和解放格格不入。⑤西方马克思主义哲学家卢卡奇等人认为,市场经济对于整个世界物化的力量,已经渗透到生活的方方面面,可以用"无孔不入"来形容。商品经济的特殊属性甚至统治了人的精神生活,一切精神文化都可以用来"制造"和"消费"。传统的人文精神,被"异化"为商品世界的种种符号,"物化"和"异化"的精神产品成为主宰人文世界的力量。⑥

"异化"已经无法改变,"归化"成为和解之道。以都市休闲观念和都市特色的休闲活动为背景,具体到如旅游文化、体育健身、餐饮产业、娱乐服务、文化创意等第三产业领域,形成既闭环又开放,既具有普遍产业意义又具有城市特色的产业链条。都市休闲产业注重"以人为本",注重人与自然的和谐相处,强调人与都市相处的过程中,人不是都市生态的主宰者,也不是都市生态的破坏者,而是与都市环境融为一体,是都市生长过程中"天然的"一员。在都市休闲产业的氛围中,既能体验自然的"乡愁",也能品味工业的质感。这就意味着,都市休闲文化要回应当下人的心理需求,在工作和生活之外,构建相对独立的休闲生活场景。

由此,都市休闲产业与休闲美学之间实现了互为支持、互为前提的关系:一方面,当代都市生活中的心理需求为都市休闲文化的发展提供了巨大的增长空间,都市生活的人们需要借助于休闲产业排遣心理压力、舒缓紧张情绪;另一方面,休闲美学、休闲文化则为都市休闲产业的发展提供了思想资源,也为都市休闲产业更加贴近于人的内心需求提供了理论参照。中国当代休闲美学继承了中国古人"天人合一"的混同化思维方式,把个体生命视为一个小生态系统,把外在世界视为一个大生态系统,个体生命与外在世界只有和谐、润化,才能实现生命的圆融。当下都市结构,成为碾压个体心灵的庞然大物,借助于休闲美学所塑造的审美主体,通过生活实践而探寻生命价值,为日常生活中寻求生命意义提供了哲学的依据。对于都市中生活的人们来讲,都市休闲产业使人的个体精神与强大的外在世界之间实现"归化",走向协调与融合,人不再单纯地以个体化抗争的形象出现,而是主动与业已物化的世界实现和解,接受工业化的城市,也接受都市文化中被"符号化"的外在世界,通过身体和精神的休闲,在都市社会中实现对生命的审美。

休闲审美在都市生活的体系中,并不再是一个单纯的"休闲行为",而是一种内化的人生态度。人既然无法改变物化的世界,无法回归生命的乡愁,完全可以采用休闲审美的方式,用审美的视角关注当下的生活场景,享用人类营造的工业成果和替代劳动力的便捷生活。都市并没有完全"遮蔽"人类寻求生命真相、寻求个体自由的可能性,相反它以一种"生活禅"的方式,给予现实生活以审美的高尚感。约翰·凯利指出,休闲可能在人一生的"成为"过程中,都处于中心地位。生活不仅仅在于知道我们是干什么的(我们的角色),还包括去知道我们是谁(我们的身份)。[⑦]在这里,休闲不再是单纯的生活行为,而上升为寻找自我精神依据的通道,人们可以借助于休闲发现个体生命的真谛。休闲是个人与外在物质世界的理智妥协,"归化"于现实物质世界,实现个人与"异化"的和解,最终把人生拖曳到审美的境界。从这个角度出发,都市休闲产业是人和"异化"世界和解的产物,通过休闲审美、实现人的精神自由和个体解放。

三、从生产到生活:都市休闲文化的人文旨归

潘立勇认为,要在现有的条件下充分发挥休闲美学的现实品格和应用价

值，并要以休闲与审美作为体验经济、文化产业的人本基础。⑧从这个角度出发，与其说是都市休闲经济成就了休闲美学，不如说休闲美学以人性中天然的"休闲体验"成就了都市的休闲经济。在市场经济的语境下，"休闲"已经从象征着经济特权的贵族行为，成为普罗大众日常生活的一部分，同时"休闲"也被最大限度地经济化、市场化，以休闲产业为核心产业链进而打造"休闲都市"成为不少城市为刺激经济增长、实现财政收入的手段。在以休闲生活为核心所形成的休闲产业链条中，文化产业、旅游产业、会展经济、健康产业、餐饮产业以此为中心迅速得到蓬勃发展。都市休闲产业属于"无烟产业"，符合建设生态文明的基本方向，既优化了城市产业结构、带动就业、实现了经济增长，又激发了城市活力、提升了城市水平。都市的休闲文化也成为判断一个城市发达水平的主要标志。都市休闲文化，不仅给予都市生活的人们以生理上的休息、心理上的舒缓，更在休闲的文化氛围中陶冶情操、提升境界。

都市休闲文化及由此而产生的都市休闲经济，是一种内化了的经济生活方式。在传统劳动观念中，"休闲"是"劳动"的对立面，休闲并不为普罗大众所享有而是贵族的特权。马克思在论述劳动时间创造财富这一主题的时候，指出："自由时间，可以支配的时间，就是财富本身：一部分用于消费产品，一部分用于从事自由活动。这种活动不像劳动那样是必须实现的外在目的压力下决定的，而这种外在目的的实现是自由的必然性。"在马克思看来，工业化时代人的生命被"量化"为获取劳动价值的方式，劳动就是工作，而象征着工作的劳动不代表自由，由此也不能实现生命的解放和精神的自由。马克思进而解释了何谓"休闲"时间的问题，在马克思看来，"这种时间不被直接生产劳动所吸收，而是用于娱乐和休息，从而为自由活动和发展开辟广阔天地，时间是发展才能的广阔天地"。⑨马克思认为休闲时间应该被剥离于劳动时间，工作时间并不能带来休闲的快乐，休闲行为和劳动行为是对立的，休闲审美诞生于"非劳动时间"内，成为资产阶级的"特权"。马克思认为休闲的需求刺激着休闲产品的生产，"生产直接是消费，消费直接是生产。每一方直接是它的对方。可是同时在两者之间存在着一种中介运动。生产中介着消费，它创造出消费的材料，没有生产，消费就没有对象。但是消费也中介着生产，因为正是消费替产品创造了主体，产品对这个主体才是产品"。⑩换而言之,只有人的休闲需求才能刺激休闲产业的发展,才能推动都市休闲文化的形成。

伴随着市场经济的发展,社会整体经济水平的提升及五天工作制的普及,休闲时代早已到来。休闲已经成为日常生活的主要组成部分,工业革命初期作为贵族特权的休闲生活,也已融入普罗大众的生活常态中。休闲产品也成为大部分人都能够承担的日常消费产品,由此也促使着都市休闲的方式也发生了转换,即从休闲经济初期提供外在化的休闲产品,转化为提供内在的休闲文化,都市休闲经济也实现了从"生产"到"生活"的飞跃。在都市休闲文化步入"生活"的领域时,开始摆脱审美"物化"的裹挟,审美从工业化的符号开始回归到探寻日常生活方式背后的价值。作为审美主体的人,借助于都市生活中的审美志趣,也在现实生活中追寻个体生命的超越和提升。⑪从某种意义上讲,进入休闲审美的人,可以逐渐摆脱市场经济物化的束缚,把现实生活展示为具体化、理想化的生命实践,在喧嚣的世界中寻找到心灵安顿的场景。

都市休闲文化是一种"在场"的生活美学,一方面它既要承认大众审美、日常审美的合法性,也要摆脱审美庸俗化的倾向;另一方面,也要在现实的物质世界和市场经济中,寻找到审美的价值和意义,寻找到人生的境界和超越的价值。都市休闲文化诞生于工业革命早期,从那时起工业化逐渐消解传统价值,可以说,都市休闲文化是在传统场景(体力劳动和脑力劳动独立的场景)被逐渐消解的基础上发展起来的。都市休闲文化不仅折射出近代人类历史发展的全貌,也体现了人类不断与现实实现和解、不断"化境"的过程。都市休闲文化不是审美的庸俗化,相反它是人类与新世界沟通并进而构建新的审美体系的展示,它把当下都市人格中诸如空虚、无聊、浮躁、沮丧等负面情绪,排除出人的精神世界,在都市生活中探寻和领会到中国古代智慧所言说的审美"境界",借助于审美而实现了人生觉悟。都市休闲文化在休闲美学的结构下,寻找到从"生产"到"生活"的审美价值。

都市建设理念在从"雅典"到"北京"的三大宪章这近一百年的历史发展中,不断迎合都市人的精神需求,在从满足"生产"需求到满足"生活"需求的过程中,逐渐认同了普罗大众休闲权力的合法性,并以都市休闲经济为载体和基础衍生出都市休闲文化的审美价值。休闲,作为一种当下的日常行为,也被赋予了哲学和审美的价值与意义。在生活中寻求生命的价值、在日常生活中探索生命的真谛、在都市中寻觅"乡愁"精神的皈依,把都市休闲生活纳入审美的境地,既尊重了普通人的生命权利,也实现了美学学科的最大价值。按照潘立勇的说法,休闲美学必须走出传统的抽象领域和艺术中心论,要主动走进当代社会大众丰富活泼的日常生活审美领域,从书斋之学转换为现实之学,从抽象哲学转换为生活智慧,从"观听之学"转换为"身心之学",充分发挥美学的社会文化功能,在喧嚣的都市中借助美学的力量寻求现居的雅致。[12]由此可见,都市休闲文化审美架构的探索,拓展了美学学科的研究视野,把都市人格的现实价值纳入了美学的研究范围,发掘了都市人格生存境地的审美价值。

注释

① 吴良镛:《21 世纪建筑学的展望——"北京宪章"基础材料》,载《建筑学报》,1998 年第 12 期。

② 吴良镛:《21 世纪建筑学的展望——"北京宪章"基础材料》,载《建筑学报》,1998 年第 12 期。

③ 张耀天:《道统、境界、情怀、生活:中国当代休闲美学话语构建思考》,载《湖北理工学院学报》(人文社会科学版),2019 年第 1 期。

④ (南北朝)颜之推:《颜氏家训》,郑州:中州古籍出版社,2017 年版,第 71 页。

⑤ 张耀天:《道统、境界、情怀、生活:中国当代休闲美学话语构建思考》,载《湖北理工学院学报》(人文社会科学版),2019 年第 1 期。

⑥ 于桂芝:《劳动和休闲的哲学基础——马克思关于人的全面自由发展的再认识》,载《社会科学战线》,2004 年第 4 期。

⑦ [美]约翰·凯利:《走向自由——休闲社会学新论》,赵冉译,昆明:云南人民出版社,2000 年版,第 79 页。

⑧ 潘立勇:《休闲与审美:自在生命的自由体验》,载《浙江大学学报》,2005 年第 6 期。

⑨ [德]马克思、恩格斯:《马克思恩格斯全集》第 26 卷,人民出版社,1974 年版,第 280 页。

⑩ [德]马克思、恩格斯:《马克思恩格斯全集》第 2 卷,人民文学出版社,1995 年版,第 9 页。

⑪ 徐溪:《品茗与清代新疆文人的休闲生活》,载《福建茶叶》,2018 年第 11 期。

⑫ 潘立勇:《中国当代休闲文化的美学研究与理论建构》,载《社会科学辑刊》,2015 年第 2 期。

社会发展视阈中的休闲价值研究

——以杭州城市发展为例

寇　宇*

摘　要:中国共产党十九大报告指出,"中国特色社会主义进入新时代,我国社会主要矛盾已经转化为人民日益增长的美好生活需要和不平衡不充分的发展之间的矛盾"。这充分证明,以经济的"高质量发展"为基础的中国社会的"全面发展"是当今时代的主题,而"休闲"作为"美好生活"的象征,既是发展的目标,也是驱动发展的因素。所以,从"社会发展"的视角看待"休闲价值"就具有深刻的时代内涵。社会发展不是一个抽象的过程,而是一种具体的、实践的过程,这种具体性和实践性更多地体现在"城市发展"的主题中。本文不仅从宏观层面构建一种"社会发展观"去剖析"休闲的价值",也以杭州为例,从微观上阐述休闲在"城市发展"中的具体价值表现。

关键词:休闲价值;社会发展;城市发展

一、社会发展观的构建

柏拉图曾在《理想国》中提出,"我们建立这个国家的目标并不是为了某一个阶级的单独突出的幸福,而是为了全体公民的最大幸福"①,从这里透露出一个朴素的思想,那就是全体公民的幸福才是一个国家应该追求的目标。囿于时代原因,虽然柏拉图提到的"全体公民"并不包含那些奴隶、战俘等从事体力劳动的人,但是,如果从当代视角理解这句话,我们就可以说,整个社会的发展目

---

*　作者简介:寇宇,男,浙江大学旅游与休闲研究院博士,浙江外国语学院讲师。

的，就是让社会中的每一个人都得到幸福，而要保证每一个人的幸福，首先就需要保证一个国家（社会）的进步和发展。习近平总书记也曾说过："人民对美好生活的向往，就是我们的奋斗目标。"② 这说明当代中国的发展目标是实现人民的"美好生活"。无论一个社会的最终发展目标是"幸福"，"自由"，还是"美好生活"，在这之前都需要解决"如何发展"的问题，只有解决了这个问题，才能最终塑造某种"理想社会"。"马克思哲学所坚持的中心观点都是：人是社会的主体，只有从人是主体的观点去认识和理解社会，才能把握社会的真实本质。"③ 为什么社会发展的最终落脚点是人，为什么人要依靠社会实现自己的发展？马克思在《关于费尔巴哈的提纲》中提到："人的本质并不是单个人所固有的抽象物，实际上，它是一切社会关系的总和。"④ 既然人的本质是社会关系的总和，那么，人的发展当然是建立在社会发展的基础上，反之亦然，社会发展的最终指向是人本身的发展。社会与人在本质上是统一的，人是社会中的人，社会也是人的社会，人需要依靠社会回归自己的本质，社会也需要依靠人获得自己的存在，一切从人开始，最后又复归于人。

二、休闲对社会发展的价值

（一）何谓"休闲"

关于"休闲"，学术界主要有"闲暇说""活动说"以及"状态说"三种。"闲暇说"主要将休闲看作是一种"闲暇时间"，譬如楼嘉军教授曾总结道："所谓休闲是个人闲暇时间的总称，也是人们对可自由支配时间的一种科学和合理的使用。"⑤

在社会学和经济学领域，大部分学者会将"休闲"看作是一种"社会（经济）活动"。社会学家将"休闲"理解为是"休闲（娱乐、体育）活动"，同时，经济学家"将休闲看成时间的非生产性消费，仍是从'活动'的意义上对休闲进行定义，不过它不再是社会学家眼里的活动，而是经济学家眼中的活动，是一种消费活动。事实上，消费者的休闲不只是一种时间消费，更重要的是一种物质和服务的消费活动".⑥因为社会学和经济学的研究一般都要涉及社会(经济)调查和统计,将"休闲"看作人的某种特定活动,有利于具体(社会和经济)场景和不同特征人群的分类统计。

"状态说"主要分为两种,一是将"休闲"定义为一种"心理体验""精神状态""内心境界"等。二是将"休闲"看作是一种"生活状态"或者"生活境界"。无论是人的"心理(精神)状态"还是"生活状态",这种所谓的"休闲状态"都可以形容为"愉悦的""放松的""畅爽的""审美的"等等。

例如,潘立勇教授认为:"所谓休闲,就是人的自在生命及其自由体验状态,自在、自由、自得是其最基本的特征。"⑦潘教授将休闲归结为某种精神状态,将休闲"境界化"和"体验化",这就是从"心理(精神)状态"角度理解"休闲"的内涵。

综合以上学说,本文对"休闲"的定义是,"休闲"是人以闲暇时间为前提,以某种活动为载体,以身体的休息(放松),精神的享受(愉快的、畅爽的、审美的精神体验)为结果的一种"现实的生活过程",或者说是一种"存在",它具有"现实性""场景性""体验性""实践性"等特征。

孙正聿教授在评价马克思的"辩证法"和"劳动观"时曾说:"离开人的'历史',就会把人的'存在'抽象化,把人与世界的现实关系抽象化。人们的'存在',就是人们的'现实的生活过程';人们的'现实生活'的根基,则是人们的物质生活资料的生产——劳动。'劳动'是人的'存在'。马克思的以'劳动'为根基的'现实生活'的存在论,为'否定'的辩证法注入了'存在'的真实内容。"⑧从这里可以看出,既然"劳动"是人的"存在",也是"现实生活"的根基,那么在当代社会,与劳动相对的"休闲",也应该被看作是一种人的"存在",虽然"休闲"不是决定现实生活的根基,但肯定是一种"现实的生活过程"。这是因为,休闲本身的"体验性"和"场景性"就决定了"休闲"不是某种抽象的本体,不是脱离了人的某种抽象的"理念",而是发生在闲暇时间中的某种实际的"生活过程"。海德格尔的"存在论"也强调现实和具体的个人,而不是抽象和虚幻的个人,所以才用"此在"(Dasein)这个概念表达那个在当下追问自身和世界存在意义的人。从另一角度看,这个"此在"就是在具体社会历史和生活环境中的某个人。既然人的存在是具体和鲜活的,那么,以人为主体的"休闲",就应该也是具体和鲜活的,也就是说,这个作为"现实的生活过程"的"休闲"是实实在在的一种"存在",而不是什么超脱于世的"理念"。

(二)"休闲"在"社会发展"中的价值

"休闲,旨在创造各种机会和条件以期对个人、社区以及整体社会之生活水平的提高和生活品质的改善,起到一种提升、丰富、改善和支撑的作用。……对于那些致力于改善和提升生活品质的社区或者国家(社会)来讲,由于其广大的民众通过休闲而赢得了成长、发展和享受生活的机会,走向了生命的绚烂和辉煌,那么,这些社区或者国家(社会)自身也将会走向兴旺和发达。"⑨这就是说,"休闲"通过对"个人发展"的促进从而最终实现促进整体社会的发展,"休闲"的"一般价值"就在于它体现了一种"发展的力量"。

1. 社会经济发展的驱动要素

上文曾提到,"社会发展"以"物质前提"为基础,所以,分析"休闲"对"社会发展"的作用和价值,首先就需要分析"休闲"对"经济发展"的"价值"。从经济学的角度看,一切"经济发展"都可以归结为"供给"和"需求"的关系问题,从"矛盾分析法"的角度说,就是"供给"和"需求"的矛盾运动问题。所以,研究"休闲"对"经济发展"的作用,就要分别研究"休闲"对"供给"和"需求"的影响。

先来谈对生产(供给)的影响。首先,从微观上看,"休闲"对生产的贡献体现在"休闲"与"科学技术"的关系中。邓小平在《科学技术是第一生产力》中曾三次讲到"科学技术是第一生产力"⑩。结合人类发展的历史情况,"科学技术"对"生产力"的价值不言而喻。但"科学技术"不是凭空产生的,而是人类"创造"的,很多人认为"创新"是"科技进步"的根本动力。约翰·凯利曾说:"休闲不仅仅是空闲的时间,它是创造的可能性,是通向'未然'的开放性。"⑪"休闲"可以让人的"创造力"更大程度地发挥,而这对于"科技创新"具有重要意义。正是在此基础上,我们可以说,"休闲"促进"科技"的产生和进步,因而也就推动了"生产力"的发展。其次,从宏观上看,在 21 世纪的今天,"休闲产业"作为推动经济发展的重要力量已经被全世界所重视。楼嘉军教授曾指出:"自 20 世纪下半叶以来,休闲产业在世界性产业结构的调整中占据着越来越突出的地位,其对推动各国经济持续增长和缓和就业压力作出了应有的贡献,休闲产业已成为后工业化时代新的经济发展阶段的标志性产业群。"⑫这说明,"休闲产业"已经成为当代经济发展的"着力点"和"驱动力","休闲"对"经济发展"的最大影响就体现在这个方面。

再来看对需求(市场)的影响。上面分析了"休闲"对"供给"的影响,接下来就需要分析"休闲"对"需求"的影响,在当代市场经济的条件下,这个问题就可以翻译为,"休闲"对"市场"或者"消费"的影响,也就是"休闲消费"的问题。许斗斗曾指出:"休闲活动的合理性在很大程度上依赖于经济方面的确证。而这种经济学上的确证则主要借助人们在休闲中的经济消费活动。休闲消费在工业资本主义社会的发展中是一个重要的动力源,而消费则成为'休闲的新的合理性'因素。休闲消费对经济的这种巨大带动作用是任何国家政府或任何一个商人和经济学家都不能忽视的。"⑬可以看出,"休闲消费"是当代经济"需求端"的重要构成要素。因为从一般情况看,"休闲消费"与"普通消费"相比,消费数额更加庞大,这就构成了极大的"消费市场",代表了丰富的"消费需求"。并且,"休闲消费"的内涵丰富,也就是它的消费种类和方式多样。随着与现代科技、文化等因素的结合,新的"休闲消费"类型不断产生,也就是"需求"的"产生"是"源源不断"的,这就从根本上创造了巨大的"消费空间"。只要人类社会不断发展,这种"消费空间"就会不断扩大。所以,可以说,"休闲消费"的兴起和繁荣既是社会经济发展的结果,也是促进社会经济继续发展的重要因素,这就形成了一个经济发展的良性循环。

马克思认为,资本主义社会生产的发展和停滞以及资本主义经济周期的发生,是"生产力"与"生产关系"的冲突和矛盾造成的,只有"生产关系"与"生产力"相适合才能促进经济发展,而"休闲"正是提供了这样一种"新环境",在"休闲经济"中,"生产力"和"生产关系"都有了新的内涵和表现形式,从根本上说,就是融合了更多的"人本要素",摆脱了传统经济中的"物化要素",这样的经济发展就更多的是"为人的"而不是某种"物化的",人与人的生产关系也就更加人性化,生产力的进步不再依靠对劳动者"剩余价值"的剥夺,而是一种"互利"和

"共赢"的模式。

2. 社会生活丰富的组成要素

我们可以从"时间"和"空间"两个维度分析"休闲生活",因为"生活"是现实的和具体的,从客观实际出发,"生活"的展开就是在"时间"和"空间"中的展开,所谓"社会生活的丰富"也就是在"时间"和"空间"两个方面的"丰富"。在"时间"层面的"丰富"就是人的时间利用方式的增多,在"空间"层面的"丰富"就是空间中的人的行为(活动)的增多。因此,"休闲"在社会生活中的价值,就体现在这两个大的方面中。

当代社会,随着生产力的进步,科学技术的普遍应用,人们的"劳动时间"逐渐缩短,"闲暇时间"(这里的"闲暇时间"是指除"劳动时间"以外的所有时间)逐渐增多。"闲暇时间"的利用是一个"灵活性"很高的事情,不仅政府等社会组织可以灵活地安排和组织休闲活动,个人"主观能动性"的发挥也有很大的余地,个人可以相对自由地安排自己的"闲暇时间",根据自己的兴趣和需要进行时间的利用。因此,无论对以政府为代表的社会组织,还是对每个具体的人来说,"休闲"都让我们更有机会实现"时间的最大利用",不像"劳动(工作)时间的利用"那么死板和无个性,这种"闲暇时间的利用"更加灵活,更加符合个人特性,也让整体社会向多个维度发展,促成社会的繁荣。这就是"休闲"在人们"时间利用"中的最大价值体现。

因为"休闲"是一种现实的和具体的"生活过程",所以要用具体的活动充实"闲暇时间",用每个人的具体活动实现生命的宽度,充分展现"闲暇时间"的"内容性"。所以,"活动的增多"与"时间的利用"其实是一件事情的两个方面,活动要在时间中进行,时间要通过活动展开。上面提到,"休闲"有利于"时间的最大利用",但"休闲"对"时间利用"的价值不是"直接显现"的,而是需要一个现实和"具体的媒介","间接地"展现"休闲价值",这种"具体的媒介"就是每一个实际发生的"休闲活动"。"休闲"的本质是一种"现实生活过程","过程"就是"历时性","休闲主体"是"人","人"通过每一个"具体的活动"展现这种"过程"或"历时性",达到"时间的最大利用"。

总结来说,正是因为"休闲"更多地关涉人的主观兴趣和自由选择,每个人或者社会组织可以不断开辟和拓展新的"休闲活动"，也就是"休闲活动"的开发。换句话说，就是可以不断形成新的"生活过程"，而这些"生活过程"就体现为"时间的最大利用"。这就是"休闲"丰富社会生活的具体途径。

3. 社会自然和谐的促成要素

在当代社会，"和谐"大体涉及两个方面的内容，一个是"社会与自然"的和谐，一个是"社会本身"的和谐。具体来讲，"社会与自然"的和谐就是个人与自然的和谐以及由个人组成的整体社会与自然的和谐，"社会本身"的和谐就是社会中人与人关系的和谐。因此，分析"休闲"在这里的价值，就要从这两个方面着手。

人们的大部分"休闲"都离不开良好的环境，良好的环境才能促成愉悦的心情，良好的环境也是开展许多"休闲活动"的必要前提。从旅游对环境的依赖就可以看出自然环境对休闲的重要作用。因为"休闲"是一种"现实过程"，"现实过程"的发生是以"空间"为前提条件的，而良好的自然环境就代表了良好的"空间条件"。正是出于对良好的"空间条件"的需求，人们就希望自然环境不断改善，也就因此在生活中有了"生态保护"的意识，有了生态保护的意识，就会在具体生活中注意保护环境。随着休闲人数的增多，这种"生态保护"的"社会意识"就会逐渐增强，最终促成"社会"与"自然"的"和谐发展"。

在休闲中，人与人的关系都是"平等的"，在从事同一项休闲活动的人们之间，一般不会发生"不平等"的情况。譬如，休闲活动一般不会产生"上下级"这种关系[①]，人们可以在休闲中得到相对的自由，从某种关系束缚中解放出来。马克思说人的本质是社会关系的总和。在工作中，社会关系的性质往往决定了人与人存在位置上的高低之分。而在休闲中，人与人的社会关系会发生某种转变，这时候人与人的"权利平等"会更加凸显。人们在休闲中也可以逐渐增强这种"权利平等"的观念，而这种观念的加强和传播就会有利于人之人之间形成合理的社会关系，当人与人之间的关系较为和谐，整个社会也就会和谐起来。

4. 社会文明进步的构建要素

社会文明的进步既要依靠政府等社会组织的管理和投入，也需要每个人自身素质的全面提高。当代社会，"休闲"已经成为社会组织积极投入和参与的一项"事业"，也是个人提高自身素质的一种"途径"。

当今中国社会的发展趋势要求政府进行职能转变，从"管理型"政府转变为"服务型"政府。在职能转变过程中，很重要的一个方面就是要实现政府服务的"以人为本"。很多其他社会组织的主要职能也是服务于人们生活的某些方面。在这一过程中，"休闲"可以提供更多的机会和途径，帮助政府等社会组织深入人们实际生活的更多方面，无论从基础设施的提供还是具体服务渠道的构建，都能切实提高每个人的生活水平，真正促进社会文明的进步。并且，政府等社会组织介入人们"休闲生活"的相对阻力较小，取得的效果也很显著。

社会是由每个具体的个人组成的，社会文明的进步归根结底是每个个体素质的提高造就的。个人素质的提高，既需要"社会教育"也需要个体的"自我教育"。政府或其他社会组织举办的教育，都是服务于某个宏观目的，最主要的就是服务于"经济目的"。这样的"社会教育"，在保证个人基本文明的基础上，主要提升了个体在社会系统中的"经济价值"，无法兼顾个人整体素质的提高。而社会文明的进步不仅需要个体是一个"经济人"，也需要个体是一个"全面发展的人"，这就要求个体更加注重自身的"自我教育"，而"自我教育"主要是在"闲暇时间"完成的。"休闲价值"主要就体现在这个"自我教育"中。在"休闲"这一过程中，每个个体根据自身的禀赋、兴趣、需求等因素，可以相对自由地选择一种方式进行自我教育，提升自我素质，在这个过程中实现"自我发展"。

三、休闲价值在都市发展中的具体表现——以杭州为例

杭州自古被认为是一座休闲的城市，具备优良的自然环境条件，深厚的人文历史传统以及崇尚和追求休闲的城市文化理念，所以本文选取杭州作为案例进行具体分析。同时，近年来，杭州以"城市让生活更美好，休闲让城市更具魅力"为发展理念，着力打造"东方休闲之都，品质生活之城"，以"休闲"为突破口，推进城市国际化，努力打造国际化大都市。可以看出，"休闲"已经成为杭州的一个城市名片和标签，研究"休闲"对杭州城市发展的意义，更具有典型性和代

表性。

(一)"休闲经济":杭州城市发展的抓手

任何"社会发展"都以"经济发展"为前提条件,城市作为典型的"小型社会"也不例外。城市管理者,各种社会组织和广大普通民众首先关心的就是城市的经济发展。杭州作为一座"有山""有水""有文化"的城市,现实的首要选择就是发展以"旅游业"为主的"休闲产业"。所以"休闲经济"是杭州城市发展的重要抓手,这也是杭州特有的资源禀赋所决定的。"从自然资源看,杭州拥有两个国家级风景名胜区、五个国家级森林公园、两个国家级自然保护区,一个国家级旅游度假区、一个省级旅游度假区,西湖、千岛湖、富春江、新安江的山水,古运河的文化,钱塘江的大潮,构成了丰富的观光、休闲资源。从人文资源看,杭州是七大古都之一,全市有文物古迹 1800 多处,新发现和重新评估具有较高历史价值的文物史迹就有 833 处,遍布市内的 152 个国家级、省级、市级文物保护单位,215 处文物保护点……"⑮这些都决定了杭州发展"休闲经济"是立足当下,结合实际,理性现实的选择。我们可以从近些年杭州"旅游业"的发展情况看出"休闲经济"对杭州城市发展的巨大作用。

从表1可以看出,在 1995—2017 年这二十多年中,杭州的旅游总收入和旅游总人数逐年上升,并且从 2010 年开始,上升速度进一步加快。可以预计,随着中国国际影响力的加大,杭州城市国际化进程的深入,国外旅客人数以及随之的旅游外汇收入会进一步提高,杭州"休闲产业"必将更加蓬勃繁荣。

表 1　杭州旅游发展情况(1995—2017 年)

年份	旅游总收入/亿元	国内旅游收入/亿元	旅游外汇收入/亿美元	旅游总人数/万人次	国内旅客人数/万人次
1995	106.0	94.3	1.45	2148	2104
1996	136.5	122.6	1.67	2055	2009
1997	158.8	142.1	2.01	21.50	2100
1998	163.4	146.0	2.10	2172	2121
1999	186.0	166.7	2.37	2266	2207

续表

年份	旅游总收入/亿元	国内旅游收入/亿元	旅游外汇收入/亿美元	旅游总人数/万人次	国内旅客人数/万人次
2000	214.3	190.0	2.92	2376	2305
2001	249.7	218.9	3.37	2592	2510
2002	294.4	254.8	4.77	2758	2652
2003	325.9	290.9	4.22	2862	2776
2004	410.1	361.2	5.97	3139	3016
2005	465.1	403.6	7.58	3417	3266
2006	543.7	471.2	9.09	3864	3682
2007	630.1	548.6	11.19	4320	4112
2008	707.2	617.2	12.96	4773	4552
2009	803.1	708.9	13.80	5324	5094
2010	1025.7	910.9	16.90	6581	6305
2011	1191.0	1063.8	19.60	7487	7181
2012	1392.3	1253.2	22.02	8568	8237
2013	1603.7	1469.9	21.60	9725	9409
2014	1886.3	1743.9	23.18	10933	10606
2015	2200.7	2019.7	29.31	12382	12040
2016	2571.8	2362.6	31.49	14059	13696
2017	3041.3	2802.1	35.43	16287	15884

数据来源:杭州市社会经济调查局、国家统计局杭州调查队、杭州市统计局:《杭州统计年鉴:2018》,中国统计出版社,2018 年版,第 317 页。

"休闲经济"最好地体现了"休闲"在"城市发展"中的"手段价值",以"休闲经济"为突破口,杭州可以在供给侧结构性改革、消费换代升级、全产业链构建等各个经济领域取得一定成效,最终带动整体城市经济的大发展。

(二)"休闲生活":杭州城市建设的目标

"休闲生活"更多体现了"休闲"在"城市发展"中的"目标价值"。杭州一直

注重市民休闲文化生活的建设,努力营造休闲文化氛围,这可以从改革开放以来杭州市文化事业的发展情况看出来。(见表2)

表2 杭州市区文化事业单位统计(1978—2017年)

单位:个

年份	电影院	剧团	剧场	文化馆	文化站	图书馆	博物馆
1978	7	13	6	5	—	2	1
1979	8	14	7	5	27	2	1
1980	8	15	7	5	37	2	1
1981	8	17	7	6	40	2	1
1982	9	17	7	6	45	3	1
1983	9	15	3	6	46	3	1
1984	9	15	4	6	49	3	1
1985	8	16	9	6	47	3	2
1986	8	15	8	6	48	3	2
1987	8	15	9	6	38	3	2
1988	7	14	9	6	50	3	2
1989	7	14	9	6	48	2	2
1990	9	14	9	5	48	3	2
1991	10	14	8	5	48	3	2
1992	11	14	8	5	48	3	6
1993	10	14	9	5	42	3	6
1994	11	13	9	5	48	3	6
1995	11	13	9	5	67	3	6
1996	10	13	8	5	55	3	6
1997	10	13	8	5	52	3	6
1998	9	13	8	6	55	3	7
1999	9	13	6	6	52	3	8
2000	8	12	6	6	52	3	9

续表

年份	电影院	剧团	剧场	文化馆	文化站	图书馆	博物馆
2001	49	14	11	8	89	5	11
2002	—	14	10	8	90	4	11
2003	19	14	11	13	92	4	11
2004	18	14	14	8	93	5	12
2005	16	15	10	8	94	7	12
2006	16	15	10	8	94	8	12
2007	16	15	10	8	92	9	12
2008	18	15	11	8	92	9	13
2009	15	16	11	8	95	11	34
2010	25	17	11	8	96	11	54
2011	23	17	10	10	94	10	54
2012	31	17	10	10	96	10	54
2013	31	17	10	10	94	10	54
2014	55	18	11	11	118	11	57
2015	78	18	11	11	118	11	59
2016	78	18	11	11	118	11	60
2017	146	18	11	12	136	12	61

数据来源:杭州市社会经济调查局、国家统计局杭州调查队、杭州市统计局:《杭州统计年鉴:2018》,中国统计出版社,2018 年版,第 369 页。

从表 2 可以看出,改革开放以来,杭州文化事业呈稳步发展的趋势。尤其是近几年,随着政府投入的加大,私人投资的增多,文化事业保持繁荣状态,虽然表 2 没有显示出文化事业单位数量的飞跃式增长,但文化事业单位数量显示出稳中有进的状态,这从侧面充分说明,杭州政府及其他社会组织对文化事业一直保持重视,对市民"休闲文化生活"的塑造也一直保持关注和支持。在关注市民休闲文化生活的同时,随着当代科技发展的日新月异,互联网、大数据、人工智能等一大批高新技术也出现并成熟。进入 21 世纪以来,杭州开始建设"智慧城市",依托互联网等高新技术,便利市民生活,提高城市运转效率。但"智慧城市"不是"最终目的",而是"发展手段",最后落脚点在于杭州全体市民生活质量的提高以及美好生活的实现。"休闲生活"作为"美好生活"的一种现实表现，整个杭州"智慧城市"的建设也就紧紧围绕着"构建休闲生活"这一具体价值目标进行。总而言之，"构建休闲生活"既是过去，也是现在，更是未来杭州城市建设的目标和城市发展的方向。

(三)"休闲环境"：杭州城市生态的构建

休闲不仅涉及"时间"问题，也涉及"空间"问题，并且，"空间"与休闲的"体验性"密切相关，没有良好的"空间"，也就没有良好的"体验"。随着环境保护的意识越来越深入人心，在维护良好"空间资源"的基础上，杭州也在不断升级和改善已有的环境条件，这从近几年杭州市区园林绿化的情况可以看出来。

从表3可以看出，近几年，杭州市的园林绿化情况逐年改善，建成区的绿化覆盖面积、绿地面积、公园绿地面积等每年都在增加，这充分反映出杭州市对保护和改善生态环境的重视。要实现"全域休闲"的目标，首先就应该尽力实现"全域生态"，保持并不断改善杭州市的整体生态环境，以"生态城市"建设促进"休闲城市"建设。

表3 杭州市区园林绿化情况(2019—2017年)

年份	建城区绿化覆盖面积/公顷	建城区园林绿地面积/公顷	公园绿地/公顷	建城区绿化覆盖率/%	公园景点量/个	公园景点面积/公顷
2010	16483	15118	5017	39.95	176	1906
2011	17336	15898	5287	40	181	2047
2012	18135	16647	5635	40.07	185	2065
2013	18606	17071	5820	40.23	190	2094
2014	20031	18386	6304	40.57	207	2298
2015	20464	18949	7640	40.43	217	2488
2016	22035	20118	8118	40.7	222	2754
2017	23620	21726	8770	39.96	245	3074

数据来源：杭州市社会经济调查局、国家统计局杭州调查队、杭州市统计局：《杭州统计年鉴：2018》，中国统计出版社，2018年版，第354页。

"环境保护"不是一句口号,而是落实在实际生活层面的具体行为。"休闲"是一种理解和践行"环境保护"的"重要途径",我们可以在"休闲"中切身体会生态环境对我们的重要性,也可以通过"休闲"调解"生态保护"与"经济发展"之间的某种矛盾和冲突,通过发展"休闲经济",带动第三产业大力发展,这样就可以最大限度地兼顾"生态保护"与"经济发展",在"休闲"中,我们可以深刻体会到习近平主席所说的"绿水青山就是金山银山"⑩的深刻内涵。

(四)"休闲的人":杭州城市文明的塑造

分析人类社会的独特性可以发现,"劳动"和"休闲"都是人类社会特有的现象。也就是说,人类文明就体现在人是"劳动的"和"休闲的",马克思认为"劳动"是人之为人的起点,也就是人类文明的起点在于人的劳动,而"休闲"可以说是人之为人的升华。每个人并不是为了劳动而劳动,所有的人类劳动都服务于自我的生存,在自我生存的基础上,休闲体现着人类的"高级追求",而这就是人类文明进步的体现。所以,"休闲的人"必然标志着"文明的人"。也就是说,一个真正意义上"休闲的人",必定是一个素质和文明程度不断提高的人,也就是在不断发展着的人,生命不止,发展不止,休闲也不止。"休闲"是体现在每个人身上的一种"现实生活过程",这个过程一直延续到每个人生命的尽头。文明的塑造也是每个人持续一辈子的过程,懂得休闲的人,是一个深刻认识到文明意义的人,也是一个不断提高自身文明程度的人。

杭州打造"休闲城市",就是在用"休闲"塑造着杭州的城市文明,用"休闲"体现着杭州的城市文明。杭州的城市文明就是一种建立在"休闲"基础上的文明,在提高每个市民生活品质的同时,塑造着每个市民的品德。寓"文明"于"休闲",借"休闲"以"文明",杭州的城市文明就是一种体现着休闲特质的人类文明。

四、结 论

无论从何种意义上说,休闲具有价值是当代社会的一种共识,但对"休闲价值"的具体解释却各有不同。从社会发展的角度上看,"休闲"已然成为"社会系统"中的一个"子系统",并且这个"子系统"调节着其他"子系统"的运转,也回应着社会中每个个体的真实需求,"休闲"体现和发扬着社会的"人本性",构建和谐社会,塑造人类文明,离不开每一个"休闲的人"。杭州作为一座典型城市,对我们理解"休闲价值"的实际内涵提供了很好的参考和借鉴。

注释

①[古希腊]柏拉图:《理想国》,郭斌和、张竹明译,商务印书馆,1986 年版,第 135 页。

②习近平:《习近平谈治国理政》(第 1 卷),外文出版社,2018 年版,第 4 页。

③贺来:《"以人为本"的社会发展观的哲学前提》,载《哲学研究》,2005 年第 1 期。

④中共中央马克思恩格斯列宁斯大林著作编译局:《马克思恩格斯全集》(第 3 卷),人民出版社,1960 年版,第 5 页。

⑤楼嘉军:《休闲初探》,载《桂林旅游高等专科学校学报》,2000 年第 2 期。

⑥卿前龙:《什么是休闲?——国外不同学科学者对休闲的理解》,载《清华大学学报(人文社会科学版)》,2006 年第 4 期。

⑦潘立勇:《休闲与审美:自在生命的自由体验》,载《浙江大学学报(人文社会科学版)》,2005 年第 6 期。

⑧孙正聿:《辩证法:黑格尔、马克思与后形而上学》,载《中国社会科学》,2008 年第 3 期。

⑨[美]克里斯多夫·爱丁顿、陈彼得:《休闲:一种转变的力量》,李一译,浙江大学出版社,2009 年版,第 8 页。

⑩邓小平:《邓小平文选》(第 3 卷),人民出版社,1993 年版,第 274—275 页。

⑪[美]约翰·凯利:《走向自由——体闲社会学新论》,赵冉译,云南人民出版社,2000 年版,第 248 页。

⑫楼嘉军:《休闲产业初探》,载《旅游科学》,2003 年第 2 期。

⑬许斗斗:《休闲、消费与人的价值存在》,载《自然辩证法研究》,2001 年第 5 期。

⑭当然不是说"上下级"就是一种"不平等"的关系,而是在某些特殊情况下,"上下级"的关系很容易导致"不平等"情况的发生。

⑮万光政:《杭州打造"世界休闲之都"的对策研究——杭州的机遇与对策初探》,载《中共杭州市委党校学报》,2002 年第 6 期。

⑯习近平:《习近平总书记系列重要讲话读本》(2016 年版),学习出版社、人民出版社,2016 年版,第 230 页。

浅论都市文化背景下的休闲慢生活

来晓维*

摘　要：都市的快节奏生活源于社会加速，社会加速由不断追求经济利益的资本运行逻辑推动，在此过程中人的主体性遭到消解，生活意义也因此丧失。为了重新把握属于自己的时间、重新寻回生活的意义，"慢生活"理念应运而生。"休闲"因其包含的"自由时间"意向，被寄予了实现"慢生活"的厚望。然而，都市生活中休闲的消费特征致使其受到资本逻辑的裹挟而无法实现真正的"慢生活"。恢复从古希腊时期流传至今的理想性休闲对人的本质的关注，是"休闲"跳出资本逻辑、实现"慢生活"理想的重要途径。

关键词：休闲；慢生活；社会加速；资本逻辑

引　言

自工业革命始，人们进入了一个追求速度和效率的新时代。在高速高效的发展过程中，城市呈不断扩张的趋势，都市应运而生。作为"城市"的高阶形式，"都市"为人们提供了更丰裕的物质和更便利的生活，也造成了社会生活的不断加速。在以"快节奏"为主要基调的都市生活中，"放慢脚步"的呼吁开始出现并不断蔓延，"慢生活"成为一种理想生活方式受到推崇，而"休闲"作为"放缓脚步"的一种途径，被寄予让生活慢下来的厚望。然而，在闲暇时间越来越多、休闲选择愈加丰富的今天，人们的生活步伐并未因此减速。可见，能否通过"休

　　* 作者简介：来晓维，女，哲学博士，浙江大学人文学院旅游与休闲研究院博士后，浙江省新型重点专业智库杭州国际城市学研究中心浙江省城市治理研究中心研究人员。

闲"实现"慢生活"的理想,是一个有待讨论的问题。本文通过分析都市快节奏生活的成因、慢生活理念出现的主要诉求,来探讨休闲能否帮助人们在都市生活中摆脱快节奏、实现慢生活。

一、快节奏:都市生活中的加速循环

快节奏生活,是社会加速的一种表现。根据德国社会学家哈特穆特·罗萨(Hartmut Rosa)的观点,社会加速存在三个面向[1]:一是科技加速,即生产、运输、信息传播等的效率显著提高;二是社会变迁加速,即日常实践知识的衰退速率持续增加,也即能够被界定为"当下"的时间区间不断萎缩;三是生活步调加速,即同一时间单位内必须完成或体验的事件量的飞速增长。这三者相互作用,形成了一个加速循环:科技加速为社会在短时间内完成变迁提供了可能;社会变迁加速造成的事务量增长需要人们加快生活步调以及时应对;生活步调加速求助于科技加速以跟上社会变迁的速度。如此循环往复,造就了当下越来越快的生活节奏。这一加速循环推动了现代政治和经济的快速发展,同时也极大地影响了人们的日常生活,最直接的体现就是"时间匮乏感"的产生,即感觉时光飞逝、时间不够、想要加快速度迎头赶上,并对此感到焦虑和紧张。美国物理学家劳瑞·多西(Larry Dossey)将之称为"时间病(time-sickness)"[2],它反映了人们在快节奏生活中对时间失去控制的恐慌,是社会加速对人类主体性所造成的负面影响在生活中的具体表征。

有学者认为,社会加速对人类主体性所造成的负面影响是由科技加速导致的,如高颖提出,"人类在享受科学技术日益发展带来的日常生活便利化、高效率的同时,不得不接受由科技发展推动的快节奏生活下人的主体意识被技术理性所消解的现实"[3];保罗·维希留(Paul Virilio)也曾表达对于科技所造就的速度的忧虑,担心"人类被加速的科技殖民"[4]。他们的观点不约而同地将社会生活的加速和人类生存境况的改变看作是科技发展的必然结果,"科技加速"被放到了推动社会加速的"起点"位置。然而,从罗萨给出的社会加速循环中可见,生活步调的加速源于人们需要处理的事务量的不断增加,但事务量的增加并不是由科技加速造成的——科技加速只是为事务量的增加提供了可能。以电子邮件为例,电子邮件技术的出现让人们读写更多邮件成为可能,但这个技术本身并不导致需要处理的邮件量的增加;在需要处理的邮件量不变的条件下,科技加速甚至能够帮助人们争取自由时间。由此可见,科技加速"并非是社会加速的肇因"⑤,也无法解释"时间病"的具体由来。

如果社会加速并非由科技加速导致,那么究竟是什么推动了社会加速?

笔者以为,社会加速是由以经济效益为驱动力的资本逻辑推动的。步入资本主义社会后,人类从事生产的目的不再是获取物质资料的使用价值,而是获取价值,价值是凝结在商品中的无差别的人类劳动,其表现形式为金钱,也即经济利益。⑥在资本主义生产过程中,劳动由劳动时间来衡量。因此,经济利益是由劳动时间和单位劳动时间内工人所付出的劳动量共同决定的。为了获取更多利润,资本家不断地追求技术创新以节约劳动时间,然后用更多的工作(即劳动)填满节约下来的时间以生产更多的商品。由于资本主义对经济利益的追逐没有终点,因而科技的不断加速和事务量的持续增长也没有终点。然而,只有当工人自愿接受额外增长的工作量并投入其中,经济领域的加速循环才有可能实现。因此,如何让工人甘愿不断地投入工作成为亟须解决的问题。

宗教改革时期马丁·路德(Martin Luther)的"天职说"和约翰·加尔文(John Calvin)的"选民论",以及威廉·配第(William Petty)、亚当·斯密(Adam Smith)和大卫·李嘉图(David Ricardo)等古典经济学家的"劳动价值论"为这一问题的解决提供了可能:前者从宗教救赎、宗教道德的角度赋予了劳动神圣的地位;后者从经济哲学的角度对劳动创造财富的社会价值进行了论证,使劳动进一步成为受人尊敬的行为。⑦在此基础上,资本家宣扬"忠实的工作能高度取悦上帝",将"劳动是美德"的观念内化于工人心中,完成了对工人的内在规训;同时又为工人提供保险、带薪假期等福利保障,促使他们在工作中获得认同感和归属感,以获取他们的信任和忠诚。人们的思想观念发生了转变,开始认为工作是高贵而充满乐趣的,也坚信工作对社会生活有所裨益,工作逐渐成为人们生活的重心。由此,资本逻辑在生产领域形成了闭环,成为社会加速的诱因。

　　资本逻辑对社会加速的推动不仅体现在生产方面,也体现在消费方面。18世纪 30 年代在全球范围内爆发的经济危机促使人们认识到,消费已经取代生产成为经济生活中的首要问题。为了保证社会经济的正常运转和继续扩大,人的需要成为刺激生产的主要动力,工人阶级的身份开始从生产者转变为消费者。消费本是为了满足人们生活的基本需求,但为了保证资本的继续积累和扩张,过度的消费欲望被制造了出来。向工人阶级普及上层社会"好的生活"理念,将消费水平与社会地位、理想生活联系起来,这些举措促使工人阶级开始产生生活所需之外的需求,即"活得更加体面"。于是,奢侈品成了必需品,工作获取的额外财富被投入奢侈消费;而为了维持这种消费,人们不得不努力工作获取更多财富。信用卡的出现加剧了这一现象,它使人们的消费预期更容易达成,但信用卡债务让人们不得不工作更长时间去偿还。[⑧]至此,人们的消费也被纳入资本不断扩张的完美程序中,陷入了"工作—消费—工作"的无限循环。

　　综上,资本实现了对人的控制,人的所有行为都以"工作"为中心展开,工作中"快速""高效"的原则甚至被带入日常生活。资本逻辑从经济领域不断泛化至社会、文化、政治、生态等其他领域,最终导致了工作世界对生活世界的全面入侵。这有利于资本主义利益最大化目标的实现,驱动了社会的加速循环,但同时也造成了生活世界意义的消亡。生活世界的"意义"在于,它是"人类创造的、实现人类自身发展的世界"[⑨]。而以效益为目标的工作对生活世界的占领,导致了人与真实生活世界之间联系的割裂:为了效率而构筑的工作模式扼杀了人们创造生活的能力;对效益和成就的过分关注也让人们失去了探索生活的热情。人们生活着,却不再拥有自己的生活——那些不断被填满的时间,并不真正属于自己,而属于那些被不断创造的经济利益,人只是保障资本经济机器运转的螺丝钉——这才是"时间匮乏感"所带来的恐慌的缘由所在,即人的主体性在快节奏生活中的丧失。

二、慢生活:对抗加速生活的缓慢革命

　　如前所述,快节奏生活是社会加速的具体表现,而社会加速源于资本主义

对经济利益的不断追求。这一过程创造了丰裕的物质和便利的生活,但同时也导致了现代人作为主体存在的创造性和能动性的丧失。在"高效即合理"的原则下,"时间病"愈演愈烈,匆忙和焦虑成为现代人无法摆脱的梦魇,拖垮了人们的身体和心灵。"当人们不再能主导其日常生活,革命就会发生。"⑩意识到追随无情的速度所付出的代价后,人们开始寻求一种不同于此的生活方式,掀起了一场反抗快节奏生活的"缓慢革命"。1986 年,意大利人卡罗·佩特里尼(Carlo Petrini)发起了"慢食运动",成为最早的"慢生活"倡导者;1989 年,"慢食协会"在法国巴黎正式成立,与会的 20 多个国家代表签署了《慢食宣言》,这份宣言明确指出,"城市的快节奏生活正以生产力的名义扭曲我们的生命和环境,我们要从慢慢吃开始,反抗快节奏生活"⑪。以此为开端,"慢运动""慢旅游""慢城"等概念在世界各地不断涌现,越来越多人开始尝试让生活"慢下来",希望能够以此缓解加速生活引起的"时间病"。

"时间病"表现为人们对时间失去控制后的恐慌,其根源在于人们生活世界的意义在社会加速过程中的消亡。因此,对"慢生活"理念的提倡包含了人们重新把握时间、寻回生活意义的诉求,主要体现在以下三个方面:

一是让日常生活重新拥有时间。如果说"速度"等同于专业化和效率,"慢"则传递了另一种价值方式,即拒绝给予工作高于其他生活领域的特权。⑫"慢生活"理念的提出,是为了让日常生活脱离工作的控制,重新拥有时间——至少在生活领域中,人们不需要花费太多时间和精力去计算经济效益。例如亲手做一个面包,这一行为不产出任何经济效益,却依然是可欲求和可经验的,因为它创造了生活体验,它的产出体现为个人内心的满足。提倡"慢生活"并非对速度宣战,也不是号召人们回到前工业时代传统慢板式的生活,它并不拒斥世界的发展和变化,而是试图找到一种合理的发展节奏,即在工作和生活之间找到一种平衡,在追求效率的同时也能够拥有属于自己的时间去品味生活的细节、体验生活的乐趣。

二是有意识地使用时间。技术解放双手后,人们可支配的自由时间只多不少,但由于受到过度的消费欲望的绑架,这些时间并没有得到恰当地使用。反思当下,每一个节假日都是一场消费狂欢,人们不再关心妇女节、国庆节、圣诞节等节日背后的文化意义,而将之看作一个消费的理由。这样的狂欢并非人们的自主选择,而是资本主义精神裹挟下的一种盲从,是对时间无意识的消耗,也是"时间匮乏感"产生的原因。"时间的匮乏不会导致死亡,却会导致生活从未开始"⑬,而"慢生活"理念的提出,能够促使人们重新思考"如何恰当使用自由时间",通过对时间有意识地利用,将意义和乐趣投入日常生活,让日常生活的魅力重新显现。而"有意识"三字,也包含了寻回现代人主体性的诉求,这是寻回有意义的生活世界的重要前提。

三是提升生活质量。所谓生活质量,"是整体的幸福,包括了对生理、物质、社会和情绪幸福,以及个人发展程度和目的性活动的客观描述和主观评价,所有这些都由个人的一套价值体系来衡量"⑭。现代人的价值体系受到资本运行逻辑的影响,总是以经济效益为指标来衡量自身的生活幸福与否。这种衡量方式确保了物质幸福,却对身体、社会和情绪幸福缺乏关注,致使人们在不断加速的社会生活中饱受生理和心理的双重压力。"慢生活"理念的提出,表达了人们通过放慢脚步,将更多注意力放到生活本身,恢复与生活世界的真实联系,并在此过程中获得整体幸福,提升生活质量的诉求。

以此三者为诉求,"慢生活"成为席卷世界的一股风潮,成为越来越多社会组织和个人在日常生活中践行的目标。而"休闲",因其所包含的"自由时间"的意向,被寄予了在都市快节奏生活中重新夺回时间,实现"慢生活"的期望。

三、休闲:在都市践行慢生活的可能性

"休闲"的定义广泛,但无论从哪个维度对其进行定义,都脱离不开"自由时间"这一基本要素。在时间维度,休闲被定义为满足生活和工作基本需要后可以自由支配的时间;在活动维度,休闲被认为是人们在自由支配时间内依据个人偏好选择的非强制性活动;在存在状态维度,休闲是一种无须考虑生存问题的沉思状态,这一状态在自由时间内实现。休闲所具备的"自由时间"要素,使其具备了对抗加速生活,把握属于自己的时间的可能,因而成为践行"慢生活"理念的重要方式。然而,休闲能否让人们将科技加速、劳动时间缩短而节约出

的时间占为己有,重新创造生活的意义却有待讨论。笔者认为,以消费为中心的消费性休闲,与以其自身为目的的理想性休闲,两者在实现"慢生活"理念诉求的过程中所起的作用是完全相反的。

(一)消费性休闲:以"慢"为名,行"快"之事

在现代都市生活中,"休闲"与"慢生活"结合的案例随处可见。以杭州为例,在西溪、青芝坞、湘湖等地设立了专门的慢生活街区,引入了书店、餐厅、茶室、咖啡厅、陶艺工作室等休闲业态,为人们提供了慢读、慢写、慢食、慢饮、慢手作的场合和空间。然而不难发现,这种结合主要是"休闲产业"与"慢生活"理念的结合。所谓休闲产业,是指"由消费者的休闲需求引发的、国民经济中那些生产休闲物品和休闲服务的行业总称,广泛存在于国民经济三大产业之中"。[15]休闲产业的出现,为人们在贯彻"慢生活"理念的同时兼顾经济的"快发展"提供了一条路径,但同时此种休闲的实现以消费为基础,这就导致其易于受到资本运行逻辑的裹挟,偏离"慢生活"理念的实际诉求,反而以"慢"为名,行"快"之事。

对休闲与消费关系的思考并非现在才有,事实上,近现代休闲研究就是以批判消费性休闲为开端的。凡勃伦的《有闲阶级论》指出,资本主义和城市化、工业化进程引发了严重的社会分化,其中一个分化结果就是"有闲阶级"的出现。所谓"有闲","并不是懒惰或者清静无为,而是指非生产性地消耗时间。之所以要那么做,是因为人们不屑于从事生产性工作并对其抱有轻视的态度,且借此可以证明个人的金钱力量足以使其安闲度日、衣食无忧"[16]。凡勃伦对这个新生阶级发起了责难,认为他们所有的商品消费和休闲行为都是为了给他人留下深刻的印象,使自己与普通人区别开来。也就是说,拥有休闲的社会阶层对休闲本身的利用并不能促进自我完善、文化改良或社会发展,他们仅仅对时间进行非生产性利用以显示自己高尚的地位。[17]这样的休闲风气作为"好的生活"理念的一部分被灌输给工人阶级,而工人们也期望通过对有闲阶级生活方式(休闲与消费)的效仿来达到自身的完善,过上"更体面"的生活。为了实现这种生活方式,工人阶级不得不努力赚取工资以投入休闲消费,希望能在生活方式上与有闲阶级达成"平等"。他们以为能在"休闲"中达成更好的自我,但实际上

只是在"消费"中更远离自我。

随着资本主义从生产本位发展到消费本位,越来越多的学者开始意识到现代社会赋予"休闲"的种种积极意义,例如平等、自由,都只是为了促进消费而精心编织的神话,从而对其进行了批判。列斐伏尔在其日常生活批判理论中谈及休闲,认为高度商品化和组织化的社会生活中,休闲呈现出一种"被殖民化"的状态。"被殖民化"的休闲所表现出的被动性和受控性丝毫无益于休闲主体想象力和创造力的培养。而现代文明借助广告工业将商品、图像和体验等集中起来而建立的休闲世界在他看来是一个虚假的世界,一个从根本上颠倒的想象世界。它假装是一个真实的世界,取代现实生活中的不快乐而给你一个虚幻的欢乐世界,用一种虚假快乐来替代真实快乐的需要⑱,而真实快乐的需要永远不会被听到也不会被满足。其学生鲍德里亚对于休闲神话的揭露更加深刻,直接提出"不要相信休闲中关于自由的假象"⑲。根据凡勃伦的定义,休闲是对非生产性时间的消费。然而在消费社会中,时间被镶嵌在资本生产的循环体系中,消费时间即生产时间,因而无法实现"非生产性"的时间消费。在这样一个社会系统中,所谓"对时间的自由支配"是不存在的,休闲也无法做到,但它却总是带着"自由支配时间"的标签,为的是让参与休闲的人以为自己享有了自由从而得到安慰。鲍德里亚甚至提出一种更为大胆的假设:其实根本没有人需要休闲,只是大家都被要求证明他们不受生产性劳动的约束。也就是说,资本社会利用休闲让人们以为已经享有自由,实际只是为了让资本对人的剥削和压迫看起来没有那么残酷。

综上,成为消费符号的"休闲"依然是工作世界的副产品,并不能体现对时间的自由支配,反而使时间成为一种商品,转而成为推动社会加速的资本逻辑的一个环节。当"休闲"成为消费社会所制造的一个神话、一个泡影,而非真实的生活体验,那么它所带来实现的"慢生活"也只能是一种"伪慢生活",想要依靠其重新寻回生活意义,无异于缘木求鱼。然而,人们对"休闲"依然抱有期待,期待它放慢生活的节奏,解放被忙碌的工作和生活所桎梏的心灵,重新享受悠缓而幸福的存在方式。这种期待源于"休闲"自古以来的理想性质。

(二)理想性休闲:实现慢生活理念的方向

杰弗瑞·戈比曾提出:"拥有休闲是人类最古老的梦想——从无休止的劳作中摆脱出来,随心所欲,以欣然之心做心爱之事;于各种社会境遇中随遇而安;独立于自然及他人的束缚;以优雅的姿态,自由自在地生存。"①虽然在现代社会中,休闲多以消费的样态存在,但人们对通过休闲实现慢生活寄予期望,却是基于它的理想性质。对休闲理想性质的讨论,最早可追溯至古希腊哲学。

"休闲"的古希腊语是"Schole",意义较为广泛,根据靳希平的考察,"一切与生计无涉的活动,无所事事地消耗时光的状态,性质上都属于'Schole',懒散也是,只不过是这种活动的末流而已"②。但古希腊哲学家对"休闲"的理解并未停留于此,而是将之放到希腊文化的理想情境中去讨论,在探讨"人如何达到幸福"的过程中构建了一种具有理想性质的休闲。柏拉图(Plato)认为通向幸福的关键在于探寻意义的对话,而这种对话的产生需要花时间去思考、研究和发展自身。他将追求这些或活动的时间叫作"休闲",并认为这些活动自身就是幸福的组成部分。亚里士多德从两个角度阐述了休闲与幸福的关系:一方面,他提出"幸福存在于闲暇之中",认为休闲是实现幸福的重要前提,是从忙于生计的活动中摆脱出来的自由时间和自由状态,它使人们有机会发展自己的德性;另一方面,他又认为"闲暇是全部人生的唯一本原"③,此时休闲本身就是幸福,具体体现为思辨活动。思辨活动是对理智德性的实践,是最接近"神"的活动,而这里所谓的"神",并非存在于彼岸世界的全知全能的神,而是人类的理性,正是理性使人区别于其他生物而存在,是"人之为人"的确证。只有在进行纯粹的思辨活动时,人才可能获得最完满的幸福。

对"人"的关注是古希腊哲学的传统,柏拉图和亚里士多德的学说更是"确定了一个能在哲学、艺术或体育的自觉实践中自由发展的人的原型"④。他们在此基础上发展出来的休闲观同样也是为了实现人的自由发展而服务的,可以说,休闲是人类生存的一种理想状态。这一理想在经历了宗教改革和工业革命的思想洗礼后日益式微,但后世仍有学者与之产生共鸣。如经院哲学家代表托马斯·阿奎那"充分肯定在休闲状态中进行沉思对灵性修养的重要性,认为这样的休闲状态最能体现人高于兽类的本性,是优于追逐功利的生活的"②;19 世纪末的作家奥斯卡·王尔德也留下了"培育休闲,而不是劳动,是人的目标"⑤的诗句。进入 20 世纪后,一些休闲研究者如皮普尔(Pieper)、格拉齐亚(Grazia)等也努力发掘正在急剧消失的关于古典的、具有人文主义关怀的休闲的解读,重新提出了"培育休闲生活"的重要性。⑥这些学者对理想性休闲如此关注的原因在于两点:一是它有着比工作和劳动更高、更重要的地位,在闲暇时间里从事的活动能够赋予人们的生活以意义;二是它意味着人类的生命必须得到省察和审视——什么是超越生存需求之外的更高层次的生活,是什么让人成为真正的人。

理想性休闲对人的本质以及生活意义的关注,使"休闲"依然具备实现"慢生活"理念诉求的可能。首先,"慢生活"并不对抗"工作",只是试图寻找生活与工作的平衡点,这就需要改变当下工作在日常生活中的核心地位,重新恢复生活世界的魅力。理想性休闲在古希腊时期的崇高地位虽然有一定的时代局限,但它为人们提供了一个视角去反思现代社会"工作至上"理念、"效益最高"原则的合理性,从而将更多的注意力转移到日常生活,去体验那些充满魅力和惊奇的存在。其次,"慢生活"要求人们有意识地利用时间,其实表达了对寻回人本身的主体性的渴望。"休闲是主体性发展的中心"⑦,而"如何聪明地用闲"更是古往今来的哲人们探讨的焦点:休闲的功用不应当停留在休息和放松,而发展为追求愉悦、更好地了解世界和实现自身,从而达到"重整日常生活"的目的。再次,生活质量的本义是"生存、生命状况的优劣程度",关涉的是人们是否享有美好生活以及美好生活如何可能的问题⑧。"好的生活"正是理想性休闲一直以来所追求的,能带来快乐、幸福和人类繁荣。因而休闲可以为现代人提供一种改进生活质量和促进幸福健康的机会。⑨

结　语

都市的快节奏生活源于社会加速,社会加速由不断追求经济利益的资本运行逻辑推动,在此过程中人的主体性遭到消解,生活意义也因此丧失。为了重新把握属于自己的时间、重新寻回生活的意义,与快节奏生活相对的"慢生活"
理念被提出。"休闲"因其具有的"自由时间"意象被寄予了实现"慢生活"诉求
的期望。然而,现代社会休闲的消费特征致使其无法让人们真正占有自由时
间,反而让时间成为一种休闲商品被重新纳入资本运行逻辑当中。"休闲"必须
从资本运行逻辑中抽离出来,才有可能实现真正的"慢生活"。为此,人们需要
将目光转向自古希腊时期流传至今的理想性休闲。理想性休闲对人的本质以
及生活意义的关注,有助于人们在参与休闲时跳出资本运行逻辑的裹挟,从而
实现"慢生活"的诉求。

注释

① [德]哈特穆特·罗萨:《新异化的诞生:社会加速批判理论大纲》,郑作彧译,上海人民出版社,2018 年
　版,第 13—28 页。

② [加拿大]卡萝·奥诺德:《放慢生活脚步:全球化的减速运动如何挑战速度崇拜者》,李惠明译,中国人
　民大学出版社,2004 年版,第 5 页。

③ 高影:《"慢生活"哲学探析》,载《学理论》,2014 年第 25 期。

④ 郑作彧:《社会速度研究:当代主要理论轴线》,载《国外社会科学》,2014 年第 3 期。

⑤ [德]哈特穆特·罗萨:《新异化的诞生:社会加速批判理论大纲》,郑作彧译,上海人民出版社,2018 年
　版,第 29 页。

⑥ 鲁品越、王珊:《论资本逻辑的基本内涵》,载《上海财经大学学报》,2013 年第 10 期。

⑦ 周海荣:《论工作至上理念的形成》,载《太原理工大学学报》(社会科学版)2015 年第 2 期。

⑧ J. Zeestraten, *Strolling the beat of another drum: living the "slow life"*, Lincoln University, 2008,
　p. 3.

⑨ 孙正聿:《寻找"意义":哲学的生活价值》,载《中国社会科学》,1996 年第 3 期。

⑩ Henri Lefebvre, Critique of everyday life, trans. J. Moore, Verso, New York, 1958, p. 32.

⑪ "Slow food manifesto," http://slowfood. com/filemanager/Convivium％20Leader％20Area/Manifesto
　_ENG. pdf.

⑫ Wendy Parkins, Geoffrey Craig, *Slow living*, Berg Publisher, New York, 2006, p. 1.

⑬ Geoffrey Godbey. *Leisure in your life: an exploration*, 5th ed., State College, Pa.: Venture Pub.,
　1999, p. 68.

⑭ David Felce, Johnathan Perry, "Quality of life: its definition and measurement," *Research in
　developmental disabilities*, 1995, vol. 16, no. 1, pp. 51-74.

⑮卿前龙:《休闲产业:概念、范围与统计问题》,载《旅游学刊》,2007年第8期。

⑯[美]凡勃伦:《有闲阶级论》,蔡受百译,商务印书馆1964年版,第36页。

⑰[美]托马斯·古德尔、杰弗瑞·戈比:《人类思想史中的休闲》,成素梅等译,云南人民出版社,2000年版,第112—113页。

⑱刘怀玉:《现代性的平庸与神奇——列斐伏尔日常生活批判的文本学解读》,中央编译出版社,2006年版,第197页。

⑲[法]让·鲍德里亚:《消费社会》,刘成富、全志刚译,南京大学出版社,2008年版,第151页。

⑳[美]杰弗瑞·戈比:《你生命中的休闲》,康筝译,云南人民出版社,2000年版,第1页。

㉑靳希平:《西方文化史中的休闲与学术——一个西方语文学资料的简单译介》,载《生活哲学与现代人类生存学术研讨会暨第十三届〈哲学分析〉论坛论文集》,2016年5月。

㉒[古希腊]亚里士多德:《政治学》,颜一、秦典华译,载苗力田编:《亚里士多德全集》,中国人民大学出版社,1994年版,第273页。

㉓[法]罗歇·苏:《休闲》,姜依群译,商务印书馆1996年版,第8页。

㉔刘耳:《休闲:一种文化价值观的转变》,载《自然辩证法研究》,2003年第5期。

㉕Oscar Wilde, *Collected Works of Oscar Wilde*, UK: Wordsworth Editions, Hertfordshire, 1997, p. 907.

㉖Tarquin Bowers, "Cultivating a leisurely life in a culture of crowded time: rethinking the work/leisure dichotomy," *World Leisure*, 2007, vol. 1, p. 30.

㉗Nichole Marie Shippen, "Decolonizing time: work, leisure, and freedom," Palgrave Macmillan, New York, 2014, p. 97.

㉘来晓维:《社区休闲参与对改善特殊群体生活质量的影响——基于国外相关案例的研究》,载《湖北理工学院学报(人文社会科学版)》,2017年第9期。

㉙[美]克里斯多夫·爱丁顿、凌平:《休闲:人类改变自身的一种方式》,载《杭州师范学院学报(社会科学版)》,2007年第2期。

都市体育文化对都市品牌的影响

[乌克兰]米珂*

摘　要：随着都市发展，都市人的生活质量与收入水平提高，消费观念和对健康的追求也随之提升了。都市体育文化对都市人的生活具有正效应，也直接影响都市品牌。本文从城市品牌分类与特点切入，阐述体育赛事品牌的特殊性，以及体育赛事品牌与城市品牌的综合关系，分析都市体育文化的发展基础，并以奥运会、马拉松与斯巴达勇士赛为例，阐述体育赛事品牌对都市文化提升的作用。进而从哲学角度分析都市体育文化对人的生活影响，体育休闲本身的价值。最后探讨如何借助大型体育赛事调整城市经济空间布局，提升城市品牌竞争力。

关键词：体育文化；都市文化；城市品牌

近几年，人们越来越意识到体育文化在城市现代化进程中的重要性。拼搏进取的正能量精神，和平、友谊、进步的理想与公平竞争的价值观念都被体育文化所蕴含。品牌对于城市意味着竞争力，打造城市体育文化品牌有利于城市在区域竞争中获得优势，促进城市的可持续发展。

目前中国城市品牌建设还面临许多问题。一是品牌定位不明晰。首先是品牌的诉求点过多，如鲁北某县的品牌定位为"运河明珠、历史名城"，意图面面俱到，实则难以传播；其次是简单地将城市形象的单维要素如"休闲城市""文明城市""体育城市"等作为都市主要的品牌，或将阶段性工作作为品牌，如"协同发展示范区""财富城市"等；再次是，品牌定位的形象化、生动性不强，大多笼统

---

　　* 作者简介：[乌克兰]米珂（MISHURIN MYKYTA），浙江大学旅游与休闲研究院留学博士研究生。

抽象,没有生动形象、符合国际表达需求的品牌传播语。二是品牌更换较频繁。持续使用超过五年的品牌很少,个别城市在五年期间品牌更换三四次,客观上存在着换一任领导、变一种发展思路、更换一次品牌的短期化现象。加之各个部门为突出自身工作推出一系列品牌,也增加了城市形象的模糊性、碎片化,导致品牌资产、品牌价值难以有效积累。三是品牌传播方式转换困难。以往的"大媒体＋广告""大活动＋宣传"为主导的成功模式,传播效应显著弱化,但由于人员素质等方面的制约,难以有效突破,仍以新闻报道、广告宣传、城市形象片、画册等传统方式为主。

针对上述问题,通过都市体育文化的营造,强化与提升城市品牌,也许是种可行的思路。

一、体育赛事品牌与城市品牌的关系

优秀的城市品牌不仅可以获得人们的认可,提升城市的竞争力,而且为城市创造社会效益和经济价值。品牌经济是专注于价值链高端的经济,城市品牌是城市在市场中得以被识别、区分的综合形象,它是城市重要的无形资产,代表了城市的经营管理水平、城市的竞争力,以及城市发展的文化与理念。具体来说,城市标识主要分为以下几类。

第一,经济型。这种都市大部分都是金融或工业中心。一个城市凭借独具特色的,较高商誉的"原生态形象",赢得市场竞争力,属产品型城市品牌,即一提到某个品牌时,相关城市名字就会让听者有辨别度。如美国底特律是汽车城,英国伦敦、美国华尔街、中国香港等是国际金融中心,包括中国瓷都景德镇、石油的大庆、煤的大同、铜的白银市等都属于资源型城市。

第二,文化型。城市通常是教育和艺术中心,支持大学、博物馆、寺庙和其他文化机构。它们的特点是令人印象深刻的建筑展示,从小巧到巨大,从华丽到残酷。摩天大楼在占地面积小的范围内提供了数千个办公室或住宅,从数千米外就能看到,已成为标志性的城市特色。文化精英往往生活在城市,由共同的文化资本联系在一起,自己在治理中发挥着一定的作用。由于这类城市处于文化中心的地位，可以说是文明、世界历史和社会变革的中心，如巴黎、米兰、柏林、佛罗伦萨等城市。

第三，政治型。国家首都所在地，均是城市名片，比如北京、纽约、柏林、东京、布鲁塞尔。游客想了解一个国家，先去国家的首都，看政府楼，管理系统等等。除此之外，政治类型的城市品牌也跟国际组织结合，比如纽约是联合国的总部驻地，布鲁塞尔是北约的总部驻地，巴黎是国际会议中心等等。

第四，交通型。这种类型的城市具有独特的地理位置，作为世界上最大的空港、海港、主要的枢纽等等。比如，德国的法兰克福与英国的伦敦是欧洲的最主要国际空港之一，而阿拉伯的迪拜把西方和东方联合起来；中国的上海、深圳、广州等城市是重要的交通枢纽，独特的地理位置使这些城市成为重要的交通枢纽。

第五，人居型。城市因为人居环境适宜而驰名，通过宜居城市指标的评价，美国的夏威夷，印尼的巴厘岛，中国的成都、杭州、青岛、大连等都是适宜居住的城市。因为环境宜居也是重要的旅游资源，所以城市发展相关的产业有助于塑造旅游型城市品牌。

体育文化是城市品牌的重要组成部分，城市体育文化品牌可以分为特色体育资源型城市品牌、复合型体育城市品牌、体育产业型城市品牌、体育赛事型城市品牌等。

中大型体育赛事具有其他活动不具备的优势，体育活动都有政府支持，有非常大的影响力，短期内可以将人群受众聚集起来，精彩的比赛非常吸引当地的人民，也极度受到关注。对于企业来说，备受关注的大型体育赛事也是企业进行品牌推广的好机会，它们可以通过体育赛事进行冠名赞助，寻找现场体育明星的亮点，进行营销捆绑。除此之外，企业品牌与体育品牌捆绑后，对企业新产品也会起到推广和销售作用。受众关注体育品牌的同时也会关注企业品牌，真正达到了双赢。

城市举办大型体育赛事，对城市的良好影响是显而易见的，如城市的经济、社会、文化、城建等方面，尤其是能给城市提供提升经济水平的契机。举办大型国际体育赛事，可以将普通城市提升至国际城市，塑造国际形象，积累城市的品牌口碑。在相同的城市定期地、持续不断地举办具有特色的大型体育赛事,使得这个赛事成为城市的传统品牌和城市名片,让城市的识别度和知名度吸引越来越多的运动爱好者参与,规模从小变大,人数持续递增,这就是成功的体育赛事品牌营销方式。

二、都市体育文化发展的基础

都市体育文化能够丰富都市人群的生活,满足其精神与身体活动的需求,而且能够创造良好的社会环境。都市体育文化有以下几方面的发展基础。

第一,地域环境基础。文化与地域环境是互为补充的的统一体。文化氛围浓厚、科学技术发达、经济实力强、服务功能齐全、生活质量高的文明都市,使得都市体育的开展始终走在时代的前沿。目前,以都市为中心建立的京津唐都市圈、长江三角洲都市圈和珠江三角洲都市圈,为都市体育文化的发展提供了交流空间。在文化觉醒之际,都市圈凭借其优势,充分发挥辐射的功能,以都市为中心构建圈层式的文化渗透结构,逐渐成为区域文化竞争的枢纽和典范。因此,都市的地域环境基础为推动都市体育文化发展提供坚实的内部动力。

第二,教育基础。体育文化作为一种社会现象,它与教育互为前提,互相影响。健康的体育文化可以培养人对真善美的认识,并从中获得积极的价值观念和知识经验,提升居民综合文化素质和学习能力,反过来也为体育文化的发展提供一定的精神支撑。政府对都市的教育投入力度大,体育院校、高等学校等培养出较高专业素质的师资,同时教育硬件设施配备齐全,这些雄厚的教育资源为都市体育文化的发展提供了物质教育条件。

第三,经济基础。城市化与市场化进程的加快,促进了都市经济的快速发展。体育文化是以经济为基础的,同时体育文化产业在各国国民经济中已经占据一席之地,并且正成为国民经济新的增长点。纵观中国全运会的奖牌分布,获得的金牌数量和省市经济水平有着非常密切的关系。以上海为例,近几年来成功举办特奥会、汇丰高尔夫大奖赛、上海国际马拉松、世界杯、网球大师杯、田径黄金大奖赛、世乒赛、F1赛、斯诺克大师赛等重大赛事,对城市的经济产生了极大的推动作用。

第四,文化基础。现代都市生活中,市民已逐渐重视在体育运动方面的消费。随着都市茶馆、酒吧数量逐渐增加,遍地开设,追求品质生活的消费观显然已影响了众多消费者。在北京奥运文化的辐射下,体育文化消费成为颇具特色的时尚健康消费,"与其请人吃饭,不如请人流汗"在消费者中特别流行。体育文化不仅丰富了都市生活,也为当地居民带来了归属感与安全感,从而加速了体育文化消费走向大众化的良好趋势。

第五,政治基础。在中国,都市在经济、文化领域的发展都离不开"中国元素",其文明高度彰显都市的政治基础,中国都市体育文化的快速发展也需要政治基础为保障。人们生活在高度文明的都市中,受到都市文化的渗透和熏陶,居民的精神追求、时尚展现、综合素质、权利义务等均是都市的政治文化表现。

第六,精神基础。干练、优雅的东京精神,时尚、浪漫、文艺的巴黎精神,爱国、创新、包容、厚德的北京精神,这些都是都市精神文化的体现,深切地展现了都市的社会风气、人文价值、传统文化和精神状态等。都市体育文化的发展不仅取决于体育设施的全面完善,更取决于都市精神方面的支撑。都市体育文化对外展现的是形象,是吸引人才、旅游和的重要因素,对内凝聚的是内在力量。体育文化不仅拥有都市历史文化的积淀,而且也拥有自己的精神偶像。姚明就是一种精神的代表,不仅拥有高超的技能,而且凭借个人的能力展现了中华体育精神,也成为全国人民的精神偶像。

三、体育赛事品牌对都市品牌提升的作用

体育文化在提高城市区域竞争力,促进城市经济健康发展的过程中将扮演着越发重要的角色。体育赛事品牌设计与城市总体品牌相得益彰,"奥运会"是体育文化中的最高品牌,举办奥运会是城市品牌推广的最佳方式。近年来奥运会主办城市都全力地将奥运会的元素融入城市推广营销的整体战略之中,对提升城市品牌形象和完善城市产品,发挥了极其大的作用。

例如韩国春川市的知名度通过斯巴达勇士赛得到进一步提高,体育赛事品

牌塑造成功其实就是城市品牌的成功,对城市品牌提升作用十分显著。体育赛事品牌设计塑造的五大步骤同样适用于城市品牌的塑造,将两类品牌的符号和元素相加,就可以设计出一个极具特色的城市体育赛事品牌。在对外宣传过程中,城市品牌营销者需要积极与赛事品牌营销者开展有效的合作,城市标志名称的曝光率与体育赛事的策划设计过程必然牵涉到城市建设和管理的方方面面,体育赛事品牌营销中融入城市元素和城市特点,将促使体育赛事品牌更快地衍生为城市品牌,才能达到通过赛事提升城市知名度和宣传城市的目的。

韩国春川市斯巴达勇士赛正是推动城市品牌营销的成功尝试。该市通过完善创新,设计策划特色活动加入整体的斯巴达赛事过程中,如市长论坛、启动仪式、钢琴表演、团体大会年会、相关的用品博览会、才艺大赛、大使选拔赛、举办城市回顾展以及城市摄影展、汽车越野赛等。春川斯巴达勇士赛的比赛地是韩国最美丽的风景区,也是城市的旅游名胜,美丽的风景吸引世界各地的斯巴达爱好者前来参赛观光,这一切都促使春川市快速地成为一个品牌赛事城市。

体育赛事品牌在塑造、提升城市品牌知名度,快速促成城市品牌的发展的同时,也带动城市文明整体地提升,城市品牌的正能量效应又将影响到体育赛事品牌。各国通过大型体育赛事建构城市空间并营销城市品牌,大型体育赛事可以调整与优化城市功能空间、社会空间、公共空间、文化空间、经济空间,进而实现对城市品牌形象的提升。

四、体育赛事对完善城市经济空间布局,
提升都市品牌竞争力的作用

城市经济空间是指城市各经济要素在空间范围内的分布和连接状态,其核心是集聚活动。国内外体育名城的经验显示,以体育赛事为依托,财政政策为保证,体育场馆及基础设施建设为抓手,通过整体规划与布局促进不同区域形成体育赛事产业链的集聚效应,不仅可使体育产业得到飞速发展,也可带动区域的房地产、建筑、交通、运输、通信、媒体和服务等相关行业快速发展。如巴塞罗那在申奥期间就已做好了城市的整体规划,并以 1992 年奥运会为契机,实现

从工业港口城市向服务导向型城市的成功转型，一跃成为欧洲著名的体育和旅游城市，使得巴塞罗那的城市品牌形象大为提升，并因此吸引了大量海外投资，实现了城市的飞跃式发展。北京则提出了绿色奥运、科技奥运的理念，旨在借助奥运会推动产业结构的调整与升级，实现可持续发展。申奥成功后，北京市在合理规划场馆和配套设施的基础上，先后出台了《进一步扩大对外开放提高利用外资质量和水平的意见》《关于扩大对内开放促进首都经济发展若干规定的通知》等政策措施，提出要以承办奥运会为契机，扩大开放，充分利用境内外投资。同时，通过政策先导、资金投入和城市建设，拓展北京市第三产业的潜在发展空间，尤其对旅游、会展、体育文化、商业餐饮和房地产等产业的发展起到了极大的推动作用。事实证明，这些规划与举措，不仅确保了奥运会的顺利举办，也有力地促进了北京市经济空间布局的调整、优化与升级，提升了城市品牌的竞争力。如五棵松体育中心在赛后不仅成为北京西郊重要的体育休闲娱乐场所，还承接了大量商业文化活动，成为北京市主要的体育文化产业聚集地之一；而位于北京城市中轴线北端，拥有鸟巢、水立方等的奥林匹克中心区在奥运会后成为一个集会展、表演等多功能于一体的新经济区，逐步成为北京文化创意、体育产业等新兴产业的支撑点。

五、都市体育文化对充实、 提升都市文化人本内涵的作用

体育文化对都市的影响，不仅体现在外在的品牌塑造，也体现在内在的人文提升。

体育活动作为人们的一种生活方式，可以使人们借此达到休闲的、自由自在的状态。在匆忙的都市生活中，体育活动是一种最普遍的休闲方式，所以发展都市体育文化是以人为本的具体措施。都市体育文化能够提供一种人本体验，使人在对它的体验中身心感受到和谐的愉快感。体育文化有助于都市人实现精神自由，比如鼓励个性化创造，发挥自身的潜能，换句话来说，都市体育文化能通过体育活动显示人的价值。

　　都市体育文化具有高层次的生命意义,体现出人性的真、善、美,尤其是休闲体育,尊重人本规律。休闲的基本特点就是做真正想做的事情,体育休闲虽然只是大体给人短暂的愉快感,但影响非常深刻;休闲体育活动本身是人的主动的、自发的行为,在活动体验中能加强主体性,加深自我存在感,提高人的自由程度;另外,都市体育体现着人的丰富多彩的运动美感,"美"是都市文化的最高境界。现代都市体育文化体现着人的本质和体育实践的丰富性,体现着人的本性和现实性的升华,是人的自由的进一步实现。总之,健康丰富的都市体育文化有助于充实都市文化的人本内涵,提升都市文化的人本价值。

　　在全球化的今天,很多城市争创属于自己的城市品牌,越来越多的城市都拥有了具备文化特色的传播元素和城市符号。在城市品牌建设过程中,文化创意是一个非常关键的概念。要想塑造自己的城市品牌并将它有效地传播给自己的受众群体,就必须清楚城市所具备的资源和特色,选择能够代表城市个性的要素,并对其进行有目标的规划设计,然后转化为具有象征意义的"符码",最终通过各种传播手段将这些"符码"传递给城市的目标受众。在城市品牌建设过程中,选择要素并对它进行"编码"是非常重要的环节,发掘、利用并创造都市体育资源和赛事活动,可为城市品牌传播提供新的视角和起点,创新城市品牌传播方向。

参考文献

杜方伟:《论品牌传播在城市文化建设中的重要性》,载《公关世界》2018 年第 5 期。

王景强:《城市品牌建设面临的问题及提升策略》,载《青年记者》2018 年第 35 期。

肖焕禹:《以体育提升都市文化内涵,促进上海体育创新驱动 转型发展》,载《体育科研》2011 年第 2 期。

熊飞:《都市体育人文精神的解读——兼论中国都市体育理念的塑造》,载《体育文化导刊》,2007 年第 8 期。

于洋:《我国都市体育文化的发展研究》,载《当代体育科技》,2014 年第 33 期。

都市遗产传承

城市文化资本理论下非物质文化遗产保护与活化的思考

叶设玲[*]

摘　要：面对多样、鲜活的非物质文化遗产在城市高速发展中的流失现象，从静态保护到活态传承成为该问题的必然转向。非物质文化遗产是典型的城市文化资本，符合"文化资本"的所有特征，是城市可持续发展的"动力因"。城市记忆、物化载体、城市形象或品牌是非物质文化遗产作为城市文化资本的三种存储方式。这为非物质文化遗产的"活化"利用与发展提供了新的可遵循的思路。

关键词：城市文化资本；非物质文化遗产；活化

2003年，联合国《保护非物质文化遗产公约》首次明确提出了非物质文化遗产（intangible cultural heritage，以下简称"非遗"）的概念，开启了世界范围内研究、保护和传承的浪潮。我国于2004年加入该《公约》，目前是拥有人类非遗数量最多的国家。然而数量多并不代表非遗处于良好的生存与发展状态。相反，它意味着承担更大的保护、传承非遗的责任。非遗的保护难点在于其存在形态的抽象性、不易察觉性、延续条件的综合性和复杂性。公众自觉保护和传承意识差、传承过程的艰难性和中断现象的产生、经费不足等是常见的非遗保护与发展阻碍。^①如何突破困难、开拓新的保护思维、寻找新的理论支撑及有效的传承途径成为学界聚焦的核心问题。

＊　作者简介：叶设玲，女，浙江大学哲学（休闲学）博士，无锡职业技术学院外语与旅游学院讲师。

一、从静态保护到活化传承

随着时代与科技的进步，非遗所代表的纯手工、传统式、慢节奏的生活方式似乎与当下城市生活智能化、碎片化、快节奏的趋势背道而驰。茶楼看戏听书不敌手中的平板电脑，手工雕塑不如 3D 打印吸引眼球，众多非遗也被束之高阁。经济全球化和城市化进程加快的同时，不得不承认，我国多地丰富、多样、鲜活的非遗文化、技艺与记忆正在流失，非遗的保护与传承正面临难题。习近平同志也曾多次在讲话中强调，要让文物"说话"，要在保护遗产的过程当中适度利用，在利用的过程当中实现双重的目标——简而言之，就是要实现遗产活化。学者认为，"融入文化旅游和户外教育，通过合理开发，使文化遗产得以活化，或许才是新时代文化遗产的传承延绵之路"②。要通过利用来保护，而不是关起来进行"福尔马林"式保护（尽管那样操作易行、技术含量低）。北大学者吴必虎、王梦婷也认为，真正用起来的文物，才能保护好。③非遗必须以"活化"的手段实现活态传承，这是非遗发展的必然转向。

二、活化的新思路：城市文化资本

"文化资本"是法国社会学家皮埃尔·布迪厄在社会学领域最为重要的成果，它泛指任何与文化及文化活动有关的有形和无形资产。文化资本来源于文化资源，但是并非所有的文化资源都可以主动成为文化资本。学界普遍认为，文化资本具备四个特征："文化资本可以带来经济价值，其实质是一种"注意力经济"；"文化资本借助一定的现实载体，拥有物化的形式"；"文化资本可以通过实践进行积累，需要人的传承"；"文化资本可以进行积累和再生产，其实质是价值体系的不断拓展"。④由此可见，文化资源只有经过了社会累积、传承、再生产、交易、流通、服务等环节，并产生价值增量效应，才具备了资本属性，才有资格被称为"文化资本"。国内学者张鸿雁将社会学领域的"文化资本"概念延伸到城市领域，提出将城市的一般文化（包括历史文化或现存文化、物质文化或人文精神)转化为文化资本和经济资本,鼓励"推陈出新",以促进城市的持续发展。⑤

　　非遗正是典型的城市文化资本,符合"文化资本"的所有特征,是城市可持续发展的"动力因"。首先,非遗是在各族人民的日常生产生活中产生,并流传后世的非物质遗产,是民族个性、民族魅力的"活态"体现,代表着人类文化遗产的精神高度。⑥非遗其本质是公共财富的制度性安排和历史结晶,具有典型的公共价值属性,符合"城市文化资本"的文化本体特征。⑦其次,非遗的资源范围广阔,类型多样,除了少量口头传统和纯表现的形式之外,民间文学,传统音乐,传统舞蹈,传统戏剧、曲艺,传统体育、游艺与杂技,传统美术,传统技艺,传统医药等其他大门类都有具体的现实载体,拥有物化的形式,或表现道具、手工产品、文字载体等。再次,城市文化资本应当可以通过实践进行积累,需要有相应的传承人。非遗是以其传承人的实践活动为主要载体的"活"的文化形态。各级非遗代表性传承人不仅肩负着延续传统文脉的使命,彰显着遗产实践能力的最高水平,还应不断地将个性创造融入传承实践活动中,对确保非遗的持久传承发挥着不可替代的作用。2007年至今,我国已先后命名了五批共3068位国家级非遗代表性项目代表性传承人。⑧非物质文化在文化资本的可积累、生产与经济效益方面也是显著的。非遗具有使用价值,在商业领域具有明显的经济属性,可以形成文化产业资本、发展成为文化产业,形成"以文养文、以文兴文"的良性循环。例如,英国、瑞士、芬兰等国家不仅考虑维护文化生态、保护文化多样性,而且是看到了极具特色和魅力的非遗能够催生新的行业和产业,促进服务业、旅游业快速发展,带动就业和居民收入水平提高,致力于构建一套非遗的市场操作模式,以较好地实现社会效益和经济效益的统一。⑨

　　在明确非遗的"文化资本"特征与属性之后,便可以借助"城市文化资本"相关理论,研究非遗将以何种形式嵌入现代城市的生存空间,如何缔造文化共同体,如何被建构为认同的重要载体,它们能否为当代人提供强有力的精神支柱和心灵慰藉。同时,为非遗融入市场、经济自立,改变单靠政府投入保护的固化理念提供理论依据。

三、非物质文化遗产作为城市文化资本的三种存储方式

根据文化资本的存储方式不同,非遗作为城市文化资本也对应三种存储方式。其一,最显而易见的储存方式,就是保存在记忆里。布迪厄称之为具身化的文化资本(embodied cultural capital)。非遗的发展与城市的变革是不可分割的,从城市布局、政治变革、经济改革、城市文化等大环境中所吸收的信息与因素,它们都将影响非遗的传承与发展。与此相应,非遗就保留了城市发展的历史印记,成为一代人对城市的共同记忆。例如为人所熟知的景泰蓝制作技艺、千层底布鞋制作工艺、曹氏风筝工艺等都是城市记忆的表现。最终城市记忆将会发展成为对城市的文化认知。

其二,文化资本还可以储存在具体的物件中,这就是客体化的文化资本(objectified cultural capital)。比如惟妙惟肖的惠山泥人,精微纤巧的苏绣,古朴隽秀的无锡碑刻,质朴清雅的留青竹刻,精美细腻的宜兴紫砂,作为是江南地区传统民间技艺非遗的具体载体,它们之所以有价值,恰恰是因为它们凝结了文化资本价值——象征着吴地古今物质和精神文明的辉煌与成就。

其三,文化资本如果储存在整个社会中,那将是制度化的文化资本(Institutionalized cultural capital)。当城市形象、城市品牌、城市地标与非遗进行"捆绑",就是非物质文化在制度化文化资本方面的体现。例如,南京云锦织造技艺、西安鼓乐、福建木偶戏等,人们通过各色非遗,能初步判断、构想城市的文化特征与对城市的整体印象。

由此可见,非遗的"城市文化资本"主要体现为城市记忆、城市文化载体、城市品牌及城市形象。非遗的此种特殊"文化资本"价值也为非遗的"活化"利用与发展提供了新的可遵循的思路。

四、城市文化资本理论下非物质文化遗产的活化路径

非遗的活态传承与发展应该成为当代城市文化建设的核心任务。我们应

从"文化资本"的角度,重新定位非遗与城市社会文化的关系,通过传承、再生产、交易、流通、服务等环节,产生经济价值增量效应,服务地方社会经济与文化发展,在不断变迁的城市社会环境中寻求最佳的活化利用方案。

(一)成为城市一代人的记忆

非遗的传承与发展不再仅仅是政府的管理范畴,而是应该更多地回到百姓的生活逻辑之中,让文化遗产从"圈养"走向"生活",成为一代人的记忆和经历才能长盛不衰。

鼓励"非遗走进校园"。与地方代表性的特色非遗项目联合走进大中小学校园,开展传承人培养计划、演出、展览、课堂活动,现场展示非遗技艺,讲解非遗文化,动态操作与静态文化相结合,近距离感受非遗独特文化魅力。如上海某学校的"非遗进校园"活动,引入100项非遗项目,吸引2000人积极参与,体验做皮影、学剪纸,品尝五香豆、小笼包、海棠糕等[1],这将融入他们的成长记忆,汇入他们的生活体验,成为对城市认同感的点滴积累。

提倡"非遗进社区"。技艺非遗源于民间,兴于民间,也应归于民间,惠于民间。一方面在潜移默化中影响社区民众对城市文化的感知和认同,营造浓厚的非遗氛围,满足人民群众日益增长的文化需求。另一方面,将非遗从高阁中释放出来,让其活在当下,"种植"在"生活"的土壤中,互相滋润,激发创新活力,在不同的人群中孕育更加丰富的文化意义。

(二)走入城市形象与品牌计划

伴随城市化进程的飞速发展,当代城市尽管初步建立了市场经济体制,但未能在文化领域形成相适应的认同机制,个体性的身份危机、城市认同感低、城市品牌"千城一面"等成为严重困扰城市整体高质量发展的突出问题。作为城市文化资本的非遗是建构强有力的城市认同并塑造独具特色的城市形象的重要内容和力量。

一方面,非遗与现代信息技术相结合,成为城市品牌的核心载体。将非遗与现代理念以及新科技、新媒介相结合,引领一种时尚新潮流,它不仅实现了时间、空间的突破与创新，还完美呈现了城市传统文化与现代科技的相辅相成，是城市文化传承与品牌推广的大跨步。例如《朗读者》综艺节目、故宫博物院推出的《我在故宫修文物》等系列作品都是借助现代信息技术有效推广城市文化的经典案例。

另一方面，非遗与国家战略相结合，为城市形象"代言"。随着"一带一路"国家战略的深入开展，非遗承载着其典型的工匠精神与深厚的文化内涵，将大步走出国门，在世界范围内打造中国城市品牌。"是民族的，更是世界的"，中国非遗作为独特的文化资本，在国际上拥有较高的影响力与竞争性。国内诸多的非遗纪录片、非遗获奖作品常被西方发达国家的权威媒体所热捧。"一带一路"为传播非遗文化提供了良好的机遇，非遗则为"一带一路"提供强大的文化资本的支撑。沿途非遗的发掘、保护与传播，体现的是文化自信，更是一种文化认同，激励各国、各城市建立利益、命运和责任共同体，促进达成合作共识。当前，非遗"走出去"道路宽阔，如举办各类国际性的传统文化展览会、博览会、文化互访交流活动等，也可在国外开设具有代表性的课程，传授非物质遗产文化，从文化、精神层面悄然将中国城市形象输入世界。

非遗是中华民族几千年历史积淀的成果，是民族传统文化的瑰宝，它所体现的中华民族精神、民族自豪感对中国城市形象和品牌的构建有着不容小觑的作用。非遗不应止步静列于博物馆，或拘泥于国内群体，作为中国文化的代表与象征，责任大、义务重，更应将中国城市形象、中国城市品牌带出去。

（三）非物质文化遗产作为文化资本的经济价值实践

作为城市文本资本的非遗的一大特征就是可以转化为经济效益。非遗的传承与保护不仅要面向传统，更要面向新时代，充分挖掘其潜在的社会经济价值，通过生产创造、产品创意和技术创新进行"活化"，让其在当下继续发挥重要的作用，成为城市社会经济发展的一个重要方面。

首先，主动融入当代产业体系。融入当代产业体系、积极参与生产实践是非遗传承延绵、实现自身文化资本价值的有效路径。传承非遗固然重要，但是切不可脱离生活，应该大胆地选择保护传承与市场开发两条腿走路。以我国非遗项目的四大名绣为例,在商品经济条件下,一个绣种如果无法导入当代产业体系并在生产实践中得到积极应用,再辉煌的历史,也避免不了消亡的命运。内蒙古在推动"王府刺绣"的市场化中,就通过政府与文化产业公司签订项目协议,用先进的"产业化运作+品牌化运营"模式,通过"宣传推广""技能培训与提升""产品设计、生产及销售"三大具体的工作方向,对王府刺绣产业进行全面的整合,拉动王府刺绣产业创新,充分体现了文化资本的经济价值。当然,非遗走向市场之路必然面临众多问题,但是这不能否定其产业化、融入生活与实践的整体发展的可能性,因为这是由其文化资本的特征决定的。

其次,走旅游活化发展道路。近年来,非遗与旅游融合的趋势越来越明显。非遗旅游作为一种全新的体验形式成为现代旅游业发展的新亮点,两者强强联合又相辅相成,成为传承优秀统文化,高质量发展地方文旅经济的有效方式。非遗与旅游的结合正是一种非遗的有效活态传承,游玩、休闲过程也成了认知非遗、传承非遗的最佳时机,同时也能大力推动地方旅游经济的发展。非遗的旅游活化可以是旅游产品的"活态"参与,如将非遗元素融入景区纪念品就是较为成熟的利用方式。非遗的旅游活化亦可以是丰富旅游内容的"活态"参与,如在旅游景点中设置非遗工作室,可以让游客参与、体验非遗的制作过程,从而了解非遗、推广非遗,这在提升游客对非遗文化深层次体验的同时也丰富了景区的文化内涵。总之,以旅游驱动文化遗产的活化利用,是所有地方政府应该共同承担起来的社会责任。

注释

① 王振艳、高玉霞:《对非物质文化遗产保护开发问题的思考》,载《河北青年管理干部学院学报》,2011 年第 1 期。

② 林德荣、郭晓琳:《让遗产回归生活:新时代文化遗产旅游活化之路》,载《旅游学刊》,2018 年第 9 期。

③ 吴必虎、王梦婷:《遗产活化、原址价值与呈现方式》,载《旅游学刊》,2018 年第 9 期。

④ 张昀等:《城市文化资本的识别、唤醒与再投放——苏州古城道前地区保护与更新策略研究》,载《遗产与保护研究》,2019 年第 2 期。

⑤ 张鸿雁:《城市品位的治理型建构——基于"城市文化资本"再生产的多元人文诠释》,载《上海城市管理》,2017 年第 2 期。

⑥王仲、高悦:《"非物质文化遗产"视野下的扬州文化创意产业发展模式探析》,载《设计》,2016 年第 9 期。

⑦张鸿雁:《城市形象与城市文化资本论:中外城市形象比较的社会学研究》,东南大学出版社,2002 年版。

⑧详见中国非物质文化遗产网·中国非物质文化遗产数字博物馆,http://www.ihchina.cn/。

⑨令狐青:《提高非物质文化遗产的经济效益》,载《人民日报》2013 年 6 月 24 日,http://opinion.people. com.cn/n/2013/0624/c1003-21951221.html。

⑩《100 项非遗课程进校园,让孩子们了解身边的非遗》,载《澎湃新闻》2018 年 4 月 19 日,详见 http:// baijiahao.baidu.com/s? id=1598144171475211158&wfr=spider&for=pc。

康乾南巡视阈下的苏州景观格局研究

吴　建*

摘　要：康、乾二帝分别六次南巡苏州，游览苏州山水名胜始终是南巡的重要组成部分。本文高度重视康、乾二帝南巡苏州期间所赋诗、所题匾联，通过定量史学等研究方法对其进行系统归纳与深度挖掘，从二帝的视角探索苏州景观的特征与文化。在康、乾二帝所关注的 30 处苏州景观中，寒山、灵岩山和虎丘等 10 处苏州西部山水景观，风景秀美，资源丰富，不仅在整个景观格局中处于核心地位，而且是展示苏州地域文化的舞台，吸引着二帝反复前往、凭古吊贤。可以说，集聚度高、特色鲜明、感召力强是苏州西部山水资源的主要特点。虽然苏州西部山水自然禀赋优越、人文底蕴深厚，但不论是资源现状还是在苏州城市格局中的作用与地位均未得到应有的体现。从康乾南巡的视角看苏州景观，可以更好地为苏州建设遗产城市、运河国家公园服务，也可以为苏州拓展城市格局、优化城市意象提供参考。

关键词：康乾南巡；苏州西部；景观格局；历史文化

江南是传统中国明清时期最辉煌的区域，苏州则以其富庶、繁华、精致和优雅著称于江南。康、乾二帝分别六次南巡苏州，固然有政治、经济、文化等诸多动机在里面，但游览苏州山水名胜始终是南巡的重要组成部分。那么，苏州哪些景观得到了康、乾二帝的关注？从康、乾二帝的视角来看，苏州景观有何特色与魅力？从康、乾二帝的视角研究苏州景观格局与文化对今天有何启发？以往

---

*　作者简介：吴建，男，无锡职业技术学院副教授，博士。基金项目：江苏省教育厅高校哲学社会科学基金项目（项目编号：2017SJB2248）、江苏大运河文化带建设研究院苏州分院课题（项目编号：2018SZDYH011）、无锡职业技术学院社科类教授、博士科研课题（BS201902）。

学界对比鲜有关注或者语焉不详。康、乾二帝在苏州游览期间留下了大量的诗文、匾联等,尤其是乾隆帝,所到之处,无不挥毫泼墨。这些诗文、匾联是二帝"政治活动和日常生活的实录"①,不仅为苏州运河沿线景观留下了浓郁的帝王印记,也提供了其他史料所不具备的信息,"历史价值大大超过艺术价值"②。由于康、乾二帝的南巡诗、匾联内容庞杂,相关研究还是冷门。因此,本文高度重视康、乾二帝南巡苏州期间所赋诗、所题楹联的历史价值,采用定量史学等研究方法对其进行系统归纳和深入挖掘,通过二帝的视角对苏州景观的格局与文化进行一定的揭示。

一、康、乾二帝视阈下的苏州景观特征

从康、乾二帝历次南巡来看,12 次南巡所关注的苏州景观,不论是数量还是对象都有较大差别:康熙帝历次南巡关注的景观均有变化,乾隆帝历次南巡关注的景观则比较均衡;康熙帝对虎丘关注最多,乾隆帝关注最多的则是寒山。从康、乾二帝所关注景观的空间分布来看,景观格局特征明显:二帝关注最多的景观是寒山、灵岩山、虎丘、邓尉山、天平山、支硎山、华山、穹窿山、上方山和石湖,这 10 处景观位于苏州今高新区、吴中区和姑苏区,如屏障般环列于苏州古城的西部。从时间演变与空间分布两个角度进行具体的量化分析,不仅可以了解康、乾二帝的旅游偏好,也可以揭示苏州景观的景观格局与吸引力。

(一)康、乾二帝历次南巡所关注景观的对比

从康、乾二帝南巡至苏州的时间来看③,康熙帝第一次是十二月,第二次是二月,第四次是三月,其余 3 次均在四月;乾隆帝除了第二次是四月,其余 5 次均在三月。由此观之,康、乾二帝南巡至苏州基本上都是在春暖花开、草长莺飞的最佳出游季节。除了乾隆帝第一次南巡距离康熙帝最后一次南巡相隔 44 年,康熙帝 6 次南巡的间隔时间:第三次与第二次之间为 10 年,其余 4 次南巡之间不过 2~5 年;乾隆帝 6 次南巡的间隔时间:第四次与第三次之间为 15 年,其余 4 次南巡之间也不过 3~6 年。不能不说,苏州景观对康、乾二帝有着独特

的魅力，吸引着二帝反复前来。

康熙帝6次南巡苏州，关注到的苏州景观不过15处：第一次南巡时仅有虎丘1处；第二次南巡时关注的景观比较多，为邓尉山、华山、灵岩山、虎丘和吴江5处；第三次南巡时是华山、虎丘、支硎山和常熟清凉寺4处；第四次南巡时关注的景观不多，就狮子林、虎丘2处；第五次南巡时关注的景观最多，包括穹窿山、虎丘、邓尉山、昆山、天平山、泰伯庙和言子祠7处；第六次南巡时为虎丘、苏州制造府和常熟兴福寺3处。

乾隆帝6次南巡苏州，关注到的苏州景观则有27处，除了第二次南巡时的20处（寒山、灵岩山、邓尉山、虎丘、苏州织造署、天平山、支硎山、华山、上方山、穹窿山、石湖、狮子林、三高祠、紫阳书院、三山会馆、文庙、玄妙观、洞庭山、瑞光寺和开元寺），第五次南巡时的16处（寒山、灵岩山、邓尉山、虎丘、苏州织造署、天平山、支硎山、华山、上方山、穹窿山、石湖、狮子林、紫阳书院、文庙、三贤堂和沧浪亭），其余四次南巡关注到的景观均为17处：第一次南巡为寒山、灵岩山、邓尉山、虎丘、苏州织造署、天平山、支硎山、华山、穹窿山、石湖、紫阳书院、洞庭山、莺脰湖、宝带桥、泰伯庙、言子祠和光福山桥；第三次南巡有寒山、灵岩山、邓尉山、虎丘、苏州织造署、天平山、支硎山、华山、上方山、穹窿山、石湖、狮子林、三高祠、紫阳书院、文庙、三贤堂和玄妙观；第四次南巡是寒山、灵岩山、邓尉山、虎丘、苏州织造署、天平山、支硎山、华山、上方山、穹窿山、石湖、狮子林、紫阳书院、文庙、三贤堂、玄妙观和沧浪亭；第六次南巡包括寒山、灵岩山、邓尉山、虎丘、苏州织造署、天平山、支硎山、华山、上方山、穹窿山、石湖、狮子林、三高祠、紫阳书院、文庙、三贤堂和沧浪亭。

通过对康、乾二帝历次南巡所关注的苏州景观进行对比，我们可以发现：从数量上来看，康熙帝6次南巡，每次关注的景观均有变化；乾隆帝6次南巡，每次关注的景观则比较均衡。具体到关注对象，虎丘、华山、邓尉山、灵岩山、穹窿山、支硎山、天平山、苏州制造府、狮子林、泰伯庙和言子祠都得到了二帝的关注；康熙帝所关注的吴江之垂虹桥、昆山竹林、常熟清凉寺，乾隆帝没有关注到，但是乾隆帝的关注点比康熙帝则要广泛许多，如寒山、上方山、石湖、紫阳书院等。而且，康、乾二帝对苏州景观的关注重点也有很大区别。在15处景观之中,康熙帝对虎丘关注最多,前五次南巡时均有赋诗,第六次南巡时所题匾联也比较多。乾隆帝 6 次南巡,除了寒山、灵岩山、邓尉山、虎丘、苏州织造署、天平山、支硎山、华山、穹窿山、石湖和紫阳书院这 11 处景观每次都会关注,其余景观便显得有点冷热不均了。对乾隆帝来说,关注最多的当属寒山,寒山的千尺雪、听雪阁、法螺寺每次都要赋诗,寒山别墅在第三次南巡时所题匾联也比较多。

(二)康、乾二帝所关注苏州景观的空间分布

根据康、乾二帝南巡期间所赋 397 首诗、所题 85 幅匾和 55 幅联,二帝关注的苏州景观位于苏州今姑苏、吴中、高新、吴江、常熟和昆山 6 个区市。其中,姑苏、吴中和高新三个区的景观数共 23 处,占到苏州景观总数的 76.7%,康、乾二帝对三区景观的赋诗、所题匾联分别占到苏州景观赋诗、所题匾联总数的 96.2%、95.5%和 100%。由此可见,康、乾二帝关注的苏州景观主要位于姑苏区、吴中区和高新区三个区。

在康、乾二帝所关注到的 30 处苏州景观之中,寒山、灵岩山、虎丘、邓尉山、天平山、支硎山、华山、穹窿山、上方山和石湖 10 处景观获得的关注度最高。这10 处景观,虽然景观数仅占苏州景观总数的三分之一,但是康、乾二帝的赋诗、匾、联则分别占到苏州景观赋诗、匾、联总数的 82.9%、75.3%和 78.2%。其中,寒山、支硎山、华山和天平山基本连在一起,位于苏州古城的正西部。虎丘位于苏州古城的西北,上方山和石湖位于苏州古城的西南,灵岩山位于天平山南部,穹窿山、邓尉山位于寒山的西部。在苏州西部 100 余座大小山体之中,虎丘、支硎山、寒山、华山、灵岩山和上方山串点成链、连绵起伏,环列于苏州古城的西部,俨然古城的天然屏障。

二、康、乾二帝视阈下的苏州景观文脉

康、乾二帝在南巡苏州期间,苏州富有历史底蕴、文化内涵的景观一直是二帝的首选。康、乾二帝在游览灵岩山、虎丘等景观时,对发生在这些地方的历史

事件进行评述,抚今追昔、嗟吁兴废。康、乾二帝在游览寒山、灵岩山、天平山、支硎山和石湖等景观时,对与这些景观相关的历史人物予以褒贬,频叠诗韵、缅怀高人。康、乾二帝以诗咏史,不仅反映了二帝的政治观点,还可以帮助我们了解与苏州景观有关的历史事件与人物,并从一个侧面反映苏州历史文化的脉络演变。

(一)康、乾二帝所关注的苏州历史事件

苏州是吴文化的核心城市。由《左传》《国语》《史记》和《吴越春秋》等历史文献可知,太伯、仲雍于商朝末年建国勾吴,十九世寿梦时助晋伐楚,二十四世阖闾时定都苏州,二十五世夫差时自杀亡国,苏州作为吴国的都城前后 41 年。因此,康熙帝南巡时在诗中称苏州为"吴宫"之所在。通过对康、乾二帝在苏州所作南巡诗进行梳理,二帝抚今追昔的景观主要集中于灵岩山(作诗 18 首)和虎丘(作诗 15 首)两处。灵岩山高不过 180 多米、虎丘高仅有 30 多米,其高度与国内其他名山相比实在不值一提。但是,灵岩山与虎丘依然能够著称于世,与灵岩寺为吴王夫差馆娃宫的遗址、吴王阖闾葬于虎丘并陪葬 3000 把宝剑等传说有关。

康、乾二帝尤其是乾隆帝,六次游览馆娃宫旧址(包括琴台、响屧廊、吴王井、采香径等)皆有赋诗,游览灵岩行宫则题有较多的匾联。如乾隆帝在第四次、第五次南巡时,一边在灵岩山临湖榭远眺太湖美景,一遍感叹"吴颠越踬"[④]"越来由此曾倾吴"[⑤]。康、乾二帝对吴越两国的兴替除了感叹之外,主要目的在于引以为戒,用乾隆帝的话来说就是"戒之在鉴古"[⑥]。在乾隆帝看来,吴、越两国相互攻伐,虽然先后称霸,但都没逃过亡国的命运,越国灭吴后到无疆时又为楚所灭。乾隆帝在 12 首诗中提到金精气,在 3 首诗中提到虎踞,如"谁云金宝气,化作虎丘山"[⑦]。金精气、虎踞其实说的是同一回事:相传,阖闾安葬于虎丘的三日后,墓中有一股金精气升腾而出,化为白虎之形,盘踞在阖闾墓上。对于剑气化虎的传说,乾隆帝是不相信的,"四字宣尼曾不语,惜哉佳境涸愚凡"[⑧]。关于阖闾墓陪葬 3000 把宝剑的传说,在乾隆帝看来,"盖睥史语本无稽,而文人一时传奇,不无讹舛,率此类也"[⑨]。

(二)康、乾二帝所关注的苏州历史名人

苏州是一座历史文化名城,历来文化兴盛、人文荟萃。康、乾二帝在游览苏州景观之时,前后赋诗共 397 首,诗中出现的历史人物多达 60 余位,既有苏州本地名人,也有在苏州工作、生活、游历过的名人,还有不少是二帝用来衬托苏州名人的。其中,赵宧光、支遁和范仲淹出现次数最多,他们与一处或多处苏州景观紧密相连,对苏州传统文化做出了突出贡献,凝聚成特定的精神与物质遗产,供后人瞻仰与缅怀。正如乾隆帝在诗中所说:"不为炫能频叠韵,高人风度缅其间。"⑩

赵宧光乃宋宗氏后裔,明万历年间葬父于寒山,三四年间筑成寒山别业,原本无名的寒山一举成为吴中胜地。支遁是东晋高僧,为当时名士所崇奉,曾隐居在支硎山,山名由此而来。范仲淹的高祖、曾祖、祖和父葬于天平山,纪念其本人的忠烈庙位于天平山,十七世孙范允临造天平山庄,后人范瑶改建高义园,乾隆帝第五次南巡时在诗中赞道:"七百余年地,天平尚范家。"⑪

三、康乾南巡对苏州景观格局的启发

苏州西部山环水绕,地势起伏,风景秀美,资源丰富。西部山水资源与苏州历史人文遗迹相互交融,极具文化底蕴。可以说,集聚度高、特色鲜明、感召力强是苏州西部山水资源的主要特点。虽然苏州西部山水在苏州景观格局中占据重要地位,但是不论是资源保护与开发的现状还是在苏州城市格局中的作用和地位,都存在着明显的不足。

(一)苏州西部山水的资源价值

苏州古城区外,东面有水,阳澄湖、金鸡湖、独墅湖和澄湖等串点成链;西面有山,虎丘、寒山、上方山、大阳山、邓尉山和穹窿山等连绵成嶂(见表1)。虎丘、寒山、灵岩山和上方山等构成一环,大阳山、邓尉山和穹窿山构成一环,两环前后错落,高低起伏,将古城区环绕在内。苏州西部的山体成为苏州古城区的天

然屏障,与苏州东部的水域隔城相望,并由地铁一号线串连起来。

表 1 苏州西部山地景观具体情况

山 名	高度/米	特 色	美 誉
虎 丘	34.3	景色秀美	吴中第一名胜 到苏州不游虎丘,乃憾事也
寒 山	—	寒山别墅、摩崖石刻	—
支硎山	147.0	支遁隐居地	—
华 山	46.0	环境清幽、佛教圣地	—
天平山	221.0	天平三绝、范仲淹	吴中第一山、江南胜境
灵岩山	182.0	馆娃宫、历史悠久	吴中第一峰 灵岩秀绝冠江南
上方山	92.6	人文景观众多	—
大阳山	338.2	苏州镇山	吴之镇、吴地主山
邓尉山	170.0	梅花成林	邓尉梅花甲天下
穹窿山	341.7	苏州最高、最大的山	吴中之巅、吴中第一峰

康、乾二帝对苏州西部山水的关注,除了山水景观本身,更多的是山水景观所承载的佛寺、园林和祠庙等多种文化元素。佛寺中,康、乾二帝关注最多的是虎丘的云岩寺,如乾隆帝第二次南巡时在诗中所写:"短薄祠边寻旧墅,吴王邱顶礼云岩。"⑫说的是虎丘寺前身为东晋司徒王珣、司空王珉兄弟之别墅,后舍宅为寺。唐初为了避唐太祖讳,虎丘山寺更名为武丘报恩寺。宋至道中改称云岩寺。园林中,康、乾二帝关注的主要是灵岩山行宫、千尺雪行宫、邓尉山行宫、华山行宫和支硎山行宫等行宫园林,如乾隆帝所说:"独爱吴之寒山千尺雪"⑬。乾隆帝不单在北京西苑、热河避暑山庄和盘山静寄山庄三处皇家园林仿建了寒山千尺雪与听雪阁⑭,还与董邦达、钱维城和张宗苍分别绘制了《盘山千尺雪图》《西苑千尺雪图》《热河千尺雪图》和《寒山千尺雪图》,共4套16卷,存放于盘山行宫、西苑、热河行宫及寒山四处,方便自己一边欣赏美景、一边品茗赏画。祠庙中,康、乾二帝关注最多的是天平山的范公祠。范仲淹任苏州知州时,导湖入海、救济灾民、首办府学,任延州知州时多次打败西夏的进攻,任参知政事(相当

于副宰相）时主导庆历新政，因此在康熙帝第五次南巡时获赐"济时良相"额。范仲淹 1046 年应岳州知州滕子京之请作《岳阳楼记》，"先天下之忧而忧，后天下之乐而乐"传诵千古，在乾隆帝第一次南巡时获赐"学醇业广"⑮额。

（二）苏州西部山水的资源现状

因为历史的原因，苏州西部山水曾遭受不同程度的损毁和破坏。近几年来，在各级政府努力下，苏州西部山水的保护与开发取得了不小成就，但仍存在一系列问题。

首先，苏州西部山水资源分割管理矛盾突出。苏州西部山水涉及的管理部门众多，在管理上难以统筹协调。以佛寺资源为例，宗教、旅游、林业、文物等管理部门等都有相应的管理权限，但部门规章标准存在差异，管理出发点不同，使得相关部门难以协调，容易出现多头管理的局面。苏州西部山水很多横跨两区甚至多区，其管辖也分属不同部分，造成各自为政，相互竞争，无法整合。比如寒山，囿于条块分割等原因，存在自主盲目开发、环境品质低劣的问题。

其次，资源保护尚待加强。由于历史上有过开山采石情况，自然景观受到严重破坏，比如山体遍布宕口，破碎山体和裸露岩石较多。虽然近几年来政府大力补救，但依然严重影响生态环境。苏州西部山水拥有众多的人文景观，但缺少文化资源的普查与数据记录，对究竟有多少家底心中无数。众多文化资源衰败严重，不少散落在山野丛林中的零散文物，塑像石雕，掩埋于荒草残阳之中，找不到管理主体。

再次，旅游开发品质不高。苏州西部山水具有深厚的文化底蕴，但因为没能够进行有效的深度开发，无形的文化资源未能很好地转化为有形的文化产品，导致现有的文化旅游产品，不论是数量还是品质，都与其深厚的文化底蕴不相称。西部山水部分基础设施建设不足，存在卫生状况差、公共卫生间少、缺少旅游交通指示牌、景点说明文字及中英文对照翻译质量低、缺乏高质量宣传网站等问题。

结　语

　　作为我国历史文化名城和优秀旅游城市，苏州在代表性景观和旅游意象层面有"固化"趋势，仍主要以"三古一太"即古城、古镇、古园林和太湖风光为主。比如，苏州大学魏向东研究团队对来苏游客的问卷调查数据显示：游客对苏州之独特性的感知主要集中于苏州园林、古镇古街。[⑯]苏州大学周永博研究团队对2006—2015年的在线旅游博客文本分析显示：苏州意象表征关键词主要聚焦于苏州古城之内，如拙政园、狮子林、寒山寺、平江路、观前街和虎丘等；古城外表征对象主要是木渎、周庄等江南古镇。[⑰]康乾南巡促进了宫廷与江南之间的文化融合，为今天苏州的遗产保护、旅游发展等奠定了基础。从康、乾二帝的视角可以发现：在苏州景观的整体格局中，西部山水景观不仅处于核心地位，也是苏州地域文化的集中展示地。基于苏州西部山水景观的价值与现状，本文建议以寒山、支硎山、华山和天平山为中心，向南北延展，将北部的虎丘、南部的灵岩山和上方山等串点成链，打造苏州西部山地景观群，作为苏州建设遗产城市、运河国家公园的重要举措，为苏州从城内走向城外的城市格局拓展、从苏州园林到园林苏州的城市意象优化提供参考。

注释

①孙文良、张杰、郑川水：《乾隆帝》，江苏教育出版社，2005年版，第304—305页。

②戴逸：《清代人物研究》，故宫出版社，2013年版，第198页。

③康熙帝六次南巡苏州分别是康熙二十三年十月二十六日（1684.12.02）、康熙二十八年二月初三日（1689.02.22）、康熙三十八年三月十四日（1699.04.13）、康熙四十二年二月十一日（1703.03.27）、康熙四十四年三月十六日（1705.04.09）、康熙四十六年三月十六日（1707.04.18），后五次南巡返程北上时均又至苏州停留。乾隆帝六次南巡苏州分别是乾隆十六年二月二十日（1751.03.17）、乾隆二十二年二月十七日（1757.04.05）、乾隆二十七年二月二十日（1762.03.15）、乾隆三十年二月二十四日（1765.03.15）、乾隆四十五年二月二十二日（1780.03.28）、乾隆四十九年三月初五日（1784.03.25），六次南巡返程北上时均至苏州停留。

④（清）爱新觉罗·弘历：《临湖榭》，见（清）李铭皖、谭钧培修，冯桂芬纂：《（同治）苏州府志》，江苏古籍出

版社,1991 年版,第 376 页。

⑤(清)爱新觉罗·弘历:《临湖榭》,见(清)李铭皖、谭钧培修,冯桂芬纂:《(同治)苏州府志》,江苏古籍出
版社,1991 年版,第 408 页。

⑥(清)爱新觉罗·弘历:《灵岩杂咏四叠沈德潜韵右馆娃宫》,见(清)李铭皖、谭钧培修,冯桂芬纂:《(同
治)苏州府志》,江苏古籍出版社,1991 年版,第 377 页。

⑦(清)爱新觉罗·弘历:《奉皇太后游虎丘即景》(二),见(清)李铭皖、谭钧培修,冯桂芬纂:《(同治)苏州
府志》,江苏古籍出版社,1991 年版,第 211 页。

⑧(清)爱新觉罗·弘历:《剑池》,见(清)李铭皖、谭钧培修,冯桂芬纂:《(同治)苏州府志》,江苏古籍出版
社,1991 年版,第 344 页。

⑨(清)爱新觉罗·弘历:《虎丘寺三叠苏轼韵》,见(清)李铭皖、谭钧培修,冯桂芬纂:《(同治)苏州府志》,
江苏古籍出版社,1991 年版,第 335 页。

⑩(清)爱新觉罗·弘历:《白云泉三叠白居易韵》,见(清)李铭皖、谭钧培修,冯桂芬纂:《(同治)苏州府
志》,江苏古籍出版社,1991 年版,第 343 页。

⑪(清)爱新觉罗·弘历:《高义园》,见(清)李铭皖、谭钧培修,冯桂芬纂:《(同治)苏州府志》,江苏古籍出
版社,1991 年版,第 421 页。

⑫(清)爱新觉罗·弘历:《游虎丘云岩寺》,见(清)李铭皖、谭钧培修,冯桂芬纂:《(同治)苏州府志》,江苏
古籍出版社,1991 年版,第 287 页。

⑬(清)爱新觉罗·弘历:《御制盘山千尺雪记》,见(清)于敏中等编纂:《日下旧闻考(二)》卷一百十五《京
畿》,1903 页。

⑭乾隆帝仿建寒山千尺雪的具体情况,可参阅笔者另文《选择与写仿:康乾南巡与江南景观的互动》,载
《江海学刊》,2018 年第 6 期,第 162—171 页。

⑮关于济时良相、学醇业广两额,参见:王卫平《中日地方志与江南区域史研究》,苏州大学出版社 2014
版,第 206 页。

⑯陈希:《景观生态学视角下苏州旅游文化展示系统研究——兼及苏州旅游形象优化的相关思考》,苏州
大学 2016 年硕士论文。

⑰程德年、周永博、魏向东:《旅游目的地意象固化与更新的动力机制研究——以苏州为例》,载《旅游学
刊》,2017 年第 2 期。

基于叙事的工业遗产的保护与利用策略探讨

——以杭州京杭大运河沿岸工业遗产为例

祁楠楠*

摘　要：工业建筑是城市建设中重要的一环，记载着城市一个世纪的历史变迁，承载着一个世纪工业文明的社会文化内涵和时代精神。对工业遗产可持续的、有机的保护与利用成为 21 世纪以来我国城市更新中的重要课题之一。工业遗产应是物质文化遗产和非物质文化遗产的共同体，应以保护非物质文化遗产为首，实现物质文化遗产和非物质文化遗产的共同的保护与利用。工业遗产是一个有记忆的场所环境，它包含物质形态和文化内涵两个构成要素，缺一不可。杭州是国内最早实施工业遗产保护项目的城市之一，目前大部分工业遗产已参与保护与利用，但在实际运营中也存在不足之处。杭州工业遗产停留在建筑空间的保护与利用上，有一部分实现了旅游和文化展示的功能转换，而对于该工业遗产所具有的历史文化内涵和市民的时代记忆等非物质文化遗产并没有展现出来。因此，可以从叙事的角度探讨杭州工业遗产的保护与利用，从市民的记忆出发，深度挖掘和展现其历史文化价值，并借此发展旅游或休闲产业。本文旨在通过探索杭州工业遗产保护与利用的新的思维策略，使工业遗产总体呈现出持续演进的美好情境。

关键词：叙事；工业遗产；思维策略；杭州

引　言

工业遗产是城市建设中重要的一环，记载着城市一个世纪的历史变迁，承

---

* 作者简介：祁楠楠，女，浙江大学人文学院哲学系博士生。

载着一个世纪工业文明的社会文化内涵和时代精神。20 世纪末我国城市逐步进入后工业发展时期,社会经济结构转型拉开了序幕,很多工业遗产伴随着土地转让而惨遭遗弃或被拆除。直至 21 世纪初,随着人们对工业遗产的认识不断进步,我国的此类现象才有所好转,而逐渐进入再利用阶段。对工业遗产可持续的、有机的保护与利用成为 21 世纪以来我国城市更新中的重要课题之一。

杭州是一座综合性工业城市,经过 40 年的发展,从"工业兴市"战略到"服务业优先"发展战略,已经实现从工业化高级阶段向后工业化阶段演进,产业结构从完全由工业主导向服务经济转变。工业为主导的经济一去不返,城市遗存的老厂房、旧码头、仓库等近现代工业遗产的历史文化价值和旅游价值便越来越凸显。杭州市是国内最早实施工业遗产保护项目的城市之一,目前大部分工业遗产已参与保护与改造,但在实际运营中也存在不足之处。从目前情况来看,杭州工业遗产的保护与利用停留在建筑空间的保护与利用,有一部分实现了旅游和文化展示的功能转换,而对于该遗产所具有的历史文化内涵和市民的时代记忆等非物质文化遗产并没有展现出来。因此,可以从叙事的角度探讨杭州工业遗产的保护与利用,从市民的记忆出发,深度挖掘和展现其历史文化价值,并以此发展为旅游或休闲产业。

一、研究的意义与价值

经过 70 多年的不懈努力,我国跃升为世界第一制造业大国。目前,我国已拥有 41 个工业大类、207 个工业中类、666 个工业小类,形成了独立完整的现代工业体系,是全世界唯一拥有联合国产业分类中全部工业门类的国家。随着全国产业结构的转型,传统工业逐步被现代工业和信息产业所取代。但是,将近一个世纪以来,全国人民共同见证了我国工业化进程的奇迹,这一发展阶段的遗产对中国乃至世界具有至关重要的作用。对于杭州来说,工业遗产的主要价值在于历史文化价值和经济价值。

(一)历史文化价值

工业遗产是城市居民正在褪色的群体记忆。一部分伴随着城市现代化发展而诞生并兴盛的工业城市和一些老工业区逐渐走上了衰亡之路。杭州自建设全国历史文化名城战略实施以来,着重于发扬以西湖及其周边为代表的古代历史文化,发展旅游业,并取得了巨大的成果,随之忽视了对杭州同样重要的工业历史文化。然而,工业遗产见证了 20 世纪后半叶与杭州发展息息相关的大量历史、社会、科技、经济及审美因素,本身构成了城市以及城市居民不可缺少的一段历史,具有重要的历史文化价值。工业文化是城市文化中重要的组成部分,工业文明中的人类想象力和创造力应当传承给下一代。对于未来,高新技术产业和旅游业仍是杭州乃至全国各地发展的重中之重,但是作为全球唯一拥有完整的工业体系的国家来讲,工业遗产将更为稀有和重要,我们有责任对当地的工业遗产加以保护并合理地再利用。

(二)经济价值

研究显示,80%的工业建筑和构筑物的使用寿命长于其功能寿命,在对其进行拆迁或新建的过程中,工业厂房的拆除和新建费用都是一笔可观的数字。若对这些工业建筑遗产进行合理的保护与再利用,不仅可以节省拆除和建造的高昂费用,在投入使用后还可以带来一笔相当的经济收益。工业遗产改造后,多作为博物馆、公园、旅游景点等城市功能使用,可充分发挥其旅游价值。

二、基本理论

(一)工业遗产

2003 年《下塔吉尔宪章》中对工业遗产的概念界定受到学界的普遍认可,即"工业遗产是具有历史价值、技术价值、社会意义、建筑或科研价值的工业文化遗存。包括建筑物和机械、车间、磨坊、工厂、矿山及相关的加工提炼场地、仓库和店铺、生产、传输和使用能源的场所、交通基础设施,除此之外,还有与工业生产相关的其他社会活动场所。从文物的角度来看,工业遗产特指能够展现工艺流程和工业技术发展的具有文物古迹价值的近、当代工业建筑遗存及设备、产品等。"

2006 年，中国工业遗产保护论坛通过的《无锡建议》提出，工业建筑遗产指的是具有历史学、社会学、建筑学和科技、审美价值的工业文化遗存。其中包括工厂车间、磨坊、仓库、店铺等工业建筑，矿山、相关加工冶炼场、能源生产和传输及使用场所，交通设施、工业生产相关的社会活动场所，相关工业设备，以及工艺流程、数据记录、企业档案等物质和非物质的文化遗产。

上述对工业遗产的界定较为清晰，但是，对包含企业文化、企业发展以及职工的生产生活文化等最重要的非物质的文化遗产却一笔带过，只强调物质文化遗产是片面的，没有以人为核心的工业遗产是死的，对于整体的工业遗产的保护与利用也是不利的。工业建筑、交通设施、生产设备和社会活动场所等物质文化遗产都是当时的企业员工生产生活的物质载体，更加需要保护和展示的是当时的非物质的工业遗产，包括企业文化、企业发展、职工的生产生活以及"事件"等等。因此，笔者认为，工业遗产应是物质文化遗产和非物质文化遗产的共同体，工业遗产的保护与利用应以保护非物质文化遗产为首，实现物质文化遗产和非物质文化遗产的保护与利用。

（二）工业遗产保护与利用的叙事理论

随着 20 世纪小说形式空间化的日益突出，叙事中的空间元素对情节发展、人物塑造、意义建构等方面的影响逐渐吸引了学者们的目光。叙事学研究由单纯关注时间维度转向探讨空间叙事的特征、功能。由此，空间叙事理论研究开始兴起，文学、影视文本的空间叙事也开始受到重视。任何叙事文学都是由时间和空间两个维度共同构筑而成的，只是不同时期叙事文本各有侧重而已。以中国叙事文学为例，唐传奇已有生动的宴饮、歌舞等场景描写，叙事空间得到极大地拓展。20 世纪的现代小说更是拓宽了叙事的心理、感觉等空间，小说形式空间化成为研究者不可忽视的现象。在西方学者列斐伏尔、福柯、约瑟夫·弗兰克、加布里埃尔·佐伦等人的带动下，国内学者也开始将目光投射于叙事中的空间维度，提出了叙事学研究的空间转向问题。

在建筑领域，也取得很大成果。英国设计师寇提斯最早在 1983 年成立了设计社团,在设计中融入时间维度,以此来创设场景和情节,包容了时间向度、精神向度,并不是简单的空间物性。后来建筑师伯纳德提出事件建筑理念并出版了《事件的话语》一书,其功能上具有不确定性、交换性,意义上具有文化性、历史性,而审美上效果震惊。库特斯组建了一个名为"当今叙事建筑"的研究小组,他认为建筑物有物理向度、时间向度、精神向度以及叙事向度,而"室内空间"是提供写故事脚本的机会,而不只是一个居住的地方。本杰明·斯帝生建筑师在《关于叙事:写作的建筑体验》文章中指出,写作具有多样化的感知情感的叙事方式,建筑师可以把写作带入设计的过程中来思考建筑,通过研究和描述情感叙事设计来促进建筑的感知体验。我国建筑师张永和在留学期间,也进行了叙事建筑实践,如《取景箱》《窥视剧场》等早期作品,均对空间与人的视觉影响进行了深入研究,并对叙事建筑这一概念进行了新的诠释。

关于工业遗产保护与利用的议题,学界取得了一定的研究成果,但是目前尚未有工业遗产的保护与改造思维策略上的创新理论。浙江大学建筑工程学院楼瑛浩发表的《基于"线索重构"的工业遗产改造模式探索》,李郁亮发表的《时空维度下的工业遗址博物馆设计研究》等文章主要针对实际案例具体分析了工业遗产再生的叙事性讨论,然而叙事方法在工业遗产的保护与再生策略方面的应用理论尚未形成。本文对小说叙事与工业遗产的保护与再生进行剖析,借鉴小说叙事的策略来探讨工业遗产的保护与再生的叙事策略。

关于工业遗产的叙事性研究目前尚未有完善的理论基础,虽然工业遗产和小说叙事理论并非同一理论范畴,但它们都是所处时代发展的产物,其核心深处有着多方面的关联。它们都是人类发展过程中的一种现象,都是随着社会的发展而推动的,叙事学发展到更多的学科领域,包括文学叙事和建筑叙事。从其历史阶段发展的特征转变,我们可以看出:文学叙事与建筑叙事都具有很强的故事性,以记录、延续以及重新诠释故事为主要目的;二者都以某个或多个具体的事件与空间为故事载体;二者故事中的事件都依据特殊的时空关系为结构模式,通过后人的书写得以再诠释。新现实主义小说作为当代小说的主流,是一种将现实主义、现代主义、后现代主义等各个流派的叙事技巧和手段综合起来的小说。因此,我们分析新现实主义小说的叙事构成要素,从中吸取经验来发展工业遗产的保护与利用的叙事策略。

(三)工业遗产保护与利用的叙事思维策略

基于上述讨论,我们暂且将工业遗产的保护与利用作为一种叙事文本,分析其叙事六大构成因素(图 1):叙事基础、叙事者、叙事对象、叙事媒介、叙事结构以及叙事目的。从叙事小说的叙事构成特征中,我们可以推断出,工业遗产的叙事基础是指工业遗产周围的城市建设和人文环境。叙事者是指政府、企业、设计师等。值得注意的是,使用者也可能成为叙事者,使用者指的是曾经在此生活生产的职工以及改造后在此地停留的游客和常驻人员。叙事对象指的是工业遗产的物质文化遗产与非物质文化遗产,包括工业遗产的建筑、空间形态、职工生产生活及"事件";叙事媒介指的是这些工业遗产的物质空间形态,以及对其空间的认知体验;叙事的目的即对工业建筑遗产可持续的、有机的保护与再利用,并且保护和展现当时的城市记忆;叙事结构则是指"线性结构""非线性结构",以及多种结构综合——六大叙事要素共同作用于其叙事文本。只有尽可能地达到以上要素的有机平衡,才能真正实现工业遗产的保护与利用。

图 1　叙事文本与其六大要素

工业遗产是一个有记忆的场所环境,它包含物质形态和文化内涵两个构成要素,缺一不可。从叙事的构成角度看,则有叙事基础、叙事者、叙事对象、叙事媒介、叙事结构、叙事目的等构成要素。而叙事结构则包含以时间和空间为线索的线性叙事和非线性叙事,工业遗产的建筑、构筑物等等就是其物质形态,也是叙事发生的空间载体,其文化内涵是叙事发展的时间动力。只有实现二者的有机结合,如同小说被阅读与被再诠释,工业遗产同样作为一种叙事文本,其历史故事在场所环境中的再现需要相应的思维策略。

三、杭州工业遗产的保护与利用的发展及现状

(一)相关规定及政策

近年来,杭州市对工业遗产的保护与开发愈发重视。2003 年,杭州出台了《杭州历史文化名城保护规划》,工业遗存被首次作为城市历史建筑的一部分,纳入历史建筑、城市历史街区、片区的范畴。2007 年杭州市规划局组织杭州市城市规划设计研究院开展杭州市工业遗产普查工作,编制杭州市工业遗产保护专项规划,制定了工业遗产保护总体框架,将 69 处工业遗产列入各级保护名录。

2009 年组织编制《杭州市区工业(建筑)遗产保护规划》,挖掘和整理了工业遗产现状资源,提出了全面、系统、科学的保护策略和利用模式,构建了保护总体框架。2010 年,市政府颁布实施了《杭州市工业遗产建筑规划管理规定(试行)》。这是全国首个工业遗产建筑规划管理规定,使工业遗产保护利用走向制度化。

2012 年 11 月,中国城科会名城委和杭州市政府主办,杭州市规划局等承办的"中国工业遗产保护研讨会"在杭州举行,并发表了《杭州共识》,主要内容有:将工业遗产纳入历史文化名城保护体系;建立登录制度;创新审批管理机制;加快制定相关法规章;完善环境质量评价体系;加强适应性再利用;关注已不具备新工艺革新和新生产功能的工业遗产;倡导活态保护。

2018 年 1 月 17 日,由中国科协调宣部主办,中国科协创新战略研究院、中国城市规划学会公布的《中国工业遗产保护名录(第一批)》共 100 个项目,覆盖了造船、军工、铁路等门类,是具有代表性、突出价值的工业遗产。杭州有三个入选:钱塘江大桥、华丰造纸厂和杭州丝绸印染联合厂。

为迎接 2022 年亚运会,杭州市政府实施了一些新的工业遗产改造措施,由包含万科在内的国内房地产巨头牵头,对城北主要运河沿岸进行改造,包括将华丰造纸厂、蓝孔雀化纤公司等改造为城市景观休闲综合体。

(二)杭州市工业遗产保护与利用实践

在国内,较为著名的工业遗产文化创意园区有北京 798、上海苏州河、广州红专厂等,而在上述成功先行者的运作模式和运营理念影响下,各地方自行规划组织了类似的项目,如西安纺织城艺术区和大华纱厂"大华·1935"等。

杭州的工业遗产保护主要围绕京杭大运河、清河坊历史街区、中山路传统商业街等几个片区展开,本次研究主要围绕拱墅区大运河沿线拱宸桥周边的工业遗产,包括杭州张小泉剪刀厂旧址、杭州丝绸印染联合厂旧址、杭州大河造船厂旧址、大运河码头等等,主要集中于纺织、器械、船坞等相关工业。2015 年,杭州拱墅区住建局启动了莫干山路的整治任务,通过绿道、休息空间、工业遗存小品等形式,对工业遗存进行改造再开发。

1. 杭州丝绸联合印染厂改造为丝联 166 创意产业园区

在废弃的工业旧址上,通过保护、再利用原有的工业机器、生产设备、厂房建筑等,将其改造成一种能够吸引现代人们了解工业文化和文明,同时具有独特的观光、休闲和旅游功能的新空间。由原杭州丝绸印染联合厂转型而来的"丝联 166",就是一个典型例子。

杭丝联是"一五"时期国家重点兴建的项目,厂房为苏联专家设计的,有建筑面积 30000 多平方米的"亚洲第一大厂房";它是当时全国丝绸行业中规模最大、技术先进、配套加工能力最强的丝绸印染联合企业,是特殊历史时期杭州的工业标志之一。曾经年产各类绸缎 1000 万米,印染绸缎 4500 万米,服装 50 万件套,是杭州乃至全国丝绸行业的老大。2000 年企业改制后,"杭丝联"原厂房中的部分建筑陆续被拆除,但保留了原丝织车间的大部分厂房及附属用房。

2007 年,杭州丝联实业有限公司正式接管"丝联 166"的运营,丝联 166 创意产业园正式形成(图 2)。园内保留了丝联生产三车间与大量的纺织设备,展现了早期纺织工业生产的过程;园外采用清水砖外墙,钢筋混凝土梁柱结构,一排排锯齿状屋顶的厂房营造了强烈的秩序感和年代感,以其优美的环境聚集了大量小微型文创产业,成为杭州市重要的文创产业基地之一。2010 年 3 月,"杭丝联"建筑被列入杭州市第五批历史建筑保护名录。

图 2　丝联 166 创意产业园

2. 杭州大河造船厂建筑群改造为运河天地休闲商业区和公园

杭州大河造船厂建筑群,建于 20 世纪 60—70 年代,坐落于大石桥,东面紧邻大运河,由三座大小不一的大空间联体厂房、车间组成。据档案资料记载,杭州大河造船厂系小型船舶修造厂发展而来,20 世纪 60—70 年代陆续建造了轮机间、放样间,空压机、电工、漆工车间,翻砂、锻工车间等。1973 年大河造船厂开始承担军工登陆艇的制造任务,成为当时杭州规模最大的造船厂。现在,大河造船厂已经搬迁,船厂留下的这一块空地,也在发生变化。老厂区保留着 9 幢老厂房、老仓库,作为工业遗产,被列入杭州第五批历史建筑名录。(图 3)

2011 年,运河天地内入驻由周星驰投资打造的杭州比高电影城,整个影城使用了这里最大的一处旧厂房,设了 10 个观影厅,共 1200 个座位,住在城北的市民在家门口就能看上最新的电影,而且票价走的是亲民路线。另外,还有 KTV、潮牌店、名品店、摄影工作室、时尚餐饮品牌、咖啡音乐酒吧等业态。(图 4)

图 3　大河造船厂

图 4　运河天地的咖啡馆和电影城

3. 桥西土特产仓库改造为刀剪剑博物馆、伞博物馆,通益公纱厂改造为扇博物馆,红雷丝织厂改造为工艺美术活态展示馆

桥西土特产仓库,建于民国时期,坐落于京杭大运河(杭州段)拱宸桥桥西历史文化街区,西邻小河路,东临大运河,为一层砖木结构的工业仓储房。建有青瓦屋顶,青砖实叠外墙,檐下开有气窗,墙基处有约 50 厘米高的水泥基座;建筑内部为木梁架结构,整体保存较好。

2009 年,桥西土特产仓库被改造为博物馆,以文化遗产的角度、专题的方式解读了刀剪剑"物开一刃为刀,两面开刃为剑,双刀相交则为剪"的独特文化。展览面积 2460 平方米,由"刀与剑""剪刀的故事"两个展厅共同构成。

刀剪剑、伞、扇加上工艺美术博物馆,总建筑约 4 万平方米。刀剪剑博物馆、伞博物馆,原是市土特产公司桥西仓库,扇博物馆是通益公纱厂的老厂房,工艺美术博物馆是红雷丝织厂的旧厂房。改建而成的四大博物馆,成为以刀剪剑、伞、扇、工美展示为主题,集收藏、研究、展示、教育、宣传、娱乐、购物等功能于一体的国家级博物馆……

4. 杭州石油公司小河油库将改造为运河景观文化带

杭州石油公司小河油库是京杭运河杭州主城段的唯一一座临河油料仓库,建于 20 世纪 60—80 年代,位于京杭大运河河畔,其保护建筑为两座单层坡屋顶的仓储大房、一个钢混构筑的雨棚和三个油罐。仓库建筑由红砖实叠而成,檐下开气窗;屋顶呈波浪形,颇有特色。据档案资料记载,杭州石油公司小河基地在当时是浙江全省及皖南地区的油料储运总枢纽,共建造有若干座主体仓库、若干大型铸铁油罐,以及码头、办公楼、员工宿舍等,建筑面积达数千平方米。

2019 年 10 月小河油库拆迁,保留 7 个和大码头,油库区域规划建设小河公园,进行沿河绿化、贯通滨河通道。此外,还打造小河直街历史风貌区二期,文化创意、休闲产业等,为周边居民提供户外活动空间,打造家庭性亲子公园。同时打造商业艺术共同体的公园文化地标,串联运河沿线各街区,使其成为运河水上旅游产业的重要节点。在留下城市记忆的同时,彰显工业文明的人文情怀。据悉,3 幢仓储房会改造为品牌商业、文化展厅、会议中心整体出租。7 个大小不一的油罐,大的每个占地面积约为 200 平方米,小的每个占地约为 100 平方米。未来或许将它们整体打通,作为油罐文化体验区,形成独具一格的文化地标。

同时,改造规划中还将充分利用地下空间,目前的规划是包含两层地下车库和半地下商业区。油库现有的码头也将提升改造,借助游船、水上巴士等商业服务,打造码头滨河景观带。

5. 华丰造纸厂将改造为工业文化长廊

华丰造纸厂是杭州老城区最后一家搬迁的国有大型企业。它始建于 1922 年,是浙江省第一家机械造纸厂,中国造纸骨干企业。新中国成立后,华丰造纸厂有 3 条造纸机生产线,可以生产高级薄型纸、卷烟纸和高档纸板。20 世纪 60

年代到 70 年代,华丰产的全麻烟纸,是熊猫牌香烟的指定用纸。2018 年 1 月,它入选中国工业遗产保护名录第一批名单。

据悉,这里改造后将具备写字楼、住宅楼、商业综合体等一系列设施,按照花园商务区、文化娱乐区、高档居住区、滨水休闲区四个区块进行打造。相关负责人说:"不同于传统 CBD(中央商务区),华丰造纸厂区块将建设一种园林化、生态型的休闲商务花园,但具体规划还有待敲定","目前,具体的拆迁方案还没出来,像文化大礼堂等一些具有历史文化价值的建筑,可能不会被拆掉。但是,一些影响道路建设的建筑肯定要拆掉"。根据区块的初步设计方案,这些被保留下来的、具有历史文化价值的建筑,未来会被改造成博物馆和工业文化长廊。

(三)杭州工业遗产保护与利用的主要模式总结

杭州京杭大运河拱宸桥周边主要的工业遗产集群,还包括由港航船坞修理厂改造的浙窑陶艺公园,由江墅铁路改造的江墅铁路遗址公园等等,笔者以此为基础,对杭州工业遗产保护与利用的主要模式进行了归纳,归纳结果见表1。

表 1 杭州运河拱宸桥区域工业遗产保护与利用概况

工业遗产	保护与利用	改造年份	二次利用	改造年份
桥西土特产仓库	中国刀剪剑、伞博物馆 中国扇博物馆	2009		
通益公纱厂	手工业活态展示馆	2011		
红雷丝织厂	杭州工艺美术博物馆	2011		
杭州丝绸联合印染厂	丝联 166·创意产业园	2007		
大河造船厂	运河天地	2011		
江墅铁路	江墅铁路遗址公园			
杭州蓝孔雀化学纤维有限公司	LOFT49 创意产业园	2002	保留部分+运河工业设计小镇	2019
长征化工厂	西岸国际艺术园区	2008		
浙江天和建设有限公司水泥罐构筑物	旅游			

续表

工业遗产	保护与利用	改造年份	二次利用	改造年份
杭州石油公司小河油库旧址	仍在使用	——	运河景观文化带（小河公园）	2019
华丰造纸厂			博物馆＋工业文化长廊（保留部分）	2018
港航公司船坞修理厂	浙窑陶艺公园			

四、杭州工业遗产保护与利用策略探讨

拱宸桥周边工业遗产具有重要的历史文化价值和经济价值，同时它还是当地及周边居民的半个多世纪以来的记忆和情感归属。对其进行适当的保护和利用，既能增加原厂职工和周边居民对过去百年工业文明的历史认同感和归属感，还能提高人们的生活质量。

笔者对以上杭州工业遗产改造模式进行了简要梳理，对其改造现状进行了分析。这些工业遗产的建筑空间得到充分利用，并产生了巨大的经济价值，但是也存在两个重要的问题。一是保护和利用停留于建筑、空间等物质文化遗产，没有深度发掘其文化内涵；二是缺乏联动性和整体规划，未形成立体的、完整的改造框架体系。下面我们将详细阐述这两个问题，并基于叙事理论进行策略探讨。

（一）停留于建筑、空间等物质文化遗产，没有深度发掘其文化内涵

杭州工业遗产大多转型为休闲空间，主要是博物馆、公园等城市公共空间，文化创意产业园等。对当时的市民文化、时代特征和人文特征缺乏展示，尚未上升至展示工业文化或工业文明的层次。游客在游览时无法追溯旧时记忆，体现其人文价值。没有人文精神的改造不是真正地对工业遗产的保护，它仅仅是对建筑空间加以利用，并没有展现出建筑的灵魂，更没有展现出该厂房辉煌时

期在这里的职工的生产生活的记忆和体验。工业遗产的保护不是狭义上的整体翻新修复或者功能置换,而需着眼于工业遗产特有的历史文化内涵,这些能够切实反映遗产物质空间以外的价值,并且能给地块带来相应的活力和自我造血功能。

丝联 166 创意产业园是一个典型的单体工业建筑改造案例。从调研过程可以看出,改造后的产业园对原来的建筑空间做到了充分利用。经过走访,厂里工作的食堂职工认为平时都是一些公司人员来此处工作,但是对于杭州丝绸文化和丝绸工业的发展并无任何的体现,仅有几块宣传牌和一条生产线,受吸引的游客很少,非物质文化遗产在流失。

工业建筑遗产的线性叙事结构的改造模式,是指独立的工业建筑或集群中的单体建筑具有特殊的角色经历时,在保持原工业建筑或构筑物外貌不变的基础上,遵循原来的叙事传统,挖掘其特定的时代记忆和“事件”,对其进行功能上的更新。丝联 166 旁边有一所中学和小学,可以考虑发掘杭州历史悠久的丝绸文化,发展儿童文化休闲教育,发展儿童主题文化教育产业。例如从古时的养蚕、制丝、造丝绸、印染等手工制作方式,课本里的养蚕女的故事,到 19 世纪末20 世纪初近代丝绸手工业的萌芽和发展,再到新中国成立后的职工生产生活,改革开放后杭州丝绸工业的大发展,杭州服装等商品外贸的发展过程,直至今天“中国制造”走遍全球,都是可歌可颂的文化内涵,值得我们改造时呈现出来。土生土长的杭州人,在儿童时期,也就是 20 世纪 90 年代左右,有很多难忘的杭州记忆,如黑白电视机、彩电、绒布沙发、钨丝电灯泡、妈妈的脚踩式缝纫机、录音机、二八自行车等旧式家具家电,还有童年时期的一些游戏和零食等等,现在都已经趋于消失,都是我们值得展现的文化记忆,作为游客,回想起儿时生活的记忆,是一种很好的活化丝联厂的改造方式。

线性叙事结构,具有时间和空间的“整一性”和“延续性”。在对工业遗产进行改造时,应将二者综合考虑。此类改造建设量少,改造成本较低,周期较短,改造成果较好。叙事是一种延续历史的方式,以保护为主的线性叙事,就是通过对单体建筑物或集群的异质再现或同质还原从而获得该场所精神的复生,实现该故事事件的线性延续和当代诠释。

(二)缺乏联动性和整体性规划,尚未形成立体的、完整的改造框架体系

杭州的工业发展种类多集中于纺织、机械等小体量产业,由于搬迁时规划等原因,目前遗存的厂房大多是单体建筑或者少量建筑集群,虽然拱墅区拱宸桥周围工业遗产众多,但大多是根据各个厂房体量单独规划,没有以集群或带的形式进行整体规划,缺乏联动性。以政府为主导的改建为博物馆、公园,以企业为主导的改造为创意产业园区,主要租赁给微小型企业。总体来讲,仍处于被动的旅游模式,没有开发多元化的旅游产品,无法形成产业规模,吸引大量游客前往。

上述所提到的多个工业遗产,如丝联 166、大河造船厂、土特产公司桥西仓库、小河油库、华丰造纸厂等,都围绕于京杭大运河拱宸桥而建。但是改造时,因规划时间、规划政策等各种原因,都是独立改造的,但是有些园区甚至有雷同,缺乏特色。对于这种情况,应将周围的多个工业遗产集群或者片区当作一个整体进行规划,融入周边的自然环境和人文环境,运用“非线性叙事结构”,在保护性改造再利用的原则上,以多条叙事线索进行的时空并置以及解构的方式,突出个别有特色的工业遗产,来实现工业建筑及空间的新旧共生。应转变工业遗产的职能,增加新的公共设施及活动空间,以期实现场所精神的新旧对话。

四、结　语

基于以上的讨论,笔者通过研究叙事理论与工业遗产的保护与利用之间的关联,对杭州工业遗产的保护与利用的政策及发展动态进行梳理归纳,以杭州工业遗产保护与利用的相关成果和实际案例为基础,从叙事结构方面展开论述,进而探讨一种时空有机结合的叙事思维策略,为以后杭州工业遗产的保护与利用的策略研究带来一些新的思考角度及创作思路。

参考文献

齐元杰:《历史环境再生之时空叙事的结构研究》,华南理工大学硕士学位论文,2015 年。

龙迪勇:《空间叙事学:叙事学研究的新领域》,载《天津师范大学学报(社会科学版)》,2008 年第 6 期。

楼瑛浩、朱晓青等:《基于"线索重构"的工业遗产改造模式探索》,载《工业建筑》,2012 年第 10 期。

陆邵明:《场所叙事及其对于城市文化特色与认同性建构探索——以上海滨水历史地段更新为例》,载《人文地理》,2013 年第 3 期。

陆邵明:《当代建筑叙事学的本体建构——叙事视野下的空间特征、方法及其对创新教育的启示》,载《建筑学报》,2010 年第 4 期。

陆邵明:《建筑叙事学的缘起》,载《同济大学学报(社会科学版)》,2012 年第 10 期。

[日]黑川纪章:《从新陈代谢到共生》,郑时龄、薛密译,中国建筑工业出版社 1997 年版。

尚必武:《什么是叙事? 概念的流变、争论与重新界定》,载《山东外语教学》,2016 年第 2 期。

佘军:《美国新现实主义小说研究》,苏州大学 2012 年博士论文。

王安:《论空间叙事学的发展》,载《社会科学家》,2008 年第 1 期。

王建国:《后工业时代产业建筑遗产保护更新》,中国建筑工业出版社,2008 年版。

张娟:《公共空间视野下上海现代市民叙事的空间化特征》,载《山东大学学报(哲学社会科学版)》,2010 年第 3 期。

张寅德:《叙事学研究》,社会科学文献出版社,1989 年版。

周卫:《历史建筑保护与再利用——新旧空间关联理论及模式研究》,中国建筑工业出版社,2009 年版。

左琰:《德国柏林工业建筑遗产的保护与再生》,东南大学出版社,2007 年版。

后申遗时代京杭大运河的
审美价值解读与文化带建设探析

吴清月 *

摘　要:随着中国大运河成功列入《世界文化遗产名录》,学界已经从多个角度对大运河的开发、建设、保护等进行了探究。本文主要从四个层面探析大运河的审美价值,包括:源于生活的艺术观之美、天人合一的宇宙观之美、兼容并包的文化观之美、仁者爱人的道德观之美。本文通过各个范畴的审美价值的理论探索,深化人们对大运河的再认识,为大运河文化带的建设提供理论依据和指导,进而从审美视角出发提出后申遗时代大运河文化带建设过程中存在的五个方面问题,以及各个层面的保护、开发、升级方案。

关键词:大运河;审美;文化;遗产

引　言

2014年,中国大运河成功列入《世界文化遗产名录》,受到社会各界的广泛关注,此间学界也从多个角度对大运河的开发、维护、建设等进行了探究。大运河是中国唯一一条沟通南北的水系,使得中国历史上南北方的经济与文化得以交流,因而是社会经济文化的重要记录、见证和象征,是中国古代知名的文化长廊。此外,大运河还是自然风光的长廊,蕴藏着丰富的自然美、古典美、形态美、意境美等资源,其物质与非物质文化遗产所蕴含的美感让这条跨越时间与空间的运河展现出别具一格的艺术魅力,带给人们不同的审美感受和审美体验。

　* 作者简介:吴清月,女,浙江大学人文学院休闲学、旅游与休闲研究院博士生。

一、京杭大运河审美价值解读

审美是"人们在理智与情感、主观与客观交融中感知世界的一个心理过程"[①]。审美可以用来发掘中国大运河在艺术文化领域的内涵,其价值与艺术文化内涵之间存在一种相互依赖、相互融合、相互包容的关系。挖掘和研究大运河的艺术文化内涵,对其美的价值进行剖析,领略其各个范畴的美,这一过程首先是实现审美的过程,其次,能让大运河的深厚文化得到更为全面而生动的体现,深化人们对大运河的重新认知,也有助于相关部门进行合理的保护、开发、建设、升级工作。

本文从三个层面探析大运河的审美价值,包括:源于生活的艺术观之美、天人合一的宇宙观之美、仁者爱人的道德观之美。通过对大运河的美学价值进行剖析,挖掘和展露其艺术文化内涵,这实际上也是审美得以逐步实现的过程。

(一)源于生活的艺术观之美

艺术美指的是艺术作品的美,"是艺术家对来自实际生活的体验进行加工、提炼,并使之典型化的产物"[②]。大运河的艺术美包括由运河直接产生的艺术之美(如运河船工号子)与运河沿岸地区艺术作品的美(如描写运河的古诗词、绘画)。大运河的艺术美,包含多种文化形式,可以激发我们所有感官的参与。

运河船工号子是直接的艺术美,其种类众多,有起锚号、揽头冲船号、摇橹号、出仓号、立桅号、跑篷号、闯滩号、拉纤号、绞关号、闲号等。[③]这些号子声调或高亢,或激昂,极富节奏感,是中国大运河非物质文化的标志符号,鲜活地重现运河上船运工人行船时的工作场景。

直接描写大运河的艺术作品也不胜枚举,以扬州的瓜洲古渡为例,如清代画家江营所绘的国画长卷《潞河督运图》,形象地描绘了北运河到通州一带漕运的繁忙景象。河中有官船、商船、货船、渔船,两岸画有衙署、店铺、寺庙、民宅、粮仓[④],真实地表现了运河的繁华与发展。再如描绘运河杭州拱宸桥段的绘画《古运河盛景》[⑤],画中舟楫云集、游人如织、倒影如画,河面及沿岸的建筑、草木构成了丰厚的现实美与艺术美的交叉。

再如历朝历代的文人骚客,在运河沿岸写下的诗词。如明末清初的文人吴伟业曾写诗咏叹运河上的清江大闸:"岸束穿流怒,帆迟几日程。石高三板浸,鼓急万夫争。"(《清江闸》)该诗表现了大运河水闸之险状,以及漕运船只过闸之壮观。再如白居易到苏州为政时,发动群众在虎丘山环山开河筑路,凿渠与大运河相连,该"山塘河"工程在当时已经成为一大名胜,白居易有诗《武丘寺路》云:"自开山寺路,水路往来频。银勒牵娇马,花船载丽人。董荷生欲遍,桃李种仍新。好住湖堤上,长留一道春。"⑥该诗展示了当时苏州的阊门城外直至虎丘山下运河一条街的繁盛美景,水中不时有乌篷船往返,岸边店铺林立、叫卖声不绝于耳。隋炀帝杨广主持修筑了隋唐大运河,是中国大运河的前身。他随运河下江南时,也创作《春江花月夜》两首,其中一首诗云"暮江平不动,春花满正开。流波将月去,潮水共星来",描绘了一幅运河夜景图。而古代运河边绿植繁多,诗文亦很多。如明代许天锡的诗:"黄鹂啼歇晓阴开,两岸杨柳荫绿苔。叶底轻花看不见,暖风吹入短篷来"。(《晓发张湾》)这是作者描写早上从张家湾出发的情景,当时运河两岸都是柳树,景色唯美。元代文人吴莱的"数株杨柳弄轻烟,舟泊沸州河水边"(《潮州二首》)一句,可以看出沸县运河两边也是广植柳树。

这种种艺术作品,不仅描写了大运河作为自然风光长廊的开阔之美、险峻之美、壮丽之美、平静之美,也表现了运河两岸人民生活的繁盛之美、热闹之美、和谐之美、幸福之美。并且这些艺术作品,本身作为一种诗意的空间,饱含思想的流淌,也体现了其艺术升华之后的美,体现了丰厚多元的艺术审美观照。

(二)天人合一的宇宙观之美

大运河从公元前 486 年开始开凿,到 1293 年全线通航,历时近 1800 年;从杭州到北京,南北纵贯约 1800 公里⑦,这在时空中延伸至今还在发散光芒的人类工程,其带给人们的内心感动不亚于任何一部震撼人心的艺术作品。从整体看,大运河就是一部鸿篇巨制。马克思在《1844 年经济学哲学手稿》中提出"人的本质力量对象化",并被李泽厚借鉴发展为"美是人的本质力量对象化"⑧,成为实践美学的核心命题。对于"人化自然"的审美也就包含两层含义：对于形式美感的欣赏，和对"人化"的审美。"人化自然"之美，是人与自然的融合，体现了人类顺应自然、改变自然的人文美。

此处，天人合一的宇宙观之美，有两个层面的意味，一是未经人类劳动改造的"纯粹"的自然美，二是受到人类劳动改造的自然景观，即所谓的"人化自然"。大运河的自然美既有"纯粹"的自然美，也有"人化自然"的自然美。并且这种"天工"与"人工"，合并构成了一种"天人合一"之美，展现了中华民族历史上传统的宇宙观思想。

大运河在自然河道的基础上通过人工开挖沟通了从南至北的五大水系。这些自然河道、自然湖泊所蕴含的美，就是"纯粹"的自然美。而大运河作为审美对象，其中一个重要因素就在于"人化"，目前在运河上保留了大量的人工痕迹，展示着人文美，如中国水利设计史上的不少创新之举——扬州三湾、南旺分水枢纽工程、戴村坝、高家堰大堤、复闸等。

如扬州地势北高南低，导致上游淮河流经扬州时，水势直泻、下游难蓄，漕船、盐船等船只时常在此处搁浅。明朝万历年间，政府将把原来 100 多米长较为平直的河道改为弯道，河道长度增加 17 倍，通过增加曲度的方式来抬高水位，以及减缓水的流速，从而解决了当时大运河作为交通命脉遭遇的难题。威廉·荷加斯在《美的分析》一书中指出曲线的美感："一切由所谓波浪线、蛇形线组成的物体都能给人的眼睛以一种变化无常的追逐，从而产生心理乐趣。"①而另一个创举——扬州三湾，一是从科学技术上解决了蓄水航行的问题，二是打造了蛇形河道，增加了运河的审美属性。

此外，运河上建造了无数桥梁，富有情趣，巧妙展现了黄金分割，与行人、运河构成了完美的构图，展现了"人与水共生"的和谐景象。步行于运河边的古街巷中，人们可以感知到历史遗留下来的文明意义和艺术韵味，可以感知到市井中那种从古至今的热闹氛围，这无不激发人们的想象力，让人在审美感受中徜徉。而这些都体现了人与水、人与自然之间的和谐关系。

运河之美不单单包括感官之美，还包括人们从中激发的认识自然、改造自然、与自然和谐相处的美好理想，以及对这种强烈向往的追求。从中国文化历史来看,运河文化之美蕴含并显现了"天人合一"的古典哲学思想,天道与人道相通的朴素的宇宙观,以及人与自然和谐相处为美的审美观。

(三)仁者爱人的道德观之美

运河所展示的美,在兼容并包的背后,还展现了深入中华民族骨髓的仁者爱人的哲学思想。从大运河最早的雏形——春秋时期吴王顺应天地开"邗沟",到封建时代后期乾隆皇帝赏罚分明免赋税,这一思想和大运河一起绵延发展至今日。

如杭州现存的唯一古粮仓——富义仓,始建于清光绪六年(1880),其建造目的主要是积累谷米、以备赈灾,为仁和县、钱塘县救灾提供物质保障。这种"君舟民水"的实践,凸显了"民"之重要性,展现了儒家民本思想的"仁者爱人""为政为德"的精髓与内核。[12]"仁",作为儒家思想的最高境界,展现了一种精神与境界上的审美观照,让富义仓实现从"物质粮仓"到"精神粮仓"的审美转换。

仁者爱人还体现在普通百姓身上。如坐落于杭州运河段拱宸桥桥西直街边的张大仙庙,是旧时拱宸桥附近道教信众为纪念张胜贵道长而建。张胜贵,湖北人,于清同治十一年(1872)来到杭州拱宸桥搭茅房而居,精通医术,宅心仁厚,为贫穷之人看病从来不收费,还会赠送自己采的草药,59岁时因救人而沉入运河中。[13]今天的张大仙庙,不仅是当地居民的精神寄托,也是国人悬壶济世、无私奉献、互相关爱的具象存在。

在大运河这一线性空间、线性时间范畴中,四方会同,德泽洋溢,声教讫于四海,以仁爱定九州,构成一种上下融通、仁者爱人的社会文化审美。这种美德,也体现了运河的精神道德之美。

深入研究京杭大运河的审美价值,能够使人们更为直观地感受中华民族悠久的历史、渊博的智慧、深厚的文化,从而增强民族自尊心、自信心和自豪感。此外,有关大运河审美价值的理论求索,也为大运河的保护开发建设等提供一些理论依据和指导。

二、京杭大运河文化带现存问题及相关对策

大运河文化带的构成十分多元,既囊括了种类繁多的不可移动遗产(如市镇村、河道、桥梁、水利工程设施、码头、仓储、寺庙、官邸),又包括可移动的水、舟、货、人。同时在这些遗产各自价值的基础上形成了共同价值认知与认同,包括相关的文化、思想、风俗等。这些在大运河文化带的建设中融合成自然、文化、历史、审美等的有机网络。应该说,大运河文化带是"水运、旱涝调节、生态景观、旅游、文创审美等经济社会文化的综合体"⑪。而对于这种文化带的建设,更应该注意其内在的精神联系,综合其广阔的自然和文化背景来探讨整体性保护开发建设的方法。

(一)运河审美价值挖掘力度缺乏

大运河的许多遗迹已经在历史中湮灭。绝大多数已失去水利功能但仍然具有一定历史价值的古代运河工程,正在逐步遭到破坏、拆毁或被盲目改建、扩建。目前地区政府的主要做法为,对已经不存在的遗址不再恢复重建,而只是采用标志物的方法加以展示。当地人也不清楚居住地附近哪里有运河古道、哪个是运河遗迹,只能道听途说。而对于一些残留的文化遗迹,如古代水工,也没有详尽且吸引人的介绍讲解方式。当代游客及居民若不了解其历史背景,也很难体会到深藏其中的审美价值。

这些均导致大运河丰厚的文化价值与审美价值只停留在专家学者、政府层面,而要获得全社会,尤其是居民、游客的文化审美认同,还有很长的路要走。对此,一是要加强全民的历史、文化、艺术教育,逐渐提高国民的审美素养。二是要增加创新的运河遗迹解说系统,通过智能化、生动化、互动化、趣味化的解说设施、解说服务,通过丰富的体验感的增加,促进当地居民、游客对文化遗址的深入了解。

(二)运河文化带建设同质化严重

在文化保护上,一些城市曾经拆掉真遗址,建设假古董,以开发的名义严重

损毁了历史遗存。有些地区为了建设所谓的运河文化带、运河商业区、运河旅游景点,对运河及沿岸进行景观化改造,建设了仿古街区,形成购物消费、休闲娱乐、美食、艺术创作等综合商业步行街。⑮这种文物保护策略实则没有考虑文物的环境背景,使其真实性和完整性大大受损,属于一种极其浪费的破坏性改建。

运河文化带的建设"不应是简单地复古,而应是创新;不应恢复元、明、清大运河的风貌,实际上也恢复不了,而应着眼于今天和未来,将古代运河文化的精华融入现代的运河带"⑯,建设开发有地方特色、融合当地文脉与文明、富有当地生活特色的地方文化带。

(三)运河滨河线与轮廓线尚未得到重视

一些地市盲目发展运河游船观光之旅,然而效果不佳。究其原因在于,大运河贯穿地区众多,城市乡村情况不一。运河沿线部分地区的区域定位较为模糊不清,用地功能混杂,导致沿岸往往是杂乱的建筑工地与破旧的居民小区、工厂码头、荒野等。两岸缺乏树木绿化带,建筑轮廓线也十分突兀,总体而言,缺乏美感与观光价值。

遗产保护工作的开展,应该充分理解大运河景观的"绵延"特征,善用运河在城市生态维护中的潜在作用,连点成线,留出两岸空间来培育林带,修复景观效果不良的区段,使运河两岸组成平缓、柔和的轮廓线⑰,构建连绵的运河景观系统。

(四)运河建设难与自然和谐相处

大运河部分河道及沿岸地区,垃圾堆积、私建房屋、乱造建筑,自然环境及文化氛围极其杂乱。大运河约75%的河段水质为劣Ⅴ类,部分河段如通惠河、北运河、南运河、会通河局部区段已经成为功能性的排污、纳污河道。⑱一些地区运河改造的人工化痕迹过重,如一些河流交汇处毫无弯曲自然之美。为了所谓的统一,对物质文化遗产过度开发,对沿岸农田、村落、自然植被等大肆破坏。这些均未考虑到与自然的融合,也缺乏对沿岸的城市、乡土风光、特有的地形地貌、运河内及沿岸的动植物及其他文化遗产的挖掘。难以从审美的视角领略自然美。

运河改造,尤其是非城市段,该坚持"最小干预"的原则,尽量保留其"野"味,发挥其生态功能。运河开发,要积极设立文化遗产保护红线,不断加强生态红线的意识,尽量避免对运河生态的过度开发。要严控产业项目,并与水利工程相结合,与环境保护相结合。要运用先进技术对运河沿线区域产生的污染进行严密的科学监测,并采取相对应的预防对策,以期降低污染。[19]还要设立运河生态保护区,保护运河沿岸的湿地、荒野、林带、农田、古村落等。最后还应维护运河本身的原生态河岸,保持自然蜿蜒的优美形态,不进行人为硬化,并保存特殊地质、自然植被所呈现的天际线效果,通过野生的树木、灌木等植被和运河内的水生植物,来软化、复活岸线。

(五)运河缺乏人文生活气息之美

部分地区在统筹规划时,过度拆迁民居,建设商业街区,使得运河文化带丧失了生活气息之美。部分地区在运河建设中将重心向旅游浏览区、商业区倾斜,而忽视了居民生活区。事实上,居民生活区蕴含了丰厚的代代相传的共同文化记忆,应该作为运河沿岸重点开发保护创新的区域。

在运河文化带开发过程中,各地政府应注重"人与文化习俗"这一关键要素,大力发展民间节庆,如夜市、运河龙舟节、运河水灯节等,以及与审美有关的大型活动,如大运河摄影展、非遗展、画展、音乐节等。而沿岸社区也应强调居民的社区记忆,通过博物馆、美术馆、纪念馆等,保留、发现、挖掘、开发地方性资源,重建地方自豪感、重现区域人文价值、重塑传统景观,展现充满生活气息的人文之美。

而运河沿岸地区街道应以"把居住的运河变得更美"这一理想为中心,鼓励社区开展运河相关活动,组织老年人、学生等人群作为志愿者队伍进行运河文化遗产再发现及遗产历史文化艺术价值宣传,参与运河生态环境保护等活动。同时鼓励社区居民参与运河节庆、比赛等,鼓励居民以运河元素为主题,营造生动、深厚的社区文化氛围。

结　语

从哲学意义来说，当我们把审美心境加诸大运河的历史文化艺术之上，就能感受到审美主体与客体之间相互依存之感，在观照中自我内省，达到情景交融的境界，使生命进入新的存在状态。[20]

从实践角度来说，这条流淌了数千年、流淌了数千公里的大运河赋予沿线独特的自然形态和文化内涵，塑造了各个区域独特的性格特色。而如今大运河沿岸地区的建设开发，在形态、面貌等方面呈现出无限趋同的态势，可谓是对我国丰富审美文化底蕴的破坏。是以，大运河的审美价值亟待更为全面深入的发掘、探究，才能让古老的运河在发挥经济作用的同时，更好地助益于文化艺术建设，帮助国民提升文化自信，助益于中国文化走出去，从而真正做到中华民族的文化复兴。

注释

①胡汪洋、孙远志：《论现实审美视角下古桂柳运河遗产艺术的艺术文化内涵》，载《美术教育研究》，2016年第15期。

②黄保强：《艺术欣赏纲要》，复旦大学出版社，2004年版，第4页。

③郑永华：《论通州运河文化的开发与利用》，载《中国名城》，2013年第9期。

④靳秒：《大运河遗产小道的美学意义》，首都师范大学硕士论文，2011年。

⑤王晓：《后申遗时代大运河（杭州段）遗产保护问题研究——从历史地区环境"完整性"出发》，载《东南文化》，2016年第6期。

⑥谢祥林：《论白居易与水利建设》，载《农业考古》，2014年第6期。

⑦刘玉梅：《天工与人工的巧妙结合——大运河的美学解读》，载《美与时代》（上），2015年第4期。

⑧韩德民：《李泽厚与20世纪后半期中国美学》，载《安徽师范大学学报（人文社会科学版）》，2000年第1期。

⑨［英］威廉·荷加斯：《美的分析》，杨成寅、佟景韩译，人民美术出版社，2002年版。

⑩霍艳虹：《基于"文化基因"视角的京杭大运河水文化遗产保护研究》，天津大学2017年博士论文。

⑪赵殿红：《清初耶稣会士在江南的传教活动》，暨南大学2006年博士论文。

⑫孟凯：《论"民贵君轻"与"君舟民水"——先秦儒家民本思想研究》，载《北京工业大学学报（社会科学

版)》,2013 年第 4 期。

⑬张环宙,徐林强:《杭州全书·运河丛书:杭州运河旅游》,杭州出版社,2013 年版。

⑭曹兵武:《大运河遗产化与当下的中华文明复兴 ——兼谈大运河文化带建设的有关问题》,载《中原文
　　化研究》,2018 年第 4 期。

⑮刘庆余:《"申遗"背景下的京杭大运河遗产保护与利用》,载《北京社会科学》,2012 年第 5 期。

⑯葛剑雄:《大运河历史与大运河文化带建设刍议》,载《江苏社会科学》,2018 年第 2 期。

⑰王晓:《后申遗时代大运河(杭州段)遗产保护问题研究——从历史地区环境"完整性"出发》,载《东南文
　　化》,2016 年第 6 期。

⑱李云鹏、吕娟、万金红等:《中国大运河水利遗产现状调查及保护策略探讨》,载《水利学报》,2016 年第
　　9 期。

⑲孙秋高:《杭甬运河改建中存在的问题及应对策略》,载《水运工程》,2007 年第 6 期。

⑳靳秒:《大运河遗产小道的美学意义》,首都师范大学 2011 年硕士论文。

都市乡村文旅融合

都市语境下民俗文化的保护和应用研究

——以杭州"南宋古都"为例

张远满[*]

摘　要：高度城市化、国际化进程和现代传播媒介的发展，使民俗文化从传统农村向现代都市倾斜，越来越显著地融合于都市的语境中，都市民俗学应运而生。一方面，民俗文化在都市空间下得以存续发展，丰富了城市的多元文化；另一方面，中国在商周时期就出现了城，中国古代不乏对都市民俗的记录，为现代都市民俗的发展奠定了基础。杭州作为我国七大古都之一和全国历史文化名城，从传统到现代、从古代到当下，对都市语境下民俗文化的研究为其保护和应用的走向提供了思考，具有重要的理论价值和实践意义。

关键词：都市民俗学；"南宋古都"；保护；应用

一、问题的提出

都市民俗[①]是民俗学研究的一个重要领域，但长期以来民俗学致力于传统的研究，使其研究对象一直集中于乡土社会的传统民俗。20世纪60年代以后，高度城市化、国际化进程和现代传播媒介的发展，使民俗文化从传统农村向现代都市倾斜，越来越显著地融合于都市的语境中，都市民俗学在英美及日本等国兴起。中国在改革开放后，随着民俗学学科的恢复，自20世纪80年代钟敬文先生提出"都市民俗学"，30多年来对都市民俗的研究逐渐增多[②]，但中国都

---

　* 作者简介：张远满，女，浙江大学杭州国际城市学研究中心博士后研究基地博士后，浙江传媒学院副教授。

市民俗学的发展还处在初级阶段③。

中国在商周时期就出现了城，尤其是宋代的都市商贸进入繁荣期，《东京梦华录》对开封城的民俗作了详细记载，后来的《梦粱录》《武林旧事》《都城纪胜》等对都市民俗的记录极为丰富，为研究都市民俗史提供了翔实的资料。虽然这些记载尚不能称作现代学科意义上的"都市民俗研究"，但是对于我们今天民俗学科的都市民俗应用研究具有不可忽视的重要价值。在当代开放的、流动的、多元的都市语境下，传统的民俗文化脱离原始语境重新出现，是如何被发明和改造的？有关古代都市民俗的记录作为文化符号当下是如何被展示的？这种应用民俗的做法，在我国各地非常普遍，为当代民俗的走向提供了新的思考，也为民俗学提出了新的问题。

二、"南宋古都"民俗文化的资源类型

杭州要打造"东方休闲之都"，共建共享"生活品质之城"，建设国际旅游休闲中心，就必须重振"南宋古都"品牌，充分挖掘南宋的历史文化资源。④杭州能够成为我国七大古都之一和全国历史文化名城，得益于南宋的定都和南宋历史文化的积淀。南宋时期的杭州是 12—13 世纪最为繁华的世界大都会，被意大利著名传教士马可·波罗称赞为"世界上最美丽最华贵之天城"。南宋建都杭州近 150 年，大量中原人口南迁，带来的中原习俗融进当地传统民俗，形成了非常丰厚且具有江南水乡特色的南宋民俗文化，这都是建设都市民俗最宝贵的文化资源。

（一）岁时节日：井然有序的节庆生活

南宋定都临安，杭州从州府上升为国都，加上杭州"三面云山一面城"的独特环境，使其节庆活动繁多，有 70 多个时序性节日、宗教性节日、政治性节日。其中以元旦、元宵、清明、端午、七夕、中元、中秋、重阳、除夕等九大传统节日为主要的岁时节日体系，见表 1（根据吴自牧《梦粱录》中内容整理）。

表 1　南宋临安重要的岁时节日活动

月　份	节　日	民俗活动
一　月	元　旦	朝廷举行元旦大朝会
	元　宵	张灯、赏灯
二　月	（初一）中和节	民间互赠瓜果求子；宫女斗百草；朝廷劝农
	（十五日）花朝节	赏花
三　月	（三日）上巳节	佑圣真君诞辰，庙宇烧香
	清明节	祭祖、上头、改火、春游
五　月	重五节	供五色水、五色瘟纸，焚烧午香一月
七　月	七夕节	乞巧
	中元节（解制日）	祭祀祖先、坟前祭扫；僧尼寺院设斋解制
八　月	中　秋	西湖赏月、家人团圆
	观　潮	钱塘江观潮
九　月	重　九	饮茱萸、菊花酒、赏菊、吃重阳糕
十一月	十一月至冬至	朝廷大朝会
十二月	除　夜	洒扫、守夜、祭祖

1."安逸闲适"的自然环境

杭州得天独厚的自然山水环境,经过南宋百年来"固江堤、疏西湖、治内河、凿新井",自然生态环境因此大为改造。节日期间游西湖和钱塘江观潮,这两处一东一西遥相呼应,构成了南宋都城游览的重要内容。"西有湖光可爱,东有江潮堪观,皆绝景也。"(《梦粱录》卷 4《观潮》)

杭州西湖是宋人最喜欢的游湖去处,"西湖天下景,朝昏晴雨,四序总宜,杭人亦无时不游"(《武林旧事》卷 3《观潮》)。每年元宵收灯后,朝廷就专门下拨钱财用来整治西湖周边的景色,包括山林景色、游步道、花种的景观搭配等,"修葺西湖南北二山,堤上亭馆园圃桥道,油饰装画一新,栽种百花,映掩湖光景色,以便都人游玩"(《梦粱录》卷 1《二月》)。既然是游西湖,自然少不了游船,在二月初八祠山圣诞这天,"西湖画舫尽开,苏堤游人,来往如蚁"(《梦粱录》卷 1《八日祠山圣诞》）。游西湖的活动能一直持续到年底。

南宋开始，钱塘江观潮成为闻名全国的游览活动。钱塘江大潮在中秋节前后，八月十六日到八月十八日最为壮观，"浙江之潮，天下之伟观也"（《武林旧事》卷 3《观潮》）。引得人们纷至沓来，"每岁八月内，潮怒胜于常时，都人自十一日起，便有观者，至十六、十八日倾城而出，车马纷纷，十八日最为繁盛，二十日则稍稀。自庙子头直至六和塔，家家楼屋，尽有贵戚内侍等赁作看位观潮"（《梦粱录》卷 4《观潮》）。在大潮来临时，还有弄潮儿在潮头搏击嬉戏，迎接钱塘江神。生长在江南水乡的人水性很好，各种花样都有，"吴儿善泅者数百，皆披发文身，手持十大幅彩旗，争先鼓勇，溯迎而上，出没于鲸波万仞中，腾身百变，而旗尾略不沾湿，以此夸能"（《武林旧事》卷 3《观潮》）。

2. 街市增多、夜游频繁

临安的节日街市是随着商业中心的扩展而发展壮大的，除了北宋时期原有的街市外，还形成了一些新的街市，如游西湖时河堤两岸的买卖、钱塘江观潮时的江岸买卖、北方流传到南方的清明街市等，见表 2（根据《西湖老人繁盛录》和《梦粱录》整理）。

表 2　南宋临安节日街市

节　日	主要内容	位　置
元　宵	灯　市	天　街
清明节	纸马市	随　处
游西湖	百　物	西　湖
端午节	诸般百索、酒果、香烛、粽子、水团	街　市
中秋节	节前卖新酒	天　街
观　潮	饮食百物	江干上下十余里间
重　九	重阳糕	都城店铺
十二月二十四	五色米食、花果、胶牙饧、萁豆、苍术、小枣、市爆仗、成架烟火	市间、街坊、天街

　　临安城中街市持续时间更长,早市、午市、夜市不间断,昼夜不停歇。"其夜市除大内前外,诸处亦然,惟中瓦前最胜,扑卖奇巧器皿百色物件,与日间无异。其余坊巷市井,买卖关扑,酒楼歌馆,直至四鼓方静;而五鼓朝马将动,其有趁卖早市者,复起开张。"(《都城纪胜》)节日夜市的繁荣,不仅丰富了游览空间,还极大地刺激了消费。"街坊以食物、动使、冠梳、领抹、段匹、花朵、玩具等物,沿门歌叫关扑。"(《梦粱录》卷1《正月》)

(二)民间游艺:种类繁多的娱乐生活

　　宋人喜爱游玩,一年四季都有游玩活动,南宋时期"建宫城、造御街、设瓦子、引百戏",使得"临安风俗四时奢侈,赏玩殆无虚日"。

　　1."瓦子""勾栏"

　　在临安市民的娱乐生活中,"瓦子""勾栏"之类专门性娱乐场所的大量出现尤为引人注目。"瓦子"又称"瓦市""瓦舍",取"来时瓦合,去时瓦解"之意。"杭之瓦舍,城内外合计有十七处。"(《梦粱录》卷19《瓦舍》)其中最著名有4处,即南瓦、中瓦、上瓦和下瓦。《武林旧事》卷6《瓦子勾栏》详细列举了临安城23处瓦子的名称,以北瓦规模最大,"北瓦勾栏十三座,最甚。"(《武林旧事》卷6《瓦子勾栏》)无论17处还是23处,艺人进入屋内(舍)演出,有固定场所,这是城市商业繁荣促成演出的一大进步,也说明当时临安的娱乐场所是很多的。当时瓦舍演出有书会、演史、小说、小唱、杂剧、弹唱、影戏、傀儡、相扑等51类,艺人姓名有526人,杂剧段数名目280个。

　　2."说话""舌辩"

　　瓦子、勾栏吸引了大批城市居民和往来商贩,各种娱乐表演异彩纷呈,最受市民欢迎的娱乐表演是"说话",又名"舌辩"。临安说话"有四家数,各有门庭"(《梦粱录》卷20《小说讲经史》)。"说话有四家。一者小说,谓之银字儿,如烟粉灵怪传奇。说公案,皆是搏刀赶棒及发迹变泰之事;说铁骑儿,谓士马金鼓之事。说经,谓演说佛书。说参请,谓宾主参禅悟道等事。讲史书,讲说前代书史文传,兴废争战之事。最畏小说人,盖小说者能以一朝一代故事,顷

刻间提破。合生与起令、随令相似,各占一事。"(《都城纪胜》"瓦舍众伎"条)
小说又叫银字儿,大抵是演说时要借助乐器伴奏。说话是唐代变文与讲唱结
合的艺术形式,伴以音乐边讲边唱,明显增强了感染效果。小说又细分为烟
粉、灵怪、传奇、公案。说经与说参请可以归为一类,是演说佛经与参禅悟道
的故事,讲经的场所由唐代的寺院演变为宋代的瓦舍勾栏,可见佛教教义的
日益民间化、大众化。中国许多著名的戏剧和小说,就是在南宋瓦舍这个摇
篮中孕育诞生的,如名著《水浒传》的雏形,就是源自南宋都城"街谈巷语"的
《宋江故事》。

3. "路岐""打野呵"

瓦舍勾栏等娱乐场所满足了具有一定消费能力的市民的娱乐需求。对于
那些只能求得温饱的下层市民而言,虽然消费能力低,但也有一定的娱乐需求。
因此,临安城里还有大量江湖艺人在街头巷尾进行卖艺活动:"街市有乐人三五
为队,专赶春场、看潮、赏芙蓉及酒坐,只应与钱亦不多,谓之荒鼓板。"(《都城纪
胜》"瓦舍众伎"条)"或有路岐,不入勾栏,只在耍闹宽阔之处做场者,谓之打野
呵,此又艺之次者。"(《武林旧事》卷 6《瓦子勾栏》)这类"路岐人"或说书,或小
唱,或杂技表演,提供了中下层市民大众所需的娱乐服务。

(三)物质民俗:南北交融的饮食生活

南宋建都杭州后,杭州菜吸收北方的烹饪技艺,饮食结构从以稻米为主发
展到米面皆食。融合西湖胜迹的文采风貌,"南料北烹",口味交融,形成特色鲜
明的"杭帮菜系"与独具一格的临安饮食之风。

1. 食市发达、食品种类繁多

南宋临安饮食市场繁荣,酒肆食店遍立街巷。根据《梦粱录》记载,南宋
临安的食店有茶肆、酒肆、分茶酒店、面食店、荤素从食店。其中有名可考的
茶肆 9 家、酒肆 17 家。《武林旧事》记载的临安著名酒楼则有 29 家。其他街
头巷尾不知名的酒店食肆不计其数。《分茶酒店》中记载的酒店食肆名件有
239 种,托盘叫卖 48 种,荤素点心包 12 种,四时果子 37 种,干果子 46 种。

《面食店》所载面食店所售分茶 13 种,面食名件 21 种,下饭 13 种,素食分茶 23 种,素下饭 13 种,素面 11 种,家常饭食 25 种。《荤素从食店》所载各式点心共 122 种。

2. 饮食精巧讲究

临安市民尚奢,从器具到食品制作都极其讲究。"杭城风俗,凡百货卖饮食之人,多是装饰车盖担儿,盘盒器皿新洁精巧,以弦耀人耳目。……因高宗南渡后,常宣唤买市,所以不敢苟简,食味亦不敢草率也。"阳枋的《字溪集》卷 9《杂著辨惑》:"临安人食不肯蔬食、菜羹……必欲精凿稻粱,三蒸九折,鲜折软媚,肉必要珍馐嘉旨,爽口快意,水陆之品,人为之巧,缕簋雕盘,方丈罗列。"《梦粱录》卷 16《面食店》记述素面的原料"皆精细乳麸,算粉素食"。临安市民饮食选料之精、做工之巧可见也。

3. 汴京风味浓郁

宋室南迁,北人南下,北方的饮食文化也随之南流,尤其是汴京的饮食风俗对临安产生了极大的影响。"杭城食店,多是效学京师人。"(《梦粱录》卷 16《分茶酒店》)临安的饮食风俗具有浓郁的汴梁风味,"南渡以来,凡二百余年,则水土既惯,饮食混淆,无南北之分矣"(《梦粱录》卷 16《面食店》)。乃至酒肆食店的店面装饰,也都效法汴京,"酒肆门首,排设杈子及栀子灯等,茶楼酒肆俱如此装饰,故至今店家仿效成俗也"。

三、"南宋古都"民俗文化的保护和应用

民俗包含着某一族群的集体记忆和社会记忆,连接着他们的过去与现在。现代民俗对"民俗整体"⑤ 和"生活世界"⑥ 的关注,可以帮助发掘更具广度和深度的历史文化遗产,多角度地揭示"物"背后的"人""故事"与"社会"。都市民俗学的保护与应用不仅需要关注集体记忆,也需要收集个人记忆;不仅需要重现历史中的诸般传统习俗,也必须放眼当下民俗文化与民俗生活。

(一)生态性:南宋御街

生态性保护和应用,就是将保护的范围不仅仅局限在保护主体对象本身,而是扩大到与保护主体对象有关的整个生活场景、生态环境,将与保护主体对象有关的整个生活场景、生态环境一同完整地保护起来,以使保护对象更好地显示出一种文化的整体感与生命感,为保护对象的生存发展营造一种更好的生存空间。

御街,又称天街,是专供皇帝车驾通行的道路。南宋御街是临安城的中轴线,全长 4.3 千米,它分为三段:首段是从万松岭到鼓楼,是临安城的政治中心;第二段是从鼓楼到众安桥,是临安城的商业中心;最后一段是从众安桥至武林路、凤起路交叉口,形成了商贸与娱乐相结合的街道。自 2008 年起,杭州市政府对南宋御街——中山路进行"有机更新"⑦,打造"建筑历史博物馆"⑧,以展示自南宋以来的商业文化,并将其打造为集"吃、住、行、游、购、娱"六大要素于一体的国际旅游综合体和"宜居、宜文、宜商、宜游"的"中国生活品质第一街"。

南宋御街的文化意境营造非常成功,正是这次有机更新,在改造后街区中人们可以鉴赏不同时期的杭州特色建筑,包括三省六部遗址、太庙遗址、南宋御街遗址等历史遗迹,于谦故居、胡庆余堂、浙江兴业银行旧址、万源绸庄等历史建筑,河坊街的明清建筑,中山中路民国初年的西洋建筑,中山北路的现代建筑,宝成寺、天主堂、天水堂、凤凰寺、鼓楼堂等宗教建筑;可以体验以胡庆余堂、方回春堂为代表的博大精深的中医药文化;可以品玩做工讲究、小巧精致的杭绣、西湖绸伞、金银饰艺、邵芝岩毛笔、王星记扇子、张小泉剪刀等工艺美术品;可以在老字号购买各种杭州传统特产、在名品店购买各种时尚商品;可以欣赏"小热昏"、茶艺、越剧等文化表演,领略伊斯兰教、基督教、天主教、佛教等宗教文化;还可以在坊巷的家庭旅馆体验杭州百姓的市井生活。通过民俗体验,能够达到探索新知、娱乐休闲、社交活动和身份认同的目的。南宋御街的改造对于杭州历史文化的传承和传统建筑的保护都具有深远意义,多种不同文化并存与原汁原味生活模式的保留,也造就了新的杭州城市文化标签。

(二)活动性:宋城景区

活动性保护和应用,就是让需要保护的民俗文化与非物质文化遗产在实际的社会生活中继续活动与发展,寻求新的生机,使其在今后的历史发展过程中不断传承延续,以获得新的生命。杭州宋城景区以"建筑为形,文化为魂"为经营理念,依据宋代杰出画家张择端的《清明上河图》,再现了宋代都市的繁华景象:城内斗拱飞檐、车水马龙,还原了宋代都市风貌,怪街、仙山、市井街、宋城河、千年古樟等景点一步一景,打铁铺、榨油坊、酒坊等七十二行老作坊星罗棋布,景区游玩体验包含"演艺宋城""科技宋城""文化宋城""游乐宋城""美食宋城"几大内容。

"演绎宋城"中的大型歌舞《宋城千古情》用先进声、光、电的科技手段和舞台机械,以出其不意的呈现方式演绎了良渚古人的艰辛、宋皇宫的辉煌、岳家军的惨烈、梁祝和白蛇许仙的千古绝唱,把丝绸、茶叶和烟雨江南表现得淋漓尽致,极具视觉体验和心灵震撼;"文化宋城"有以年糕坊、大宋古法榨油坊、酒坊为代表的七十二行老作坊,还有以布袋偶戏、提线木偶、空中戏羊猴、皮影戏、市井杂技、命悬一线为主的民俗表演;"美食宋城"中有麦芽糖、叫花鸡、孙二娘包子铺为代表的大宋八方小吃。

宋城景区在固定空间内进行"仿真"的"文化展演",让游客穿着古装,将钞票兑换成古钱币,穿梭于由打铁、刺绣、蜡染、制锡、活字印刷、弹棉花、磨豆腐、耍猴及皮影戏等几十种民间作坊表演所展现的市井百态,在游览线路上点缀以开封盘鼓、杨志卖刀、王员外招亲、梁红玉击鼓抗金、汴河大战、水浒好汉劫法场等杂艺表演,再现了南宋时期的风俗场景,给游客以"给我一天,还你千年"的消费体验,也让潜在的文化资源成为可供大众消费的文化产品。民众可以在这一空间中全方位地感受南宋文化,与展演舞台上的"演员"产生交流与互动,甚至成为展演舞台中的一员。

(三)模式性:杭帮菜博物馆

民俗是模式化的、有规律的,模式性的保护和应用基本以民俗的"表演过程"为主体框架。"民以食为天"，饮食文化历来都是社会历史的缩影，与历史文化密切相关。中国菜系之一的杭帮菜，涉及杭州历史、文化、民族以及地方政治经济、烹饪技术、人口迁移等诸多因素。弘扬杭帮菜，不仅是饮食业的事情，也是杭州精神文明建设的一大工程。2008 年，杭州市政府采纳杭州市餐饮行业著名人士建议，动工修建"中国杭帮菜博物馆"，于 2012 年初正式开馆。

模式性的保护基本以民俗的"表演过程"为主体框架。杭帮菜博物馆包含有展览馆（免费开放）、"钱塘厨房"、"杭州味道"、"东坡阁"四个场馆。展览馆分为上下两层，并通过八个不同的展区将杭州菜的历史和特征展现在人们的眼前。在这些展区中，杭州的饮食文化被视为中国饮食文化历史中的重要组成部分，并通过"历史事件""名人·名物·名店"以及"传统民俗"等各个主题展现出来。该展示构成还将杭州饮食置于中国饮食文化的整体历史之中，这样不仅可以表现该地域饮食文化的独特性与普遍性，而且还可以对中国饮食文化史的全貌进行一定程度的洞察和思考。

模式性应用以传统的民俗模式为主体框架，主题明确，逻辑清晰，在再现典型的传统民俗，帮助观众清晰地了解某一地域的文化脉络，凸显某个族群的心理特征和精神信仰等方面具有独特的优势。杭帮菜博物馆的餐饮器皿的文物藏品展示，主要有良渚陶具，秦汉铜器，唐宋越窑、官窑、龙泉窑及明清青花瓷器，民国的竹器、木器等等；菜肴仿真制作的展示，主要有唐代船宴、宋代宫廷宴、清代"满汉全席"将军宴、文人袁枚家宴食单、寺庙素食宴等；杭州人杰地灵、名家辈出，葛洪、袁枚、李渔、陈确等名人都是美食家，留下了众多美食著作；历代名人也流传了很多美食故事，如东坡肉、西湖醋鱼、龙井虾仁、叫化童鸡、宋嫂鱼羹、西湖莼菜汤等杭帮菜的背后有多少名人的风流韵事。

在"表演过程"的展示中，博物馆重视"表演情境"的建构。中国杭帮菜博物馆不光进行平面的文字介绍，还进行具体形象的立体展示。"钱塘厨房""杭州味道""东坡阁"更是专业展览馆的延续和有机组成部分，是可看、可吃、可听、可学的大概念博物馆。"钱塘厨房"包括餐厅、讲堂和体验区等场所，普通参观者和一般杭州市民可以在此参加地域饮食相关的体验活动，诸如在此就餐、旁听演讲以及参加菜品制作等活动；而"杭州味道"与"东坡阁"则是偏高档的餐厅。如此一来，通过将展览馆与餐厅相结合，人们可以在餐厅中品尝到所展示的菜肴；加之演讲和菜品制作等社会体验活动的举办和展开，使得饮食文化的相关研究成果能够在社会中得到广泛普及和有效利用。

四、余 论

(一)理论价值：都市民俗学学科建设

民俗学不是过去之学，也不是资料之学，而是通过分析当代生活文化、揭示当代生活中产生的问题的现代之学。在现代化、都市化飞速发展的当代社会，人们的生活方式和社会环境正因社会经济和科学技术的发展而发生翻天覆地的变化，面对传统与现代的冲突，民俗学的研究应该更加贴近现实生活，给予生活文化更多的关注。

(二)实践意义：城市文化品牌建设

"文化在我们探寻如何去理解它时随之消失，接着又会以我们从未想过的方式重现出来。"⑨南宋民俗文化资源要在科学保护和传承弘扬相结合的前提下，将其与文化创意产业、旅游休闲产业、特色潜力产业的发展有机结合。"南宋古都"民俗文化资源的利用，既可以积极保护传统文化，又可以延续城市文化传统，增强城市文化认同，为杭州城市品牌建设和国际旅游休闲中心建设注入新的活力。

(三)基本原则：以人文本、以民为先

"以人为本、以民为先是历史文化遗产保护的根本出发点和落脚点。让原住民共享历史文化遗产保护的成果，成为历史文化遗产保护的最大受益者，形成人人关心、人人参与历史文化遗产保护的良好氛围。"⑩在城市文化建设的过程中，普通民众是民俗文化最直接、最广泛、最可靠的拥有者，是城市的中心，民

众的民俗体验会带来更为广泛的社会记忆的共享,满足观众寻求身份认同和情感共鸣的需求,达到文化认同和文化同化的目的。

注释

① 在中国民俗学界,都市民俗学与城市民俗学基本处于混用的状态,方川在《20 年来城市民俗研究的开拓、精进与前瞻》(载《淮南师范学院学报》,2005 年第 1 期)一文中作过辨析:"都市民俗"主要指大城市的民俗和中国封建时期曾建过都城的城市民俗;"城市"为上位词——城市民俗包含了都市民俗,而都市民俗不能包括所有的城市民俗。但从都市民俗学(Urban Folklore)的发源地英美来看,似乎译为都市民俗学更为贴切,而在民俗学另一发展重地日本,"城市"在日语中也多表述为"都市",其相应学科名称也为"都市民俗学"。故遵从国际惯例,在本文中统一使用都市民俗学这一名称。

② 刘垚、沈东在《回顾与反思:中国都市民俗学研究述评》(载《民间文化论坛》,2015 年第 6 期)一文中将中国都市民俗学的发展历程总结为三个阶段:20 世纪 80 年代,作为与乡村民俗学相对应的"都市的民俗学";90 年代,以"都市民俗"为研究对象的"都市的民俗学";21 世纪以来,作为学科建设和范式转型层面上的"都市民俗学"。发展历程的整体性特征是大都市中心主义、经验研究取向以及学科化趋势。

③ 乌丙安等:《都市民俗学研究的意义、内容及方法探讨》,载《民间文化论坛》,2014 年第 4 期。

④ 王国平:《南宋的历史贡献与杭州的城市品牌建设》,载《中共中央党校学报》,2008 年第 5 期。

⑤ 刘铁梁:《感受生活的民俗学》,载《民俗研究》,2011 年第 2 期。"民俗是理解生活的路径,其原则就是不能离开人来研究生活中的文化;与其他文化形式不同,民俗学直接面对的是有主人在场的生活文化;民俗是在人身上,人生活在民俗之中,它们连接每一个人的生活故事,成为人们彼此交往的纽带;民俗学要重视民俗的整体性研究,所谓整体性研究并不意味着包罗万象,而是不能把民俗从生活的整体中抽离出来。"

⑥ "生活世界"首先由胡塞尔提出;赫尔曼·鲍辛格尔在《技术世界中的民间文化》中得以发展;高丙中在《民俗文化与民俗生活》一文中将其引入中国民俗学领域;户晓辉在《民俗与生活世界》中对其作出了较为明确的解释:"生活世界"不等同于直接存在于我们周围或者我们直接生活在其中的客观的"日常生活"世界,而是先验自我的主观超越论生活的成就(直观构造),它是最本源的经验地基,或是先于认识经验的"前认识"经验。简而言之,"生活世界"不是人周围的"客观世界",而是人纯然为自己构造起来的"主观世界",也是纯粹主观的意义世界。

⑦ 参见王国平:《推进城市有机更新 走科学城市化道路——关于城市化挑战与杭州城市有机更新的思考》,载《政策瞭望》,2008 年第 6 期。

⑧ 参见王国平:《坚持"建筑历史博物馆"理念从整体上保护好历史文化名城——在第六届杭州世界文化遗产国际会议、2017 历史城市景观保护联盟年会暨"城市文化遗产保护"主题论坛上的讲话》,载《研究

通报》,2017 年第 27 期。

⑨ [美]马歇尔·萨林斯:《甜蜜的悲哀:西方宇宙观的本土人类学探讨》,王铭铭、胡宗泽译,生活·读书·新知三联书店,2002 年,第 141 页。

⑩ 王国平:《让杭州因历史而美丽——努力使杭州成为一座拥有七处世界遗产的城市》,载《研究通报》,2017 年第 14 期。

美丽城镇背景下城市文脉保护
的杭州经验及启示

李　燕[*]

摘　要：城市文脉保护是美丽城镇建设的题中之意，是建设美丽中国的重要组成部分。"美丽城镇"理念，不但应体现城市的自然生态环境本底，而且要关注城市空间格局、人文功能、文化制度等方面，目的是构建一种内涵丰富、形神兼备的美好城市模型。本文梳理了美丽城镇与城市文脉之间的联系，分析了城市文脉保护存在的问题及治理理念的转变，并在此基础上总结了杭州实践经验和启示意义。

关键词：美丽城镇；城市文脉；有机更新

引　言

在过去快速城镇化进程中，由于一味追求标准化、规模化、统一化开发的城市建设模式，忽略了城市与人类情感、记忆的联系，使得城市发展的延续性遭到破坏，建筑文脉断裂，城市风貌趋同，"千城一面"的情况日益严重。以 2011 年中国城市化率突破 50％ 为节点，以 2015 年上海颁布《上海市城市更新实施办法》为标志，各地城市更新进入一个新的阶段。在新一轮的城市更新、旧城改造热潮推进过程中，许多历史文化遗迹和建筑被划入拆迁范围，许多城市最具地域特色的历史建筑和传统民居在"保"与"拆"的博弈中，从当地规划版图中心消失，多样性的文化特色和历史底蕴随之丧失。美国学者刘易斯·芒福德曾经指出："人们的住家、商店、教堂、住宅、珍贵的纪念性建筑物，是当地人们生活习惯

---

　*　作者简介：李燕，女，浙江大学文学院博士生，杭州国际城市学研究中心副研究员。

和社会关系来维持的整个组织结构的基础。把孕育着这些生活方式的建筑整片拆除常常意味着把这些人们一生的(而且常常是几个世代的)合作和忠诚一笔勾销。"①

　　党的十八大提出了建设"美丽中国"的命题,将此作为实现中华民族永续发展的美好愿景,强调把生态文明建设放在突出地位,融入经济建设、政治建设、文化建设、社会建设各方面和全过程。进入 21 世纪以来,随着我国城市化进程的推进,建设美丽城市成为建设美丽中国的重要环节。专家学者对美丽城市内涵的阐释,由初期专注生态建设和环境保护,到后来从经济、政治、文化、社会各领域的系统化、整体性考量,指出要全面彰显"生态自然美、人文特色美、生活和谐美、功能布局美、经济活力美",建设具有自身特色,能够满足人的全面发展需求的城市。②从城市发展史来说,城市文脉是城市生成和发展的背景,包括城市自然环境基础、社会人文特色和与之相适应的城市政治文化氛围,这是建设美丽城市不可或缺的部分。

一、"美丽城镇"理念与城市文脉的内在逻辑

　　刘易斯·芒福德指出,城市在其完整意义上便是一个地理网状物,一个经济组织体,一个制度的过程物,一个社会战斗的舞台,以及一个集合统一体的美学象征物。③从世界城市发展史来看,人类从未停止对城市理想模式的探索,特别是进入工业化中后期,针对城市化快速发展过程中出现的城市生态环境、文化、社会问题,国内外学者曾提出了"乌托邦""新协和村""和谐村""田园城市""生态城市""宜居城市""低碳城市""花园城市""山水城市""幸福城市"等多种理想模型。以上理想城市模型各有侧重,针对性有余而系统性不强。城市既有建筑、街道、基础设施、自然环境等有形的"外衣",也有人文历史、民俗民风、道德水准等无形的"灵魂",还包括社会经济制度等城市的支撑"骨架"。④因此,"美丽城镇"理念,不但应体现城市的自然生态环境本底,而且要关注城市空间格局、人文功能、文化制度等方面,目的是构建一种内涵丰富、形神兼备的美好城市模型。

然而，在全国各地推进美丽城镇建设过程中，存在重自然生态保护轻人文环境营造，重物化城市环境轻精神文明传承的现象。譬如由政府主导推出的"五水共治""三边四化""三改一拆""交通治堵"等美丽城镇建设的重大措施，主要是从生态环境、自然环境的角度入手，重在建设外在形态之美。不可否认，通过几年的集中治理，随着工业产业的转移和城市水污染的治理，沿着水系布局的城市景观面貌焕然一新。但是在城市旧区改造过程中，由于对城市文脉重视程度不够，导致诸多承载城市记忆的历史建筑被轻而易举地拆毁。究其根源，是对城市文脉保护与美丽城市建设内在逻辑的认知上发生了偏差。其实，无论是美丽城市所倡导的生态美、生活美，还是功能美，一切载体都离不开城市空间品质本身。城市空间品质恰是一座城市文脉的集中体现。城市文脉作为城市赖以存在的背景，它包含显性和隐性两方面的内容。显性形态包括人、建筑、景观及环境中的各种可见要素；隐性形态指那些对城市形成与发展有潜在深刻影响的因素，如政治、经济、文化、历史和习俗等。⑤

城市文脉是在城市漫长的发展过程中缓慢形成的，城市历史文化凝结在人们创造出的空间环境之中，体现了人与自然、人与社会、人与人之间的各种关系，从某种意义上说，是人与环境多元博弈的结果。因此，城市文脉理念与"美丽城镇"理念，虽在表达方式和侧重点上有所不同，但在本质上却有异曲同工之妙。城市文脉保护是美丽城镇建设的题中之意，是建设美丽中国的重要组成部分。各地在推进美丽城镇建设过程中，不应忽视城市文脉的保护和传承。

二、城市文脉保护存在的问题及表现

目前关于城市文脉传承，存在理论研究不足与实践落实困难两方面的问题。国内外许多学者在研究城市文脉挖掘与整理时，虽然对城市文脉人文价值、社会价值、美学价值的认识有所提升，但在实际推进过程中，由于地方政府受利益驱使、财政资金分配不平衡等原因，城市文脉保护仍得不到决策者足够的重视，特别是对城市历史文化遗产和建筑保护、利用不够科学，导致大建设时期"千城一面"问题没有解决，又加剧了城市特色的丧失和景观的趋同。城市建筑被称作"凝固的历史,无声的音乐",美丽城镇必须有文脉的延续和传承,才能实现历史文化与现代文明交相辉映、相得益彰。

《北京宪章》对改革开放后的 20 年中城市建设"大发展"和"大破坏"进行客观评价和总结,认为旧城改造令城市文脉顾此失彼,新区建设贪大求洋,城市非理性设计蔓延,城市面貌日渐趋同,造成了许多严重的城市问题,其根源皆在于对城市文脉的漠视。《北京宪章》提出"和而不同"的理念,强调地区"差异",从这方面来说,文脉及地域主义理论绝不是保守落后的代名词,提倡注重文脉的城市发展观,及高技术的地域表达是未来建筑乃至城市发展的必由之路。

由于理念的偏差,早期人们对于城市保护的认识仅仅是限于其中的文物或遗址的范围,对古城自身的价值认识不足,旧城的建设和改造缺乏完整的规划设想和行之有效的法令、条例,在一段时间内几乎处于无计划、无控制的状态,结果造成了古城空间特色和环境在全国范围内遭到广泛和严重的破坏。⑥1952年 7 月,在全国第一次建筑工程会议上确立的"实用、经济、在可能条件下注意美观"的建筑方针,长期以来指导着我国各地的城市建设。由于"经济、实用"功能至上的建筑设计导向,整体建筑设计标准偏低,许多居住区、公共建筑产权多元,导致维护更新无法得到有效保障,到现在已破旧不堪。这在历史古建文脉保护与传承问题之外,又造成了新的文脉传承困境。从近 20 年来的情况看,城市建筑文脉延续的主要问题,集中表现在以下几个方面。

(一)缺乏规范导致无序更新

21 世纪以来,随着城镇化进程提速,各地迎来大规模的城市建设与更新浪潮。由于长期以来缺乏规范引导和规划约束,城市建设与发展中出现了诸多问题,它们在解决城市居住问题过程中凸显出来。城市用地功能与结构不合理,城市旧区往往采取"运动式"的全面拆除或全面改造。这种无序化的城市更新,容易造成"功能至上"的目标短视。由于缺乏从总体上对各类城市更新用地特征的考虑,忽略当地居民的实际需求,造成不少城市更新项目华而不实,城市肌理混乱,城市文脉断裂。

(二)"贪大求洋"导致"千城一面"

我国的城市更新在改革开放之前基本处于自主更新、无序更新状态。党的十一届三中全会后,随着国家经济体制改革的推进,政府对城市规划和建设的重要性认识不断提高。但是,城市规划和建设的经验主要是向西方学习。在全球化的浪潮中,由于现代城市"国际标准"的推广,各地城市规划和建筑设计手法抄袭、趋同现象十分普遍。从技术上说,建筑科学技术的发展与应用也逐步趋同化。不少城市追求大体量建筑物和大规模建筑群,造成了城市地域特色缺失,"千城一面"现象严重。

(三)"建设性破坏"导致记忆缺失

在城市更新和改造中,许多城市将拥有良好区位优势的历史城区大规模拆除,盲目追求经济效益最大化。"建设性破坏"现象对文脉的割裂不容忽视。城市决策者仅注重物质利益与"政绩工程",忽视文化脉络和人文精神,导致城市中独具地域特色的传统民居和源远流长的历史街区,逐街逐巷地从城市版图中消失。短短 20 余年,不少城市的个性特征和文化魅力被荡涤殆尽,市民熟悉的城市景观和城市形象从此更换了主题,造成城市逐渐失忆。⑦

城市旧区往往占据优越的地理位置,其背后隐含巨大的土地价值。对于城市政府而言,"拆改"模式的旧区改造,不但可以在较短时间内解决旧区城市功能薄弱的问题,而且房地产业对当地经济具有巨大的拉动作用。尽管大规模拆迁带来一定的社会稳定问题,给城市历史文化遗产保护工作造成巨大障碍,但在巨大经济效益和急功近利的政绩观面前,决策者仍倾向于进行大规模拆迁。在城市更新实施过程中,地方政府为了发挥土地现有的及潜在的价值,将重建方式作为重要的更新手段,并对城市土地的利用结构与所有权进调整。⑧

(四)拆旧建新导致社区网络破坏

经过大规模"拆旧建新"式的城市更新后,城市肌理和社区网络受到破坏,伴随着人际关系的淡化和社区邻里诚信友爱氛围的消失,社会问题逐渐增多。

产业结构调整、用地结构转换、人口结构变迁,城市面临着物质空间和人文空间的巨大变动和重新建构。社区作为聚集在一定地域范围内的社会群体和社会组织,以及社会生活共同体,具有亲密相连的社群,相对完备的生活服务设施和与之相连的社区成员对所属社区在感情上、心理上的认同感和归属感。^⑨由于原有社区文化圈不复存在,新的居住文化环境和文化氛围难以在短时间内建立起来,由此带来的文化心理失衡、社区结构衰落也在所难免。

(五)拆真建假导致地域文化流失

针对旧城商业街区的更新改造,出现了一批以步行交通为主的大规模商业街、商务区建设项目。为实现土地资金平衡,拓展区域功能,许多地方拆掉真正历史悠久的古建筑,建设了大量的仿古建筑,或者成片推倒重建仿古居住区、商业区。历史文化在失去空间载体之后,不可避免地逐渐流失。新的仿古区域因没有原住民而变得门可罗雀。

(六)片面保护导致忽视历史民居

在城市更新过程中,长期以来都是片面强调历史建筑保护,而忽视历史民居保护。实际上,保护民居能更加完整地呈现一个地方的人文风俗和时代的风貌。但在实践过程中,重要的历史建筑精品如宫殿、府邸、教堂、寺庙等,由于受到相关法律法规的约束,符合地方政府利益,通常能受到较好保护。但是,记录着城市历史变迁的民居,却缺乏相应的制度保护,在地方政府决策过程中容易被忽视,导致被成片拆除。在城市更新过程中,为加强公共设施配套,普遍的做法是拆除旧区,拓宽道路,建设高楼,造成城市文脉的断裂。

(七)"镶牙式"保护导致文脉孤立难解

许多老城历史文化街区曾遭到大面积拆除,地方政府推行"镶牙式"保护,即只保留个别古建筑,而大量拆除所谓"没有保留价值"的建筑,用于商业开发或兴建仿古建筑。历史文化街区的保护不同于文物建筑的保护,它本来就由历史建筑、各个时期的老民居、原住民及当地非物质文化组成。如果不能进行整体保护，城市文脉将无法顺畅解码，必然造成文脉的撕裂和断层。只保留孤零零的文保单位，认为它们才是有价值的"牙"，这种认知上的错误是应该避免的。

三、"美丽城镇"背景下城市文脉保护的认识

城市是文化的容器，建筑则是这容器的具体呈现。城市文脉处在历史长河中，不断积累、演化、生发而来，最终在城市历史建筑上凝结。城市文脉的传承性及变异性决定了城市的发展，一方面要注重结合、保存原有的文脉关系，同时又要进一步更新与发展，而城市文脉的延续、城市特色的创造在相当大的程度上取决于旧城维护与整建的水平。⑩因此，在推动"美丽城镇"建设过程中，应当重新审视当前城市更新的理念和认识。

（一）改变城市更新理念

在城市竞争中，随着对城市文化软实力的重视，城镇化的内涵式发展被提到更高的层面，在城市有机更新过程中，建筑文脉保护和延续问题变得举足轻重。具体来说，对城市更新的认识和理念发生了变化。

一是在城市化、城市更新背景下，对城市建设的发展理念，由物转向人。城市建设以人为本，要求城市的规划建设，不仅考虑物态形式的建筑，而且应以市民需要、宜居宜业、社会和谐等因素作为其核心理念和目的。既要有效创造城市的物质财富，又要不断增加城市的精神财富，让城市生活更美好，是真正实现"生活富裕、精神富有"美好愿望的实质。

二是在城市发展动力上，从注重硬实力的打造转向软实力的提升。在全球化背景下，在物质增长方式趋同、资源与环境压力增大的今天，城市可持续发展越来越以城市文化驱动力为根本动力，而城市文脉则是经济社会发展的必备基础。

三是在城市文脉发展路径上，从粗放型向精细型转变。在城市更新过程中，越来越强调旧城改造不能"大拆大建"，而是必须根据城市实际情况，审慎地保护、整治、改建或再开发，对于旧城区、老街区、古建筑，小规模"修修补补"的

改造模式成为新常态。城市旧城改造由以"拆"为主,转变为由"治"为主。

(二)重视城市文脉美学价值

建筑文脉延续历程是一个价值逐步增值的过程,随着时间的推移,城市历史价值、文化价值、美学价值都将越来越厚重。习近平总书记提出,城镇化要让城市融入大自然,让居民望得见山、看得见水、记得住乡愁。乡愁就是人们对一个地方的情感。城市美学价值关乎市民对于城市的情感。城市文脉的美学价值,是建设"美丽城镇""人文城市"的必然要求。刘易斯·芒福德说,城市是文化的容器。城市风貌的审美价值取向在于使城市成为体验诗意人生的摇篮,不断激发人们创造思维的源泉。一座城市的创意、创新、创造都离不开城市文脉的供养。城市文脉的美学价值体现在以下三方面。

一是整体和谐,体现经济社会发展的规律和秩序。人工环境和自然环境相和谐,强调人的尺度、环境的尺度与人的活动以及他们的感受相协调,从而建立起丰富多彩的城市风貌并实现与人的活动空间的有机互动[11]。注重城市多元文化与社会群体之间的和谐共生,避免城市空间的强烈分割和对抗。

二是突出个性,体现城市文化特色与精神灵魂。一般来说,历史文化积淀越深厚的城市,往往是越具特色的城市。[12]城市文化的发展是一个不断传承的历史过程,城市文脉连接着过去、现在和未来。保护城市文脉就是保护城市的天赋秉性、"遗传密码"。更为重要的是,在此基础上伴随着人类活动不断生发出来的创新价值。"城市的主要功能就是化力为形,化权能为文化,化朽物为活灵灵的艺术造型,化生物繁衍为社会创造。"[13]更新城市文脉,要始终注意保持地域性和民族性特点,创新文脉保护与延续的方式,不断凝练提升城市精神。

三是陶冶情感,体现城市文化的人文关怀。刘易斯·芒福德指出:"城市是陶冶人和熔炼人的场所,城市的主要任务就是流传文化和教育人民。"[14]丑陋、失调的建筑,带给人一种压抑、沉闷的感觉,长期在脏乱环境中生活的人更容易情绪暴躁。带给人和谐美感且具有丰富精神内涵的建筑,往往能引起观者的心理共鸣,引发积极美好的情绪,从而获得精神愉悦。建筑本身也反映着一种社会秩序,通过人与空间的互动交流,帮助人们建立情感秩序,健全人格、发展个性,激发潜能,使人能够自由、自觉地发挥创造力。建设"美丽城市",让人们感受城市之美,以情感人,树立对城市的热爱、对人生的热爱和对社会的热爱。

(三)挖掘城市文脉双重因素价值

城市文脉的显性因素是指能够为人所感知的外在城市特征,直观上表现为城市实体及城市空间。城市显性文脉中所体现反映的深层文化内涵即城市文脉的隐性因素,它包括政治、经济、宗教、社会心理等多方面因素。从总体来看任何城市都是各种显性和隐性因素混合组成的,而从城市的某一区域、局部来讲可能就具有比较完整的文脉关系,如视觉上的连贯性、空间形态的完整性、社会生活方式及群体意向的统一性。⑮城市文脉的隐性因素不可觉察却深刻影响着文脉运动及演变。历史建筑物的显性因素在不同程度方面体现了历史发展中的文化习俗以及人们的文化心理,并且这些建筑的文化脉络在社会发展过程中得到传承和发展。城市文脉的隐性因素对建筑文脉的显性因素起到制约和促进的作用,引导建筑文脉走向,是人们认识和理解历史建筑的基础。

过去,由于对城市建筑文脉的双重因素缺乏认知,在许多历史街区的改造过程中,外迁了全部的原住民,由此相关的丰富业态也随之凋敝。城市历史街区和城市古民居是最能体现城市文化的载体,近年来,许多地方在推进历史街区更新过程中,逐渐采用了"活态保护"的模式,即街区的改造不改变原有空间格局和街道尺度,让原住民继续保持原有的生活习惯和生活方式。同时,努力恢复延续城市社会文化结构中的积极因素,比如举办社戏、灯会等传统民俗活动,让这些非物质形态的隐性因素在城市文脉的形成发展传承过程中发挥积极作用。

(四)平衡城市文脉的保护与利用关系

城市是时间积淀的产物,是不断演化的过程。城市文脉的发展总是伴随着新与旧、传统与现代的矛盾。《北京宪章》提出:文化是历史的积淀,它存留于建筑间,融会在生活里,对城市的营造和市民的行为起着潜移默化的影响,是城市和建筑的灵魂。城市文脉的传承性及变异性决定了城市的发展,一方面要注重结合、保存原有的文脉关系，同时又要进一步更新与发展，而城市文脉的延续、城市特色的创造在相当大的程度上是取决于旧城维护与整建的水平。[15]随着历史进程的推进，市民对建筑的需求发生改变，原有历史环境发生改变必然引发建筑自身意义的改变。对于单体建筑而言，要强调个体建筑是建筑环境的一部分，注重新、老建筑在视觉、心理、环境上传承的连续性，保持建筑环境在时间与空间的和谐对话。同时，应以发展的眼光看待历时性的文脉生长，在人与自然关系上，提倡人文与自然的协调平衡，而在人文环境中则应力求通过对传统的扬弃不断推陈出新，创造出传统文化与现代精神相匹配的新建筑形式。

因此，对于建筑文脉的延续问题，应正确认识保护与利用的关系问题。要树立将老建筑合理使用就是对其最好保护的观念，通过让真正懂得建筑历史文化的设计团队参与设计和施工，让老建筑焕发出新的生命。针对不同类型、不同体量、不同性质的历史建筑，应明确保护与利用的目标以及文脉传承的方式。

通常对于建筑文脉，可以分为三种传承方式。一是文脉的整体延续。对老建筑、老街区、老城区的保护，不仅是对物质形态的保护，更重要的是对其中人们的生活方式、行为习惯、风俗传统的传承。二是建筑文脉的再生。一种是再现性的，通过新建建筑来模拟原有的城市文脉，包括建筑的形式、组合方式、空间尺度，甚至材料材质等；另外一种是对旧有建筑的改造，包括对原有建筑本身进行修缮和改进以及对原有功能的置换。从操作层面上讲，文脉再生是一种类似空间条件下的功能置换，通过设计的手段，在原有城市空间、建筑、肌理条件下，将城市新功能设置于其中。三是建筑文脉的创新。文脉的创新是产生一种与以前的建筑文脉不同形态或者差异较大的文脉形式。从现行的操作方式上来看，文脉创造有两种基本模式，一是基于原有城市建筑文脉的再创造；另外一种是创造新的城市文脉。[17]城市建筑文脉的创造最关键的是要把握一个"度"，如果隔断与原有历史建筑文脉的关系，往往会造成城市文脉的断裂、城市整体风貌的破坏。

四、杭州文脉保护与延续经验

G20峰会的召开，让杭州向世界展示了历史与现代交融的建筑文脉特色，诠释了"精致和谐,大气开放"的城市精神,赢得诸多赞誉。这与杭州近十多年来抓好城市文脉延续工作密不可分。21 世纪以来,杭州按照"城市有机更新"的理念指导,在城市更新过程中坚持"保老城、建新城",以"保护历史建筑,传承杭城文脉"为宗旨,坚持"保护第一、应保尽保",遵循积极保护方针,在抢救中保护、借鉴中创新、探索中发展,形成了以文脉保护、民生改善与城市有机更新融合发展为特色的历史建筑保护、再生、利用的"杭州模式",保护好历史的真实性、风貌的完整性、生活的延续性、文化的可识别性,为城市增添历史韵味和人文光彩,为保障民生和城市建设开辟了新的有机更新之路。

(一)"以城市有机更新"理念统摄城市规划,以规划引领城市文脉延续

经过多年摸索,杭州城市更新走过了从文化迷失到重拾文化碎片、再到重塑文化精神的过程,实现了以"城市有机更新"理念代替"旧城改造"理念,从单纯的功能规划、物质空间规划到发展型规划、文化引领型规划的转变。⑱杭州从宏观、中观到微观的城市文脉空间重塑过程中,以"城市有机更新"理念为引导,以更加理性的、具有历史观、整体观和发展观的思路为引领,着重于地方人文环境特色和历史空间的研究,力求做到城市文脉引导下的有序发展。

(二)坚持"保老城、建新城",拉大城市空间格局

世界经验表明,保护旧城、另辟新区是有利于文脉传承的城市总体发展模式,也是历史性城市发展中协调保护与经济发展的一项重要手段。杭州较早提出"保老城、建新城",从沿湖发展转向跨江发展,迅速拉大了城市空间格局,破解了随着城市的发展、人口不断增长,经济活动不断拓展,城市功能日益叠加而造成的城市发展空间局限和"城市病"聚集难题。在城市的总体布局中另辟新区,将新建设和新功能引入新区,为城市文脉传承,尤其是城市历史空间环境的保护创造了有利的先决条件。

(三)分类而治,小尺度"整容"与大尺度"创造"相结合

对于历史建筑文脉保护,应始终坚持"最小干预""修旧如旧、似曾相识"的

理念,对历史建筑进行"美容"而非"整容",历史建筑保留传统特色风貌。引入"建筑历史博物馆"的理念,对各个历史时期尚未被公布为文物保护单位或文物保护点,具有历史、科学、艺术价值或纪念意义、教育意义的建筑物和构筑物,均坚持应保尽保,让有着不同时代烙印、承载着杭州文化基因的历史"碎片"焕发新光。杭州明确规定对于已建成50年以上,以及不到50年的各个时期具有一定价值的建筑均不得拆除,让古代、近代、民国、新中国成立之初、"文革"时期、改革开放初期等不同历史时期的建筑形成一个完整的链条,活态反映从古到今杭州建筑的演变史,浓缩和彰显杭州建筑特色和历史风貌,留下杭州的"胎记",让城市记得住乡愁。

对于大尺度更新的文脉,按照城市设计理念,进行"大创意"。对生态环境特别是人文景观的任何修复,坚持老的就是老的、新的就是新的,使两者既相互协调又明显区分。新建建筑充分吸收杭州传统建筑、地域文化的元素和符号,做到"神似"而非"形似",坚决杜绝"假古董"。注重可识别性,比如杭州西湖文化广场的设计以杭州特有的西湖文化、运河文化和古塔文化为建筑背景,通过桥将运河以南的武林广场联成一个整体,通过空间艺术处理、都市环境塑造,较好地将运河文脉与传统商业中心武林文脉有机融合,成为杭州市中心城区一座标志性建筑。

(四)内外兼修,坚持形式、功能、审美相统一

杭州坚持了整体性、系统性、创新性原则,注重文脉显性因素与隐性因素同步更新,促进城市复兴。杭州以"生活品质之城"为城市定位,在这一核心价值体系指导下,构筑了自然与景观系统和城市文脉发展系统,找到城市的遗传密码。比如沿运河、中河、东河等滨水区域历史街区的改造,调整了出大量城市公共休闲空间,一方面保留大量传统建筑元素,另一方面通过改善原住民生活设施,增加市民休闲娱乐空间,强化了城市生活美学精神,使其相得益彰。

(五)经营环境,保障文脉可持续发展

杭州在城市文脉延续方面较好地处理了城市更新与文脉延续的土地利用、

经济复苏及可持续等问题。旧区更新中采取渐进式、小规模的有机更新模式,保持着稳定的连续性和继承性。通过道路有机更新、河道有机更新带动周边建筑有机更新,由点及面、以面连片,通过对土地采取弹性使用方式,适应城市发展中出现的土地性质变更的可能性,盘活周边宝贵的土地资源,提升公共设施及功能,使文脉"活"化保护,营造城市文脉的新老融合。同时经营以文化资源为依托主体的经济发展形态,通过旅游开发、振兴地方传统文化产业、注入文化创意产业等方式,保障了历史文脉保护持续发展的资金,改善居民生活条件,创造更多的就业机会。经综合更新的历史民居实现了房产增值、租金增长,由政府统一经营管理的历史街区,吸纳文创产业能力显著提升,为街区复兴提供了可持续发展的保障。

(六)多元参与,形成文脉传承治理机制

遵循公共治理理念,有效整合资源,坚持政府、业主、社会、专家、媒体"五力合一",共同参与历史建筑文脉延续工作,实现历史建筑保护科学、规范、可持续发展。按照"鼓励外迁、允许自保"的政策,明确业主、原住民权利和义务,调动其"自保"积极性。同时,建立专家咨询机制,组建了由百余名专家组成的"智囊团"辅助决策,在历史建筑筛选评估、规划设计、方案审批、难点会诊等四大重点环节实现专家建言献策全覆盖。

五、几点启示

建筑文脉承载着一座城市各个时代的历史、文化和生活要素,保存着城市的生命信息和"活化的历史基因"。诚如美国建筑师沙里宁所言,让我看看你的城市面孔,我就知道这个城市在追求什么样的文化。建设美丽城镇,不是大拆大建,不是拆旧城建新城,必须辩证地处理好建新城、治旧城的关系。文脉保护与延续的"杭州模式",较好地平衡了强与美的关系、大与小的关系、新与旧的关系、建与治的关系、产与城的关系及政府与社会的关系。具体启示如下。

　　一是注重发展实力的"强"与建设形象的"美"应当有机统一、高度融合；二是注重大项目、大资金、大平衡，在大格局内做小文章，坚持品质优先、细节为王；三是发挥老城人脉、文脉、水脉高度融合的优势，将老城居民生活品质提升与城市建设发展相结合；四是挖掘和提炼地域文化、建筑符号和城市肌理，新城建设与城市文脉相融合，努力保持城市景观和谐；五是注重城市文脉更新后的业态组织，保障资金，引导产业复兴；六是引导公众参与旧区更新，鼓励居民参与社区邻里自建，重构建筑与人的和谐关系，活态保护历史街区，弘扬地方优秀传统文化，增强居民保护、管理的意识，提高居民素质。

　　总之，城市发展有历史记忆、文化脉络、地域风貌、民族特点的美丽城镇，必须以城市是"生命体""有机体"为基本理念，顺应城市发展规律，合理对待城市新陈代谢，自觉将城市有机更新与建筑文脉保护与延续相结合。

注释

①方可：《当代北京旧城更新：调查·研究·探索》，中国建筑出版社，2000 年版，第 15 页。

②在 2015 年 6 月 28 日举行的生态文明贵阳国际论坛上发布《建设中国特色"美丽城市"贵阳共识》。

③[美]刘易斯·芒福德：《城市发展史——起源、演变和前景》，宋俊岭等译，中国建筑工业出版社，2005 年版，第 10 页。

④万军等：《美丽城市内涵与美丽杭州建设战略研究》，载《环境科学与管理》，2013 年第 10 期。

⑤刘先觉主编：《现代建筑理论》，中国建筑工业出版社，1999 年版，第 41 页。

⑥王景慧、阮仪三、王林：《历史文化名城保护理论与规划》，同济大学出版社，1999 年版，第 10 页。

⑦孙俊桥：《走向新文脉主义》，重庆大学 2010 年博士论文。

⑧翟斌庆、伍美琴：《城市更新理念与中国城市现实》，载《城市规划学刊》，2009 年第 2 期。

⑨阳建强、吴明伟：《现代城市更新》，东南大学出版社，1999 年版。

⑩吴云鹏：《论城市文脉的传承》，载《现代城市研究》，2007 年第 9 期。

⑪[奥]西特：《城市建设艺术》，仲德昆译，东南大学出版社，1990 年版。

⑫我国已经批准公布了 99 座国级历史文化名城，77 座省级历史文化名城，城市特色根植于自各自历史文化的底蕴。

⑬[美]刘易斯·芒福德：《城市发展史——起源、演变和前景》，宋俊岭等译，中国建筑工业出版社，2005 年版，第 9 页。

⑭[美]刘易斯·芒福德：《城市发展史——起源、演变和前景》，宋俊岭等译，中国建筑工业出版社，2005

年版,第 10 页。

⑮吴云鹏:《论城市文脉的传承》,载《现代城市研究》,2007 年第 9 期。

⑯吴云鹏:《论城市文脉的传承》,载《现代城市研究》,2007 年第 9 期。

⑰王晓、刘卓珺、黄河:《建筑文脉的延续、再生与创造》,载《中外建筑》,2011 年第 3 期。

⑱阳作军:《快速城市化进程中城市景观演变及趋同性的规划对策研究》,中央美术学院 2012 年博士论文。

文旅融合视野下的研学旅游产品
设计策略与实践

——以南京高淳国际慢城为例

顾磊 华苗 纪文君 田苏雯*

摘 要:近年来,主要面向学生群体的研学旅游市场正蓬勃发展,社会对于研学旅游的需求也与日俱增。本文针对"研学旅游"这一主题深入探究,并选择了南京市高淳区作为研学旅游的案例地展开详细调查与分析,从实际出发提炼出一些研学旅游产品的设计策略。高淳地处江浙皖三省交界之地,人文与自然旅游资源优渥,近年由于国际慢城的规划与建设,更是兴起了"慢城文化"的潮流。作为一种全球文化与本土文化的碰撞产物,"慢城文化"既涵盖了忙碌之余的休闲观光、身心释放与康养文化,也包括了生态、绿色文化与可持续发展,还体现了历史人文与地方文化的传承与发展等多重维度。基于此,本研究运用实地调查法、访谈法等方法对高淳的旅游资源进行深入挖掘,设计了可以满足不同需求、具有四季可选体验项目、独具高淳本土特色的多种研学旅游产品,并进行了创意文案写作与短视频内容创作。最后就研学旅游产品与文旅融合的关联展开进一步探讨,本研究认为研学旅游是文旅融合的一种重要手段,并认识到我国研学旅游发展仍存在较大的提升空间。

关键词:研学旅游;产品设计;文旅融合;高淳国际慢城

研学旅游的相关概念为"教育旅游"(Educational Tourism),有人认为这种形式的旅游起源于20世纪六七十年代的欧美国家。[1]教育旅游就是要强调教育

---

* 作者简介:顾磊,男,浙江大学旅游与休闲研究院博士后;华苗、纪文君、田苏雯,来自南京晓庄学院。

游览的价值,而各种旅游景点是教育旅游的重点场所。②有学者进一步指出教育旅游是一种希望改变原来或者寻求新的挑战的生活方式,③这也是一种广义上教育旅游的概念。中国的教育相关旅游在 2000 年后开始逐渐发展,直到 2013 年研学旅游的概念被明确提出。在 2015 年全国旅游工作会议上,国家旅游局(现更名为文化和旅游部)首次将研学旅游视作我国旅游发展的重要部分。在中国,研学旅游这个概念突出了"研究"与"学习"这两大特点,虽然研学旅游的主要参与者面向各个年龄段,但在实际上研学旅游产品面向的主要对象仍是学生群体。

一、研学旅游的兴起及其利弊探析

近几年我国的研学旅游开始火热起来,各种类型的研学旅游产品层出不穷,这种现象源于社会对研学旅游市场的需求逐渐扩大。同时,相关的研究也与日俱增。在优势评价方面,学者们认为,研学旅游是由娱乐教育、生活教育组成的教学方式,可以让学生们在旅行中获得体验并获得快乐、提高学生的思考和设计能力、培养孩子参加活动的积极性、激发学生对地理问题探索研究的兴趣。④从学校角度来看,研学旅游是推进实施素质教育的重要阵地,是学校教育与校外教育相结合的重要组成部分。从旅游角度看,研学旅游更加关注目的地的文化旅游资源,是一种高层次文化旅游,是拓宽文化旅游发展空间的重要措施。⑤综上所述,研学旅游具备多种好处,在教育、旅游、文化、经济等诸多领域都有所体现。

但另一方面,目前我国的研学旅游仍然存在一定的问题。学者们通过研究发现,这些问题主要可以概括为:研学旅游产品与旅游目的地的文化融合还不够,⑥旅游产品缺乏对学生群体身心特点的考量,⑦旅游产品的研发缺少深度、广度与恰当的主题,⑧从业人员素质有待加强。⑨因此,有学者指出我国现阶段研学旅游才刚开始,研学的内容五花八门,需要先借鉴其他国家的经验,根据我国实际的国情,摸索出符合我国国情的中国特色研学旅游。⑩

二、高淳国际慢城的发展及其地方文化重构

本研究以南京高淳国际慢城为研学旅游案例,采用文旅融合的视野,探讨研学旅游产品的设计策略与实践。高淳地处长三角中心城市之一的南京市南部,自然风光优美,湖山纵横,碧波沃野,是著名的鱼米之乡。又因位于苏浙皖三省交界之处,吴头楚尾,南北文化相融,其古建筑风格受到徽州与太湖流域的双重影响。再加上历史悠久,人文荟萃,民俗与宗教文化源远流长,非物质文化遗产多样。从这几方面来看,高淳的旅游资源是多样且特色鲜明的,再加上其区位优势,除中心城市南京以外,可以辐射到三省的周边城市客源,对于研学旅游市场也是非常适宜的旅游目的地。2010 年以来,高淳的旅游业也开始发生质的飞跃,而这也主要是因为"国际慢城"概念的植入及其相关的旅游休闲产业开发。2011 年,高淳桠溪镇成为我国第一个被国际慢城联盟授予"国际慢城"称号的城镇,后来也被认证为慢城中国总部。截至 2019 年,目前全球 30 个国家已有 262 个城市被称为慢城,现中国已经有 12 个。

在全域旅游的背景下,为了避免高淳国际慢城发展的孤立性,在当地政府的规划思路下,高淳也逐步形成"一带、一心、四区、多点"的发展格局,将桠溪慢城普通的观光旅游延伸为"特色小镇的休闲旅游",通过提升旅游休闲设施、完善交通条件、旅游景区开发、打造节事活动来扩大慢城的影响力。目前,慢城文化不断壮大至整个高淳地区,例如固城湖水慢城、基于游子山周边的山慢城、高淳老街等地的文慢城等系列特色。

在慢城的发展过程中,生态环境在逐渐改善、基础设施也日益完善、地方经济有了一定提升、地方文化传承后继有人,当地人的意识也在慢慢发生变化,可以说在"慢城文化"的影响下,高淳发生了不少积极的改变。但是与此同时,也出现了快速城镇化下的一些弊病,例如烂尾楼工程的出现,违规的用地建设行为,以及因人流量过少引发的"空城"效应。

综上所述,高淳国际慢城可以看作是一种在中国政经结构下城乡关系互动的结果,也体现了全球化与地方化力量交织的影响,而慢城文化叠加在曾经的

乡土文化之上，构成了新的慢城文化，几乎覆盖了高淳的方方面面，既涵盖了忙碌之余的休闲观光、身心释放与康养文化，也包括了生态、绿色文化与可持续发展，还体现了历史人文与地方文化的传承与发展等多重维度，生产出一种"亦城亦乡"、传统与现代并存的混合文化与混合景观。本研究一方面是从高淳案例出发探讨研学旅游产品，另一方面，试图从各种不同视角的研学旅游方案去探寻高淳国际慢城的不同侧面。

三、文旅融合与慢城研学旅游产品设计

(一)文化的认知:分层与解构

文化的概念有多种，本文采用较为宽泛的定义，即人类在社会历史发展过程中所创造的物质财富和精神财富的总和。文化既包括物质、社会组织、精神生活三个层面[①]，也有学者采用组织文化四分的方法[②]，即包括物质、行为、制度、精神。考虑到本案例的情形，我们兼容两种理论，对旅游目的地的文化进行细分，同时再对各层次中的当地元素展开调查与分析，利用文献查询、田野调查找到相关信息。高淳国际慢城作为旅游目的地，其文化层级与类别如表 1 所示。我们将目的地按照文化的物质、社会组织、精神生活三大类分别展开并分解到最基本的元素，从这些元素出发，深入挖掘与旅游目的地相关的旅游资源、旅游景点、旅游行动者、旅游行为等内容。从表 1 中可以看出，高淳国际慢城的各类文化元素还是非常丰富的，因此作为研学旅游目的地具有一定的代表性和可实施性。

表 1　高淳国际慢城的文化分层结构

(a)第一层次:物质	
自然物	人工物
山地、湖区、农田、次生林、人造景观园林等	农田水利交通设施、城乡聚落、建筑物

续表

(a)第一层次:物质	
自然物	人工物
野菜、菜花、荷花、菱角、螃蟹、湿地、竹林、茶园等	设施类(胥河、东坝等) 古建筑群(淳溪老街、漆桥古镇) 古遗址(如南城遗址、遮军山土墩墓群等) 寺庙建筑(真如禅寺、大山寺、玉泉寺、石龙寺、四方宝塔等) 红色旧址(新四军司令部等) 博物馆(高淳博物馆、陶瓷博物馆、非遗展示馆等) 慢城相关类(桠溪慢城景区、固城湖水慢城等)

(b)第二层次:社会组织					
行为				制度	
本地居民	外来游客	外来投资者	政府人员	本土社会制度	外来规范体系
农事耕作 开展商业活动 (民宿、餐馆、店铺等) 参与节事活动等	消费 住宿 观光 休闲 体验等	投资开发 开展商业活动(民宿、餐馆、店铺等)	征地 规划 建设 管理 旅游开发 营造节事活动等	乡村礼治 法制制度 土地制度 商业秩序等	慢城规范 慢城政策等

(c)第三层次:精神生活		
知识(部分为非遗)	民间风俗与技艺 (部分为非遗)	观念(部分与非遗有关)
语言、文学、科学、历史(事件人物)、外来知识等	仪式、工艺、艺术、饮食等	世界观、人生观、价值观、审美观等
语言(吴方言活化石) 民间传说故事(孔子与游子山,伍子胥与浣纱女,吴国太与四方宝塔,朱元璋与一字街,许真君与倒栽柏树,铁拐李与白牡丹,铜锣井与牛郎织女,崔致远与双女坟等) 古典诗歌(李白、范成大、崔致远等) 现代文学著作(高尔泰等) 历史与人物(周瑜与水师,吴门三贤,韩门三代,陈毅与新四军) 慢城相关知识	仪式与民间艺术(庙会、玩龙灯、跳狮子、划龙船、跳马灯、打水浒、跳五猖、踩高跷、荡旱船、打莲湘、挑花篮、跳财神、打锣鼓、跳杨泗、打八怪、叠罗汉、打腰鼓、民歌戏曲、传统武术等) 工艺(南京刺绣与布艺、羽毛扇技艺、铁器煅制、陶瓷制作、木雕技艺等) 饮食(糕团制作、麦芽糖制作、萝卜干制作等)	信仰与哲学 (儒家文化"孔庙""宗祠""乡村礼治"等) 佛教"地藏菩萨"等 道教与地方信仰"关公""祠山大帝"等) 慢城相关的观念 (慢生活、休闲、生态环保、可持续发展、社区参与等)

注:表格中的分类并不是严格意义上的分类,部分内容兼有物质与精神多重形式。

因为研学旅游产品主要是面向学生群体的,而学生群体包括了大中小学生的各个不同阶段。在产品设计的策略中,这些不同年龄的群体文化特征也是需要考虑到的(表2)。例如,对于面向小学生的设计中,可以由动植物认知、农业体验、游戏环节、民间故事讲述等内容构成,而对于中学生,除了以上环节,更可以加入地方诗词散文的研习,以及民间风俗与社会文化的研习,对于大学生以及以上群体,可以更加突出专业性、开放性与批判性思路,例如艺术类专业的采风与写生,城乡规划或旅游专业的规划案例实习,人类学社会学专业的乡村社会文化与非遗体验等等。

表2 基于不同学生群体文化的研学旅游产品策略

特征	小学生	中学生	大学生
研学比例	玩的比例相对较多	兼顾研学与玩	研究与学习的比例较多
运动量	运动量较小	运动量适中	可以适当增加运动量
安全性	极为关注安全性,通常为集体活动	非常关注安全性,大部分活动为集体活动	较为关注安全性,集体活动与自由活动兼顾
题材	题材以自然博物、历史文化、传说故事为主,游戏可以依此展开,适当增加简单的体验性活动	题材在前述基础上,适当增加部分文学、社会及稍抽象的内容,可以体验较为复杂的活动	题材可以涉及物质、行为、制度、精神的各个方面,可以考虑到不同专业大学生的兴趣,体验内容可根据兴趣爱好安排

综上所述,在设计研学旅游产品时,对旅游目的地文化的深度把握与挖掘,以及对不同受众群体文化的了解和认知是至关重要的。

(二)文旅的组合:关联与编排

这里所谓"文旅的组合"是指,如何从旅游目的地文化的内在逻辑出发,结合旅游消费者文化,并设计出好的研学旅游产品。一个好的研学旅游产品,应该具备有一定的深度、广度与主题,同时也有具备相关知识和素质的从业人员来诠释与呈现。因此,在研发过程中,以某种逻辑或是主题将上述元素加以有机组合与编排至关重要。对于旅游目的地文化中各元素的组合,本研究采取了几种不同的策略加以整合。

1. 以空间为逻辑的策略

本案例结合儿童以及青少年群体的特点,在高淳国际慢城几个不同的旅游区域展开调查,探寻出一些不受时令影响的可常年开展的旅游项目,如表 3 显示。

表 3　高淳国际慢城研学旅游项目的空间分布状况

桠溪镇	国瓷小镇	高淳老街	游子山	淳溪镇	固城湖
徒步攀登文峰览胜	在陈列馆寻找大牌同款	观看高淳非遗展馆	登高赏景	国学服装拍摄	绘画活动
观星	"陶艺苑"手工体验	观看木雕技艺	骑行	古代建筑摄影	游览湿地动物园
漆桥古镇	参观陶瓷博物馆	观看乾隆古井	吴氏祠堂	竹编体验	固城湖湿地公园拍摄
慢城小学参访		非遗羽毛扇体验	茶艺表演	参观高淳博物馆	

以探访桠溪镇国际慢城小学的行程为例,通过这种社区旅游的方式加深对于"慢城文化"的深入了解,体验"慢城文化"如何影响本地社区居民的生活。通过慢城小学的展览以及学生非遗表演的参访,可以进一步了解"慢城文化"的内涵。这种内涵既包括了本地人慢节奏的生活与休闲态度,也包括了生态环保可持续的理念,还有在社区参与下的历史文化传承等等。当然,这种深度体验也使得部分游览者发现"慢城文化"的其他方面与不足。

2. 以时间为逻辑的策略

本案例结合儿童以及青少年群体的兴趣爱好,根据一年四季时令的不同,以时间为轴,通过调查梳理出高淳国际慢城一年四季的时令活动与节事活动,如表 4 所示。

表 4　受时令限制的旅游项目时间分布状况

春	夏	秋	冬
金花节 3 月底	赏荷花 6 月—9 月	"品蟹大比拼" 9 月中旬	跳五猖、打莲湘、舞龙 正月初一
挖野菜、挖竹笋 3 月—4 月	采菱角 6 月—7 月	芦苇荡摄影比赛 10 月中旬	大马灯 正月初七
采茶 清明节期间	采莲藕 8 月底	捉螃蟹 10 月中旬	京剧、黄梅戏、锡剧等戏剧表演 2 月
做青团 清明前后	观松赏竹 7 月	漕塘庙会 十月十五	剪窗花 2 月
祠山大帝都庙会 二月二十二	晒宗谱 六月六	固城祭白莲 十月十五	石臼湖赏冬候鸟 1 月
桠溪庙会 三月初三			晒霉祈福 正月十五

本研究对其中部分时令活动开展了深度的田野调查。以春季活动为例,三四月份南京最受欢迎的野菜有八种,其中高淳人最常吃的就是荠菜、马兰头、苜蓿头和菊花脑。在研学旅游活动的设计中可以教授孩子们(面向中学生以上群体)辨别野菜的常识。这种以时间为逻辑的策略,其好处是可以增加游客再来高淳旅游的机会,因为一年四季变化的时令活动与节事活动会给游客对于同一旅游目的地以不同的感受,问题的关键在于对这些活动的编排和诠释手段要让消费者感到满意。

3. 以主题为逻辑的策略

以主题为逻辑的策略是先寻找到具备各地方特色的某个主题,然后根据主题去寻找相关元素,然后进行串联,最后加以组织加工,形成某一特定主题的情境化的研学旅游线路产品。

第一种形式是某一主题下旅游目的地内部的串联,也就是在特定的时空内,从旅游目的地内部寻找相应元素来串联。本研究以高淳春季自然体验二日游为案例。在这个面向中小学生的案例中,主要考虑到中小学生的身心特点,从身边的环境观察出发,并尝试结合节气文化、星宿文化、茶道文化、糕点制作、摄影写生、研习报告撰写等达到深度体验的目的。这个方案适当考虑到了学生的身心特点，在自然体验以外加入了文化解读，而且行程比较宽松，户外行程主要为第一天，第二天以室内活动体验为主，需要步行的时间不长。本方案如表5所示。

表5　高淳春季自然体验研学旅游产品行程安排

日程	上午	下午	晚上
第一天	高淳老街 古代建筑摄影 汉服体验 小吃品尝 青团制作	固城湖水慢城 观春季迁徙鸟类 春季赏花 春主题摄影	酒店 摄影评比 观赏春季星空 星宿与历法文化讲座
第二天	桠溪国际慢城 茶园采茶与茶道文化体验 在国际慢城小学的慢城文化体验	酒店 研习报告撰写 讲座与分享会	返程

第二种形式是某一主题下多个旅游目的地的串联，也就是从不同旅游目的地中提取相关元素，然后考虑到地点的关联和交通合理性，在一个特定主题下安排行程。再以历史文化体验为主题的二日游研学旅游产品为例。本案例将高淳与南京市其他的三国故地（如南京博物院、石头城遗址、梅花山孙权墓等）相联系（如表6所示），增加了三国人物讲座、三国歌曲演唱、三国戏剧编排、三国桌面游戏等适合青少年儿童参与的活动，在玩的过程中通过对孙权、周瑜、小乔、吴国太、关羽等人物角色的再认识，丰富了学生对三国历史的认知。

表6　三国物语研学旅游产品行程安排

日程	上午	下午	晚上
第一天	南京博物院 参观三国时期文物 南京石头城遗址 参观三国遗迹 梅花山孙权墓	高淳老街 探访江南唯一关帝庙 寻扇＋羽毛扇制作活动	酒店 学唱三国歌曲《权御天下》，学习三国典故 分组准备《赤壁骊歌》剧本 《三国杀》桌游环节

日程	上午	下午	晚上
第二天	酒店 三国人物讲座：周瑜 保圣寺塔 探访国太与小乔的故事 周氏宗祠 寻访周瑜后人	固城湖水慢城 （周瑜训练水师场所） 小戏骨汇报演出《赤壁 骊歌》 分享交流会	返程

如果是二日游以上的行程，还可以将长三角地区其他三国故地与高淳国际慢城的三国元素进行串联，如镇江市的甘露寺、铁瓮城遗址，丹阳市的孙钟墓、吴高陵，宜兴市善卷洞国山碑，苏州市报恩寺的北寺塔等，睢宁县下邳古城遗址，合肥市三国新城遗址、淝水之战古战场等地，也可以考虑通过事件和人物的关联与湖北省、河南省、陕西省、四川省等的其他三国故地相联系，再结合三国相关历史典故、文学艺术、影视作品、电竞游戏等多种形式（例如电视剧《三国演义》的拍摄地无锡三国影视城），设计出适合各年龄段的研学旅游长线产品。而三国题材的旅游产品具有潜在的国际市场，这也是因为三国题材在日本、韩国、越南等亚洲国家的广泛传播而造成的。值得注意的是，以上两种以主题为逻辑的研学旅游设计策略对于研发者和研学导师的综合素质要求相对较高，需要从业者对相关领域的专业知识比较熟知并能灵活运用。

（三）文旅的再碰撞：创意与再现

上文内容已经就高淳国际慢城研学旅游产品展开了策略探讨和实践的梳理，此处"文旅的再碰撞"是指所通过文化手段，使得研学旅游产品变得有趣，达到引人关注、吸引眼球的目的。一方面，正如前文所述的策略，使用一些新兴文化例如影视、动漫、游戏的形式对旅游产品的内容进行二次创造，这提升了产品的可玩性，同时在研学导师的引导下，也能做到提升学习兴趣，获得在玩中学的效果。例如三国案例中，学唱三国歌曲《权御天下》实际上就是在歌曲中学习了有关的东吴历史，而通过"三国杀"桌游可以促进学生对三国历史人物的熟悉。另一方面，对于整体研学旅游产品进行推广时，也可以通过一些文化手段来对产品进行包装,如文案创意、移动短视频创作等形式,下面用高淳研学二日游的文案创意与新媒体内容创作来举例说明。

1. 线路名称

淳美湖山,人和家园:高淳周末研学二日游系列

2. 面向对象

以中小学青少年为主,可以是学校集体出游,也可以是家庭亲子出游。我们提供可供自助选择的旅游套餐,根据不同时令和不同客户的需求可以任意组合行程。

3. 行程亮点

• 为什么去这里

美学家高尔泰在其所著《寻找家园》一书曾经说过,"湖山还是故乡好"。高淳,是一个来了就不愿意离开的地方,也是一个离开了会魂牵梦绕的地方,它适合一切喜欢慢生活、慢节奏的人游玩和居住的地方,在这里你会感受到高淳淳朴的民风,邂逅一段尘封的历史,品尝地方独有的美味佳肴,观赏传统而独特的民俗文化,领略精致醇美的湖山风光。静下心来,时而放空,时而思考,在高淳遇见最好的自己。

• 为什么和我们一起去

这趟旅程是一个美妙的串联,入住山居别院,体验最真实的当地美食制作,品尝最地道的特色小吃,走进寻常巷陌,领略风格别致的高淳古民居,欣赏精巧绝伦的木雕工艺,登上巍巍山岭,聆听山风吹过竹海的细语,寻觅林间翩翩而过的蝶舞,漫步悠悠湖畔,遥望远处成群沐浴的鸿鹄,抚摸近处随风摇摆的芦花。众里寻他千百度,高淳的一花一草,一山一水,一村一社,一人一艺,都深深地印刻在我们的脑海中。这里的春夏秋冬,各有千秋,不知道你最喜欢高淳的哪一款?

• 换一种视觉:追寻历史的足迹,从遗产与传说中了解高淳

跟我走,这里有华东保存最完好的明清古建筑群,进入高淳老街带你寻找乾隆皇帝喝过的古井、探访三国关羽的庙宇。我们还会去看看三国时的孔明

扇,热闹非凡的庙会演出,百戏之祖的阳腔目连戏,与声势浩大的马灯表演。再去探探有着深厚儒家底蕴的古村落,在千年的漆桥老街和你聊聊孔子的那些事,在周氏祠堂告诉你一个历史上真实的周郎,在世界上最古老的人工运河边给你讲讲伍子胥和浣纱女的悲情故事。

• 换一种口味:品尝四季的馈赠,来一场随意尽兴的舌尖之旅

好吃的自然是少不了的。从古街琳琅满目的街边小吃,到湖畔刚捞上来的各色河鲜,我们都不会让你们错过。老街口感细腻的豆腐脑,香甜松软的方糕,外酥里嫩的油炸臭豆腐,还有鸭脚包、麻花、各种口味的青团。春季的各式野菜是大自然中最本真的味道,金秋季节固城湖大闸蟹和鱼头汤圆会格外鲜美,还有本地人最爱的烧杂鱼、红烧老鹅和千里香,如果到了桠溪,还可以品尝一下美味的红烧肉,冬季还有各式腊味在等着你。

• 换一种住宿:享受山间的别院,和小伙伴们一起度过美妙的夜晚

入住依山而建的别院,能让你渐渐放慢节奏,感受当地放松愉快的生活方式。这里有独栋的森林小木屋,白天你可以在林间赏花与观鸟,晚上给你足够的安静和惬意。在木屋外面的院子里,与我们一起仰望星空,学习天文知识。回到屋内和小伙伴们一起唱歌,再体验一下桌游的乐趣也是极好的。

• 换一种体验:触摸真实的世界,只需要撸起袖子动手去做

来到了乡村,不动手试试看怎会知道农民伯伯的辛苦？想不想插秧,挖野菜,再做个青团？这里我们还有专业的老师教你摄影、绘画,去千年古镇漆桥老街寻找竹编老人,自己学做一个小小的竹编工艺品,去茶园亲自采摘鲜嫩的茶尖,和茶艺老师一起学习茶道文化,去陶瓷博物馆弄得满手是泥,跟着最好的陶艺师傅学艺。

4. 移动短视频创作

短视频包括两个版本,分别为抖音与今日头条两个平台。抖音平台的几十秒短视频,主要是对各非物质文化遗产的具体描述。发布于今日头条的短视频是相对较长的,以一种轻快的节奏展现出高淳当地自然景观、人文活动、非遗展示,以及特色产品制作等内容,具有浓浓的故事感的同时配合着诉说"家乡"的背景音乐,呈现出了一种明快而亲切的家乡美景之感,在视频的最后点明了旅

行主题:"淳美湖山,人和家园。"

四、研学旅游:文旅融合的一种重要形式

　　研学旅游可以看成旅游形态的一种教育方式,而教育作为文化传承的工具,同时也是文化创新的载体。[⑬]因此研学旅游实际上是通过旅游的形式去达到文化传承的一种途径,相比学校教育来说,也增加了文化创新的可能性。因为研学旅游作为一种教育形式,作为学校教育的一种补充,可以满足个人成长所追求的个性化需求。

　　研学旅游也可以看作是具有教育意义与学习意义的旅游形式。当代终身教育与终身学习的概念逐渐深入人心。终身学习是指社会每个成员为适应社会发展和实现个体发展的需要,贯穿于人的一生的,持续的学习过程。这个概念也超出了学校教育的范畴,因而研学旅游的理念实际上对于大多数人都具有积极的意义,是我们个人成长的一种方式。这种成长的经历也可以看成自我与异域文化的碰撞过程,而研学旅游事实上加深了我们对于异域的认知和解读,使得文化的交流更加深入而具体,因而是一种较为深度的文旅融合形式。

　　通过高淳案例的经验介绍,本研究从微观视角剖析了文旅融合视野下的产品设计策略,包括基于研学旅游者群体文化的差异化应对策略,旅游目的地文化分层解构策略,产品设计中以时间为逻辑、以空间为逻辑、以主题为逻辑的组合策略,研学旅游产品相关的创意策略等等。研学旅游与文旅融合关系紧密,从文旅融合的可能路径上来说,研学旅游产品以其自身的文化方式重构了旅游目的地自然、历史、文化等旅游资源,对于非物质文化遗产、物质遗产与自然资源都可以起到很好的文化重构与文化赋能作用。同时,研学旅游产品的设计过程本身是一个创意的过程,将现有资源挖掘并进行重组整合,其过程本身就是一种文化与旅游的融合;另外,研学旅游产品牵涉的产业多种多样,除了本身涉及旅游休闲服务业以外,也是旅游产业与包括文化产业在内的多种产业(如工业、农业)的融合。[⑭]综上所述,研学旅游产品是文旅融合的一种重要形式。

　　值得注意的是,我国研学旅游虽然近年来如雨后春笋般兴起,然而在发展

的质量上还亟待提高。本研究的案例与经验分享仅仅是一些初步想法,仍有诸多不完善之处,更多涉及理念与实际操作相关的问题还有待进一步探讨。

注释

①Ritchie B. W. , *Managing educational tourism* , Channel View Pubhcations, London, 2003.

②Rohmi M. , "Motivational factors influencing choice among Arab students of Malaysia as educational tourism destination," University Utara Mlaysia, 2012.

③Tashlai I. , Ivanov S. H. , "Educational tourism-the case of Eastern European students: driving forces, consequences, and effects on the tourism industry," *Tourism Today* , 2014.

④张成:《立足学生实际,精心开展研学旅行》,载《地理教育》,2015 年第 3 期;陆庆祥、程迟:《研学旅行的理论基础与实时策略研究》,《湖北理工学院学报(人文社会科学版)》,2017 年第 2 期;何耀宏:《"研学旅行"行前项目设计的指导策略——以洛阳线路为例》,载《教育科学论坛》,2018 年第 8 期。

⑤石洪斌:《开展研学旅游的意义和对策研究综述》,载《江苏商论》,2018 年第 10 期。

⑥杜丽卿:《研学旅行产品开发研究——以金华为例》,载《中国商论》,2015 年第 24 期。

⑦徐襄琳:《研学旅行研究进展与启示》,载《中国集体经济》,2017 年第 1 期。

⑧于书娟、王媛、毋慧君:《我国研学旅行问题的成因及对策》,载《教学与管理(中学版)》,2017 年第 7 期。

⑨左晓凯、唐友能、丁翼飞:《北疆研学旅行的认知体验与冲突——以"2018 北疆研学旅行摄影采风活动"为例》,载《中学地理教学参考》,2018 年第 19 期。

⑩黄敏、王露:《中小学生研学旅行课程开发探讨》,载《当代教育理论与实践》,2018 年第 3 期。

⑪[英]马凌诺斯基:《文化论》,费孝通译,华夏出版社,2002 年版。

⑫SecheinH. , "Organizational culture," *American Psychologist* , 1990, vol. 45, no. 2, pp. 109-119.

⑬克利福德·格尔茨等:《文化的解释》,韩莉译,译林出版社,1999 年版。

⑭潘立勇:《文旅融合的学理基础与实践路径》,载《2019 世界休闲发展高峰论坛论文集》,浙江大学旅游与休闲研究院,2019 年,第 300—303 页。

乡村振兴背景下城乡休闲文化的比较研究

汪振汉[*]

摘 要：无论在乡村还是在城市，休闲文化是人们美好生活的重要组成部分。随着中国城市化进程的加速，使得休闲文化在结构上、形式上、体验上发生了变化，原来传统乡村休闲文化所具有的自然节律性、集体性、传统性的特点，在现代城市中突出表现为商业性、多元丰富性和现代性，后者同时也深刻影响着现代乡村休闲文化的发展。乡村振兴背景下，乡村休闲文化应当保持其固有的基本特征与传统，乡村休闲产业要同时满足农民多元化的休闲需要，与城市居民对田园生活的愿望。

关键词：城乡休闲文化；异同比较；乡村振兴

引 言

无论是乡村还是城市，我们依然在憧憬遇见真正的美好生活图景。处于高度发达的工业社会中的乡村社会结构正在进一步加速瓦解，美丽的"诗意栖居"之理想也并未从理念王国降临到高度紧张的现代城市生活之中。尤其在当前城乡二元结构之不平等、不均衡发展的背景下，政界、学界都希望能探索出一条行之有效的乡村振兴之路。如今，迫在眉睫的是要在"乡愁未除、城愁又添"的

* 作者简介：汪振汉，男，浙江大学哲学(休闲学)博士，温州大学商学院讲师。基金项目：受温州市社科联社会科学规划课题"休闲文化与产业融合发展的'温州模式'"(编号：19wsk058)资助；受浙江省新型重点专业智库杭州国际城市学研究中心浙江省城市治理研究中心'城市休闲美学的杭州模式研究'项目(编号：10CSZL09)资助。

现实困境面前,思考如何让城市居民体验到田园般的美好生活,同时也让农村居民享受公共服务设施齐全的美好生活。

乡村城市化的历史使得乡村休闲文化在结构上、形式上、体验上发生了诸多变化。马克思指出,现代的历史是乡村城市化,而不是像古代那样的城市乡村化。[①]美国宾夕法尼亚州立大学杰弗瑞·戈比(Geoffrey Godbey)教授指出,从前工业社会向工业社会的转型使休闲的本质发生了根本转变。[②]也就是说,工业革命现使得乡村与城市休闲文化的差异产生了巨大的影响。显然,当前中国乡村城市化的进程中,也必然面临着城乡休闲文化的融合与重构。由此,从城乡休闲文化的外在表征开始,到内在剖析城乡休闲文化的基本内涵,深入厘清城乡休闲文化的关联与差异,揭示城乡休闲文化对人们美好生活的积极影响,对乡村振兴战略的实施具有重要的现实意义。

一、研究回顾

检索中国知网数据库,篇名同时含"休闲"与"比较"两词的论文共 177 篇[③],它们的主题包括但不限于:基于地域差异的比较,如中西休闲异同比较[④],城市间的休闲比较研究等;基于人口特征的休闲比较研究[⑤],如不同职业特点的休闲比较研究[⑥]、两性休闲异同比较研究[⑦]等。仅有罗湘林等人对城乡居民休闲体育的差异展开比较分析[⑧]。尽管城乡之比较研究不多,但分别以"城市休闲"或"乡村休闲"为篇名且来源为核心期刊的论文共有近 180 篇。它们的主题包括:"城市休闲文化的形成研究",潘立勇和章辉探讨了宋代城市休闲文化形成的原因——政治的宽松、经济的繁荣、社会的发展,使宋代成为中国封建社会较早具有城市休闲文化特征的时代[⑨];还有"城市休闲研究的内容与视角",如朱桃杏等人在文献梳理的基础上,认为城市休闲研究主要包括城市休闲理论、城市休闲价值与影响、城市休闲主体和客体、城市休闲管理与保障等五大研究模块[⑩]。以"乡村休闲"或者"农村休闲"为篇名以及来源为核心期刊的论文分别为 39 篇与20 篇。[⑪]

本文将通过"城乡休闲文化的基本特征、联系与区别"两组基本范畴的比较,试图勾勒城市与乡村休闲文化的基本样貌,以及联系与异同。

二、城乡休闲文化的基本特征

什么是城乡休闲文化?庞学铨认为,休闲所蕴含和体现的那些对人发生内在性、基础性影响的形态、观念和方式,可以称之为休闲文化。[12]基于此,我们可将休闲文化理解为两种形态,即可见可触的实体形式,抑或无形无态的精神形式。由此,乡村休闲文化与城市休闲文化,顾名思义,前者指的是以乡村为基本场域,后者便是在城市的基本场域,分别形成的精神层面的休闲观念与物质层面的休闲形式的总称。尤其是工业革命以来,休闲文化在从传统乡村到现代城市的演变路径中,各自表现出具有鲜明差异的典型特质,即休闲时间的自然节律性与人为设定性,休闲形式的集体性与个体性,休闲产业的自给自足性与商业性,休闲体验的传统田园性与现代科技性。

(一)乡村休闲:自然节律性与集体性

乡村休闲文化从根本上来看是具有自然节律性与集体性特征的。如何理解自然节律性呢?唐纳德认为欧洲大部分乡村地区的大众休闲活动植根于日常的和季节性的农业生活节奏。[13]不仅欧洲的乡村休闲与农业生活节奏紧密联系,中国的乡村休闲也同样如此。费孝通先生在《乡土中国》一书中形象地将中国社会的基层(指乡村社会)描述为"乡土性",这种乡土性可以表现为:人们的行动是基于一种自觉的欲望,它靠的是经验,不必计划,自然替他们选择了一个足以依赖的传统生活方案。[14]其言外之意,说明这种由自然选择的生活方案,大体上主导了乡村的传统生活方式,如果以劳作与休闲的维度划分这种生活方式的话,那么"乡村劳作和乡村休闲"在形式上便具有自然属性。具体来讲,时间上具有自然节律性,譬如我们也用"农忙或者农闲时节"来描述日常生活,费先生在书中也指出"村里的人,每年有两个清闲时期……从处暑到寒露……从大雪到年底,各约为两个月……根据小红册子盖房、安排婚事、开始长途旅行等"。[15]

乡村休闲活动的集体性可以理解为基于熟人社会关系,自发性地由群体共同组织、参与的休闲活动。首先,表现为集体参与性。诸如鲁迅先生在《社戏》一文对农民热情参与看戏活动的场景展开了描写,淳朴的民俗民风给少年时代的鲁迅留下了深刻印象,以至于在他的回忆中明确表示偏爱这种集体性的休闲文化活动,也给予了高度的赞扬。其次,表现为功能的集体性。费孝通指出:娱乐中的集体活动加强了参加者之间的社会纽带,因此它的作用超出了单纯的生理休息。⑩这种集体性的休闲活动与乡土的熟人社会之间有紧密的联系,毋宁说两者是相生相成的关系。当然,这里倒不是说乡村没有个体性的休闲,而是乡村休闲基于集体紧密的社群关系,所形成的休闲生活方式,如聊天、家族活动、宗教庆典等。大而言之,这些乡村休闲活动倾向于集体性的组织与共同参与,它的功能与价值不仅限于个体的休息与娱乐,还可以牢固集体成员之间的社会结构与关系。

乡村休闲文化的自然节律性可以理解为集体性的原因,后者为前者的结果。因为自然节律的原因,直接影响了农民的劳作与休闲,这种影响反映了个体的休闲特点,更反映出全集体成员的休闲同时受到自然节律的调整。因此,农民的两种基本生活,即劳作与休闲,在自然节律的安排下,一同劳作、一同休闲,实际上都显示出一定的集体性。

城市休闲中的时间具有"被人为规划"的特点。随着工业化进程的加快,原来的乡间小路被水泥浇筑的街道划分,原来的田园生活空间被钢筋水泥重新规划……最为关键的是,原来按照自然节奏的劳作被机器打乱,或者说随着机器生产的节奏而被人为规定。自美国古典管理学家泰勒开始,他的科学管理思想追求的便是精确的时间计量,提高个体的工作效率。至今为止,"朝九晚五"的时间结构一定程度上成为城市居民主流的工作时间图式。尽管工人的休闲时间并没有被人为规定,但由于人为的工作时间被统一规定,这就使得城市居民的休闲时间统一到了下班以后、周末等,各个国家还通过法律的形式规定工人每周的工作时间,如法国规定每周工作时间不得超过35小时等。这里姑且不去深入追究这种工作时间图式的消极与积极意义,但足以说明城市休闲时间具有人为设计的痕迹。

　　此外,城市休闲时间较乡村而言具有快节奏性。首先,这种快节奏性表现为:参加休闲活动的快节奏。魏小安指出:如果从城市的休闲程度来判断,有两个非常重要的细节,第一个细节是走路的速度,第二个细节是吃饭的速度。[17] 显然,北上广深、东京、纽约等大都市人们的走路、吃饭速度明显较快,地铁、出租车、公共交通等交通工具较为繁忙与准时。其次,表现为休闲活动与形式本身变化的快速性。"随着时间内容的增加,如同工作时间一样,我们对休闲时间也做出了越来越细致的控制,它改变了休闲的性质。现在的休闲以一些高度的时间意识为特征的有限时段,用于物质主义所带来的商品与服务的消费。现在,休闲并不要求人们停止活动,相反,它要求人们在极端稀缺的时间资源内从事令人愉快的活动。"[18] 人们参与休闲活动时,严格地规划自己的时间,如人们提前预约网球场地、细致地安排健身课程时间;城市酒吧到了午夜才开始营业……为了迎合迅速变化的休闲消费者口味,商家根据市场变化,及时地调整营销策略,更新休闲产品与服务……在急剧变化的城市休闲风尚,人们的休闲偏好会随着新鲜感的退却而消退,会随着新的休闲方式的出现而快速地风靡……这也印证了消费时代快节奏的"审美疲劳"现象。

　　相比而言,乡村休闲具有缓慢性。田园诗人陶渊明最脍炙人口两句诗"采菊东篱下,悠然见南山",可谓道出了国人心目中的理想生活。诗句中"悠然"一词足以让人体味那种"不慌不忙,不急不躁"的怡然自得之心态。或者我们可以想象另外一幅画面:乡村妇女围坐在院子里忙碌着,沉浸在欢声笑语的和谐氛围中,尽管是集体劳作,进行缝缝补补等家务劳动,同样透露出从容不迫的情境。可以看出,乡村休闲是随着时间的自然节奏而流淌。

　　另外,与乡村集体性的休闲所不同的是,城市休闲活动更多地表现为个体性。这种个体性并不必然意味着"单独参与的休闲活动",而是基于城市人际之关系的个体性。具体来看,城市人口的大量集聚打破了原来的"熟人社会"结构,形成了相对较为松散的人际结构关系,这种关系主要依赖于工作与消费关系而建立起来。现代城市社区的生活方式进一步瓦解了原来熟人社会的关系网络,造成市民之间社会关系的陌生化,并不像乡村的熟人社会。就像韦尔施指出的那样,"城市生活特有的这些现象,容许一个陌生人融入周围的人群,作为人来尊重他们,也无须像乡村或小社区中那样,非得对他或她的生活故事发生兴趣。这类多元的自我,正是为这样的社会现象提供了更好的先决条件,而这是一元化自我望尘莫及的。"[19]因此,这种松散的社会关系强调个人在休闲活动中的个性感受,重视个体的自我选择。

同时,形式各异的休闲活动、多元的休闲观念在此交融、碰撞,显示出城市休闲文化的极大包容性与开放性,大都市的休闲活动更具有国际化的特点,各种休闲活动都能找到合适的土壤,在城市中生根发芽。基于个体偏好的差异,市民完全可以从个人(不管大众还是小众)的兴趣出发,寻找到共同休闲偏好的休闲共同体。也因此,包容性与开放性的城市休闲文化带来的结果便是:新奇多元的城市休闲观念与单调的传统乡村休闲形成鲜明对比。尽管杰拉德指出,城市化的发展同时孕育着对休闲的破坏。[20]但城市休闲文化与乡村休闲文化孰优孰劣,是理性的进步,还是人类娱乐活动的庸俗化,依然还有很大的探讨空间。

(二)城市休闲:商业性与多元丰富性

大而言之,城市休闲文化具有商业性与多元丰富性。"城市"可以理解为"城"与"市",意味着人口的集中聚居与买卖交易之繁荣。尤其是现代社会,人口超千万的世界大都市遍布全球,人口的进一步集聚,无不显示出城市的繁荣。对"城市休闲"而言,巴特希(Butsch)指出,19 世纪,休闲产业为各类美国人提供休闲娱乐,休闲越来越像是买来的休闲。[21]休闲成为人们生活中极为重要的一部分,参与到市场经济活动之中,出现了诸多综合型与专业型的休闲城市,前者如巴黎、纽约,后者如维也纳、拉斯维加斯等。一般来讲,此类大都市休闲产业极其繁荣,休闲产业在此类城市中的地位举足轻重,它体现出现代城市休闲重要的经济价值与文化价值。

如何理解城市休闲文化的多元丰富性?杰拉德指出,休闲与城市化进程密不可分。更多的城市化意味着休闲数量的增加,以及休闲商品和服务广泛多样化的更大市场。[22]从前文来看,来自五湖四海的人口大量集聚,使得不同地域的休闲文化相互碰撞。譬如,当前国人流行过西方的圣诞节、情人节,西方社会流行庆祝中国的春节等,休闲文化的相互碰撞使得都市休闲文化更加多元与丰富。同时,这种多元与丰富的休闲文化彰显出城市休闲文化的包容性,它的积极意义在于重新联结"相对陌生的"城市人际关系。

城市休闲文化的商业性与多元丰富性的特征是互为因果的关系。从古代南宋城市休闲文化来看,"城市化发展形成了庞大的消费群体……城市化进程决定着休闲文化的丰富与发展程度"②;从现代大都市来看,譬如纽约、伦敦、巴黎、东京、上海等大都市,它们高度发达的休闲生活更是不言而喻。城市休闲文化的发达的商业性并不意味着公共休闲服务的减少,而是意味着大都市的城市休闲产品与服务表征着"消费性"。它的多元丰富性恰恰表明非商业性休闲产品与服务同样高度发达,也凸显出"全球化"进程中休闲文化的高度传播与融合。城市休闲文化对内而言是兼容并蓄,对城市以外,不仅包括乡村,也包括城镇、城郊等区域的其他社群也具有引领与示范作用。

乡村休闲活动的种类较为单一。戈比指出:在前工业、非城市化社会,休闲游憩活动与集市日期、展销会、假期和宗教节日等联系在一起。②而且,他还指出:"单凭典型的农民生活中的旧式游戏和礼拜活动是无法填满这个空箱子的。"③尤其是晚上的休闲活动,因为在"电灯"的发明与使用之前,夜晚的城乡休闲活动并无太多的区别,因为我们喜欢用"月黑风高"来形容黑夜的恐怖,用"走夜路的人"来形容作奸犯科之徒,我们也通常建议人们不要在夜晚出门,这总归是不安全的事情。即使在电灯发明之后,乡村的休闲活动显然没有大都市的夜生活丰富,因为"日落而息"的生活规律早已成为农民根深蒂固的生活方式,这种生活方式也愈加显得休闲活动的"单调""安静"。如贾岛的著名诗句,"鸟宿池边树,僧敲月下门",杜牧《秋夕》中的名句"天阶夜色凉如水,坐看牵牛织女星"等,形象地描绘出乡村夜生活的宁静,休闲活动无非就是左邻右里聚坐在院子里一起休息、聊家常、赏月乘凉等。

相反,城市的夜生活有时候比白天更加丰富多彩,或者说城市夜间的休闲活动种类远远超过了乡村。中国社会科学院世界历史研究所研究员俞金尧在文章中指出:"伴随着近代城市化的兴起,城市中出现夜生活,这在一定程度上改变了人们对黑夜的负面看法。这种生活方式以酒馆、咖啡馆、音乐厅、剧院、俱乐部为载体和平台,为人们提供娱乐休闲以及社会交往的机会;这些场所大都具有经营性质,一些活动(如音乐、戏剧等)由专业人士提供,参加活动的人往往是需要付费的。在这里,黑夜不再漫长而需要打发,反而成为一天中最有生活情调的时段,为了享受这种生活方式,人们等待夜幕的降临。"①

与乡村休闲活动相比,城市的夜生活也更加依赖于消费,这也得益于城市商业的繁荣。城市管理者千方百计地寻找发展"月光经济"的路径,夜晚的休闲活动成为当前城市休闲发展的热门领域。

(三)城乡休闲体验:诗意般地栖居与现代性的生活

倘若讨论城市与乡村的休闲体验,我们首先要明确体验的主体与客体。同样是乡村休闲活动或者乡村休闲产品等休闲对象,基于"主人"与"客人"不同的体验主体,显然有不同的感受与体验,或者说具有不同的休闲价值与意义。城市休闲亦如此。

心理学视野中的休闲往往被认为是一种体验。在奇克森特米哈伊那里休闲被解释为"畅爽体验",在潘立勇那里被理解为"自在生命的自由体验"②等。不管怎样,无论在乡村,还是在城市,不管是"主人",还是"客人",人们在休闲过程中所追求的都是一种自由的终极体验,只是这种体验发生在不同的场域之中。如果要区分乡村休闲体验以及城市休闲体验的差异,我们从生活经验出发,一般认为乡村休闲是一种在自然生态、农耕田园、传统文化的外在形式中寻找休闲体验,这些体验也可以被总结为"乡村性"③的体验;城市休闲是以人文艺术、购物消费、个性活力的形式,寻找"现代性"的休闲体验。

许多哲学家都称赞过乡村的休闲体验。如英国哲学家曼德维尔指出,最愉悦的散步不是发生在臭气熏天的伦敦街道,而是在馥郁芬芳的花园,抑或一个浓荫蓊郁的小树林。④法国现象学家梅洛-庞蒂在《知觉现象学》中写道:我来到乡村度假,很高兴能摆脱我的工作和我日常的周围环境和人物。我在乡村安顿下来。乡村成了我的生活的中心。⑤德国存在主义哲学家海德格尔在《人,诗意地栖居》一书中解释了"他为什么住在乡下"——"夜间工作之余,我和农民们一起烤火,或坐在'主人的角落'的桌边时,通常很少说话。大家在寂静中吸着烟斗。偶尔有人说起伐木工作快结束了,昨夜有只貂钻进了鸡棚,有头母牛可能早晨会产下牛犊,某人的叔伯害着中风,或者天气很快要'转'了"㉛。所以,从曼德维尔那里,我们体验到了浓荫的自然;在梅洛-庞蒂那里体验到摆脱工作,在乡村中体验自由;在海德格尔那里体验到乡村休闲的日常……乡村休闲之所以被向往,或许就是由这些体验所建构的"乡村性"使然。如巴特勒等人指出:"乡村地区发生的主要变化之一是休闲旅游领域的变化。……它们主要是一些不同于城市中心的活动……它们的特点可以概括为如下词语:放松、被动、怀旧、传统,低技术含量,非竞争性。"㉜因此,乡村休闲活动的传统意味浓厚,并未受太多的现代休闲形式的解构,蕴含着丰富的民风民俗韵味。然而,这种乡村性的体验,也凸显出乡村休闲活动的宁静与朴素。

城市休闲体验的"现代性"体现在现代科学技术影响下的城市休闲方式。暂且不论法兰克福学派眼中的现代休闲的价值是否被挤压,工具理性主导下的休闲体验是否被异化,资本逻辑演绎下的休闲产业是否被物化。但现代休闲的另一侧面,正如英国学者罗伯茨所认为的那样,休闲产业商业部门的发展没有阻碍其他部门的发展,相反,却给人们增添了很多新的选择。㉝这些"新选择"正是由于现代科学技术发展与休闲产业相结合的产物。对于城市休闲产业而言,其结构较为完善,包括商业性供给、志愿者组织、政府供给等各个层面的多元供给。城市中的休闲广场、街心公园、咖啡吧等使得人们获得缓解日常工作与生活压力的机会;城市体育馆、美术馆、剧院、博物馆等满足人们能够转换工作节奏的需要,提高文化审美体验;城市酒吧、节庆狂欢、SPA会所,提供了可以获得压力的发泄、释放与身心的纾缓的空间与场所。政府致力于发展公共休闲产品与服务,是为了满足人们对美好城市生活的追求,同时也是为了吸引外来游客,发展休闲旅游经济。

三、城乡休闲文化的联系

如果以历史的眼光深入观察城市化进程中的城乡休闲文化的关系,毫无疑问,乡村休闲与城市休闲存在着许多联系。进一步讲,传统乡村对早期工业化阶段的城市休闲文化形成具有一定的影响,即工业革命早期的城市休闲文化必然较多地受到传统乡村休闲的影响,这种影响是城市化过程中的"乡村性遗留"。一方面,由于农村自给自足向城市工业化大生产的生产方式的转变本身就需要一定的时间过程,在这一过程中,早期城市休闲观念、方式必然带着传统乡村休闲的痕迹;另一方面,农村人口向城市迁移的休闲观念遗留,他们把原有的节庆庆祝方式带到城市,又或者乡村到城市发展过程中的休闲设施仍有遗存。也就是说,在工业化的早期阶段,乡村传统休闲文化直接或者间接地影响城市休闲文化的形成与发展。另外,在具有的较强的经济、政治、文化辐射效应的高度发达的城市化后期,城市将深刻地影响着传统乡村休闲文化的重塑与发展。这种辐射效应之所以会产生实质性的影响,一方面是由于乡村本身的发展的需要,它们主动吸收、借鉴、学习现代城市休闲理念,使用高科技技术,其目的是更好地保护、传承、展示优秀乡村传统休闲文化,预防已经式微的传统文化被强势的城市化效应进一步消解;另一方面是由于乡村休闲文化被动调整,为了迎合城市市民的休闲消费偏好,乡村将自己的休闲包装成可以售卖的休闲商品。

同样,以工业革命为主导的城市化进程,明显地扩大了原本在农业经济与手工业经济的生产方式中并没有明显差异的城乡休闲文化。反过来讲,城乡之间休闲文化的差异源于城乡之间不断扩大的经济、文化、产业、人口特征等差异。现代城市具有的经济与文化活力创造了形式丰富的休闲活动,传统乡村也在孕育和传承其本身的休闲文化,即由于城乡本身就已存在的二元结构差异而衍生出来的休闲文化差异。或者说城乡之间自始就孕育了不同的休闲文化,人们在长期的生产、生活中又进一步继承与发展了各自的休闲传统。正因为城乡休闲文化在形成与发展的过程中表现出休闲现象与观念的巨大差异,从这些差异中,又鲜明地映射出城乡两者之间的区别。诸如高度发达的城市休闲综合体,传统乡村的庙会节庆;城市休闲节奏受朝九晚五的影响,乡村休闲节奏受自然节律影响等。

因此,城乡休闲文化既存在相互影响,又有相互独立的一面。总的来说,工业革命初期,城市受乡村休闲文化影响较多;现代城市反过来更多地影响乡村休闲文化的发展;在未来城乡融合发展的趋势中,两者在一定程度上也会呈现出相互融合的一面。譬如新的乡村休闲产品与服务的发展很大程度上是为了吸引与满足城市居民的休闲需要,城市休闲产品服务也开始重新思考"乡愁",营造"乡村田园诗意般"的休闲空间。尽管城乡休闲文化存在诸多的联系与差异,但城乡休闲文化归根结底是指向"美好生活"这一相同的根本目的。从根本上来看,城市与乡村是人类社会生活的两种基本场所,人类从荒野生存走向群居村落,走向文明城市的进程中,无论城市还是乡村,人们所期待的"休闲"理所应当地指向"值得过的生活""幸福生活",无论居住环境与社会发生何种变化,这种幸福生活的人本取向是不同生活场域中人们的共同的立场与目的。

四、启示

第一,要认识到乡村休闲文化是农村休闲产业振兴的重要资源。吉尔摩与派恩二世在《真实经济》一书中指出,"真实的产品强调原材料、保持天然、散发乡村气息、裸露、倡导绿色"[3]。在这个意义上,乡村休闲文化要保持它本身具有的田园、悠闲等基本特征。第二,在前者的基础上,要认识到乡村休闲不仅是农民的休闲,同时也是城市居民的"第二居所"。从西方经验来看,"西方的乡村休闲文化很大一部分是来自城市的贵族所形成的'第二居住'环境,属于'度假性质'的环境"[5]。乡村休闲文化在保持自身文化基因的同时,要保持其文化发展的活力与动力。

注释

① [德]马克思、恩格斯:《马克思恩格斯全集》(第46卷,上),人民出版社,1974年版,第408页。

② [美]杰弗瑞·戈比:《你生命中的休闲》,云南人民出版社,2000年版,第48页。

③ 笔者于2019年3月18日在中国知网期刊数据库中检索篇名为"休闲"与"比较"的论文。同时下文中出现的检索同样为该时间。

④ 何平香、张秋芬、孙众:《中西方休闲观念比较研究》,载《北京体育大学学报》,2009年第7期。

⑤ 赵鹏、刘捷、付玥:《北京五类人群休闲方式的比较与分析》,载《旅游学刊》,2006年第12期。

⑥ 赵江鸿、刘志强:《陕西省不同性别居民休闲体育消费结构比较研究》,载《西安体育学院学报》,2017年

第 6 期。

⑦张蕾：《转型期社会阶层视域下城市女性休闲体育行为差异比较——以成都市为个案》，载《成都体育学院学报》，2016 年第 4 期。

⑧罗湘林、任海、邱雪：《城乡休闲体育之比较—对两个典型社区的考察与分析》，载《武汉体育学院学报》，2008 年第 4 期。

⑨潘立勇、章辉：《从传统人文艺术的发展到城市休闲文化的繁荣——宋代文化转型描述》，载《中原文化研究》，2013 年第 1 期。

⑩朱桃杏、吴殿廷、王瑜：《近 10 年国外城市休闲研究：特征、比较与启示》，载《旅游学刊》，2011 年第 9 期。

⑪张继涛、郑玉芳：《新农村休闲文化建设探析》，载《湖北大学学报（哲学社会科学版）》，2010 年第 1 期；庞学铨主编：《休闲评论》（第 5 辑），浙江大学出版社，2013 年版，第 70—81 页。

⑫庞学铨：《休闲学研究的几个理论问题》，载《浙江社会科学》，2016 年第 3 期。

⑬转引自［英］米歇尔·霍尔、［美］斯蒂芬·佩奇《旅游休闲地理学：环境·地点·空间》，旅游教育出版社，2007 年版，第 274 页。

⑭参见费孝通：《乡土中国》，生活·读书·新知三联书店，1985 年版，第 83—88 页。

⑮参见费孝通：《江村经济：中国农民的生活》，商务印书馆，2001 年版，第 135—137 页。"小红册子"应当可以理解为皇历。在该册子之中，不仅有阳历、阴历等日期说明，还有应是每日宜做什么，不宜做什么的记载，来替人决定日期，例如何时出门长途旅行等。

⑯参见费孝通：《江村经济：中国农民的生活》，商务印书馆，2001 年版，第 118 页。

⑰魏小安、李莹：《城市休闲与休闲城市》，载《旅游学刊》，2007 年第 10 期。

⑱［美］托马斯·古德尔等：《人类思想史中的休闲》，成素梅等译，云南人民出版社，2000 年版，第 146—147 页。

⑲［德］沃尔夫冈·韦尔施：《重构美学》，陆扬、张岩冰译，上海：上海译文出版社，2006 年版。

⑳Gerard K. , "Leisure in an urban environment," *Business economics, palgrave macmillan journals*, vol. 6, no. 3, 1971, pp. 50-52.

㉑Butsch R. , *For fun and profit: the transformation of leisure into consumption*, Temple University Press, 1990, p. 3.

㉒Gerard K. , "Leisure in an urban environment," *Business economics, palgrave macmillan journals*, vol. 6, no. 3, 1971, pp. 50-52.

㉓潘立勇、陆庆祥、章辉等：《中国美学通史》，江苏人民出版社，2014 年版，第 318 页。

㉔［英］米歇尔·霍尔、［美］斯蒂芬·佩奇：《旅游休闲地理学：环境·地点·空间》，旅游教育出版社，2007 年版，第 210 页。

㉕［美］杰弗瑞·戈比:《21世纪的休闲与休闲服务》,张春波等译,云南人民出版社,2000年版,第11页。

"空箱子"这里指的是农民的闲暇时间。

㉖光明网,详见 http://news.gmw.cn/2018-09/03/content_30943038.htm。

㉗潘立勇:《休闲与审美:自在生命的自由体验》,载《浙江大学学报(人文社会科学版)》,2005年第6期。

㉘李红波、张小林:《乡村性研究综述与展望》,载《人文地理》,2015年第1期。

㉙参阅［荷］伯纳德·曼德维尔:《蜜蜂的寓言》,肖聿译,中国社会科学出版社,2002年版,第5页。

㉚［法］梅洛·庞蒂:《知觉现象学》,姜志辉译,商务印书馆,2001年版,第362页。

㉛［德］海德格尔:《人,诗意地安居》,郜元宝译,上海远东出版社,2004年版。

㉜转引自［英］米歇尔·霍尔、［美］斯蒂芬·佩奇《旅游休闲地理学:环境·地点·空间》,旅游教育出版社,2007年版,第268页。

㉝［英］肯·罗伯茨:《休闲产业》,李昕主译,重庆大学出版社,2008年版,第10页。

㉞［美］詹姆斯·吉尔摩、约瑟夫·派恩二世:《真实经济》,中信出版社,2010年版,第64页。

㉟［英］米歇尔·霍尔、［美］斯蒂芬·佩奇:《旅游休闲地理学:环境·地点·空间》,旅游教育出版社,2007年版,第274页。

编后记

本论文集是 2019 年 4 月深圳和 11 月杭州"双城暨大湾区都市文化研究博士论坛"与会论文的汇集。博士论坛由南方科技大学社会科学高等研究院和浙江大学旅游与休闲研究院共同发起,旨在通过两个学术平台以博士生、博士后、青年会士为主体的青年学者的共同努力,以深圳与杭州两个不同类型的都市为典型,深入推进中国都市文化的研究,以应和国家大湾区都市群建设战略。4 月份的博士论坛在南方科技大学举行,由南方科技大学社会科学高等研究院和浙江大学旅游与休闲研究院主办,首都师范大学文化研究院、杭州国际城市学研究中心(浙江省城市治理研究中心)、南方科技大学人文社会科学荣誉学会协办;11 月份的博士论坛在杭州国际城市学研究中心举行,由杭州国际城市学研究中心(浙江省城市治理研究中心)、南方科技大学社会科学高等研究院和浙江大学旅游与休闲研究院主办,南方科技大学人文社科荣誉学会、首都师范大学文化研究院、深圳大学文化产业研究院协办。博士论坛参会的青年学者主要由南科大人文社科荣誉学会青年会士学术团体、浙江大学旅游与休闲研究院博士生学术团体、浙江大学杭州国际城市学研究中心博士后研究基地博士后学术团体及其他高校青年学者学术团体组成,来自南方科技大学、浙江大学以及美国芝加哥大学、法国里昂大学、英国牛津大学、澳大利亚悉尼科技大学、新加坡国立大学、香港城市大学、同济大学、华东师范大学、深圳大学、苏州大学、温州大学等高校的以博士为主体的 70 余位青年学者先后参加了两次论坛。

《都市文化研究》的作者都是年轻的学者,论题集中于当代都市文化的研究。作者的个人身份、就学国度和学科背景各不相同,从跨学科、跨领域、跨国度的多重视野一起来关注当代都市文化的研究,是一件很有意义的事情,相信日后会越加显示出这份研究的价值。这些来自海内外的青年学者，从不同的视阈，用不同的方法，聚焦于"双城"（深圳与杭州）及大湾区的都市文化，展开了深入系统的、各具新见的研讨，体现了当代青年学者的学术潜能和研究锐劲。尽管许多问题有待深入，有些见解尚可探讨，若干论证有待完善，但已经展现了一个很好的研究势头。

"双城暨大湾区都市文化研究博士论坛"得到相关主办单位和协办单位及学界的大力支持，将成为中国当代都市文化研究的前瞻性、常规性论坛。我们希望这种独特的主题研究纵深地延续下去，也期待在今后能看到更有分量的研究成果，期待着当代都市文化研究通过青年学者尤其是博士们的共同努力能更加深入。

路漫漫其修远兮，我们将共同探索！

特别感谢我指导的博士章辉副教授为本论文集编辑付出的辛勤工作。由于本人身体的原因，在确定和处理好主旨、选文、编目、格式等事项后，实在没有精力做具体的文字及相关格式的细节处理，这些工作是章辉君承担的。在南京大学读硕士期间章辉专功文字学，在文字校对处理方面功力深厚、细心尽责，为本书的规范和完善做了重要贡献。

是为记。

潘立勇

2020 年春夏之交初记，冬末补记